Kauderwelsch plus
Band 1

"Hello Mister" (Sumatra)

Impressum

Kauderwelsch plus

Gunda Urban
Indonesisch — Wort für Wort
plus
Dr. Bambang Roseno
Wörterbuch Indonesisch

erschienen im
Reise Know-How Verlag Peter Rump GmbH
Osnabrücker Str. 79, D-33649 Bielefeld
info@reise-know-how.de

2. Auflage 2016

Bearbeitung Peter Rump
Layout-Konzept Günter Pawlak, FaktorZwo! Bielefeld
Umschlag Peter Rump
Fotos © Gunda Urban, © Bettina David (S. 111)
Druck und Bindung Werbedruck GmbH Horst Schreckhase, Spangenberg

ISBN 978-3-89416-717-2
Printed in Germany

Wer im Buchhandel kein Glück hat, bekommt unsere Bücher zuzüglich Porto- und Verpackungskosten auch direkt über unseren Internet-Shop: ***www.reise-know-how.de***

Die Internetseiten mit Aussprachebeispielen und der Zugriff auf diese über QR-Codes sind eine freiwillige, kostenlose Zusatzleistung des Verlages. Der Verlag behält sich vor, die Bereitstellung des Angebotes und die Möglichkeit der Nutzung zeitlich und inhaltlich zu beschränken. Der Verlag übernimmt keine Garantie für das Funktionieren der Seiten und keine Haftung für Schäden, die aus dem Gebrauch der Seiten resultieren. Es besteht ferner kein Anspruch auf eine unbefristete Bereitstellung der Seiten.

Der Verlag möchte die **Reihe Kauderwelsch** weiter ausbauen und **sucht Autoren!** Mehr Informationen finden Sie unter ***www.reise-know-how.de/rkh_mitarbeit.php***

Kauderwelsch plus

Gunda Urban

Indonesisch

Wort für Wort

Dr. Bambang Roseno

Wörterbuch Indonesisch

Lain desa – lain adat,
lain sawah – lain belalang.
Anderes Dorf – andere Tradition,
anderes Reisfeld – andere Heuschrecken.
(indonesisches Sprichwort)

Kauderwelsch heißt:

- Schnell mit dem **Sprechen** beginnen, auch wenn nicht immer alles korrekt ist.
- Von der **Grammatik** wird nur das Wichtigste in einfachen Worten erklärt.
- Alle Beispielsätze werden doppelt ins Deutsche übertragen: erst **Wort-für-Wort,** dann in normales Deutsch. Die Wort-für-Wort-Übersetzung hilft, die neue Sprache schneller zu durchschauen, außerdem lassen sich dadurch leichter einzelne Wörter im fremdsprachigen Satz austauschen.
- Es geht um die **Alltagssprache,** also das, was man tatsächlich auf der Straße hört.
- Die **Autoren** sind entweder Reisende, die die Sprache im Land selbst gelernt haben oder Muttersprachler.

Kauderwelsch-Sprachführer sind keine Lehrbücher, aber viel mehr als traditionelle Reisesprachführer. Wer ein wenig Zeit investiert, einige Vokabeln lernt und die Sprache im Land anwendet, wird **Türen öffnen,** ein Lächeln ins Gesicht zaubern und reichere Erfahrungen machen.

Talk to each other!

Kauderwelsch zum Anhören

Einzelne Sätze und Ausdrücke aus diesem Buch können Sie sich **kostenlos anhören.** Diese **Aussprachebeispiele** erreichen Sie über die im Buch abgedruckten QR-Codes oder diese Adresse: www.reise-know-how.de/kauderwelsch-plus/001

Die Aussprachebeispiele im Buch sind Auszüge aus dem umfassenden Tonmaterial, das unter dem Titel **„Kauderwelsch Aussprachetrainer Indonesisch“** separat erhältlich ist – als Download über Onlinehörbuchshops (ISBN 978-3-95852-053-0) oder als CD im Buchhandel (ISBN 978-3-8317-6042-8). Beide Versionen erhalten Sie auch über unsere Internetseite:

- **www.reise-know-how.de**

Alle Sätze, die Sie auf dem Aussprachetrainer hören können, sind in diesem Buch mit einem 👂 gekennzeichnet.

Inhalt

Brahmane auf Bali

Vorwort

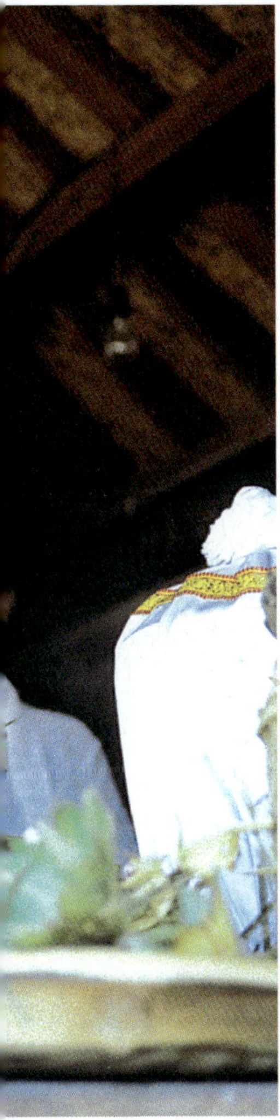

Wie jeder Reisende weiß, erwächst aus der Möglichkeit, sich in der jeweiligen Landessprache verständlich zu machen, eine Reihe völlig anderer, intensiver Erfahrungen und Erlebnisse. Schon wenige Kenntnisse der Sprache reichen aus, um mit den Menschen näheren Kontakt zu bekommen, zur richtigen Zeit zum richtigen Ort zu gelangen oder die landesüblichen Preise zu bezahlen. Die einheimische Sprache öffnet dem Reisenden Türen, die jedem „stummen Touristen" verschlossen bleiben.

Wer nach Indonesien fährt, wird feststellen, dass außerhalb der Touristenzentren kaum noch Englisch gesprochen wird. Ein freundliches Hello Mister! und May I introduce myself? in fließendem Englisch erwecken die Hoffnung auf ein intensives Gespräch. In den meisten Fällen ist damit aber auch der englische Wortschatz des Gesprächspartners erschöpft.

In nicht-touristischen Gegenden ist es ratsam, wenigstens ein Minimum der Sprache zu beherrschen, wenn man nicht nur stumm lächelnd vor den Bewohnern stehen will. Das ist der Grund, aus dem dieses Büchlein gemacht wurde. Besonders in Indonesien mit seinen Hunderten von Sprachen und Dialekten hilft dem Reisenden dieser Sprachführer, sich in der nationalen Sprache Bahasa Indonésia verständlich zu machen.

Der Schwerpunkt dieses Buches liegt auf der Vermittlung effektiver Kommunikation und einer übersichtlichen Darstellung der Grammatik, auf Grammatikballast wird so weit wie möglich verzichtet. Wer die indonesische Sprache lernen will, um sich überhaupt erst einmal verständlich zu machen, wird feststellen, dass er bereits mit einem Minimum an Grammatik auskommt und eigentlich fast sofort mit dem Konversationsteil beginnen kann. Wenn Fragen auftauchen, reicht es auch, später noch einmal in der Grammatik nachzuschlagen.

Wichtig ist, dass man versteht und verstanden wird, weniger, ob der gesprochene Satz grammatikalisch einwandfrei ist.

Hinweise zur Benutzung

Der Kauderwelsch-Band „Indonesisch – Wort für Wort" ist in drei wichtige Abschnitte gegliedert:

Grammatik

Die Grammatik beschränkt sich auf das Wesentliche und ist so einfach gehalten wie möglich. Deshalb sind auch nicht sämtliche Ausnahmen und Unregelmäßigkeiten der Sprache erklärt. Wer nach der Lektüre gerne noch tiefer in die Grammatik der indonesischen Sprache eindringen möchte, findet im Anhang einige Tipps zum Weiterlernen. Natürlich kann man die Grammatik auch überspringen und sofort mit dem Konversationsteil beginnen. Wenn dann Fragen auftauchen, kann man immer noch in der Grammatik nachsehen.

Konversation

Im Konversationsteil finden Sie Sätze aus dem Reisealltag, die Ihnen einen ersten Eindruck davon vermitteln sollen, wie die indonesische Sprache „funktioniert" und die Sie auf das vorbereiten sollen, was Sie später in Indonesien hören werden. Sie können die Beispielsätze als Fundus von Satzschablonen und -mustern benutzen, die Sie selbst Ihren Bedürfnissen anpassen. Um Ihnen das zu erleichtern, ist ein erheblicher Teil der Beispielsätze nach allgemeinen Kriterien geordnet („begrüßen", „verabschieden", „bitten", „danken", usw.). Mit einem kleinen bisschen Kreativität und Mut können Sie sich neue Sätze „zusammenbauen", auch wenn das Ergebnis nicht immer grammatikalisch perfekt ausfällt.

Wort-für-Wort-Übersetzung

Jede Sprache hat ein typisches Satzbaumuster. Um die sich vom Deutschen unterscheidende Wortfolge indonesischer Sätze zu verstehen, ist die Wort-für-Wort-Übersetzung in *kursiver* Schrift gedacht. Jedem indonesischen Wort entspricht ein Wort in der Wort-für-Wort-Übersetzung. Wird ein indonesisches Wort im Deutschen durch zwei Wörter übersetzt, werden diese zwei Wörter in der Wort-für-Wort-Übersetzung mit einem Bindestrich verbunden:

Ada kamar?
es-gibt Zimmer
Gibt es ein Zimmer?

Werden in einem Satz mehrere Wörter angegeben, die man untereinander austauschen kann, steht ein Schrägstrich zwischen diesen:

Ada kamar / losmén?
es-gibt Zimmer / Losmen
Gibt es ein Zimmer / eine Pension?

Wörterbuch

Das Wörterbuch am Ende des Buches enthält einen umfangreichen Reisewortschatz von ca. 6.000 Wörtern Deutsch-Indonesisch und Indonesisch-Deutsch. Ein separates Wörterbuch ist nicht notwendig.

Umschlagklappen Die Umschlagklappen helfen, die wichtigsten Sätze und Formulierungen schnell parat zu haben. Außerdem finden sich hier die wichtigsten Angaben zur Aussprache sowie Informationen zur Pränasalierung und indonesischen Rechtschreibung, weiterhin eine kleine Liste der wichtigsten Fragewörter, Richtungs- und Zeitangaben. – Wer ist nicht schon einmal aufgrund missverstandener Gesten im fremden Land auf die falsche Fährte gelockt worden? Aufgeklappt ist der Umschlag eine wesentliche Erleichterung, da nun die gewünschte Satzkonstruktion mit dem entsprechenden Vokabular aus den einzelnen Kapiteln kombiniert werden kann.

Wenn alles nicht mehr weiterhilft, dann ist vielleicht „Nichts verstanden? – Weiterlernen!“ der richtige Tipp. Es befindet sich ebenfalls im Umschlag, stets bereit, mit der richtigen Formulierung für „Ich verstehe leider nicht.“ oder „Können Sie das bitte wiederholen?“ auszuhelfen.

Air Panas = Wasser heiß = heiße Quelle

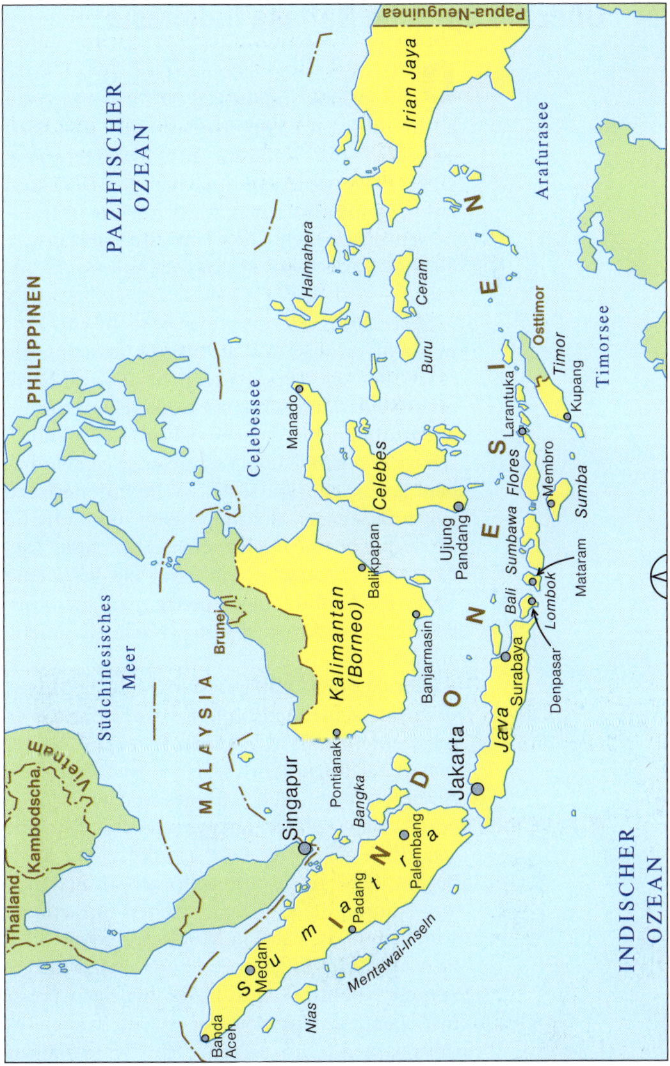
PHILIPPINEN
PAZIFISCHER OZEAN
Papua-Neuguinea
Irian Jaya
Arafurasee
Halmahera
Ceram
Buru
Celebessee
Manado
Celebes
Ujung Pandang
Südchinesisches Meer
MALAYSIA
Brunei
Kalimantan (Borneo)
Balikpapan
Banjarmasin
Pontianak
Singapur
Thailand
Kambodscha
Vietnam
INDONESIEN
Jakarta
Java
Surabaya
Bali
Lombok
Denpasar
Mataram
Sumbawa
Flores
Larantuka
Membro
Sumba
Timor
Osttimor
Kupang
Timorsee
Bangka
Palembang
Padang
Medan
Banda Aceh
Sumatra
Nias
Mentawai-Inseln
INDISCHER OZEAN

Über die Sprache Bahasa Indonésia

Die Republik Indonesien ist nicht nur reich an Inseln (ca. 13.500), sondern auch an unterschiedlichsten Völkern und Volksgruppen. Über 250 verschiedene Sprachen, von Dialekten einmal ganz abgesehen, werden heute in Indonesien gesprochen. Die wichtigsten sind u. a. avanisch, Sundanesisch, Maduresisch, Makassar, Balinesisch.

Aber ein moderner Staat braucht eine einheitliche Kommunikationsmöglichkeit. Als man 1945 die Unabhängigkeit ausrief, hätte man Niederländisch zur Nationalsprache machen können; mit den ehemaligen Kolonialherren wollte man jedoch nichts mehr gemein haben. Schon 1928 hatte der zweite Indonesische Jugendkongress erstmals eine einheitliche Nationalsprache gefordert: „Satu nusa, satu bangsa, satu bahasa." – „Ein Land, ein Volk, eine Sprache." Und daran erinnerte man sich nun: Bahasa Indonésia wurde zur Nationalsprache erklärt.

Diese „Sprache Indonesiens" ist eine Mischung unterschiedlichster Sprachen, basiert aber größtenteils auf der Handelssprache Malayu kuno, die über Jahrhunderte im gesamten Archipel verstanden und gesprochen wurde, von Malaysia bis Sulawési. Sprachwissenschaftlich gehört die Bahasa Indonésia, wie auch Bahasa Malayu, die Nationalsprache Malaysias, zur Familie der „austronesischen Sprachen", wie auch z. B. Maori, Tagalog, Madagassisch oder Hawaiisch. Allerdings ist es kaum eine „Muttersprache", sondern wird in der heutigen Form fast überall als Zweitsprache erlernt. In allen indonesischen Schulen ist sie neben der jeweiligen Muttersprache Pflichtfach ab dem 1. Schuljahr.

So kann es passieren, dass es in abgelegenen Gegenden, in denen die Leute nicht zur Schule gegangen sind, selbst mit der Nationalsprache Verständigungsschwierigkeiten gibt. Allerdings muss zumindest der Bürgermeister Bahasa Indonésia sprechen, sonst hätte er sein Amt nicht bekommen können.

Ursprünglich benutzte man die niederländische Schreibweise des Indonesischen; aber auch dieses letzte Sprachrelikt der Kolonialzeit wurde abgeschafft: 1972 wurde eine Rechtschreibreform durchgeführt, seither werden die Wörter in Malaysia und Indonesien gleich geschrieben.

Da sich auch Vokabeln und Grammatik der jeweiligen Landessprache kaum unterscheiden, ist die Verständigung mit Bahasa Indonésia auch in Malaysia fast problemlos, obwohl dort der Anteil der Leute, die Englisch sprechen, viel größer ist.

Bei der Beschäftigung mit der indonesischen Sprache ist vor allem zu beachten, dass man die klassischen Grammatikkategorien, wie Hauptwörter, Eigenschaftswörter, Tätigkeitswörter etc. streng genommen nicht exakt auf die indonesische Sprache anwenden kann. Ein indonesisches Wort kann beispielsweise im Deutschen mit einem Tätigkeitswort und einem Hauptwort übersetzt werden: hujan - „Regen, regnen“. Die jeweilige grammatikalische Bedeutung ergibt sich aus dem Satzzusammenhang. Für eigentlich alle Eigenschaftswörter gilt, dass man sie im Deutschen mit einem Eigenschaftswort, sakit - „krank“, oder mit einem Tätigkeitswort - „krank sein“ übersetzen kann.

Für diesen Kauderwelsch-Band wurden im Grammatikteil dennoch die klassischen Grammatikbezeichnungen verwendet. Man sollte sich jedoch nicht wundern, wenn in der Wort-für-Wort-Übersetzung das gleiche Wort mal als Hauptwort, mal als Tätigkeitswort etc. übersetzt wird oder in einem anderen Zusammenhang auch eine ganz andere Bedeutung hat.

Bevölkerungsanteile von verschiedenen Muttersprachen

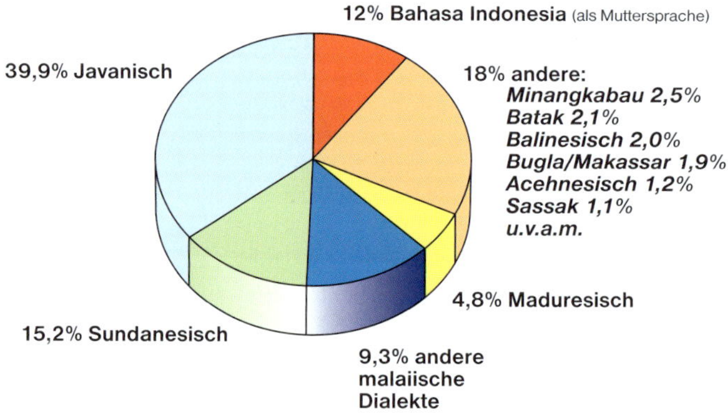

Aussprache & Betonung

Schon kleine Aussprachefehler können zu großen Missverständnissen führen, weil Wörter und Sätze plötzlich eine völlig andere Bedeutung bekommen können. Falls es hier zu Verständigungsproblemen kommt, sollte man den Satz einfach ein paar Mal mit unterschiedlichen Betonungen wiederholen.

In der Regel werden die Selbstlaute und Mitlaute wie im Deutschen ausgesprochen.

Lediglich die folgenden werden mitunter anders als im Deutschen ausgesprochen.

c	wie „tsch" in „Ma**tsch**" (alte Schreibweise: **tj**) **cinta** (Liebe)
e	unbetontes „e" wie in „End**e**", wird häufig ganz verschluckt. **b(e)rapa?** (wie viel?)
é	betontes „e" wie in „L**e**ben"; d. h. das **e** wird gesprochen. **sepéda** (Fahrrad)
è	wird ausgesprochen wie bei „**E**ssen" (ein geschlossenes „e"), **tèh** (Tee)
h	am Wortanfang immer gesprochen, in der Wortmitte und am Wortende nur leicht gehaucht **harus** (müssen), **Tuhan** (Gott), **tujuh** (sieben)
j	stimmhaftes „dsch" wie in „**Dsch**ungel", (alte Schreibweise: **dj**) , **Jakarta**
k	am Wortende kaum hörbar, sonst wie „k" in „**K**ind" **kosong** (leer), **anak** (Kind)
kh	rauhes „ch" wie in „la**ch**en" (alte Schreibweise: **ch**) **akhir** (Ende)
ng	nasaliertes „ng" wie in „gi**ng**" (das „g" ist nicht zu hören!) **datang** (kommen)
ngg	wie in „ng" + „g" in „A**ng**elika" **tanggal** (Datum)
ny	klingt wie „nj" in „So**nj**a" (alte Schreibweise: **nj**) **nyonya** (Frau)
o	langes, geschlossenes „o" wie in „r**o**t" **toko** (Laden) kurzes, offenes „o" wie in „M**o**tte" **botol** (Flasche)
p	wird oft statt „f" gesprochen

	(**f** kommt nur in Fremdwörtern vor), z. B. **pilem** (Film) statt **film**
r	rollendes Zungen-r **rumah** (Haus)
s	stimmloses „s" wie in „Bu**s**" **surat** (Brief)
u	wie dt. „u" , (alte Schreibweise: **oe**) **pintu** (Tür)
w	Halblaut zwischen „u" und „w", wie engl. „w" in „**w**ater" **waktu** (Zeit)
y	wie das deutsche „j" in „**J**äger" (alte Schreibweise: **j**) **yang** (welche, -er)

Die Doppellaute werden zum Teil wie im Deutschen, zum Teil aber auch getrennt gesprochen:

ma'af *kann auch* maaf *geschrieben werden.*

Ausnahme: in air *„Wasser" wird „a-i" getrennt gesprochen.*

aa	getrennt gesprochen (mit Stimmabsatz), kein langes „a"! **ma'af** (Entschuldigung)
ae	getrennt gesprochen (mit Stimmabsatz), kein „ä"! **daérah** (Gebiet, Region)
ai	wie deutsches „ei" in „m**ei**n", am Wortende oft wie „äi" **kain** (Stoff), **pantai** (Strand)
ue	nicht wie „ü", sondern nacheinander gesprochen, jedoch nicht getrennt **kuè** (Kuchen, Gebäck)

Bei kea, kee, kei, keu liegen keine Doppellaute vor! Hier werden die Selbstlaute getrennt gesprochen, da es sich bei ke- um eine Vorsilbe handelt.

ke-adaan	Zustand
ke-emasan	vergoldet
ke-indahan	Schönheit
ke-ulatan	Ausdauer

Alle anderen Doppellaute wie au, ia, iu, io, oi, ua, werden wie im Deutschen ausgesprochen.

Betonung

Normalerweise wird die vorletzte Silbe betont: datang „kommen“ oder nasi „Reis“. Enthält die vorletzte Silbe aber ein „stummes e“, betont man im Allgemeinen die letzte Silbe: kecil „klein“. Wird das e gesprochen, ist es mit Akzent (è) oder (é) gekennzeichnet. Die Betonung der Lehnwörter bleibt weitestgehend erhalten: politík „Politik“, gubernúr „Gouverneur“.

Im Gespräch oder durch Zuhören bekommt man ziemlich schnell ein Gefühl dafür, wann etwas zu betonen ist, später geht's dann automatisch.

Groß- & Kleinschreibung

In der Regel wird alles klein geschrieben. Ausnahmen: Der Satzanfang sowie Eigennamen werden groß geschrieben.

Heimfahrt vom Markt, Nusa Penida

Wörter, die weiterhelfen

Ada bezeichnet das Vorhandensein einer Person oder Sache und heißt wörtlich „da ist/sind“ bzw. „es gibt“. Die Satzstellung bei einer Frage ist wie im Deutschen:

Ada kamar?
es-gibt Zimmer
Gibt es ein Zimmer?

Ada losmén?
es-gibt Pension
Gibt es eine Pension?

Das ist zwar nicht immer korrektes Indonesisch, aber jeder wird es verstehen.

Man kann beispielsweise auch einsetzen:

tèh	Tee	**makanan**	Essen
kopi	Kaffee	**minuman**	Getränk(e)

Wichtig ist es natürlich auch, Transportmittel zu finden und ausdrücken zu können, wo man hin will.

Ada bis ke Jakarta?
es-gibt Bus nach Jakarta
Gibt es einen Bus nach Jakarta?

apotik	Apotheke
doktèr	Arzt/Ärztin
setasiun	Bahnhof
bank	Bank
Kedutaan Besar	Botschaft
lapangan terbang	Flughafen
toko	Geschäft
hotèl	Hotel
rumah sakit	Krankenhaus
pasar	Markt
mésjid	Moschee
musium	Museum

pasar malam	Nachtmarkt
kantor polisi	Polizei(wache)
kantor pos	Post(gebäude)
rumah makan, réstoran	Restaurant
pompa bènsin	Tankstelle
télépon	Telefon
candi / mesjid	Tempel / Moschee
kamar kecil	Toilette
keréta api	Zug

Die Antworten auf diese Fragen können lauten:

Ya, ada.
ja, es-gibt
Ja, gibt es / habe ich.

Tidak ada.
nein es-gibt
Nein, gibt es nicht / habe ich nicht.

Oder es folgt ein unverständliches Kauderwelsch. Das macht nichts, mit dem nächsten Satz kann man seine Bedürfnisse klarstellen:

Saya mau... /	Ich möchte ... / will ... /
Saya perlu...	Ich brauche ...

Saya mau kamar.
ich wollen Zimmer
Ich möchte/will ein Zimmer.

Saya perlu kopi.
ich nötig Kaffee
Ich brauche Kaffee.

oder verneint:

Saya tidak mau ...
ich nicht wollen ...
Ich möchte / will nicht / kein ...

Saya tidak perlu ...
ich nicht nötig ...
Ich brauche nicht / kein ...

Übrigens werden indonesische Tätigkeitswörter nicht gebeugt, so dass mau auch „du willst“, „er / sie will“ etc. bedeuten kann.

Di mana ada...? Wo gibt es ...?

Di mana ada setasiun bis?
in wo es-gibt Station Bus
Wo gibt es eine Busstation?

Bei der Antwort werden sicherlich ein, zwei oder schlimmstenfalls vier Himmelsrichtungen genannt. Indonesier benutzen nur sehr selten das uns vertraute kiri „links“ oder kanan „rechts“ für Wegbeschreibungen. Um so wichtiger ist es, verstärkt auf die Handzeichen zu achten und immer wieder verschiedene Leute nach dem Weg zu fragen, denn die Antworten können höchst widersprüchlich ausfallen.

Nur Mut, in Indonesien kann man kaum verloren gehen, und wenn das Ziel erreicht ist, weiß man, dass Indonesisch gar nicht so schwer ist.

selatan	Süden	**barat**	Westen
utara	Norden	**timur**	Osten
kiri	links	**kanan**	rechts
langsung	geradeaus	**kembali**	zurück
jauh	weit	**dékat**	nah
dari	von	**sampai**	bis
di sini	hier	**di sana**	dort
ke sini	hierhin	**ke sana**	dahin
di dalam	drinnen	**di luar**	draußen
di atas	oben	**di bawah**	unten
di muka, di depan	vor	**di belakang**	hinten, hinter

di sebelah *heißt „neben“.*

Berapa harga...? Wie viel kostet ...?

Berapa harga ini?
wie-viel Preis dies
Wie viel kostet dies?

Berapa harga kamar?
wie-viel Preis Zimmer
Wie viel kostet das Zimmer?

Hauptwörter

Das Hauptwort (Substantiv) bleibt in der Mehrzahl, abgekürzt „Mz“, unverändert. rumah kann also „Haus, ein Haus, das Haus, Häuser“ oder auch „die Häuser“ heißen, das hängt vom Sinnzusammenhang ab.

Darüber hinaus hat man die Möglichkeit, die Mehrzahl durch unbestimmte Mengenangaben oder Zahlwörter auszudrücken. Diese stehen meistens vor dem Hauptwort!

Saya mau banyak / sedikit makanan.
ich wollen viel / wenig Essen
Ich will viel / wenig Essen.

Werden Bezeichnungen allgemein verwendet, ist also nicht von einem bestimmten „Ding“ die Rede, kann das Hauptwort verdoppelt werden. Aus mobil „Auto“ wird so mobil-mobil „Autos“. Einige Wörter erhalten dadurch jedoch übertragen einen ganz anderen Sinn:

mata	**mata-mata**
Auge	Spion
kuda	**kuda-kuda**
Pferd	unbeweglich, unverrückbar (wie ein stehendes Pferd)

Es gibt auch noch Hauptwörter, die nur in dieser verdoppelten Form existieren:

Geschrieben wird die Verdoppelung der Hauptwörter oft mit einer hoch- oder nachgestellten „2“, z.B. gado² *oder* gado 2. *Gesprochen wird das Wort aber zweimal, also:* gado-gado *(Gemüsegericht mit Erdnusssoße). Auch bei Untertiteln im Kino und Fernsehen wird die hoch- oder nachgestellte „2“ häufig benutzt.*

kupu-kupu	Schmetterling(e)
biri-biri	Schaf(e)
anak-anak	Kind(er)
undang-undang	Gesetz(e)

Der Grund dafür könnte sein, dass man beispielsweise Schafe niemals „alleine“ antrifft!

zusammengesetzte Hauptwörter

Im Indonesischen werden Hauptwörter genau andersherum als im Deutschen zusammengesetzt:

pintu rumah	**doktèr rumah sakit**
Tür Haus	*Doktor Haus krank*
Haustür	Krankenhausarzt

Es gibt im Indonesischen Wortzusammensetzungen, die zu einem unveränderbaren Ausdruck oder Hauptwort geworden sind:

mata hari	**mata + hari**
Sonne	Auge + Tag
surat kabar	**surat + kabar**
Zeitung	Brief + Nachricht
sakit hati	**sakit + hati**
gekränkt, traurig	krank + Leber
besar mulut	**besar + mulut**
frech,unverschämt	groß + Mund

Artikel, also „der, die, das, ein, eine, einer, eines“, gibt es im Indonesischen nicht.

Eigenschaftswörter

Die Eigenschaftswörter (Adjektive) sind dem dazugehörigen Hauptwort nachgestellt. Würde der Satz „Ich möchte gebratenen Reis“ wörtlich ins Indonesische übersetzt, saya mau gorèng nasi, bekäme er einen anderen Sinn, nämlich: „Ich möchte Reis braten.“

Saya mau nasi gorèng.
ich wollen Reis gebraten
Ich möchte gebratenen Reis.

dua rumah kecil
zwei Haus klein
zwei kleine Häuser

Benutzt man eine zusätzliche Mengenangabe, steht diese immer direkt vor dem Bezugswort.

banyak rumah besar
viel Haus groß
viele große Häuser

Um das Gegenteil von Eigenschaftswörtern auszudrücken, wird diesem meist kurang „weniger“ vorangestellt: kurang baik „weniger gut“, kurang jujur „weniger ehrlich“. Das ist höflich und keiner der beiden Gesprächspartner verliert dabei sein Gesicht. Mit der Formulierung kurang ajar „weniger gebildet = unhöflich, grob, unverschämt“ sollte man vorsichtiger sein, sie dient auch als schlimme Beleidigung.

Im indonesischen Sprachgebrauch ist nichts wirklich „schlecht“, nichts ganz „falsch“.

wichtige Eigenschaftswörter

baik	gut, lieb, schön(Dinge)
buruk, jelek	schlecht, verdorben hässlich
bagus, indah	gut, schön (Dinge)
cantik	schön (Frauen)
besar – kecil	groß – klein
muda, baru - tua	jung, neu – alt
hangat, panas	warm, heiß
dingin	kalt
dekat – jauh	nah – weit entfernt
sakit – séhat	krank – gesund
mahal – murah	teuer – billig
kaya – miskin	reich – arm
kuat – lemah	stark – schwach
mudah – sukar	einfach – schwierig
èntèng – berat	leicht – schwer
penuh – kosong	voll – leer
lapar – kenyang	hungrig – satt
bèrsih – kotor	sauber – schmutzig
panjang, lama	lang (Ding), lange (Zeit)
pendèk	kurz
tinggi	hoch
rendah, dalam	niedrig, tief
cepat – lambat	schnell – langsam
berbahagia	glücklich
sedih	traurig
ménarik	interessant
bosan	langweilig
pintar – bodoh	klug – dumm
terang – gelap	hell, klar – dunkel, düster

berwarna	farbig
putih - hitam	weiß - schwarz
biru - hijau	blau - grün
jingga - cokelat	orange - braun
mérah - kuning	rot - gelb

Steigern & Vergleichen

Um ein Eigenschaftswort zu steigern, stellt man diesem für die 1. Steigerungsstufe lebih „mehr“ bzw. kurang „weniger“ oder für die 2. Steigerungsstufe paling „am meisten“ voran:

baik
schön
schön

lebih baik
mehr schön
schöner

kurang baik
weniger schön
weniger schön

paling baik
am-meisten schön
am schönsten, sehr schön

Um die 1. Steigerungsstufe noch zu verstärken, kann man lebih *das Eigenschaftswort* jauh *„weit“ voranstellen.*

Anjing itu yang paling hitam.
Hund jener welcher am-meisten schwarz
Dies ist der schwärzeste Hund.

Die 2. Steigerungsstufe kann man auch bilden, wenn man vor das Eigenschaftswort die Vorsilbe ter- stellt.

tinggi	hoch	**tertinggi**	am höchsten
mahal	teuer	**termahal**	am teuersten
murah	billig	**termurah**	am billigsten

mobil yang termurah
Auto welcher am-billigsten
das billigste Auto

Will man ausdrücken, dass zwei Dinge gleich sind, verwendet man das Wort seperti „wie“.

Saya mau kain batik seperti ini.
ich wollen Stoff Batik wie dies
Ich möchte eine Batik wie diese.

Saya mau kain sarung lain.
ich wollen Stoff Sarong anderen
Ich möchte einen anderen Sarong.

Ungleichheit in Vergleichssätzen drückt man mit dari(pada) „von, als“ oder di antara „zwischen“ aus.

Kain ini lebih baik dari itu.
Stoff dieser mehr schön als jenes.
Dieser Stoff ist schöner als jener.

Rumah ini kurang besar dari itu.
Haus dieses weniger groß als jenes
Dieses Haus ist kleiner als jenes.

Dia yang terpandai di antara semua murid.
er/sie welche/r am-klügsten in zwischen allen Schüler
Er/sie ist der/die Klügste von allen Schülern.

Berhenti = Anhalten

Fürwörter

Indonesier benutzen gerne und häufig die Anrede Bapak / Ibu, „Vater / Mutter", plus den Namen als persönliche Anrede an Stelle von „du / Sie".

Persönliche Fürwörter

saya	„ich"; gebräuchliche, neutrale Form
aku	„ich"; wird gegenüber Kindern, Verwandten oder engen Freunden benutzt
kamu, èngkau	„du"; sehr vertraulich, beide Anredeformen werden nur im Familien- und engen Freundeskreis benutzt
anda	„du, Sie"; neutrale, höfliche Anrede gegenüber Vorgesetzten, Fremden und entfernten Bekannten
dia, ia	„er, sie"
kami	„wir"; wenn der Angesprochene ausgeschlossen ist
kita	„wir"; wenn der Angesprochene miteinbezogen ist
kamu	„ihr"
merèka	„sie" (Mz)

Da es für uns Besucher häufig schwierig ist, die passende Anredeform zu finden, bedient man sich am besten des „neumodischen" Wortes anda.

Oft werden anstelle der persönlichen Fürwörter die folgenden Anreden benutzt.

Bapak	Vater, Herr	*Diese Anrede-*
Ibu	Mutter	*formen stehen*
Nyonya	Frau	*für das höfliche*
Nona	Fräulein	*„Sie".*
Adik	Bruder	
Kakak	Schwester	
Mas	Mann; Bruder	

Für Bapak, Ibu, Adik *und* Kakak *sind die Kurzformen* Pak, Bu, Dik, Kak *sehr gebräuchlich.*

Yu hört man in letzter Zeit immer häufiger. Es entspricht dem englischen *„you"*, wird aber ausschließlich westlichen Touristen gegenüber angewendet. Es sollte nicht als Anrede für Indonesier benutzt werden.

Beliau ist die höflichste Anrede überhaupt und wird gegenüber Ministern, Fürsten u.ä. verwendet. Vergleichbar ist es mit dem deutschen „Hochwohlgeboren".

Saudara bedeutet „Herr, Frau, Schwester" und wird vielfach als höfliches „Sie" benutzt.

Besitzanzeigende Fürwörter

Mit den persönlichen Fürwörtern bildet man auch die besitzanzeigende (possessive) Form. Das persönliche Fürwort steht immer direkt hinter dem Hauptwort, auf das es sich bezieht. „Ich" erhält dann die Bedeutung „mein".

nasi saya	**nasi anda**	**nasi saudara**
Reis ich	*Reis du*	*Reis Sie*
mein Reis	dein Reis	Ihr Reis
nasi dia	**nasi kami/kita**	**nasi meréka**
Reis er/sie	*Reis wir/wir*	*Reis sie*(Mz)
sein/ihr Reis	unser Reis	ihr Reis

Im Folgenden werden die persönlichen Fürwörter in der Wort-für-Wort-Übersetzung wie besitzanzeigende Fürwörter übersetzt, wenn sie diese Funktion im jeweiligen Satz haben.

Saya makan nasi gorèng anda.
ich essen Reis gebraten dein
Ich esse deinen gebratenen Reis.

Um Besitz anzuzeigen, besteht bei einigen Fürwörtern die Möglichkeit, sie als Endung an das Hauptwort anzuhängen. Man muss allerdings auf alte Formen der persönlichen Fürwörter zurückgreifen. Die Endungen -ku, -mu und -kau werden allerdings nur bei vertrauten Personen benutzt.

rumah aku	**rumahku**	*Haus-mein*
rumah engkau	**rumahkau**	*Haus-dein*
rumah kamu	**rumahmu**	*Haus-dein*
rumah dia	**rumahnya**	*Haus-sein/-ihr*

Ebenfalls sehr gebräuchlich ist es, anstelle persönlicher Fürwörter Anreden einzusetzen. Dasselbe gilt auch, wenn man über den Besitz Dritter redet:

rumah nyonya *Haus Frau* ihr Haus

Dieses & Jenes

Ini „dies, -e, -er, -es" und itu „jenes, -e, -er" werden bei fast jeder Gelegenheit benutzt, z. B. um auf etwas Besonderes hinzuweisen oder auch, im Fall von itu, als „Artikel-Ersatz" für das deutsche „der, die, das"

Saya mau nasi ini.
ich wollen Reis dies
Ich möchte diesen Reis.

Saya mau makan ini.
ich wollen essen dies
Ich möchte dies essen.

Saya mau kain itu.
ich wollen Stoff jenes
Ich möchte jenen Stoff.

Apa ini? Apa itu?

was dies	*was jenes*
Was ist dieses?	Was ist jenes?

Tätigkeitswörter

Der Vorteil indonesischer Tätigkeitswörter (Verben) liegt darin, dass sie nicht wie im Deutschen gebeugt werden. makan kann „ich esse, du isst, er isst“ usw. heißen, je nachdem, welches persönliche Fürwort vorangestellt wird oder wie es sich aus dem Textzusammenhang ergibt. So kann durch das Tätigkeitswort alleine auch keine Zeit wie Zukunft oder Vergangenheit ausgedrückt werden.

Vor- & Nachsilben / Pränasalierung

Die indonesischen Tätigkeitswörter bergen allerdings eine andere Tücke, die man im Deutschen nur ansatzweise nachvollziehen kann, so können ihnen bestimmte Vor- und Nachsilben angehängt werden, die sie in charakteristischer Weise verändern; im Deutschen z. B. „fallen, verfallen, durchfallen, reinfallen“. Gleichzeitig können dabei aus Tätigkeitswörtern auch Hauptwörter werden. Zum Beispiel:

makan	essen
di-makan	(wird) gegessen
ter-makan	irrtümlicherweise gegessen
makan-an	Essen, Speise
pe-makan	Esser, Fresser

Die Liste der Vor- und Nachsilben ist lang, die möglichen Bedeutungsvarianten jeder Vorsilbe ebenfalls. Hinzu kommt, dass sie nicht nur für Tätigkeitswörter gelten, sondern dass aus Hauptwörtern auch Eigenschafts- oder Tätigkeitswörter werden können oder umgekehrt. Hier einige Beispiele:

me-...	**tangis** Tränen	**menangis** weinen
be(r)-.../bel-	**...sepéda** Fahrrad	**bersepéda** Rad fahren
pe-...	**curi** stehlen	**pencuri** Dieb
	pukul schlagen	**pemukul** Hammer
te(r)-...	**membuka** öffnen	**tèrbuka** geöffnet
memper-...	**besar** groß	**mempèrbesar** größer machen
me-...-i	**air** Wasser	**mengairi** bewässern
me-...-kan	**bertanya** fragen	**menanyakan** nach etw. fragen
	bèrsih sauber	**membèrsihkan** sauber machen
...-an	**menjawab** antworten	**jawaban** Antwort
	minggu Woche	**mingguan** wöchentlich
pe(r)-...-an	**buat** machen, tun	**perbuatan** Tat

Diese Liste ist als Hinweis darauf gedacht, wie variabel indonesische Tätigkeitswörter sind. Sie hilft auch, scheinbar unübersichtliche Wörter besser zu verstehen, da man Vor- und Nachsilben nun erkennen kann.

Übrigens: „Nasalierung" bedeutet hier nicht, dass man Buchstaben nun wie im Französischen durch die Nase aussprechen muss, sondern dass lediglich die Buchstaben -m- *oder* -n(g) *den Anfangsbuchstaben ergänzen oder ersetzen.*

In einigen Wörterbüchern werden alle möglichen Ableitungen unter dem „Basiswort" aufgeführt. In diesem Fall sollte man mit den Veränderungen, die nur die Vorsilben me- und pe- bewirken, vertraut sein. Deshalb an dieser Stelle eine Übersicht aller möglichen Veränderungen. Der erste Buchstabe in der folgenden Tabelle ist der Anfangsbuchstabe des „Basiswortes", an zweiter Stelle steht der „nasalierte" Buchstabe, wenn me- bzw. pe- vorangehen.

Wer sich eingehender mit dem System der indonesischen Vor- und Nachsilben beschäftigen möchte und wem die einfache Unterhaltung nicht mehr ausreicht, der sollte sich eine ausführliche Grammatik kaufen. Eine Bücherliste mit weiterführenden Lehr- und Wörterbüchern befindet sich im Anhang.

me- / pe- + ...		
a-	wird zu	**-nga-**
e-	wird zu	**-nge-**
i-	wird zu	**-ngi-**
o-	wird zu	**-ngo-**
u-	wird zu	**-ngu-**
b-	wird zu	**-mb-**
c-	wird zu	**-nc-**
d-	wird zu	**-nd-**
g-	wird zu	**-ngg-**
h-	wird zu	**-ngh-**
j-	wird zu	**-nj-**
k-	wird zu	**-ng-**
p-	wird zu	**-m-**
s-	wird zu	**-ny-**
t-	wird zu	**-n-**

Zum Glück jedoch werden die wichtigsten Tätigkeitswörter überwiegend in der „Grundform" ohne Anhängsel verwendet. Und mit diesen kann man sich problemlos verständigen. Darüber hinaus entfallen die Vorsilben auch oft in der Umgangssprache.

die wichtigsten einfachen Tätigkeitswörter		
tiba, sampai	ankommen	sampai *hat auch die Bedeutung„bis“.*
bangun, bangkit	aufstehen	
mandi	baden	
jaga	bewachen	
masuk	eintreten, untergehen	
ingat	(sich) erinnern	
terbit	erscheinen, aufgehen	*Sonne, Mond*
jatuh	fallen, hinfallen	
terbang	fliegen	
ikut, turut	folgen, teilnehmen	
pergi	gehen, fortgehen, abreisen	
menang	gewinnen	
percaya	glauben	
kawin, nikah	heiraten	
turun	hinabsteigen, fallen	
naik	hinaufgehen, -klettern	*auch: fahren mit*
kenal	kennen	
datang	kommen, ankommen	
jalan kaki	laufen	*Straße Bein*
lari	laufen, rennen, fortlaufen	
hidup	leben	
jkeluar	nach draußen gehen	
tidur	schlafen	
lihat	sehen	
duduk	sitzen	
main	spielen	
minum	trinken	
inggal	übrigbleiben, wohnen, sterben	
pindah	umziehen, umsteigen	
lupa	vergessen	
hilang	verschwunden sein	
tada	vorhanden sein	
tahu	wissen, kennen, begreifen, fähig sein (etw. zu tun)	
diam	wohnen, still sein	
pulang	zurückgehen, heimkehren	
kembali	zurückkehren, zurück	

Sein & Haben

Das deutsche Hilfsverb „haben“ existiert ebenso wenig wie das Hilfstätigkeitswort „sein“. Um „haben“ im Sinne von „besitzen“ auszudrücken, kann man ada „da ist / sind, es gibt“ oder punya „besitzen“ verwenden:

Saya punya kamar.
ich besitzen Zimmer
Ich habe ein Zimmer.

Ada kamar?
es-gibt Zimmer
Gibt es / Haben Sie ein Zimmer?

Saya orang Jèrman.
ich Mensch deutsch
Ich bin Deutsche/r.

Ada hotèl.
es-gibt Hotel
Es gibt ein Hotel.

andere Hilfstätigkeitswörter

Die anderen Hilfstätigkeitswörter sind ebenfalls einfach. Sie werden, falls sie mit einem anderen Tätigkeitswort kombiniert werden, diesem vorangestellt.

pandai	es verstehen zu, klug
bolèh	dürfen
siap	fertig/bereit sein, etw. zu tun
sanggup	in der Lage sein
dapat	können, bekommen
bisa	können
suka	mögen, gerne tun
harus	müssen
usah, perlu	nötig sein, benötigen
mau	wollen, möchten
hendak, ingin	wünschen

Saya mau jalan-jalan.
ich wollen Weg-Weg
Ich will spazierengehen.

Dia bisa bernyanyi.
er/sie können singen
Er/sie kann singen.

Die Zeiten

Die Bildung von Zeiten ist im Indonesischen unkompliziert. Die verschiedenen Zeiten werden angezeigt durch konkrete Tages- und Zeitangaben (Montag, heute, gestern) oder durch relative Zeitangaben (soeben, gleich, noch, schon,). Zeitangaben stehen am Satzanfang und die Tätigkeitswörter bleiben unverändert!

Vergangenheit

waktu dulu	nahe Vergangenheit	*Zeit früher*
waktu itu	seit einiger Zeit	*Zeit jene*
tadi	zu der Zeit, als...	*vorher, soeben, gerade*
dari tadi	in früheren Zeiten	*von vorher*
tadi pagi	heute Morgen	*vorher morgens*
tadi malam	gestern Abend	*vorher abends*
setelah itu	danach	*nachdem das*
dulu, dahulu	früher, einstmals	*früher*
baru	eben erst, gerade	*neu*
habis, siap, selesai, sedia	abgeschlossene Handlung	*fertig*
hampir	fast, beinahe	
belum	noch nicht	
sebelum	bevor	
pernah	schon einmal	*fertig*
belum pernah	noch niemals	*noch-nicht jemals*
setelah / sesudah	nachdem	
sudah, telah	schon begonnene Hdlg.	*bereits, schon*

Saya makan nasi.
ich essen Reis
Ich esse Reis.

Kemarin saya makan nasi.
gestern ich essen Reis
Gestern aß ich Reis.

Saya habis makan nasi.
ich fertig essen Reis
Ich habe den Reis aufgegessen.

Habis makan pergi.
fertig essen gehen
Nach dem Essen gehe ich.

Tadi saya makan nasi.
vorher ich essen Reis
Soeben habe ich Reis gegessen.

Gegenwart

hari ini	*Tag dieser*	heute
sekarang	*jetzt*	jetzt
seketika	*ein-Zeitpunkt*	sofort
sedang	*gerade etw. tun*	gerade
masih	*noch etw. tun*	noch
pada masa ini	*bei Zeit dieser*	gegenwärtig
dari dahulu	*von früher*	schon immer
selalu / selamanya	*stets*	fortwährend
berkali-kali	*öfters*	öfters
sering	*oft*	oft

Saya sedang makan.
ich gerade essen
Ich esse gerade.

Hari ini saya makan nasi.
Tag dies ich essen Reis
Heute esse ich Reis.

Zukunft

malam / bulan / tahun / minggu yang akan datang
Abend / Monat / Jahr / Woche welche werden (an)kommen
kommender Abend / nächste/-n/-s Monat / Jahr / Woche

Besok/lusa saya makan nasi.
morgen/übermorgen ich essen Reis
Morgen/übermorgen werde ich Reis essen.

kemudian	später, danach, dann nachher
hari kemudian	später, in Zukunft
nanti	nachher
hari nanti	später, in Zukunft
hendak	wünschen zu
mau	wollen, werden

Um die unbestimmte Zukunft auszudrücken, also wenn man sagen will, dass man etwas irgendwann tun möchte, verwendet man meistens akan, in der Wort-für-Wort-Übersetzung mit „werden" übersetzt.

Mau hujan.
möchten regnen
Es wird regnen.

Es sieht nach Regen aus. (irgendwann später)

Saya akan makan nasi.
ich werden essen Reis
Ich werde Reis essen.

Satzstellung

In der Regel entspricht die indonesiche Satzstellung der deutschen:

Subjekt *Satzgegenstand*	Prädikat *Satzaussage*	Objekt *Satzergänzung*
Saya	**mau**	**nasi.**
Ich	möchte	Reis.

Natürlich gibt es auch Ausnahmen. So wird eine Satzaussage mit zwei Tätigkeitswörtern nicht wie im Deutschen auseinander gerissen, und Eigenschaftswörter stehen immer hinter dem Hauptwort, auf das sie sich beziehen.

Saya mau makan nasi.
ich wollen essen Reis
Ich möchte Reis essen.

Saya mau makan nasi gorèng.
ich wollen essen Reis gebraten
Ich möchte gebratenen Reis essen.

Saya mau makan nasi gorèng di rumah makan.
ich wollen essen Reis gebraten pos. Haus Essen
Ich möchte gebratenen Reis im Restaurant essen.

Hier nun ein etwas längerer Satz:

Saya mau makan nasi gorèng sekarang ...
ich wollen essen Reis gebraten jetzt ...
Ich möchte jetzt gebratenen Reis essen ...

... dan nanti saya mau minum minuman ini.
... und später ich wollen trinken Getränk dies
... und später dieses Getränk trinken.

Auffordern & Befehlen

Eine einfache Aufforderung kann man ausdrücken, indem man einfach die Aufforderungssilbe -lah an das Tätigkeitswort anhängt:

tutup	zumachen
Tutuplah!	Mach zu!

mari(lah) heißt so viel wie „komm her!", „Los!". Man stellt es an den Satzanfang und drückt somit einen Vorschlag aus, in den sich der Sprecher mit einbezieht. Durch saja „nur, doch" wird dieser Vorschlag abgeschwächt.

Marilah kita pergi!
los! wir gehen
Lasst uns gehen!

Mari kita pergi saja!
los! wir gehen nur
Lasst uns doch einfach gehen!

Das Aufforderungswort ayo *bedeutet das gleiche wie* mari(lah).

Ayo kita pulang!
Na los! wir Heim-gehen
Lasst uns nach Hause gehen!

Die Aufforderung, etwas nicht zu tun, drückt man mit jangan(lah) „unterlass!, nicht!" aus, das wie mari(lah) und ayo am Satzanfang steht.

Janganlah takut!
nicht! Angst
Sei nicht ängstlich!

Janganlah anda pergi!
nicht! du/Sie gehen
Geh(en Sie) nicht!

Jangan buang sampah
nicht! werfen Abfall
Müllabladen verboten!

Bindewörter

Die Bindewörter benutzt man im Indonesischen wie im Deutschen:

tetapi, tapi	aber
waktu, bila, masa	als
sebelum - sejak	bevor - seit
sampai, hingga	bis
supaya (jangan)	damit (nicht)
yang	der/die/das, welche,-r,-s
karena itu	deswegen
sebilang waktu	jedesmal wenn
setelah, sesudah	nachdem
meskipun, walaupun (demikian)	obgleich
sehingga	so dass
untuk	um zu
dan - atau	und - oder
sedang, sementara	während
sebab, karena	weil
kalau, jika, jikalau	wenn, falls

atau ... atau pun
entweder ... oder

mana ... mana
sowohl...als auch

tidak ... melainkan
nicht ... sondern

Sesudah makan, saya perlu minum.
nachdem essen, ich benötige trinken
Nachdem ich gegessen habe, muss ich etwas trinken.

Saya tinggal, sebab mau minum.
ich bleiben, weil möchten trinken
Ich bleibe, weil ich trinken möchte.

Mèskipun mahal, saya akan beli ini.
obwohl teuer, ich werden kaufen dies
Obwohl es teuer ist, werde ich dies kaufen.

Fragen

Fragen, die man nur mit „ja" oder „nein" beantworten kann, also sogenannte Entscheidungsfragen, bildet man, indem man den Aussagesatz wie eine Frage ausspricht:

Mau tèh?	**Mau minum?**
wollen Tee	*wollen trinken*
Möchtest du Tee?	Möchtest du etwas trinken?

Anda senang di Indonésia?
du wohl-fühlen in Indonesien
Bist du gerne in Indonesien?

Umgangssprachlich wird gerne noch ein ya „ja?" oder bukan „nicht, kein?" an den Schluss des Satzes gestellt. Bei dieser Art der Fragestellung wird dann unbedingt eine positive Antwort erwartet.

Anda senang di Indonésia, bukan/ya?
du wohl-fühlen in Indonesien, nicht/ja
Du bist gerne in Indonesien, nicht wahr?

Desweiteren kann man Entscheidungsfragen mit apakah „was?" am Satzanfang einleiten.

Apakah anda senang di Indonésia?
was-? du wohl-fühlen in Indonesien
Bist du gerne in Indonesien?

Apakah anda akan datang?
was-? du werden kommen
Wirst du kommen?

Weiterhin hat man die Möglichkeit, das, wonach man fragt, stärker zu betonen, indem man den entsprechenden Satzteil an den Satzanfang stellt und eventuell -kah anhängt.

Hasan sakit.	**Sakitkah Hasan?**
Hasan krank	*krank-? Hasan*
Hasan ist krank.	Ist Hasan *krank*?

-kah wird in der Wort-für-Wort-Übersetzung durch „-?" gekennzeichnet.

Hasankah yang sakit?
Hasan-? welcher krank
Ist es Hasan, der krank ist?

Die positive Antwort auf eine Entscheidungsfrage kann lauten:

Ya!	**Betul!**	**Benar!**	**Memang!**
Ja!	Richtig!	Wahr!	In der Tat!

Eine andere Möglichkeit ist es, das wonach gefragt wurde zu wiederholen und statt -kah die betonende Endung -lah anzuhängen.

-lah wird in der Wort-für-Wort-Übersetzung mit „-!" gekennzeichnet.

Sakitlah!	**Hasanlah!**
krank-!	*Hasan-!*
Ja, krank ist er!	Ja, Hasan ist es!

Sogenannte „Ergänzungsfragen" werden mit Fragewörtern eingeleitet, die am Satzanfang, aber auch am Satzende stehen können.

siapa?	wer?
(yang) mana?	welche(r, -s)?
apa?	was?
apa? *(nachgestellt)*	was für ein(e)?
apa gunanya?	wozu?
dengan apa?	womit?
untuk apa?	wofür?
dari apa?	woraus?
bagaimana?	Wie geht's?

berapa?	wie viel(e)?
mengapa?, kenapa?	warum?
mana bolèh?	wieso?
di mana?	wo?
dari mana?	woher?
ke mana?	wohin?
kapan?, bila?, bilamana?	wann?

Siapa nama?
wer Name
Wie heißt du?

Apa(kah) itu? / Itu apa?
was(-?) jenes / jenes was
Was ist das?

Buah apa itu?
Frucht was-für-eine jenes
Was ist das für eine Frucht?

Mau naik apa?
möchten fahren was
Womit möchtest du fahren?

Anda makan apa?
du essen was
Was isst du?

Apa artinya?
was Bedeutung -sein / -ihr
Was hat das für eine Bedeutung?

Siapa(kah) orang itu? / Orang itu siapa?
wer(-?) Mensch jenes / Mensch jenes wer
Wer ist jene Person?

Dia memanggil siapa?
er / sie rufen wer
Wen ruft er / sie?

Kapan ada bis ke Jakarta?
wann es-gibt Bus nach Jakarta
Wann fährt ein Bus nach Jakarta?

Kapal mana mau ke Bali?
Schiff welcher wollen nach Bali
Welches Schiff geht nach Bali?

Mit den Verhältniswörtern di, dari *und* ke *hat man auch vielfältige Möglichkeiten, Ortsangaben zu bilden.*

Mau ke mana?
wollen nach wo
Wohin willst du?

Di mana rumahnya?
Pos wo Haus-sein / -ihr
Wo ist sein Haus?

Dari mana bis ini?
von wo Bus dies
Woher kommt dieser Bus?

Siapa tahu!
wer wissen
Wer weiß!

Für einige Fragen, die im Deutschen mit dem Fragewort „wie?“ formuliert werden, wird im Indonesischen berapa? „wie viel?“ verwendet:

Berapa harga?
wie-viel Preis
Wie teuer?

Berapa harga ke Jakarta?
wie-viel Preis nach Jakarta
Wie teuer ist es bis nach Jakarta?

Jam berapa?
Stunde wie-viel
Wie spät ist es?

Berapa jam?
wie-viel Stunde
Wie lange?

Mädchen von Flores in ihren Trachten

Verneinung

Tidak verneint Eigenschaftswörter, Tätigkeitswörter und Hilfstätigkeitswörter:

tidak *„nicht, nein"*

Saya tidak mau makan.
ich nicht wollen essen
Ich möchte nicht essen.

Hari ini tidak ada hujan.
Tag dieser nicht es-gibt Regen
Heute regnet es nicht.

Ini tidak mahal.
dies nicht teuer
Dies ist nicht teuer.

Beachte: Die Antwort auf eine Frage mit Ada ...? *lautet* Tidak ada *„Es gibt nicht."* *oder* Ya ada. *„Es gibt."* *und nicht nur* tidak *oder* ya.

Sama sekali tidak! / Sekali-kali tidak!
zusammen ein-Mal nicht / einMal-Mal nicht
Ganz und gar nicht!, Überhaupt nicht!, Unter keinen Umständen!

Oftmals ist es höflicher, statt tidak die abgeschwächte Form kurang „weniger" zu wählen:

Itu kurang baik.
jenes weniger gut
Das ist weniger / nicht so gut.

Zur Aussprache von tidak: In einigen Gegenden verkürzt man das tidak auf tak oder ta. In anderen Regionen sagt man nda, im Jakarta-Dialekt nggak. Das „a" wird überall kurz gesprochen, wie in „ab". Das „k" hört man kaum. Es wird sicherlich keine Schwierigkeit sein, herauszufinden, ob „ja" ya oder „nein" tidak, tida, da, nda, tak, ta gemeint ist.

bukan (nicht, kein)

Mit bukan werden ganze Sätze, Hauptwörter sowie persönliche und hinweisende Fürwörter verneint:

Ini bukan rumah.
dies kein Haus
Dies ist kein Haus.

Ini bukan nasi saya.
dies kein Reis mein
Dies ist nicht mein Reis.

Bukan ini, melainkan itu.
nicht dies, sondern jenes
Nicht dieses, sondern jenes.

belum (noch nicht) - sudah (schon)

Das Wörtchen belum scheint die gebräuchlichste Verneinung zu sein! Ich habe den Eindruck, dass es im Grunde keine Frage gibt, die man mit einem klaren „nein" beantworten könnte. Für die folgenden Fragen beispielsweise passt belum auf jeden Fall ausgezeichnet als Antwort. Möchte man jedoch die Antwort bejahen, muss man an dieser Stelle sudah „schon" sagen.

Sudah punya anak?
schon besitzen Kind
Hast du schon ein Kind?

Belum
noch nicht
Noch nicht.

Sudah pernah ke Sumatra?
schon jemals nach Sumatra
Bist du schon in Sumatra gewesen?

Sudah dua kali.
schon zweimal
Schon zweimal.

häufige verneinte Floskeln

nicht es-gibt	**tidak ada**	nicht haben, nicht da sein
nicht dürfen	**tidak bolèh**	nicht dürfen, nicht möglich
nicht können	**tidak bisa**	nicht können
nicht mutig	**tidak berani**	sich nicht trauen
nicht müssen	**tidak harus**	nicht müssen

tidak mau	nicht wollen	*nicht wollen*
tidak punya	nicht haben/besitzen	*nicht besitzen*
tidak suka	nicht mögen, nicht gern haben	*nicht mögen*
tidak usah	nicht benötigen	*nicht nötig (sein)*

Jangan (nein, nicht)

Jangan wird ausschließlich benutzt, um einen negativen Befehl auszudrücken:

Jangan pergi!
nicht gehen
Geh' nicht!

Jangan buang sampah
nicht! werfen Abfall
Müllabladen verboten!

Membikin Gigi Palsu = Mache Zähne falsche

Verhältniswörter

Die wichtigsten Verhältniswörter (Präpositionen) sind ke, di und dari. Hiermit hat man vielfältige Möglichkeiten, weitere Verhältniswörter zu bilden. Di drückt die Ortsangabe (Position = pos.) aus, ke die Richtung vom Sprecher weg und dari die Richtung zum Sprecher hin.

ke	zu, nach, bis, an, hin
untuk	für
di	in, auf, am, bei
sampai	bis (örtl. + zeitl.)
dari	von, seit, her
pada	in, an, auf, bei, zu
selain (dari)	außer
tanpa	ohne
sebagai ganti	anstatt
dengan	mit
tentang	über

Folgende Ortsangaben müssen mit di, ke oder dari kombiniert werden:

luar	außen
hadapan	Front
sini - situ/sana	hier - da / dort
belakang	hinter
dalam	innen
kiri/kanan	links/rechts
téngah	Mitte
sebelah	neben
atas	oben
segi/sisi	Seite
bawah	unten
muka	vorne
mana	wo
antara	zwischen

Kapal itu akan singgah di sana.
Schiff jenes wird einlaufen pos. dort
Das Schiff wird dort einlaufen.

Kapan kapal itu akan ke sana?
wann Schiff jenes wird nach dort
Wann wird das Schiff ablegen?

Keréta api ini ke Bandung?
Wagen Feuer dies nach Bandung
Geht diese Eisenbahn nach Bandung?

Lokèt di mana?
Schalter pos. wo
Wo ist der Schalter?

di pada	bei
ke sana	dorthin (nach dort)
di sini - di sana	hier - dort
di téngah	in der Mitte
di dalam	in, innerhalb
ke belakang	nach hinten
ke pada	nach / zu jemandem
di dekat	nah
di sebelah	neben
di atas	oben, auf
di bawah	unten, drunter
dari sana	von dort
di depan	vor
di antara	zwischen, mitten

Di situ ada kah juga kamar kecil?
in da es-gibt auch Zimmer klein
Gibt es dort auch eine Toilette?

Kain itu dari sutera.
Stoff jenes aus Seide
Dieser Stoff ist aus Seide.

Saya mau tampat duduk di sebelah pintu.
Ich möchte Platz sitzen pos. neben Fenster
Ich möchte einen Fenstersitz.

Ein Satz, den man ständig benötigt, ist:

Saya mau dari sini ke ...
Ich möchte von hier nach ...

tanpa (ohne)

kopi tanpa gula Kaffee ohne Zucker

Die sorgfältige Aussprache ist bei tanpa sehr wichtig, denn tambah heißt „plus" bzw. „mehr". Gerade beim Kaffeebestellen kann das unangenehm sein. Anstelle von gar keinem Zucker kann man leicht eine Überdosis in den Kaffee bekommen.

Zahlen & Zählen

Gerade der Reisende befindet sich ständig in Situationen, die mit Handeln, Kaufen und Bezahlen zu tun haben: im toko – „Geschäft", auf dem pasar – „Markt", im bis – „Bus", im losmèn – „Pension", im rumah makan – „Restaurant", am warung – „Essensstand".

angka = *„die Zahl"*

In touristischen Gegenden ist es üblich, von Touristen mehr Geld zu verlangen als von Einheimischen. Dabei handelt es sich nicht nur um ein „Trinkgeld“, sondern oftmals um einen 10- bis 100fachen Preis. Wer aber die Zahlen kennt, kann bei Preisabsprachen zuhören oder durch Nachfragen bei Unbeteiligten den richtigen Preis herausfinden.

0 **nol**	5 **lima**	10 **sepuluh**
1 **satu**	6 **enam**	11 **sebelas**
2 **dua**	7 **tujuh**	12 **dua belas**
3 **tiga**	8 **delapan**	13 **tiga belas**
4 **empat**	9 **sembilan**	14 **empat belas**

...usw.

20	**dua puluh**	
21	**dua puluh satu**	*(zwei -zig eins)*
30	**tiga puluh**	*(drei -zig)*
31	**tiga puluh satu**	*(drei -zig eins)*
40	**empat puluh**	*(vier -zig)*
50	**lima puluh**	*(fünf -zig)*
55	**lima puluh lima**	*(fünf -zig fünf)*
60	**enam puluh**	*(sechs -zig)*
100	**seratus** *(ein-hundert)*	
200	**duaratus** *(zwei-hundert)*	
300	**tigaratus** *(drei-hundert)*	

1000	**seribu** *(ein-tausend)*
2000	**dua ribu** *(zwei Tausend)*
3000	**tiga ribu** *(drei Tausend)*
10.000	**sepuluh ribu** *(zehn Tausend)*
100.000	**seratus ribu** *(ein-hundert Tausend)*
1.000.000	**sejuta** *(eine-Million)*

Beachte: satu *„eins“ wird in Zusammensetzungen zu* se-*! Also* seribu *und nicht „satu ribu“,* seratus *und nicht „satu ribu“, etc.*

seratus enam puluh lima ribu tujuh ratus empat puluh tiga
= 165.743

puluhan anjing
zig Hunde
ratusan ikan
hunderte Fische
ribuan orang
Millionen von Menschen

- puluh	-zig	**- belas**	-zehn
- ratus	-hundert	**- ribu**	-tausend
juta	Million	**milliar(d)**	Milliarde

Umgangssprachlich werden sowohl 150 Rp. wie auch 1500 Rp. mit satu setèngah *„eins einhalb"* bezeichnet. 1150 Rp. heißen z. B. auch seribu satu seténgah *„tausend eins einhalb"*.

Die Vorsilbe se- hat mehrere Bedeutungen. Zum einen ist sie die abgekürzte Form für „eins" und verdoppelt kann sie Unbestimmtheit ausdrücken wie „irgendein".

seorang demi seorang
ein-Mensch für ein-Mensch
einer nach dem anderen

seseorang
ein-ein-Mensch
irgendeiner

Zahlenangaben kann man durch folgende voran gestellte Ausdrücke ungenau machen:

kurang lebih / lebih kurang *bedeutet auch: „mehr oder weniger"*

kira-kira	ungefähr
kurang lebih, lebih kurang	ungefähr, noch weniger
sekitar	etwa, ungefähr

Kira-kira dua ribu rupiah cukup.
ungefähr zwei tausend Rupien genug
2000 Rupien genügen ungefähr.

Bruchzahlen

1/2	**setèngah, separuh**	*eine-Hälfte*, einhalb
1/4	**seperèmpat**	*ein-für-vier*
3/4	**tiga perèmpat**	*drei für-vier*
1 1/2	**satu setèngah**	*eins eine-Hälfte*

Prozentzahlen

sepuluh persèn / sepuluh dalam seratus
zehn Prozent / zehn in ein-hundert
zehn Prozent

abgeleitete Zahlwörter

1.	**pertama**	erstens
2.	**kedua**	zweitens
3.	**ketiga**	drittens
4.	**keèmpat**	viertens usw.

1.	**yang pertama**	erste(r, -s)
2.	**yang kedua**	zweite(r, -s)
3.	**yang ketiga**	dritte(r, -s)
4.	**yang keèmpat**	vierte(r, -s)

Bis yang kedua.
Bus welcher zweitens
Der zweite Bus.

Tiga kali sehari ada bis.
drei Mal ein-Tag es-gibt Bus
Dreimal täglich gibt es einen Bus.

(untuk) pertama kali
(für) 1. Mal
zum ersten Mal

(untuk) kedua kali
(für) 2. Mal
zum zweiten Mal

sekali	**dua kali**	**tiga kali**	**empat kali**
einmal	zweimal	dreimal	viermal

berdua	**bertiga**	**bersama**
zu zweit	zu dritt	zusammen

Grundrechenarten

ditambah - (di)kurang(i)	plus - minus
kali - dibagi	mal - geteilt durch
sama dengan	ist gleich
jumlah	Summe

unbestimmte Mengenangaben

sedikit	wenig(e), ein bisschen
berbagai	allerlei, verschiedene
banyak	viel(e)
seluruh	der/die/das Ganze
beberapa	einige
semua, segala, sekalian	alle
tiap, setiap, masing masing	jede(r,-s)

Die meisten der unbestimmten Mengenangaben stehen vor dem Hauptwort, auf das sie sich beziehen. Banyak, sedikit sowie masing-masing können vor oder nach dem Hauptwort stehen.

banyak uang.
viel Geld
viel Geld

Setiap hari saya di sini.
jeden Tag ich pos. hier
Jeden Tag bin ich hier.

Kategoriewörter & Zählen

Wie fast alle Asiaten benutzen Indonesier in Verbindung mit Zahlen oft Kategoriewörter (Hilfszählwörter). Also nicht einfach nur gelegentlich „Stück" wie bei uns, sondern ein Wort, das den gezählten Gegenstand in Bezug auf seine Form oder Eigenschaft näher beschreibt. So sagt man im Indonesischen nicht „fünf Eier", sondern lima butir telur *„fünf Körner Eier"*, da Eier rund und relativ klein, eben so ähnlich wie Körner sind.

Die Kategorie- oder Hilfszählwörter können nur teilweise auch als selbständige Hauptwörter verwendet werden. Hier die wichtigsten:

Mensch	**orang**	für Menschen
Schwanz	**èkor**	für Tiere
Vogel	**burung**	für Vögel
Stamm	**batang**	für Bäume, Pflanzen und auch längliche Dinge (z. B. Zigaretten)
Knospe	**kuntum**	für Blumen
Korn/Kern	**butir / biji**	für kleine, runde Gegenstände (z. B. Eier, Reis, Mango)
Faden, Strähne, Blatt	**lembar**	für alle flachen dünnen Gegenstände wie Papier, Bretter, Stoff)

buah	für Früchte und andere größere Gegenstände von fruchtähnlicher Gestalt, aber auch für Dinge von plumper und eher unbestimmbarer Gestalt (z. B. Schiffe, Häuser, Berge, Städte, Länder, oft auch für abstrakte Begriffe)	*Frucht*
carik	für Papier	*Stück, Streifen*
bidang	für Landflächen	*Fläche*

tujuh buah rumah
sieben Frucht Haus
sieben Häuser

tiga èkor ayam
drei Schwanz Huhn
drei Hühner

enam butir telur
sechs Korn Ei
sechs Eier

empat orang murid
vier Mensch Schüler
vier Schüler

seorang Jèrman
ein-Mensch Deutsch
ein/e Deutsche/r

Lauten Hilfszählwort und das Gezählte jedoch gleich, wird das Hilfszählwort in der Regel nicht noch einmal wiederholt.

banyak burung besar
viele Vögel große
viele große Vögel

Uhr-, Tages- & Jahreszeit

Bei der Frage nach der Uhrzeit wird berapa? „wie viel?“ nachgestellt. Fragt man hingegen nach einem Zeitabschnitt, wird berapa vorangestellt.

Jam / pukul berapa?
Stunde / Schlag wie-viel
Wie spät ist es?

Berapa jam?
wie-viel Stunde
Wie viele Stunden? Wie lange?

Jam sembilan.
Stunde neun
Es ist 9 Uhr.

Jam setèngah delapan.
Stunde halb acht
Es ist 7 Uhr 30.

Im Indonesischen wird die Stunde immer vor den Minuten genannt.

Möchte man eine Uhrzeit genau angeben, benutzt man pukul „Schlag“. Jam pukul sembilan bedeutet „Stunde Schlag neun“, also „pünktlich neun Uhr“. Mit kurang „weniger“ drückt man aus, wie viele Minuten an einer vollen Stunde fehlen, mit lewat „vorbei“, wie viele Minuten nach der vollen Stunde verstrichen sind.

Jam tiga kurang dua puluh ménit.
Stunde drei weniger zwei -zig Minuten
Es ist 2 Uhr 40. (Zwanzig vor drei)

Jam empat lewat sepuluh ménit.
Stunde vier vorbei zehn Minuten
Es ist 4 Uhr 10. (Zehn nach vier)

„Kurz nach ...“ wird mit lebih „mehr“ ausgedrückt, für „kurz vor ...“ verwendet man kurang „weniger“.

Jam tiga lebih.
Stunde drei mehr
Kurz nach drei Uhr.

Jam tiga kurang.
Stunde drei weniger
Es ist kurz vor drei.

Eine sehr spezielle Zeiteinheit ist jam karèt „Stunde Gummi“, also die „Gummizeit“. Welche Bedeutung dieser Ausdruck hat, lässt sich leicht erraten. Flug- und Zugpläne werden pünktlichst eingehalten, in der Regel auch Kinoprogramme. Auch Langstreckenbusse fahren bis auf plus/minus eine halbe

Stunde zur angegebenen Zeit ab. Persönliche Verabredungen fallen ganz eindeutig unter jam karèt. Bei Familienfesten sollte man zwar pünktlich erscheinen, was aber nicht heißt, dass sie auch wirklich zur angegebenen Stunde beginnen. Fragt man nach, wann es denn nun endlich losgeht, sind folgende Antworten möglich:

sebentar	gleich = sofort bis 3 Stunden
nanti	später = sofort bis überhaupt nicht
sudah	schon = schon vorbei, vielleicht auch nicht

Datum

Mit nachgestelltem berapa? „wie viel?“ fragt man nach dem Datum und nach einem bestimmten Jahr. Nach einem bestimmten Tag oder Monat hingegen mit nachgestelltem apa? „was für ein?“

Tanggal berapa?
Datum wie-viel
Welches Datum haben wir?

Tahun berapa?
Jahr wie-viel
Welches Jahr? / In welchem Jahr?

Hari apa?
Tag was-für-ein
Welcher / an welchem Tag?

Bulan apa?
Monat was-für-ein
Welcher / in welchem Monat?

hari Rabu
Tag Mittwoch
Mittwoch

bulan Mèi
Monat Mai
Mai

Beim Datum wird lediglich die Grundzahl, empat, *nicht die Ordnungszahl,* keèmpat, *verwendet.*

tanggal empat Januari
Datum vier Januar
4. Januar

tahun duaribu tigabelas
Jahr zwei-tausend dreizehn
(im) Jahr 2013

pada = *in, im, am, bei, zu, nach*

„Am" Mittwoch oder „im" Monat Mai wird durch ein vorangestelltes pada ausgedrückt.

pada hari Rabu
am Tag Mittwoch

pada bulan Mèi
im Monat Mai

détik	Sekunde	**minggu**	Woche
ménit	Minute	**bulan**	Monat
jam	Stunde	**tahun**	Jahr
hari	Tag	**tanggal**	Datum

Monate

Januari	Januar	**Juli**	Juli
Pébruari	Februar	**Augustus**	August
Marèt	März	**Sèptèmber**	September
April	April	**Oktober**	Oktober
Mèi	Mai	**Nopèmber**	November
Juni	Juni	**Désèmber**	Dezember

Den Monatsnamen stellt man oft bulan voran.

Wochentage

hari Minggu	Sonntag
hari Senén/Senin	Montag
hari Selasa	Dienstag
hari Rabu	Mittwoch
hari Kamis	Donnerstag
hari Jumat	Freitag
hari Sabtu	Samstag
malam minggu	Wochenende
hari raya	Feiertag
hari biaga	Wochentag

Nacht Woche

Tagesabschnitte

pagi	6 - 11 Uhr
siang	11 - 15 Uhr
soré, petang	15 - 18 Uhr
malam	(alle dunklen Stunden)

Die Tagesabschnitte werden einfach mit den Wochentagen kombiniert:

Senén pagi Montag Morgen
Rabu soré Mittwoch Nachmittag

Der Abend kann auf zweierlei Art ausgedrückt werden, entweder durch Wochentag + Tagesabschnitt oder durch Tagesabschnitt + dem folgenden Tag, im übertragenden Sinn „der Abend zum nächsten Tag“:

Senén malam	**malam Selasa**
Montag Abend	*Abend Dienstag*
Montag abend	Montag abend (Abend zum Dienstag)

nanti „bald, nachher, später“ und tadi „vorhin, soeben“, kombiniert mit Tagesabschnitten, zeigen den gegenwärtigen Zeitpunkt des Sprechers an, z. B. ob „heute Mittag“ noch vor oder schon hinter ihm liegt:

nanti / tadi siang heute Mittag
nanti / tadi soré heute Nachmittag

Beachte aber: nanti pagi *für „heute Morgen“ ist nicht gebräuchlich. Statt dessen sagt man* pagi ini *„dieser Morgen“, oder* tadi pagi *„vorher Morgen“.*

allgemeine Zeitangaben

hari ini	*Tag dieser*	heute
kemarin		gestern
kemarin dulu	*gestern vorherig*	vorgestern
besok		morgen
lusa		übermorgen
sebentar		gleich

	baru saja	im Moment
	sekarang	jetzt
	tadi	früher, vorhin
	sudah	schon
	nanti	später, nachher
	pagi-pagi	frühmorgens
	soré	nachmittags
	malam hari	abends
	sehari-harian	tagsüber
jeder Tag	**setiap hari**	täglich
	sehari-hari	tagtäglich
jede Woche	**setiap minggu**	wöchentlich
	minggu-minggu lamanya	wochenlang
	setiap tahun	jährlich
Mitte Nacht	**téngah malam**	Mitternacht

Um Zeitangaben zu konkretisieren werden folgende Ergänzungen gebraucht: yang lalu „welche / r vergangen“ bzw. yang akan datang „welche / -r / -s wird kommen“, depan „nächst, zukünftig“ oder lagi „noch“.

dua hari / seminggu yang lalu
zwei Tage / eine-Woche welche vergangen
vor zwei Tagen / einer Woche

minggu yang lalu
Woche welche vergangen
letzte Woche

tahun yang lalu
Jahr welches vergangen
letztes Jahr

(masih) dua hari lagi
(noch) zwei Tage noch
in zwei Tagen

minggu depan
Woche zukünftig
nächste Woche

minggu yang akan datang
Woche welcher werden kommen
nächste Woche

„Von ... ab / an" oder „seit" wird mit dari „von", „bis" mit hingga „bis" oder sampai „bis, ankommen" umschrieben:

dari hari ini	von diesem Tag an	*von Tag dieser*
dari kecil	von klein auf	*von klein*
dari sekarang	ab jetzt	*von jetzt*
hingga / sampai sekarang	bis jetzt	
dari sekarang sampai	bis/bis jetzt	*von jetzt bis*

Jahreszeiten

musim kering
Jahreszeit trocken
Trockenzeit

musim hujan
Jahreszeit Regen
Regenzeit

europäische Jahreszeiten

musim semi	*Jahreszeit Schößling*	Frühling
musim panas	*Jahreszeit heiß*	Sommer
musim rontok	*Jahreszeit abfallen*	Herbst
musim dingin, musim salju	*Jahreszeit kalt*, *Jahreszeit Schnee*	Winter

Musim hujan sudah mulai?
Jahreszeit Regen schon anfangen
Ist die Regenzeit schon angefangen?

Ya, setiap hari ada hujan.
ja, jeder Tag gibt-es Regen
Ja, es regnet jeden Tag.

Auf dem Markt, Bali

Kurz - Knigge

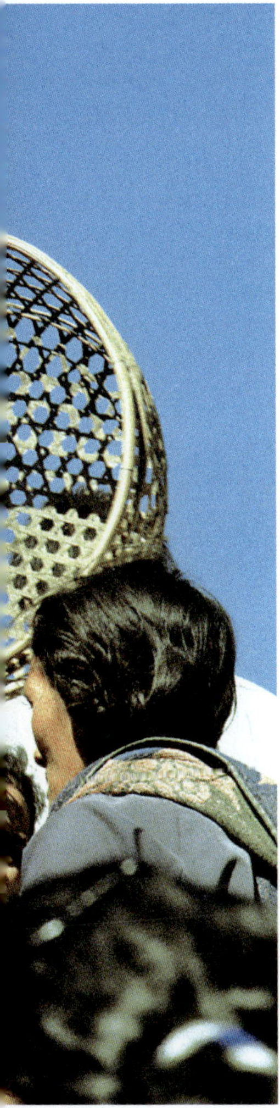

Die linke Hand gilt als „unrein", da man sie anstelle von Toilettenpapier benutzt. Um Menschen zu begrüßen, zu berühren, zum Essen, um etwas anzunehmen oder weiterzugeben wird ausschließlich die rechte Hand benutzt. Die linke Hand zu geben wäre eine Beleidigung. Wenn mit Fingern gegessen wird, legt man seine linke Hand in den Schoß und „vergisst" sie am besten.

Die Füße sind der „unsauberste" Teil des Körpers. Es ist sehr unhöflich, beim Sitzen die Fußsohlen auf eine Person zu richten. Die Füße auf den Tisch zu legen wäre ein Affront. Angebracht ist der Schneidersitz. Befindet man sich in vollen Bussen, auf Fähren oder in ähnlichen Situationen, lässt sich diese Regel jedoch oft nicht einhalten.

Die Schuhe sollten beim Betreten eines Wohnhauses, oft sogar Geschäften, ausgezogen werden. Steht ein Wasserbehälter am Eingang eines Hauses oder einer Moschee, wäscht man sich den Staub von den Füßen.

Überhebliche und aggressive Gesten sind: Mit einem Finger direkt auf eine Person zu zeigen, insbesondere bei einem Gespräch, die Arme vor der Brust zu verschränken oder die Hände in die Hüften zu stemmen.

Religion & Islam

Respektiere die Gebetszeiten! Fremde sollte man stets vor 18.00 Uhr (Zeit des Abendgebetes) besuchen. Zur Zeit des Fastenmonats sollte man nicht in Gegenwart von Moslems essen, trinken oder rauchen, denn das ist von Sonnenauf- bis Sonnenuntergang untersagt.

Zu behaupten, nicht an einen Gott zu glauben, ist ein „Fauxpas". Man gerät leicht in den Verdacht, Kommunist zu sein.

Das Essen von Schweinefleisch ist laut Koran verboten. Auf keinen Fall sollte man einen Moslem nötigen, in einem chinesischen Restaurant zu essen. Wenn man einen Moslem zum Essen einladen will, sollte man ihn das Restaurant aussuchen lassen. Auch das Trinken von alkoholischen Getränken ist untersagt. Während man den Koran liest, wird nicht getrunken oder geraucht. Niemals ein anderes Buch auf den Koran legen!

Lächeln

Die Indonesier lächeln gerne (fast) immer und (fast) überall - es ist einen Versuch wert. Bei uns im Westen ist es nicht üblich, jeden anzulächeln, aber in Indonesien kann man es lernen. Es gibt ein gutes Gefühl. Allerdings bedeutet ein Lächeln nicht unbedingt, dass mir mein Gegenüber auch wohlgesonnen ist!!!

Das Herbeiwinken mit der Hand erfolgt nicht wie bei uns mit dem Handrücken nach unten, sondern genau umgekehrt, nämlich mit dem Handrücken nach oben. Für uns sieht das im ersten Moment wie wegscheuchen aus. Die europäische Art, jemanden herbeizuwinken, wird einfach nicht verstanden.

In Privaträumen, Restaurants, Zügen etc. kann man beobachten, wie Indonesier eine gebeugte Haltung einnehmen und mit vorgehaltener Hand an anderen Personen vorbeihuschen. Es handelt sich um ein Zeichen des Respekts. Man will den Kopf nicht höher tragen als der Gast, der Ältere oder die Person. Gleichzeitig sagt man dazu Permisi! „Entschuldigung!". Für uns Gäste reicht es, wenn wir diese Haltung nur andeuten. Diese Regel gilt vor allem bei Privatbesuchen.

Ärger

Wutausbrüche und Schreien sind völlig unverständliche Verhaltensweisen: Man zeigt seine Wut nicht. Nur Kinder verlieren die Selbstkontrolle und schreien. Wer sich nicht beherrschen kann, verliert sein Gesicht! Die Reaktion des Gegenübers ist Distanz und Unverständnis.

Kleidung

Für **Frauen** empfiehlt es sich, „anständig" gekleidet zu sein, d. h. langer, undurchsichtiger Rock, Kleid, Bluse, BH, Hose, alles nicht zu eng. Selbst bei vollständiger Kleidung kann es passieren, dass man belästigt wird. Frauen gelten als „Freiwild", wenn Sie nur dürftig bekleidet herumlaufen - auch in männlicher Begleitung. Das Bild der weißen Frau ist geprägt von amerikanischen Sex- & Crime-Filmen im Kino oder Fernsehen. Geschichten von Frauen, die nur auf einen One-Night-Stand aus sind, kursieren mittlerweile überall. Die Gründe dafür findet man in Touristenhochburgen wie Kuta (Bali). Dort ist männliche Prostitution, genauso wie weibliche, alltäglich. In untouristischen Gegenden ist es sinnvoll, zumindest als Frau, eine sinnvolle Erklärung für das Alleinreisen bereitzuhalten, wie zum Beispiel, verheiratet zu sein (seit 3 Monaten) und noch keine Kinder zu haben. Selbst „anständig gekleidet" und „verheiratet" wurde ich noch oft genug „angepackt". Wenn es mir zu bunt wurde, habe ich mir Luft gemacht, indem ich deutsche Schimpf- und Fluchtiraden auf die Schuldigen losließ - das wurde komischerweise auch verstanden. Niemals nackt oder oben-ohne sonnenbaden!!
Für Frauen ist es ohnehin empfehlenswert, sich immer, egal mit welchen Fragen, an indonesische Frauen zu wenden. Damit stellt man

von vornherein das Desinteresse an Männern klar.

Männer sollten nicht in kurzen Hosen herumlaufen. Die kurze Hose ist ein Bekleidungsstück für sehr arme oder arbeitende Männer. Zu dieser Kategorie gehört der weiße Tourist wohl kaum, denn er konnte sich immerhin ein Flugticket nach Indonesien leisten. Reiche Indonesier tragen auch kurze Hosen, allerdings ausschließlich als Freizeitbekleidung. Man sollte auch als männlicher Gast immer abwägen, ob die Bekleidung dem Anlass oder der Situation angemessen ist, wenn man darauf Wert legt, ernst genommen zu werden.

Öffentlich als Liebespaar aufzutreten, also Arm in Arm gehen, Händchen halten oder Küsse austauschen, gehört sich nicht, es gilt als anstößig. Allerdings ist es üblich, dass gleichgeschlechtliche Freunde Hand halten oder Arm in Arm gehen. Das ist kein Zeichen von Homosexualität.

Anrede- & Höflichkeitsfomen

Wie alle Asiaten legen auch die Indonesier sehr viel Wert auf Höflichkeit. Man sollte also wichtige Begrüßungsformen und Anreden lernen und anwenden.

Bu *oder* Ibu, Pak *oder* Bapak *und auch* Nyonya *oder* Nona *werden auch zusammen mit dem Namen verwendet:* Ibu Putu, Pak Hamsa *usw.*

Tuan	Herr
Bapak, Pak	Vater
Nyonya, Ibu, Bu	Frau
Nona	Fräulein
Ibu	Mutter
Kakak	ältere Schwester
Adik	jüngere Schwester, Bruder
Abang	älterer Bruder

Alles sind gebräuchliche Anredemöglichkeiten. Dabei gibt es aber ein paar Kleinigkeiten zu berücksichtigen: Ab und zu wird man mit Tuan „hoher Herr“ angeredet. Tuan ist ein Überbleibsel aus der niederländischen Kolonialzeit. Weiße wurden mit diesem Titel angeredet. Unter Indonesiern ist die übliche Anrede Bapak, Pak „Vater“ oder Ibu, Bu „Mutter“. Dies ist eine ehren- und respektvolle Anrede. Man verwendet sie in der Regel Männern und Frauen gegenüber, die älter sind als man selbst, bzw. älter als 25 Jahre.

Auch Berufsbezeichnungen kann man zur Anrede benutzen: Dirèktor, Doktèr.

Grüßen & Verabschieden

Mit selamat, was soviel wie „Glück, Wohlstand, Gesundheit“ bedeutet, werden alle möglichen Grußformen gebildet. Hier die Standardmöglichkeiten:

Selamat pagi!	Guten Morgen!
Selamat siang!	Guten Mittag!
Selamat soré!	Guten Nachmittag!
Selamat malam!	Guten Abend!
Selamat datang!	Herzlich willkommen!

Man kann selamat aber auch mit anderen Wörtern kombinieren, wie Selamat makan! „Guten Appetit!“, Selamat bekèrja! „Gutes Arbeiten!“ oder auch Selamat membaca! „Gutes Lesen!“.

Apa kabar?	**Kabar baik!**	**Baik-baik saja!**
was Nachricht	*Nachricht gut*	*gut-gut bloß*
Wie geht's?	Gut!	Es geht mir gut!

Mit einem Smartphone können Sie sich die mit einem gekennzeichneten Sätze dieses Kapitels anhören. Scannen Sie einfach den QR-Code mit Hilfe einer kostenlosen App (z. B. „Barcoo“ oder „Scanlife“).

verabschieden

Der Bleibende sagt:	**Selamat jalan!**	Guten Weg!
Der Gehende sagt:	**Selamat tinggal!**	Gutes Hierbleiben!
Auch am Telefon:	**Sampai bertemu lagi!**	Auf Wiedersehen!
wörtl: bis uns-treffen noch	**Sampai (ber)jumpa lagi!**	Auf Wiedersehen! Mach's gut!
Zu Kindern:	**Selamat tidur!**	Guten Schlaf!

Bitten, Danken & Wünschen

Das deutsche Wort „bitte" hat viele Bedeutungen, für die es im Indonesischen verschiedene Wörter gibt:

silahkan, tolong	höfliche Aufforderung: „Helfen Sie mir bitte!"
minta	um etwas bitten
mohon	bitten, ersuchen
mohon ma'af	Entschuldigung erbitten
Ma'af.	Entschuldigung.
Permisi dulu.	Entschuldigung. (im Sinne von „Gestatten Sie?")

Silahkan duduk!
bitte sitzen
Bitte setzen Sie sich/setz dich!

Apa? / Bagaimana? / Apa maksud Pak?
was? /wie? /was Absicht Herr
Wie bitte?

Permisi dulu *sagt man auch zu den Bleibenden, wenn man den Raum verlässt.*

Permisi dulu, saya harus pulang.
Entschuldigung früher, ich müssen Heim-gehen
Entschuldigung, ich muss nach Hause gehen.

minta heißt „möchten, bitten“, es klingt etwas höflicher als mau „wollen“.

Fragen um Hilfe oder Informationen werden wie folgt eingeleitet:

Minta uang! = *„bitte-um Geld“, hört man von Bettlern auf der Straße.*

Permisi dulu, Pak/Ibu, saya minta tolong!
Entschuldigung früher, Vater/Mutter, ich bitten-um helfen
Entschuldigen Sie bitte, ich bitte um Ihre Hilfe!

Selbst um nach dem Datum oder der Uhrzeit zu fragen oder wenn man nur den Raum verlassen will, „gehört es sich“, den Satz mit permisi dulu ... einzuleiten. Wenn man etwas ganz Schreckliches gemacht hat, also jemanden beleidigt hat o. ä., ist es angebracht, die höflichste Formulierung mohon ma'af zu benutzen.

Saya mohon ma'af.
ich ersuchen Entschuldigung
Ich bitte tausendmal um Entschuldigung, es tut mir schrecklich Leid.

danken

Terima kasih (banyak)!
Danke (viel)
(Vielen) herzlichen Dank!

Tidak, terima kasih.
nein, danke
Nein danke.

kasih bedeutet alles von „Geneigtheit, Zuneigung, Gunst“ bis hin zur „Liebe“. Terima kasih bedeutet also sinngemäß: „Ich habe Liebe bzw. Zuneigung erhalten.“ oder besser gesagt:

„Ich nehme deine/Ihre Zuneigung an". Die möglichen Antworten darauf lauten:

Kembali.	**Sama-sama.**	**Tidak apa-apa.**
zurück	*gleich-gleich*	*nicht was-was*
Gleichfalls.	Ebenfalls.	Keine Ursache.

wünschen

„Salam, selamat" *kommt aus dem Arabischen und heißt in etwa „gesegnet".* „Selamat Pagi" *„gesegneter (guter Morgen)".*

Salam hangat! / Selamat!	Alles Gute!
Selamat!	Viel Glück!
Semoga lekas sembuh!	Gute Besserung!
Selamat tahun baru!	Glückliches neues Jahr!

Opfergefäße, Lombok

Das erste Gespräch

Wer bereits ein wenig Indonesisch spricht, wird feststellen, wie gerne Indonesier sich unterhalten. Meistens bekommt man immer wieder die gleichen, unten aufgeführten Fragen gestellt. Für uns ist es ungewöhnlich, von

Fremden so persönliche Fragen gestellt zu bekommen, jedoch in Indonesien ist das ein durchaus höfliches Gespräch. Außerdem sind diese „Small-Talks“ eine gute Möglichkeit, seine Indonesisch-Kenntnisse anzuwenden und zu erweitern.

Wem persönliche Fragen unangenehm sind, kann versuchen, sie zuerst zu stellen.

Mau ke mana?
wollen nach wo
Wohin willst du?

Mau jalan-jalan saja.
wollen spazieren-gehen bloß
Ich will nur spazieren gehen.

Wer zum hundertsten Mal an einem Tag gefragt wird: Mau ke mana?, aber keine Lust hat, ernsthafte Anworten zu geben, kann mit folgenden netten Erwiderungen sein Gegenüber zum Lächeln bringen:

Mit einem Smartphone können Sie sich die mit einem gekennzeichneten Sätze dieses Kapitels anhören.

makan angin	den Wind essen
cari angin	den Wind suchen
cuci mata	die Augen waschen

Sudah bisa bicara bahasa Indonésia?
schon können sprechen Sprache indonesisch
Kannst du schon Indonesisch?

Belum, sedikit saja.
noch-nicht, bisschen bloß
Noch nicht, nur ein bisschen.

Sudah berapa lama di sini?
schon wie-viel lange pos. hier
Wie lange bist du schon hier?

Sudah tiga bulan.
schon drei Monate
Schon drei Monate.

Sudah bisa makan nasi?
schon können essen Reis
Kannst du schon Reis essen?

Sudah bisa.
schon können
Kann ich schon vertragen.

Nama saya Wayan. Siapa namamu?
Name ich Wayan. Wer Name-du
Mein Name ist Wayan. Wie heißt du?

Nama saya Gunda.
Name ich Gunda
Mein Name ist Gunda.

Umur anda berapa (tahun)?
Lebensalter du wie-viel (Jahr)
Wie alt bist du?

Umur saya tiga puluh (tahun).
Lebensalter ich drei -zig (Jahr)
Ich bin dreißig Jahre (alt).

Anda dari mana?
du von wo
Woher kommst du?

Saya dari ...
ich von ...
Ich komme aus ...

(Land) deutsch	**(negara) Jèrman**	Deutschland
(Land) holländisch	**(negeri) Belanda**	den Niederlanden
(Land) Österreich	**(negeri) Austria**	Österreich
(Land) schweizerisch	**(negara) Swiss**	der Schweiz

Di mana tinggal?
pos. wo bleiben
Wo wohnst du?

Pekèrjaan anda apa?
Beruf du was
Was bist du von Beruf?

Pekèrjaan saya ...
Beruf ich ...
Ich bin von Beruf ...

pegawai	Angestellte/-r
pekèrja	Arbeiter/-in

doktèr	Arzt/Ärztin
petani	Bauer
usahawan / usahawati	Geschäftsmann/ -frau
tukang	Handwerker
pembantu rumahtangga	Hausangestellte
ibu rumahtangga	Hausfrau
insinyur, ahli teknik	Ingenieur
wartawan/wartawati	Journalist/-in
pengajar, guru	Lehrer/-in
penjahit	Schneider/-in
murid	Schüler/-in
mahasiswa / mahasiswi	Student/-in
pelajar	Lehrling, Schüler Student

Sudah kawin?
schon heiraten
Bist du schon verheiratet?

Ya, sudah tiga tahun.
ja, schon drei Jahre
Ja, schon drei Jahre.

Sudah punya anak?
schon besitzen Kinder
Hast du schon Kinder?

Ya, sudah dua.
ja, schon zwei
Ja, schon zwei.

Saya tidak mengèrti.
ich nicht verstehen
Ich verstehe dich nicht.

Saya belum mengèrti maksud anda.
ich noch-nicht verstehen Absicht dein
Ich habe deine Absicht noch nicht verstanden.

Herzensangelegenheiten

Hati = Leber
Bei uns ist das Herz der Sitz der Liebe, in Indonesien die Leber

Wer gerne „Herz- und Schmerzvokabeln lernen möchte, sollte dringend indonesische **lagu pop** „Popsongs" hören! Bedudelt wird man damit in Bussen. Kaufen kann man diese wundervollen Ergüsse auf dem Markt oder im Musikshop.

	cinta	Liebe
	céwèk	„Mieze" (Mädchen)
	cowok	„Macker" (Junge)
	pacar	Geliebte, -r (Partner)
auch: beischlafen!	**kawin**	verheiratet
offiziell	**nikah**	verheiratet
Mond Honig	**bulan madu**	Flitterwochen
Brief Liebe	**surat cinta**	Liebesbrief
Erklärung Liebe	**pernyataan cinta**	Liebeserklärung
Kontakt Liebe	**hubungan cinta**	Liebesverhältnis
gebrochen Leber	**patah hati, susah hati**	Liebeskummer
	pil anti hamil	Antibabypille
suchen Mädchen	**cari céwèk**	Frauen „aufreißen"
Huhn Dorf	**ayam kampung**	Mädchen vom Lande
Falter Nacht	**kupu-kupu malam**	Prostituierte
	kondom	Kondom
	cium, kucup	Kuss
	mencium, mengucupi	küssen

Dia pergi cari céwèk.
er gehen suchen Frau
Er geht los „Frauen suchen".

Sudah punya pacar?
schon besitzen Freund/in
Hast du schon eine/n Freund/in?

Aku cinta padamu.
ich lieben hin-zu-du
Ich liebe dich.

Sayangku.
stolz-sein-du
Mein Schatz.

Die verbreitete Frage nach dem Ehestand: **Sudah kawin?** kann man (jedoch nur als Mann) mit folgendem doppeldeutigen Wortspiel beantworten:

Klar, dass der hier angeführte Scherz nur gegenüber Gleichrangigen anzuwenden ist!

Sudah sering, tetapi belum nikah.
schon oft, aber noch-nicht offiziell heiraten

Floskeln & Redewendungen

Apa kabar?	Wie geht's?	*was Nachricht*
Kabar baik.	Gut. (Antwort)	*Nachricht gut*
Semua bérès!	Alles in Ordnung!	*alles gut/ordentlich*
Bagaimana?	Wie ist es?	*wie*
Tidak bisa.	Geht nicht.	*nicht können*
Saya tidak tahu.	Ich weiß nicht.	*ich nicht wissen*
Saya tidak bisa.	Ich kann nicht.	*ich nicht können*
Tidak mengapa.	Macht nichts.	*nicht wie*
Tidak apa-apa.	Macht nichts.	*nicht was-was*
Tak mengapa-ngapa.	Mir fehlt nichts.	
Mengapa tidak?	Warum nicht?	
(Bagai)mana tahu!	Wer weiß!	*wie wissen*
Apa lagi?	Was hilft es?	*was noch*

Nach einer 36-stündigen Busfahrt kann man zu Recht sagen:

Saya seténgah mati! Ich bin halb tot. *ich halb tot*

Ausrufe

Wah, apa itu?!
na-sowas, was jener
Was soll das bloß?!

Sayang, saya tidak bisa datang.
schade, ich nicht können kommen
Leider kann ich nicht kommen.

Überraschung, Schmerz	**Aduh!**	„Au!“
	Wahai!	„Ach!“
erstaunt, ungehalten sein	**Wah!**	„Na sowas!“
bei Erstaunen	**Coba!**	„Sieh mal an!“
bei Mitleid, Bedauern	**Sayang.**	Leider. Schade.
	Kasihan ...	Oh, wie bedauerlich...
gewaltig	**Hébat!**	Super! Toll! Spitze!
Gewinn	**Untung!**	Zum Glück!
	Alhamdulillah!	Gott sei Dank!
Leber-Leber	**Hati-hati!**	Vorsicht, aufpassen!
bei Gefahr	**Awas!**	Achtung! Vorsicht!

Kinder auf Sumbawa

Zu Gast sein

Manchmal wird man von Indonesiern mit folgender Redewendung eingeladen:

Datang main-main di rumah saya.
kommen spielen-spielen in Haus ich
Komme mich in meinem Haus besuchen.

main-main *heißt „spielen, sich erholen“*

Es ist üblich, dem Gast bei Ankunft gezuckerten Tee oder Kaffee anzubieten. Man sollte ihn aber erst trinken, wenn der Gastgeber dazu auffordert mit Mari minum! „Lasst uns trinken!“ oder Silahkan minum! „Bitte trink / trinken Sie!“.

Bagaimana keadaan, Pak/Bu?
wie Zustand, Vater/Mutter
Wie geht es Ihnen, Vater/Mutter?

Terima kasih, baik/baik-baik saja.
danke, gut/gut-gut bloß
Danke, gut/ziemlich gut.

Terima kasih, semua sehat.
danke, alle gesund
„Danke, alle gesund.”

Bagaimana keadaan keluarga, Pak/Bu?
wie Zustand Familie, Vater/Mutter
Wie geht es Ihrer Familie, Vater/Mutter?

Saya mau pulang.
ich wollen nach-Hause-gehen
Ich möchte nach Hause gehen.

Mit einem Smartphone können Sie sich die mit einem gekennzeichneten Sätze dieses Kapitels anhören.

Geschenke

Olèh-olèh bedeutet soviel wie „Mitbringsel“, wobei es sich um ein Souvenir oder etwas Essbares handelt. Indonesier untereinander bringen sich als olèh-olèh Spezialitäten aus der jeweiligen Region mit. Sumbawa ist bekannt für den besten Honig, Bali für die besten Salaks „Schlangenhautfrüchte" usw. Auch wenn beispielsweise Früchte überall erhältlich sind oder sogar dort wachsen, ist es etwas Besonderes, sie von einer anderen Insel zu bekommen.

Wer aus Deutschland Geschenke mitbringt, sollte wissen: Man nimmt diese Geschenke entgegen, legt sie in die Ecke und wartet mit dem Auspacken, bis der Besuch wieder fort ist. Auf diese Art und Weise verliert niemand das Gesicht. Der Beschenkte kann all seinem Ärger Luft machen, ohne dass der Schenker sich Vorwürfe machen muss, etwas Falsches gekauft zu haben.

Familie

In Indonesien wird oft das ganze Dorf zur Verwandtschaft gerechnet.

famili, pamili	Familie
keluarga	Familie, Verwandtschaft
sanak saudara	Familienmitglieder (Mz), Verwandte
dewasa	Erwachsene
ibu bapak, orang tua, ayah bunda	Eltern
ibu - bapak, ayah	Mutter - Vater
istri - suami	Ehefrau - Ehemann
kawin	verheiratet
tunangan	Verlobte, Verlobter
tunang	verlobt
ipar perempuan	Schwägerin
ipar laki-laki	Schwager
bibi - paman	Tante - Onkel
nènèk	Großmutter /-vater
kakèk	Großvater
janda - duda	Witwe - Witwer
anak, anak-anak	Kind, Kinder
anak laki-laki	Sohn

auch: beischlafen (zu kawin)

Kind männlich (zu anak laki-laki)

anak perempuan	Tochter	*Kind weiblich*
saudara perempuan	Schwester	
saudara laki-laki	Bruder	
kakak perempuan	ältere Schwester	
adik perempuan	jüngere Schwester	
kakak laki-laki	älterer Bruder	
adik laki-laki	jüngerer Bruder	
kemenakan wanita	Nichte	
kemenakan laki-laki	Neffe	
cucu	Enkelkind	

KB (Keluarga Berencana), dua cukup, Pak.
Familien Planung, zwei genug, Vater
Zwei Kinder sind genug, Vater.

Schilder mit dieser Aufschrift sieht man immer wieder. Selbst Geld, nämlich das alte 5-Rupien-Stück, warb für Familienplanung.

rund ums Kind

Die Familie und insbesondere Kinder haben in der indonesischen Gesellschaft einen sehr hohen Stellenwert. Was immer Kinder auch anstellen - sie sind unschuldig, sie machen nichts falsch. Indonesien, vor allem Bali, scheint mir ein Paradies für Reisen mit Kindern zu sein.

hamil - kehamilan	schwanger - Schwangerschaft	
genap bulan	austragen	*vollzählig Mond*
keguguran	Fehlgeburt	
mendapat bulan	Periode bekommen	*bekommen Mond*
bulus	kinderlos	
kaya anak-anak	kinderreich	*reich Kinder*
bayi, (anak) orok	Baby (babi = *Schwein*)	
anak bedungan	Windelkind	*Kind Windel*
lampin, bedungan	Windel	
anak susuan	Säugling (susu = *Milch*)	
jaga anak	Kind hüten	*Wache Kind*
pembantu anak	Kindermädchen	*Helferin Kind*
penyusu	Amme	
lagu nina-bobo	Wiegenlied	*Lied einschläfernd*

	melampin(i), membedung	wickeln
	célana melampini	Windelhöschen
	buaian, ayunan	Wiege
	bergoyang, berayunayun, membuai	wiegen, schaukeln
Platz schlafen	**tempat tidur**	Bett
	susu	Mutterbrust, Busen
(Wasser) Milch	**(air) susu**	(Mutter-) Milch
Milch dick	**susu kental**	Kondensmilch, gesüßt
Milch vollständig	**susu lengkap**	Vollmilch
	menyusui	stillen
	dulang, mendulang	füttern (ein Kind)
Doktor Kleinkinder	**doktèr kanak-kanak**	Kinderarzt
Garten Kleinkinder	**taman kanak-kanak**	Kindergarten
	manis	süß, hübsch
	cantik, gaga	hübsch (Mädchen/Jungs)
Kind süß	**anak manis**	süßes Kind
Kind hübsch	**anak cantik**	hübsches Mädchen

Sudah punya berapa anak?
schon besitzen wie-viel Kind
Wie viele Kinder hast du schon?

Auf die Antwort satu anak „ein Kind“ folgt mit Sicherheit die Erwiderung:

Belum cukup!
noch-nicht genug
Nicht genug!

Berapa umur?
wie-viel (Lebens-)Alter
In welchem Alter?/Wie alt?

Anak laki atau perempuan?
Kind männlich oder weiblich
Mädchen oder Junge?

Unterwegs...

Es gibt in Indonesien viel zu sehen.

... di kota & kampung (...in Stadt & Dorf)

Di mana ada ...?	Wo ist ...?	*pos. wo es-gibt ...*
Saya mau ke ...	Ich will nach ...	*wollen nach ...(Ort)*
Saya mau kepada ...	Ich will zu ...	*wollen zu ...(Personen)*
Saya cari ...	Ich suche ...	*ich suchen ...*

alamat	Adresse	
gang	Allee, Gasse, Gang	
apotik	Apotheke	
bank	Bank	
toko (batik)	(Batik-)Geschäft	
daèrah	Bezirk	
toko buku	Buchladen	
désa / kampung	Dorf	
kepala désa, lurah	Dorfvorsteher	
toko obat	Drogerie	*Geschäft Medizin*
galéri	Galerie	
kota besar	Großstadt	*Stadt groß*
hotèl	Hotel	
bioskop	Kino	
rumah sakit	Krankenhaus	
pasar	Markt	
mésjid	Moschee	
muslum	Museum	
pasar malam	Nachtmarkt	
(kantor) polisi	Polizei(wache)	
(kantor) pos	Post (amt)	
rumah makan, réstoran	Restaurant	
penjahit	Schneider	
candi	Tempel	
gedung sandiwara	Theater	
kota	Stadt	

Mit einem Smartphone können Sie sich die mit einem gekennzeichneten Sätze dieses Kapitels anhören.

	univérsitas	Universität
	jalan	Weg, Straße
Garten Tier	**kebun binatang**	Zoo
	jalan-jalan	spazieren gehen
Weg Fuß	**jalan kaki**	zu Fuß gehen

Fragen nach dem Weg werden oft mit der Himmelsrichtung beantwortet. Die Bezeichnungen kiri „links" oder kanan „rechts" werden nicht sehr häufig gebraucht und auch oft durcheinander geworfen. Um so wichtiger ist es, verstärkt auf die Handzeichen zu achten und immer wieder verschiedene Leute nach dem Weg zu fragen, denn die Antworten können höchst widersprüchlich ausfallen. Mit der folgenden Frage lassen sich Missverständnisse und lange Umwege vermeiden:

Di mana utara/selatan/timur/barat?
pos. wo Norden/Süden/Osten Westen
Wo ist Norden/Süden/Osten/Westen?

barat	Westen	**timur**	Osten
utara	Norden	**selatan**	Süden
kanan	rechts	**kiri**	links
langsung	geradeaus	**ke/dari**	nach/von
belok	abbiegen		

rambu di kota (Schilder in der Stadt)

	Keluar - (Pintu) Masuk	Ausgang - Eingang
Tür Gefahr	**Pintu Bahaya**	Notausgang
	Dilarang masuk!	Eingang verboten!
	Dilarang lewat disini!	Durchgang verboten!
	Mohon tunggu di sini!	Bitte warten Sie hier!
	Dorong - Tarik	Drücken - Ziehen
schon bestellt	**Sudah dipesan**	Reserviert
	Hanya untuk pegawai!	Nur für Mitarbeiter!
nicht festhalten	**Jangan pegang!**	Nicht berühren!

Tidak untuk umum	Nicht für die Öffentlichkeit	
Buka: Senin - Jumat	Von Montag bis Freitag geöffnet	
Istirahat: Jam 1.00 - 2.00	Pause von 13.00 - 14.00 Uhr	
Diséwakan	Verleih, zu verleihen	*wird-gemietet*
Dilarang merokok!	Rauchen verboten!	
Dilarang buang sampah disini	Es ist verboten, Müll wegzuwerfen	*verboten wegwerfen Abfall hier*
Tempat sampah	Mülleimer /-platz	*Platz Abfall*
Awas ada anjing!	Vorsicht, Hund!	

... dengan kendaraan umum
(... mit öffentlichen Verkehrsmitteln)

keréta api	Zug	*Wagen Feuer*
setasiun	Station	
setasiun (keréta api)	Bahnhof	
kepala setasiun	Stationsvorsteher	*Kopf Station*
bis - bis malam	Bus - Nachtbus	*Bus Nacht*
setasiun bis	Bushaltestelle	
mobil - taksi	Auto - Taxi	
bécak	Dreirad-Taxi, Rikscha	
kapal laut	Schiff	*Boot Meer*
labuhan, pe(r)labuhan	Hafen	
kapal terbang	Flugzeug	*Schiff fliegen*
lapangan terbang	Flugplatz	*Feld fliegen*
lokèt - karcis	Schalter - Fahrkarte	
langsung	direkt	
kelas satu/dua	1./2. Klasse	*Klasse eins/zwei*
tempat duduk	Sitzplatz	*Platz sitzen*
penumpang	Passagier	
déwasa - anak	Erwachsener - Kind	
kosong	leer	
penuh, ramai	voll, hektisch	*überfüllt*
cepat - pelan-pelan	schnell - langsam	
énak	bequem, komfortabel	*auch: köstlich*

	naik / turun	ein- / aussteigen
	naik mobil	mit dem Auto fahren
	turun keréta api	aus dem Zug steigen
	berangkat, pergi	abreisen/-fahren
	kembali	zurückkehren
	datang, tiba	kommen, ankommen
	tunggu	warten
	tinggal	bleiben
	bélok	abbiegen
	berhènti	anhalten, Stop!
ungültig	**batal**	entwerten
	menyéwa	mieten
	terus - lurus	geradeaus
	putar	umkehren
	mundur	zurücksetzen
	jurusan	Richtung
	p.p. = pergi pulang	hin und zurück

Di mana saya bisa beli karcis bis?
pos. wo ich können kaufen Karte Bus
Wo kann ich eine Busfahrkarte kaufen?

Masih ada tempat duduk kosong?
noch es-gibt Platz sitzen leer
Gibt es noch freie Sitzplätze?

Ma'af, sudah penuh.
Entschuldigung, schon voll
Es tut mir Leid, es ist schon alles voll.

Keréta api ini, cepat atau pelan?
Wagen Feuer dies, schnell oder langsam
Ist dieser Zug schnell oder langsam?

Di mana ada lokèt?
pos. wo es-gibt Schalter
Wo gibt es einen Fahrkartenschalter?

Berapa harga kelas dua?
wie-viel Preis Klasse zwei
Wie teuer ist die 2. Klasse?

Taksi! Ke lapangan terbang!
Taxi! nach Feld fliegen
Taxi! Zum Flugplatz!

Tolong, pergi cepat!
helfen, gehen schnell
Bitte, fahren Sie schnell!

Belok kiri/kanan!
abbiegen links/rechts
Biege nach links/ rechts ab!

„belok kiri terus“ *steht oft an Ampeln und meint, dass Linksbbiegen auch bei Rot erlaubt ist.*

Saya mau turun di sini.
ich wollen aussteigen in hier
Ich möchte hier aussteigen.

Bis ini, pergi langsung ke Bima?
Bus dies, gehen direkt nach Bima
Geht dieser Bus direkt nach Bima?

Jam berapa bis yang terakhir berangkat?
Stunde wie-viel Bus welcher letzter abfahren
Wann fährt der letzte Bus ab?

Nachtbusse sind immer Expressbusse. bémo sind Kleinbusse für kurze Strecken, die man an jeder beliebigen Stelle anhalten kann. In manchen Gegenden gibt es non-stop-kol „Mini-Busse“ die mittlere Distanzen fahren. Am bequemsten sitzt man in der Mitte, „di téngah“, allerdings nicht über dem Rad. Bei langen Fahrten sollte man immer etwas zu Essen und Trinken mitnehmen. Häufig verlängert sich die Fahrzeit durch Reifenpannen, Motorschäden oder unpassierbare Straßen.

Bei Busagenturen oder auf Preistafeln sieht man oft die Abkürzung p.p., *die* „pergi pulang“ *„weggehen nach-Hause-zurückkehren“ bedeutet. Sie entspricht also unserem „hin und zurück“.*

...dengan sepéda motor/mobil (...mit dem Motorrad / Auto)

mobil	Auto
sepéda motor	Motorrad
peminjam sepéda motor	Motorradverleiher

Fahrrad Motor
Verleiher Fahrrad Motor

pinjam, séwa	verleihen, vermieten
menyéwa	mieten, ausleihen

Insbesondere auf Bali kann man preiswert Motorräder sepéda motor, und Autos mobil, mieten. Das empfiehlt sich aber nur für Leute, die wirklich sicher fahren. Linksverkehr, rücksichtslos fahrende Bus- und LKW-Fahrer, die Straße überquerende Hunde und Hühner machen das Fahren nicht ungefährlich. Für Motorradfahrer gilt, bei Sonnenuntergang nur im absoluten Notfall fahren. Es wimmelt nämlich nur so vor Mücken, Fliegen und anderem Kleinvieh, die alle zur Motorradlampe wollen. Ohne Brille geht es kaum!

knalpot	Auspuff
bènsin	Benzin
selang bènsin	Benzinschlauch
cok	Benzinhahn
rèm, rim - tali rèm	Bremse - Bremszug
ijin	Erlaubnis
onderdil	Ersatzteil
surat ijin mengemudi	Fahrzeugbrief
surat-surat motor	Fahrzeugschein
SIM	Führerschein
perséneling	Fußkupplung
pédal	Fußraste
gir	Gang
gas - tali gas	Gas - Gaszug
bèlt	Hupe
rusak, merusak	kaputt
sabuk-mesin	Keilriemen
plat motor	Kennzeichen
kopeling	Kupplung
motor	Motor
oli	Öl (Motor-)
oda - ban (luar)	Rad - Reifen
rés	Reserve
lampu stop	Rücklampe

spion	Rückspiegel
kerusakan, mogok	Schaden, Panne
stop bécker	Stoßdämpfer
tanki	Tank
setasiun bènsin	Tankstelle
kecelakaan	Unfall
kabilator	Vergaser
asuransi	Versicherung
bèngkèl	Werkstatt
alat	Werkzeug
busi	Zündkerze

Di mana bisa menyéwa sepéda motor?
in wo können mieten Fahrrad Motor
Wo kann ich ein Motorrad mieten?

Autofahrer müssen in den Beispielsätzen lediglich sepéda motor *durch* mobil *zu ersetzen.*

Apakah dengan asuransi sepéda motor?
was-? mit Versicherung Fahrrad Motor
Was ist mit der Motorrad-Versicherung?

Ada surat ijin untuk sepéda motor ini?
es-gibt Brief Erlaubnis für Fahrrad Motor dies
Gibt es einen Fahrzeugschein für dieses Motorrad?

In Indonesien herrscht Helmpflicht für Motorradfahrer.

Sepéda motor saya rusak.
Fahrrad Motor ich kaputt
Mein Motorrad ist kaputt.

Di mana ada bèngkèl sepéda motor?
in wo es-gibt Werkstatt Fahrrad Motor
Wo gibt es eine Motorrad-Werkstatt?

Tankstellen, Pompa Bènsin oder Setasiun Bènsin, die es bei uns ja an jeder Ecke gibt, sind in Indonesien nicht so dicht gesät. Kleine, handgemalte Pappschilder Disini jual bènsin – „hier verkaufen Benzin" – und rote Fässer weisen auf zusätzliche, von privat betriebene Verkaufs-stellen hin. Das Benzin ist etwas teurer als an einer richtigen Tankstelle und oft auch mit etwas Kerosin gestreckt.

hier verkaufen Benzin	**Disini jual bènsin**	Hier Benzinverkauf!
hier verkaufen Öl	**Disini jual oli**	Hier Ölverkauf!
Pumpe Wind	**Pompa angin**	Luftpumpe
Ersatz Öl	**Ganti oli**	Ölwechsel
waschen & Ersatz Öl	**Cuci & ganti oli**	Waschen und Ölwechsel

...dengan sepéda (...mit dem Fahrrad)

Auf Bali und in einigen Touristenzentren kann man Fahrräder, sepéda, mieten. Meistens handelt es sich um Mountainbikes, sepéda gunung, *Fahrrad Berg*. Bevor man ein Fahrrad mietet, ist unbedingt die Funktion von Bremsen, Schaltung, Licht etc. zu überprüfen.

aki	Akku, Batterie
balon	(Glüh-) Birne
rantai	Kette
lampu	Lampe
tangan-tangan	Lenker
pompa angin	Luftpumpe
rèm belakang	Rückbremse
ban dalam (selang)	Schlauch
press ban dalam	Schlauchflicker
sayap	Schutzblech
sadel	Sitz, Sattel
ruji	Speiche
rèm muka	Vorderbremse

Di mana saya bisa menyewa sepéda?
pos. wo ich können mieten Fahrrad
Wo kann ich ein Fahrrad mieten?

Sepéda saya rusak.
Fahrrad ich kaputt
Mein Fahrrad ist kaputt.

Di mana ada bèngkèl (toko) sepéda?
in wo es-gibt Werkstatt (Geschäft) Fahrrad
Wo ist eine Fahrradwerkstatt (-geschäft)?

Apakah jalan itu curam?
was-? Weg jener steil
Ist die Straße dort steil?

rambu lalu-lintas yang penting (wichtige Verkehrsschilder)

Awas keréta api!	Achtung, Vorsicht!	
Awas keréta api!	Vorsicht, Zug!	*Vorsichtig Wagen Feuer*
Bahaya!	Gefahr!	
Bèlok kiri (bolèh) terus	linksabbiegen erlaubt	*abbiegen li. dürfen direkt*
Bogor keluar	Ausfahrt nach Bogor	*Bogor Ausgang*
Hati-hati ada galian	Vorsicht, Erdarbeiten!	
Dilarang berhenti / parkir disini	Halteverbot / Parkverbot	*verboten anhalten / parken hier*
Dilarang untuk ...	verboten für ...	
mobil-mobil	Autos	
sepéda motor	Motorräder	
jalan bebas hambatan	Autobahn	
béa jalan tol	Autobahngebühr	
Hati-hati!	Vorsicht!	*Leber-Leber, aufpassen*
Jembatan (sempit)	(schmale) Brücke	*Brücke (eng)*
Jalan buntu	Sackgasse	*Straße geschlossen*
Jalan satu-satu	Straße ist einspurig	*Straße eins-eins*
Jalan / jembatan sedang diperbaiki	Straßen-/Brücken-bauarbeiten	*Straße/Brücke gerade wird-verbessert*
Jalan hati-hati!	schlechte Straße!	
Jurusan Bima	Richtung Bima	
Kalau hujan licin	Bei Nässe glatt	*falls Regen glitschig*
Khusus parkir	Spezieller Parkplatz	*speziell parken*
Kurangi kecepatan	Geschwindigkeit verringern	*verringern Geschwindigkeit*
Ma'af perjalanan anda terganggu.	Entschuldigung, Ihre Reise wird gestört.	*Entschuldigung Reise du wird-gestört*
Pelan-pelan	langsam fahren	

Achtung Begrenzung Geschwindigkeit	**Perhatikan batas kecepatan**	Geschwindigkeits-begrenzung
häufig es-gibt Unfall	**Sering ada kecelakaan.**	Hier gibt es häufig Unfälle.
	Tenjakan	starke Steigung
	Turunan	starkes Gefälle
Platz parken	**Tempat parkir**	Parkplatz
Kurve gefährlich	**Tikungan berbahaya**	gefährliche Kurve
welcher abbiegen links, direkt	**Yang bèlok kiri, langsung!**	Linksabbieger weiterfahren

...dengan prahu (...mit dem Boot)

berlabuh	ankern
sampan	Auslegerboot
jonson	Außenborder
air surut - air pasang	Ebbe - Flut
tambangan, feri	Fähre
(pe)labuhan	Hafen
pulau	Insel
laut	Meer
kapal motor	Motorboot
sekoci penyalamat	Rettungsboot
kapal	Schiff
kapal layar	Segelschiff
perahu	Segelboot, Prau
berhenti	stoppen, anhalten

Im Inselreich Indonesien ist man zwangsläufig auf Fähren und Boote angewiesen. In abgelegeneren Gebieten bleibt manchmal nur die Möglichkeit, ein Schiff zu chartern. Mit folgenden Sätzen und Fragen kann man das Wichtigste vorweg abklären:

Hari apa kapal laut berangkat ke ...
Tag was Schiff Meer verlassen nach ...
An welchem Tag geht das Schiff nach ...?

Kapan ada feri ke ...?
wann es-gibt Fähre nach
Wann geht die nächste Fähre nach...?

Barangkali hari Senén.
vielleicht Tag Montag
Vielleicht am Montag.

Berapa jam kami perlu dari sini ke sana?
wie-viel Stunde wir nötig von hier nach dort
Wie viele Stunden benötigen wir von hier bis dort?

Saya mau ke ... untuk dua hari.
ich wollen nach ... für zwei Tag
Ich möchte für zwei Tage nach ....

Di mana bisa charter bot?
pos. wo kann chartern Boot
Wo kann ich ein Boot chartern?

Berapa harga pèr jam/hari?
wie-viel Preis pro Stunde/Tag
Wie teuer ist eine Stunde/ein Tag?

Berapa harga ke ... pergi pulang?
wie-viel Preis nach ... weggehen zurückkehren
Wie viel kostet eine Tour nach ... und zurück?

Itu terlalu mahal.
jenes zuviel teuer
Das ist viel zu teuer.

Bot itu terlalu kecil.
Boot jenes zuviel klein
Das Boot ist zu klein.

Berapa lama?
wie-viel lange
Wie lange dauert es?

Kami harus bawa makanan sendiri?
wir müssen tragen Essen selber
Müssen wir selber Essen mitnehmen?

Auf dem Land

Mit einem Smartphone können Sie sich die mit einem gekennzeichneten Sätze dieses Kapitels anhören.

In Indonesien gibt es 25 Naturschutzgebiete. Zusammengefasst ergäben sie eine Größe von circa 64.000 km^2. Betreten darf man diese Nationalparks normalerweise nur mit einer Genehmigung und einem Guide.

di taman nasional (im Nationalpark)

Besok saya mau naik „Gunung Arab“.
morgen ich wollen besteigen „Berg Arab“
Ich möchte morgen den Gunung Arab besteigen.

Guide, harganya berapa untuk satu hari / tiga jam?
Guide, Preis-sein wie-viel für ein Tag/drei Stunden
Wie teuer ist ein Guide für einen Tag / drei Stunden?

Di sana ada rumah atau tempat tidur?
in dort es-gibt Haus oder Platz schlafen
Gibt es dort Unterkünfte oder Schlafplätze?

Minta tolong, kasih bangun pagi-pagi.
bitten-um Hilfe, geben aufstehen Morgen-Morgen
Bitte wecken Sie mich morgen ganz früh.

Saya mau pergi jam tujuh pagi.
ich wollen weggehen Uhr sieben Morgen
Ich möchte um 7.00 Uhr morgens starten.

Yang apa kami harus bawa? Makanan? Minuman?
welcher was wir müssen tragen? Essen? Trinken
Was müssen wir mitnehmen? Essen? Trinken?

Berapa jam dari sini ke puncak?
wie-viel Stunde von hier nach Gipfel
Wie viele Stunden benötigt man bis zum Gipfel?

Berapa jauh lagi?
wie-viel weit noch
Wie weit ist es noch?

Saya mau istirahat dulu.
ich wollen ausruhen erst
Ich möchte erst mal eine Pause machen.

Di sini ada orang, yang bisa bicara Bahasa Inggeris?
pos. hier es-gibt Mensch, welcher können sprechen Sprache Englisch
Spricht hier jemand Englisch?

Ada orang, yang bisa masak untuk kami?
es-gibt Mensch, welcher können kochen für uns
Gibt es jemanden, der für uns kochen kann?

tumbuh-tumbuhan & pohon-pohon (Pflanzen & Bäume)

pohon	Baum
(pohon) bambu	Bambusbaum
daun, helai	Blatt
kembang	Blume
bunga, kuntum	Blüte
kulut	Brotbaum
(pohon) kurma	Dattel(palme)
serdang	Fächerpalme
paku, pakis	Farn
pohon ara	Feigenbaum
kolesom	Ginseng-Wurzel
rumput	Gras
bunga sepatu (mevah)	Hibiskus (roter)
pohon nangka	Jackfruit-Baum
bunga gambir	Jasmin
(pohon) karèt	Kautschukbaum
gerip, gerit-gerit	Kletterpflanze
pohon kelapa	Kokosnusspalme
(pohon) mangga	Mango-Baum
pohon manggis	Mangosteen-Baum
lumut	Moos (auch: Tang)

pohon palem	Palme
gelega	Rohrpflanze
(pohon) asam jawa	Tamarinden(baum)
hutan rimba	Urwald
hutan	Wald
hutan belukar	Wildnis
akar	Wurzel

auch: rimba raja

binatang (Tiere)

bangkai	Aas
kera, kunyuk, monyet	Affe
semut	Ameise
kelekatu	fliegende Ameise
beruang	Bär
berang-berang	Biber
lebah, tawon	Biene, Wespe
lintah	Blutegel
bantèng - kerbau	Büffel - Wasserbüffel
bunglon	Chamäleon
tupai	Eichhörnchen
bengkarung, kadal	Eidechse
gajah	Elefant
itik, bèbèk - angsa	Ente - Gans
keledai - kuda	Esel - Pferd
burung kuau, kuang	Fasan
kelelawar, kelawar	Fledermaus
lalat	Fliege
kutu	Floh, Laus, Zecke
kodok, katak	Frosch, Kröte
rubah	Fuchs
tokéh, cicak	gr. Gecko, Gecko
gangsir	Grille
rusa - kijang	Hirsch - Zwerghirsch
naning	Hornisse
jago - ayam	Hahn - Huhn
kumbang	Hummel, Käfer
anjing - kucing	Hund - Katze
terwelu, kelinci	Hase; Kaninchen

serangga	Insekten
burung kakatua,	Kakadu
lipas	Kakerlake
kobra, ular sèndok	Kobra
buaya	Krokodil
lembu, sapi	Kuh, Rind
kura-kura	Landschildkröte
capung	Libelle
tikus	Maus, Ratte
enggang	Nashornvogel
orang hutan	Orang Utan
(burung) nuri	Papagei
burung déwata	Paradiesvogel
burung merak	Pfau
burung nangka	Pirol
gelatik	Reisvogel
ular (-ari)	(Gift-)Schlange
kupu-kupu	Schmetterling
babi	Schwein
merpati laut	Seemöwe
labah-labah	Spinne
merpati	Taube
lipan, sepesan	Tausendfüßler
haiwanat	Tierwelt
serangga perusak	Ungeziefer
burung	Vogel
garuda	mythischer Vogel
garong	Wildkatze
nagui	kl. Wildschweinart
kambing	Ziege

Binatang apa itu?
Tier was jener
Was für ein Tier ist das?

permandangan alam (Landschaft)

letusan	Ausbruch (Vulkan)	*auch: Explosion*
sungai kecil	Bach	

	gunung, doro	Berg
	tanah longsor	Erdrutsch
	kali, sungai	Fluss
	muara	(Fluss-)Mündung
	jalan setapak	Fußweg
	puncak	Gipfel
	kebun	Garten
	pegunungan	Gebirge
	gua	Höhle
	bukit	Hügel
	kawah	Krater
	tanah	Land, Boden, Erde
	lobang	Loch
	lumpur	Matsch, Schlamm
Auge Wasser (heiß)	**mata air (panas)**	(heiße) Quelle
	danau	(der) See
	tanjakan	Steigung
	batu	Stein, Fels
Wasser weiß	**air putih**	Trinkwasser
	banjir	Überschwemmung
	Awas!	Vorsicht!
Berg Feuer	**gunung api**	Vulkan
	hutan, rimba	Wald
	jalan	Weg
Wasser fallen	**air terjun**	Wasserfall
	mudah - sulit	einfach - schwierig
	bolèh - dilarang	erlaubt - verboten
	datar	flach, eben
	naik	klettern, steigen
	jalan kaki - antar	laufen - führen
	ke atas	nach oben
	dékat - jauh	nah - weit
	aman	sicher
steil innen	**curam, terjal dalam**	steil nach unten

Saya mau naik gunung api itu.
ich wollen besteigen Berg Feuer jener
Ich möchte den Vulkan besteigen.

Berapa lama ke atas?
wie-viel lange nach oben
Wie lange dauert es bis zum Gipfel?

Ada mata air panas atau air terjun di sini?
es-gibt Auge Wasser heiß oder Wasser fallen pos. hier
Gibt es hier heiße Quellen oder Wasserfälle?

Am Meer

Indonesiens Unterwasserwelt bietet wirklich wunderschöne Korallengärten, bewohnt von unzähligen Fischen. Wer sich dafür interessiert, sollte auf keinen Fall die Chance verpassen zu schnorcheln.

tiram (mutiara)	Auster (Perl-)	
(ikan) lumba-lumba	Delfin	
ikan	Fisch	
ikan bilalang	fliegender Fisch	*auch:* ikan terbang
hiu, yu	Hai	
karang	Koralle(n)	*auch: Korallenriff, Atoll*
merjan	rote Koralle	
ikan pari jurig	Manta	
ikan morea/ladu	Moräne	
kerang	Muschel, Schalentier	
mutiara	Perlmuttmuschel	
ubur-ubur	Qualle	
ikan pari	Rochen	
(babi) duyung	Seekuh	*(Schwein) Seekuh*
penyu	Seeschildkröte	
gurita	Tintenfisch	
ikan terompet	Trompetenfisch	
ikan paus/lodan	Wal	*Wal Zahn*
paus gigi	Zahnwal	
luk, ceruk	Bucht	
bukit pasir	Düne	*Hügel Sand*

Wasser weichen - zuneh-men-	**air surut/pasang**	Ebbe - Flut
	tgua, lubang	Höhle
	pulau	Insel
	angin	Luft / Wind
	laut	Meer
	selat	Meeresenge
	pasir	Sand
	gosong (pasir)	Sandbank
	laut berombak	bewegte See
	danau	(Binnen-)See
	dangkal - dalam	seicht - tief
Strömung (kräftig)	**arus (- kuat)**	(starke) Strömung
Strudel Wasser	**olak air**	Strudel
	pantai	Ufer, Strand
	air	Wasser
Welle (rollend)	**ombak (gemulung)**	(schwere) Welle(n)

Ada tempat untuk berenang di sini?
es-gibt Platz für schwimmen pos. hier
Gibt es hier einen Platz zum Schwimmen?

Ya, ada. Kira-kira satu kilo ke utara.
ja, es-gibt. ungefähr ein Kilometer nach Norden
Ja, es gibt einen. Etwa 1 km Richtung Norden

Band Taille	**ikat pinggang**	Bleigurt, Gürtel
	berbahaya	Gefahr
	timah/pemberat	Gewicht
	komprèsor	Kompressor
	régulator	Lungenautomat
	masker	Maske
Tank	**tènki**	Pressluftflasche
	snorkel	Schnorchel, schnorcheln
	berenang	schwimmen
Schuh Ente	**sepatu bèbèk, flipper**	Schwimmflossen
	pelampung	Schwimmweste
	selam - menyelam	Taucher - tauchen
Glas-Auge Taucher	**kacamata selam**	Taucherbrille

cuaca (Wetter)

cuaca - iklim	Wetter - Klima
udara	Luft, Wetter
hujan - mata hari	Regen - Sonne
kilat - guntur	Blitz - Donner
hujan ès / hujan batu	Hagel
(hujan-) salju	Schnee
angin	Wind
awan	Wolke
derajat	Grad
mengguntur	donnern
lembab	feucht
panas - dingin	heiß - kalt
cerah - mendung	klar - bewölkt
sejuk	kühl, frisch
udara bagus	schönes Wetter
hari bagus	schöner Tag

Regen Eis / Regen Stein
(Regen-) Schnee

Unterkunft

Mit einem Smartphone können Sie sich die mit einem gekennzeichneten Sätze dieses Kapitels anhören.

Die folgenden Begriffe helfen jedem Reisenden, eine gutes Quartier zu finden:

di hotèl (Im Hotel)

menyéwa	mieten
losmèn	Pension
wisma	Gästehaus
penginapan	kleines Hotel
dapur	Küche
kamar (tidur)	(Schlaf-) Zimmer
tempat tidur	Bett
selimut / bantal	Decke (Bett-) / Kissen
seperai	Laken
kelambu	Moskitonetz
kolam berenang	Schwimmbecken
kunci	Schlüssel
menitip	deponieren
menyémprot	sprühen
bikin bersih	sauber machen
mencuci	waschen (Kleidung)

nyamuk = *Mücke, Moskito*

Masih ada kamar kosong?
noch es-gibt Zimmer leer
Haben Sie noch freie Zimmer?

Ya, untuk dua orang.
ja, für zwei Menschen
Ja, für zwei Personen.

Ya, silahkan ikut saya.
ja, bitte folgen ich
Ja, bitte folgen Sie mir.

Saya mau lihat kamar dulu.
ich wollen sehen Zimmer erst
Ich möchte erst das Zimmer sehen.

Tolong menyémprot kamar saya.
helfen sprühen Zimmer ich
Bitte sprühen Sie in meinem Zimmer.

Berapa harga untuk kamar ini?
wie-viel Preis für Zimmer dies
Wie teuer ist dieses Zimmer?

Seratus ribu rupiah dengan makanan pagi.
einhundert tausend Rupien mit Essen Morgen
100.000 Rupien inklusive Frühstück.

Saya mau berangkat besok.
ich wollen verlassen morgen
Ich möchte morgen abreisen.

Ya, saya menyéwa kamar ini untuk dua malam.
ja, ich mieten Zimmer dies für zwei Nacht
Gut, ich miete dieses Zimmer für zwei Nächte.

Bolèh, saya menitip paspor saya dengan Ibu/Bapak?
dürfen, ich deponieren Reisepass ich mit Mutter/Vater
Kann ich meinen Reisepass bei Ihnen deponieren?

Losmen Schilder

Essen & Trinken

Rumah makan, „Haus essen“ und réstoran, „Restaurant“, bieten eine Vielzahl von Gerichten an. Es gibt entweder eine Speisekarte oder eine große Wandtafel mit angebotenen Speisen und Preisen. Ma'af, tidak ada. – *„Entschuldigung, nicht es-gibt“*, heißt „Gibt es leider nicht!“, und Sudah habis! „schon fertig“ sind die beiden möglichen Antworten, falls die Bestellung nicht entgegengenommen werden kann. Der warung ist ein fester Essenstand mit Sitzmöglichkeiten.

masakan = *Küche im Sinne von „nach Art"*
Masakan Padang = *Küche nach Art Padang*

makan - minum	essen - trinken
makanan - minuman	Gericht - Getränk
daftar makanan	Speisekarte
porsi	Portion
pelayan	Kellner, Ober
pesan	bestellen
bayar	bezahlen
bon	Rechnung
tip, uang / uang kecil	Trink- / Wechselgeld
piring	Teller, Untertasse
gelas	Glas (Trink-)
cangkir	Tasse, Becher
pisau	Messer
garpu	Gabel
sèndok	Löffel
énak, sedap	wohlschmeckend
asin - manis	salzig - süß
asam - pedas	sauer - scharf gewürzt
gorèng	gebraten
bakar	gegrillt
kering	trocken
mentah - rébus	roh - gekocht
matang	durchgekocht
rébusan	abgekocht
kukus	gedünstet
panggang	geröstet
masak	reif, gar
panas - dingin	heiß, warm - kalt
busuk	verdorben
sedia	fertig, bereit

Die Worte für „Frühstück", „Mittagessen" und „Abendessen" setzen sich zusammen aus makanan „das Essen" und der jeweiligen Tageszeit: makanan pagi, *„Essen Morgen"*, makanan siang, *„Essen Mittag"*, und makanan malam, *„Essen Nacht"*.

Saya lapar. / Saya mau makan.
ich hungrig / ich wollen essen
Ich möchte (etwas) essen.

Saya haus. / Saya mau minum.
ich durstig / ich wollen trinken
Ich möchte (etwas) trinken.

Im warung kopi, *„Warung Kaffee"*, kann man Kaffee, Tee, Kekse und ähnliches bekommen, aber auch Shampoo, Seife, Obst und Waschmittel! Der warung nasi, *„Warung Reis"*, bietet dagegen eine Auswahl an gekochten Speisen. In allen Städten und Dörfern Indonesiens fangen bei Einbruch der Dunkelheit die pasar malam „Nachtmärkte", an. Auf diesen Märkten findet man Stände mit dem üblichen Essen und den Spezialitäten der Region.

Die fahrenden Essenswagen nennt man kaki lima, *„Fuß fünf"*.

Ada masakan Indonésia di sini?
es-gibt Küche Indonesien pos. hier
Gibt es hier indonesische Gerichte?

Saya minta satu lagi ... .
ich bitten-um ein noch ...
Ich hätte gerne noch ein ... .

Bolèh lihat daftar makanan?
dürfen sehen Liste Essen
Darf ich bitte die Speisekarte sehen?

Saya mau pesan satu porsi...
ich wollen bestellen ein Portion...
Ich möchte eine Portion ... bestellen.

Tidak pakai ès.
nein tragen Eis
Bitte nicht mit Eis.

Minta bon.
bitten-um Rechnung
Die Rechnung bitte.

beras (Reis)

Reis ist das wichtigste Nahrungsmittel Indonesiens. Auf Java, Bali und anderen Inseln, wo es genug Wasser gibt, wird Reis auf den sawah, „Nassreisfeldern", angebaut, in anderen Gebieten kultiviert man ihn trocken auf den ladang, „Trockenreisfeldern". Für unser Wort „Reis" gibt es im Indonesischen eine ganze Reihe von Bezeichnungen, die den jeweiligen „Zustand" des Getreides bezeichnen:

padi	=	die Reispflanze auf dem Feld
gabah	=	der gedroschene, ungeschälte Reis
beras	=	geschälter Reis, wie auf dem Markt angeboten
nasi	=	gekocht und zum Essen bereitet

buah-buahan (Früchte)

	nanas	Ananas
	(buah) apel	Apfel
	jeruk manis	Apfelsine
	pisang	Banane
	buah kecil	Beere
Frucht klein	**kacang mete**	Cashewnuss
	kurma	Dattel
auch: tandan buah	**arbèi**	Erdbeere
	anjir, buah ara	Feige
	angka	Jackfruit
	n(buah) kelapa	Kokosnuss
	kismis	Korinthe
	jeruk asam	Limone
	mangga	Mango
	manggis	Mangosteen

jeruk bali	Pampelmuse
pepaya	Papaya
rambutan	Rambutan
salak	Schlangenhautfrucht
asam jawa	Tamarinde
semangka	Wassermelone
anggur	Weintrauben
jeruk purut	Zitrone
jeruk limau	Zitrusfrucht
serikaya	Zuckerapfel

belum matang = *unreif*
masak/matang = *reif*
busuk = *verdorben*

sayur (Gemüse)

buncis	Bohnen
kacang polong	Erbsen
ketimun	Gurke
kentang	Kartoffeln
(ubi) kelédèk	(Süß)kartoffeln
kul, kobis, kubis	Kohl
bawang putih	Knoblauch
labu	Kürbis
kacang	Linsen, Nüsse
jagung	Mais
wortel	Möhren
jamur	Pilze
tomat	Tomaten
kangkung	Wasserspinat
bawang	Zwiebel

ubi = *Wurzel*

auch: Erdnuss

daging (Fleisch)

daging bèbèk	Entenfleisch
daging ayam	Hühnerfleisch
daging domba	Lammfleisch
hati, otak, jantung	Leber, Gehirn, Herz
daging sapi	Rindfleisch
daging babi	Schweinefleisch
merpati	Taube
daging kambing	Ziegenfleisch

untuk orang végétaris (für Vegetarier)

	végétaris	vegetarisch
	tanpa daging	ohne Fleisch
	sayur-sayuran	allerlei Gemüse
	telur	Ei
	telur rébus	Ei, gekocht
	telur gorèng	Ei, gebraten
Ei Auge Kuh	**telur mata sapi**	Spiegelei
	mie, bihun, bami, bakmi	Nudeln

binatangair (Wassertiere)

	tiram	Auster
	ikan	Fisch
	udang, kepiting	Garnele, Krabbe
	udang karang	Lobster, Hummer
	ketam	Krebs
Fisch Meer	**ikan laut**	Salzwasserfisch
Fisch See	**ikan danau**	Süßwasserfisch
	kerang, lokan	Schaltier, Muschel
	cumi cumi	Tintenfisch

bumbu (Gewürze)

minyak (gorèng)	(Brat-)Öl
mentéga	Butter
lombok, cabé	Chili
kari	Curry
cuka	Essig
madu	Honig
jahé	Ingwer
kuma-kuma	Kurkuma
(bunga) pala	Muskatnuss
merica	Pfeffer, weißer
lada padi	Pfeffer, schwarzer
lada merah	Pfeffer, roter
kécap	Sojasauce
gula - garam	Zucker - Salz

manisan (Süßigkeiten)

kacang	Erdnüsse
kuè	Kuchen, Biskuit
èskrim	Speiseeis
permèn	Süßigkeiten, Bonbon
coklat	Schokolade

roti *„Brot" zählt in Indonesien ebenfalls zu Süßigkeiten.*

minuman (Getränke)

soda	Mineralwasser
agua	abgefülltes Wasser
air minum	Trinkwasser
air matang	abgekochtes Wasser
ès (batu)	Eis(würfel)
tèh - kopi	Tee - Kaffee
.. manis	.. mit Zucker
.. susu manis	.. mit Milch & Zucker
.. hitam, tawar, pahit	.. schwarz
.. jahé	..Ingwertee / -Kaffee
coklat	Trinkschokolade
jus	Saft
air anggur - bir	Wein - Bier
brem	balinesischer Reiswein
mabuk	betrunken
tawar, pahit	bitter

Ein eisgekühltes Bier in Indonesien zu trinken ist außerhalb der Touristenzentren schwierig. Um zumindest kein heißes Bier zu bekommen, sollte man trotzdem fragen:

Ada bir dingin?
es-gibt Bier kalt
„Gibt es kaltes Bier?"

Ibu, saya minta kopi tidak pakai gula.
Mutter, ich bitten-um Kaffee nicht tragen Zucker
Mutter, ich möchte bitte Kaffee ohne Zucker.

Sedikit gula saja.
wenig Zucker nur
„Nur ein wenig Zucker."

Indonesier sind ein Volk von Kaffee- und Teetrinkern. Serviert werden diese Getränke bis an die Schmerzgrenze gesüßt. Einer Ibu am Warung zu erklären, dass man lieber kopi pahit *„Kaffee bitter"* trinkt, löst eine längere Diskussion aus, die oft mit einem sedikit gula, saja *„bisschen Zucker, bloß"* im Kaffee endet. Je nach Region gibt es unterschiedliche Ausdrücke für dieses „seltsame“ Touristen - Anliegen:

Kopi kosong.
Kaffee leer

Kopi pahit.
Kaffee bitter

Kopi tanpa gula.
Kaffee ohne Zucker

minuman buah (Fruchtsäfte)

air jeruk	gesüßter Orangen- oder Zitronensaft
air kelapa	Kokosnussmilch
air kelapa muda	junge Kokosnussmilch & -fleisch
air kopiyor	überreife Kokosnussmilch & -fleisch
ès buah	gelierte Früchte mit Sirup auf geraspeltem Wassereis

Wer die hier genannten Getränke lieber eiskalt trinkt, muss air durch ès ersetzen, also air jeruk „Wasser Orange“ wird zu ès jeruk „Eis Orange“.

masakan (Gerichte)

rujak	Fruchtsalat in scharfer Soße
udand gorèng montéga	Garnelen, in Butter gebraten
udang rébus	Garnelen, gedünstete
cap cai	Gemüse, versch., angebraten in einer Soße
pecel	Gemüse, gemischtes, mit Erdnusssoße
gado-gado	Gemüsesalat mit Erdnusssoße, kalt
karé ayam	Hühnercurry
soto ayam	Hühnersuppe
saté ayam	Hühnersaté
ayam gorèng	Huhn, gebratenes, meistens m. Soße serviert
ayam gorèng kécap	Huhn gebratenes, mit süßlicher Soyasoße
gudeg ayam	Huhn in Kokosmilch & Gewürzen, geschmort mit junger gekochter Jackfruit

Krabben, fritierte	**kepeting gorèng**
Krabben, gedünstete	**kepeting rébus**
Mixed Pickles	**acar**
Nudeln, gebratene, mit Gemüse & Ei	**mi gorèng**
Nudeln, gekochte	**mi rébus**
Nudelsuppe	**mi kuah**
Nudelsuppe, chinesische, mit Fleischklößen	**mi bakso**
Nudelsuppe mit Fleischkl. in Teig gebacken	**mi pangsit**
Omelett mit Fleisch & Gemüse	**fu yung hai**
Pfannkuchen m. Gemüse & Fleisch o. süß	**martabak**
Riesenkräcker aus Fisch- oder Krabbenmehl	**krupuk**
Reis, weißer, gekochter	**nasi putih**
Reis, gebratener, oft mit Gemüse	**nasi gorèng**
Reis mit Gemüse und Fleisch	**nasi campur**
Reis mit Gemüse	**nasi sayur**
Reis mit Rindfleischeintopf	**nasi rawon**
Suppe	**soto, sop**
Ziegencurry	**gulai kambing**
Ziegensaté	**saté kambing**

nasi kuning = gelber Reis

Kaufen & Handeln

Touristenpreise sind immer höher, aber auch gut betuchte Einheimische zahlen mehr. In touristischen Gegenden liegt der Ausgangspreis des Verkäufers oft 4-6mal so hoch, als die Ware wirklich wert ist. In abgelegeneren Gebieten wird häufig der korrekte Preis gefordert.

Das Kaufen und das damit verbundene Handeln kann in Indonesien sehr viel Spaß machen. Harga pas heißt „fester Preis". In den meisten (nicht touristischen) Geschäften, Supermärkten, Hotels und Restaurants wird nicht gehandelt. Gehandelt werden muss auf Märkten, bei Straßenverkäufern, in Touristenläden etc. Wer auf Indonesisch verhandelt, hat einen großen Vorteil, da man ihm Erfahrung zubilligt.

Di mana saya bisa beli ...?
pos. wo ich können kaufen ...
Wo kann ich ... kaufen?

Mit einem Smartphone können Sie sich die mit einem gekennzeichneten Sätze dieses Kapitels anhören.

Sind in einem Laden oder auf dem Markt die Waren weder ausgezeichnet noch ein Schild harga pas zu entdecken, empfiehlt es sich, erst einmal nach dem Preis zu fragen. Wenn der Verkäufer antwortet, man möge das Eröffnungsangebot machen, folgt auf jeden Fall eine längere Verhandlung. Die Grundregel ist, völlig freundlich, höflich und gelassen zu bleiben, auch wenn der gewünschte Verkaufspreis übertrieben hoch ist. Der Käufer sollte beim Handeln einen deutlich niedrigeren Preis ansetzen, als er wirklich bezahlen will. Im günstigsten Fall kennt man den richtigen Preis. Wenn man glaubt, ein faires Angebot gemacht zu haben, auf das der Händler jedoch nicht reagiert, ist das „Weggeh-Spiel" immer einen Versuch wert. Mit Terlalu mahal!, „Zu teuer!", und Terima kasih!, „Vielen Dank!", verlässt man höflich grüßend das Geschäft. Oft geht der Verkäufer dann auf den gebotenen Preis ein. Ein gutes Geschäft ist, wenn beide Seiten wirklich zufrieden sind.

beli, membeli	kaufen
jual, menjual	verkaufen, Handel treiben
tawar, menawar	handeln, feilschen
harga	Preis
harga biasa	normaler Preis
harga pas	fester Preis
kwalitèt - warna	Qualität - Farbe
rugi	Nachteil, Verlust / Schaden (erleiden)
murah - mahal	billig - teuer
turun	heruntergehen
lihat saja	nur gucken
macam	Sorte, Typ, Beschaffenheit
mencoba	anprobieren
pabrik	Fabrik, Handwerksbetrieb
membuat, (mem)bikin	machen, herstellen
dibuat	gemacht, hergestellt
buatan (Indonésia)	(indonesisches) Erzeugnis
buat-buatan	unecht, nachgemacht
pembuat	Hersteller

dialog pasar 117 khs (typ. Marktgespräch)

T = *Tourist*
V = *Verkauferin*

T: **Selamat pagi, Bu.
Pisang ini, harganya berapa?**
*guten Morgen, Mutter.
Bananen dies, Preis-ihr wie-viel*
Guten Morgen, Bu.
Wie teuer sind diese Bananen?

V: **Selamat pagi. Satu kilo seribu rupiah.**
guten Morgen. ein Kilo tausend Rupien
Guten Morgen. Ein Kilo kostet 1000 Rupien.

T: **Aduh, Ibu. Terlalu mahal.**
huch, Mutter. zu-viel teuer
Huch, Ibu. Das ist viel zu teuer.

Saya tidak mau tahu harga turis!
ich nicht wollen wissen Preis Tourist
Ich möchte nicht den Touristenpreis wissen.

Harga biasa berapa?
Preis normal wie-viel
Wie viel kosten sie normalerweise?

V: **Seribu harga biasa.**
tausend Preis normal
1000 ist der normale Preis.

T: **Saya ambil ini untuk lima ratus rupiah.**
ich nehmen dies für fünf hundert Rupien
Ich nehme sie für 500 Rupien.

V: **Saya rugi, tetapi bolèh.**
ich Schaden, aber möglich
Ich mache Verlust, aber es ist o.k.

plang (Schilder)

Tutup/Buka	Geschlossen/Geöffnet
Gratis	Gratis
Bayar disini!	Hier bezahlen!
Kasir	Kasse
Dijual murah	Reduzierter Verkauf
Obral	Schlussverkauf, Ausverkauf
Potongan 10%	10% Rabatt
Dijual	Zum Verkauf

barang (Waren)

gelang	Armband, -reif
bangsi	Bambusflöte
batik tulis	handgemalte Batik

batik cap	gestempelte Batik	cap = *Stempel*
gerinding, génggong	Blasinstrument	
sumpitan	Blasrohr	
keméja	Bluse, Hemd	
selimut - tap(e)lak méja	Decke - Tischtuch	
intan	Diamant	
pisau belati, keris	Dolch, Kris	
print	Druck	
gading	Elfenbein	
seruling	Flöte, Pfeife	
sepatu tinggi	Frauenschuh	*Schuh hoch*
lukisan	Gemälde, Bilder	
sabuk	Gürtel	
(kalung) rantai	(Hals-)Kette	
tas	Handtasche	
ukiran kayu	Holz-Schnitzerei	*Schnitzerei Holz*
celana pendèk/panjang	kurze / lange Hose	
pakaian	Kleidung	
tulang	Knochen	
kulit	Leder	*Haut*
topèng	Maske	
kain panjang	Meterware	*Stoff langer*
anting-anting	Ohrringe	
cincin	Ring	
rok	(europ.) Rock	
(sepatu) sandal	Sandale	
kain sarong	Sarong-Stoff	*Stoff Sarong*
wayang kulit	Schattenspielfigur	
sepatu	Schuh, Stiefel	
hiasan	Schmuck	
pérak - emas	Silber - Gold	
hukah, hokah	Wasserpfeife	
rompi	Weste	

Bolèh saya mencoba rok ini?
möglich ich probieren Rock dies
Darf ich diesen Rock anprobieren?

warna (Farben)

Durch tua *„alt" = dunkel oder* muda *„jung" = hell kann man die Farbnuancen bestimmen.*

putih - hitam	weiß - schwarz
biru - hijau	blau - grün
jingga - cokelat	orange - braun
mérah - kuning	rot - gelb
mérah muda	hellrot (rosa)
mérah tua	dunkelrot
mérah lembayung	violett
kelabu, abu-abu	grau, gräulich
berwarna-warna	bunt, vielfarbig
polos	einfarbig

bisnis (Geschäftliches)

èksportir - *Exporteur*

importir - *Importeur*

auch: Beispiel

(si)pengirim	Absender, Spediteur
perwalian, pengagènan	Agentur
agèn -	Agent, Vertreter -
deposit	Anzahlung
mengangkut	befördern, transportieren
berpesan, pesan	bestellen, Auftrag geben
pesan(an)	Bestellung
èksportir	exportieren
agèn umum	Generalvertreter
perdagangan	Gewerbe (Gewerbszweig)
orang dagang	Händler, Kaufmann
impor - èkspor	Import - Export
mengimportir	importieren
dagangan	Kauf-, Handelsware
onkas	Kosten
langganan	Lieferant, Kunde
contoh; macam	Muster; Sorte, Marke
bungkus	Paket
untung	Profit
sisa	Rest(betrag)
kirim	senden, schicken
(se)bagian	(ein) Stück

jumlah	Summe, Menge	
membungkus(i)	verpacken	
pengiriman	Versand, Transport	*auch: Verschiffung*
asuransi	Versicherung	

Di mana ada èksportir untuk barang ini?
in wo es-gibt Exporteur für Ware dies
Wo gibt es für diese Ware einen Exporteur?

Saya minta harga bisnis untuk batik ini.
ich bitten-um Preis Geschäft für Batik dies
Ich bitte um den Geschäftspreis für diese Batik.

Berapa biji bisa membuat pèr bulan?
wie-viel Stück können herstellen pro Monat
Wie viel Stück können Sie pro Monat herstellen?

Saya perlu tiga contoh macam ini.
ich nötig drei Muster Art dies
Ich brauche drei Muster dieser Art.

Saya mau kirim barang ini ke Jèrman.
ich wollen schicken Ware dies nach Deutschland
Ich möchte diese Waren nach Deutschland verschicken.

Ada èksportir yang paling baik?
es-gibt Exporteur welcher sehr gut
Welcher Exporteur ist der beste?

Saya mau kirim barang-barang ini di dalam dua hari.
ich wollen schicken Waren dies pos. innen zwei Tag
Ich möchte diese Ware in den nächsten zwei Tage verschicken.

Siapa bisa membungkus untuk saya?
wer können verpacken für ich
Wer kann für mich das Verpacken übernehmen?

Fotografieren

Fotoartikel und -zubehör erhält man fast ausschließlich in größeren Städten oder Touristengegenden. Filmentwicklung und Abzüge sind in Indonesien meistens deutlich billiger als bei uns.

cétakan	Abzug (vom Negativ)
kamera digital	Digital-Kamera
mencuci (pilèm)	(Film) entwickeln
cuci & cetak *(waschen & drucken)*	Entwicklung & Abzüge
pilem berwarna	Farbfilm
pilèm, film	Film
membuat pilèm	filmen
kamera film	Filmkamera
foto, potrèt, gambar	Foto
kamera, alat potrèt	Fotoapparat
toko potrèt	Fotogeschäft
tukang potrèt, pemotrèt	Fotograf
memotrèt	fotografieren
fotokopi	Fotokopie
membuat fotokopi	fotokopieren
ambil	nehmen
baru - tua	neu - alt
hitam putih - warna	schwarz weiß - Farbe

Kamera saya rusak.
Kamera mein kaputt
Meine Kamera ist kaputt.

Ada pilèm?
es-gibt Film
Haben Sie Filme?

Di mana ada toko pemotrèt?
in wo es-gibt Laden Foto
Wo gibt es ein Fotogeschäft?

Bisa mencuci pilèm ini?
können entwickeln Film dies
Können Sie diesen Film entwickeln?

Saya minta ambil potrèt saudara.
ich bitten-um nehmen Foto Sie
Darf ich Sie fotografieren?

Behörden, Bank & Post

Indonesien ist ein Bürokratenstaat. Wenn man etwas Offizielles will, z. B. das Visum verlängern, ist das „Amt", kantor, unumgänglich. Alle wichtigen Büros befinden sich in den Provinzhauptstädten. Es gibt auch hier einige wichtige Regeln.

Die Bekleidung sollte ordentlich sein. Man legt auch hier sehr viel Wert auf das Äußere und auf Höflichkeit.

Es lohnt sich meistens nicht zu warten, wenn der Chef „gerade nicht da ist, aber sicherlich gleich wiederkommt". Vielleicht bringt der nächste Tag mehr Glück.

In Dörfern ist der Kepala Kampung, „Bürgermeister" ein guter Ansprechpartner für Informationen über Besonderheiten des Dorfes und die Umgebung. Man sollte versuchen, direkt zum Kepala, „Chef", vorzudringen. Normalerweise haben alle anderen Personen, die herumstehen oder sitzen, nicht viel Kompetenz. Die Kepala Kampung sprechen meistens kein Englisch, aber immer Bahasa Indonésia. In abgelegenen Gebieten sind das oft die einzigen, die nicht nur die Lokalsprache sprechen. Selbst in den kleinsten und einsamsten Dörfern gibt es Schulen. Auch die Lehrer, pengajar, guru sind sehr gute Ansprechpartner.

urutan kantor (Büro- & Rangordnung)

Provinz-Chef	**Bupati**	**Kantor Bupati**
Distrikt-Chef	**Camat**	**Kantor Kecamatan**
Kopf Gemeinde	**Kepala Désa**	**Kantor Kepala Désa**
Kopf Dorf	**Kepala Kampung**	**Kantor Kepala Kampung**

sekola (Schulen)

Grundschule	**SD**	**= Sekolah Dasar**
Mittelschule	**SMP**	**= Sekolah Menéngah Pertama**
Obermittelschule	**SMA**	**= Sekolah Menéngah Atas**
Universität Indonesien	**UI**	**= Univèrsitas Indonésia**

Ein Empfehlungsschreiben vom Bupati verpflichtet die untergeordneten „Bosse" in den Gemeinde-Büros, ein Brief vom Camat bewirkt dasselbe gegenüber den Bürgermeistern usw. Die Hierarchie sollte eingehalten werden, d. h. vom Camat also erst zum Kepala Désa, dann zum Kepala Kampung, das vermeidet böses Blut. Noch etwas: kepala heißt Kopf und sollte nicht mit kelapa (Kokosnuss) verwechselt werden.

kepala kelapa *„Hohlkopf".*

mengisi formulir (Ausfüllen von Formularen)

Name Familie	**nama keluarga**	Familienname
	nama - alamat	Name - Adresse
Adresse vollständig	**alamat lengkap**	vollständige Adresse
	tanggal lahir	Geburtsdatum -
	tempat lahir	Geburtsort
	umur	Alter
	kelamin	Geschlecht

kebangsaan	Nationalität	
agama	Religion	
kartu tanda penduduk	Personalausweis	
nomor paspor	Passnummer	*Nummer Pass*
maksud kunjungan	Grund der Reise	*Absicht Besuch*
pekerjaan	Beruf	
kawin	verheiratet	
menera tempel	Gebührenmarke	*stempeln Marke*
melapor	Bericht erstatten	
tanda tangan/ tulisan tangan	Unterschrift	*Zeichen Hand / Schrift Hand*

di kantor polisi (bei der Polizei)

Auch in Indonesien kann man mal bestohlen werden. Falls das wirklich eintrifft, wird das ein Nerven aufreibendes und Tag füllendes Programm!

Saya kecurian.
ich bestohlen
Ich bin bestohlen worden.

Di mana ada kantor polisi?
in wo es-gibt Büro Polizei
Wo ist die Polizeistation?

Pencuri hilang ke ... / sana.
Dieb verschwinden nach ... / dort
Der Dieb ist nach ... / dort verschwunden.

lapor	anzeigen, anmelden
paspor	Ausweis, Pass
kecurian	bestohlen
pencuri	Dieb, Diebe, Diebin
pencurian	Diebstahl
kebongkaran	Einbruch
(mem)bongkar,	einbrechen
formulir	Formular

tas	Handtasche
polisi	Polizei
kantor polisi	Polizeistation
kunci - uang	Schlüssel - Geld
curi, mencuri	stehlen
asuransi	Versicherung
hilang	verschwinden

di kantor bank (in der Bank)

	menerima	akzeptieren
	ATM	Bankautomat
	rekening bank	Bankkonto
	bank - kurs	Bank - Wechselkurs
	uang kontan/tunai	Bargeld
	mengambil uang di bank	Geld abheben
	uang - bunga	Geld - Zinsen
	kartu kredit	Kreditkarte
	cek	Scheck
	transfér	Transfer, überweisen
	tukar, menukar	tauschen, wechseln
verschicken	**mengirim(kan)**	überweisen
Transport	**pengiriman**	Überweisung
	formulir kiriman	Überweisungsformular
	cabang	Zweigstelle, Filiale

Saya mau tukar Dolar Amérika.
ich wollen wechseln Dollar Amerika
Ich möchte amerikanische Dollar wechseln.

Berapa kurs hari ini?
wie-viel Kurs Tag dies
Wie ist der Wechsel-Kurs heute?

Ada kiriman untuk saya?
es-gibt Überweisung für ich
Haben Sie eine Überweisung für mich?

Ma'af. Belum datang.
Entschuldigung. noch-nicht kommen
Tut mir Leid. Es ist noch nichts angekommen.

Tolong berhubungan cabang Jakarta.
helfen Kontakt-herstellen Zweigstelle Jakarta
Bitte kontakten Sie die Zweigstelle Jakarta.

Dimana ada ATM?
Wo gibt-es ATM/Bankautomat
Wo gibt es einen Bankautomat?

Boleh saya bayar dengan kartu kredit?
Möglich ich zahlen mit Karte-Kredit
Kann ich mit Kreditkarte bezahlen?

di kantot pos (auf der Post)

pengirim/penerima	Absender/Empfänger
menyenempel	(ab)stempeln
surat (tercatat)	(eingeschriebener) Brief
meterai pos	Briefmarke
èksprès	Express-Service (int.)
kilat	Express-Service (nat.)
pos udara	Luftpost
kantor pos/kartu pos	Post /Postkarte
paket	Päckchen
melalui	per, via
porto	Porto
kirim	schicken, senden
(surat) kawat	Telegramm
kabar kawat besar	Telegramm (int.)

auch: perangko

Saya mau kirim surat ini ke Jèrman.
ich wollen schicken Brief dies nach Deutschland
Ich möchte diesen Brief nach Deutschland schicken.

Austria - *Österreich*
Swiss - *Schweiz*
Belanda - *Niederlande*

Mau kirim pos udara?
wollen senden Post Luft
Möchten Sie ihn per Luftpost verschicken?

Saya minta menyenèmpel surat ini sekarang.
ich bitten-um stempeln Brief dies jetzt
Bitte stempeln Sie diesen Brief sofort ab.

Telefonieren

Telefongespräche führt man normalerweise vom Kantor Télépun, „Telefonamt", WARTEL = warung télépun oder Kantor Télékomunikasi, „Telekommunikationsbüro" aus, da es außerhalb der Großstädte wenige Privatanschlüsse gibt.

innerhalb Indonesiens

tmenélépon	anrufen
luar negeri	Ausland
interlokal	Ferngespräch
kode wilayah	Gebietsvorwahl
dalam negeri	Inland
kode negeri	Ländervorwahl
tèlpon genggam	Mobiltelefon
nomor tèlpon	Rufnummer
kartu pulsa	SIM-Karte
tèlpon, tilpun, télépon	Telefon
buku tèlpon	Telefonbuch
pulsa	Telefoneinheit
pembicaraan tèlpon	Telefongespräch
menélépon	telefonieren
kartu tèlpon	Telefonkarte
putus	unterbrochen
sambung	verbinden
saluran, line	Verbindung
memilih	wählen
kode	Vorwahl

Ein ganz normales indonesisches Telefongespräch kann wie folgt ablaufen:

Klaus „K" ruft Wayan „W" an:

K: **Hallo! Nama saya Klaus.**
Saya tèlépon dari ....
Hallo! Name mein Klaus. ich telefonieren von...
Hallo! Mein Name ist Klaus. Ich rufe aus ... an.

W: **Hallo! Cari siapa, Pak?**
Hallo! Suchen wer, Pak?
Hallo! Wen möchten Sie sprechen?

K: **Saya mau bicara dengan Ibu Watih!**
Ich wollen sprechen mit Mutter Watih.
Ich möchte bitte mit Frau Watih sprechen.

Ibu Watih ada di rumah?
Ibu Watih es-gibt in Haus
Ist Ibu Watih zu Hause?

Mit ein wenig Glück kann man dann die gewünschte Person sprechen, oder das Gespräch fängt mit einer ganz anderen Person von vorne an.

W: **Tunggu sebentar, saya panggil.**
warten Augenblick, ich rufen
Einen Augenblick, bitte! Ich rufe sie.

Ada orang yang bicara bahasa Ingg(e)ris?
es-gibt Mensch welcher sprechen Sprache Englisch
Gibt es jemanden, der Englisch spricht?

Besok saya coba tèlépon lagi.
morgen ich versuchen telefonieren wieder
Ich rufe morgen noch einmal an.

Ma'af, saya tekan nomor salah.
Entschuldigung, ich wählen Nummer falsch
Entschuldigung, ich habe die falsche Nummer gewählt.

Ma'af, salah sambung!
Entschuldigung, falsch verbunden!

Dari mana?
von wo
Wer ist am Apparat?

Dari Peter.
von Peter
Peter ist am Apparat.

Internet

In vielen größeren Städten und vor allem in Touristenzentren befinden sich an jeder Ecke Internetcafés. Viele Computer- und Internetbegriffe sind Englisch und werden einfach nur mit indonesischer Betonung ausgesprochen.

Dimana ada warnèt disini?
Wo gibt-es warung-internet hier
Wo gibt es hier ein Internetcafé?

Bérapa harga untuk satu jam di komputer?
Wie-viel Preis für ein Stunde pos. Computer
Wie viel kostet die Nutzung des Computers pro Stunde?

Saya mau check/kirim email.
Ich möchte abrufen/verschicken E-Mail
Ich möchte gerne E-Mails abrufen/verschicken.

alamat internet	Internet Adresse
konèksi internet	Internetverbindung
wifi	W-Lan

ahli THT = HNO
T = teling
H = hidr
T =

In Indonesien gibt es keine privat gesetzlichen Krankenversicherunge Arztbesuch, Krankenhausaufenthalt Medikamente müssen privat bezahl

apotik	Apotheke
toko obat	Drogerie
PUSKESMAS	staatliches Gesundheitszentrum
rumah sakit	Krankenhaus
sakit	krank sein
ambulan	Krankenwagen
darurat/kecelakaan	Notfall/Unfall
tidak enak badan	sich krank fühlen

Tolong beli obat untuk saya di apotik.
helfen kaufen Medizin für ich pos. Apotheke
Bitte kaufe Medizin für mich in der Apotheke.

Di mana ada rumah sakit yang paling baik?
in wo es-gibt Haus krank welches meist gut
Wo gibt es das beste Krankenhaus?

Tolong! Panggil ... !
helfen! rufen ...
Bitte, rufe ein ...

Bawah saya/kami ke rumah sakit.
bringen ich/wir nach Haus krank
Bringen Sie mich/uns zum Krankenhaus.

doktèr (Ärzte)

doktèr	Arzt, Doktor
ahli penyakit kelamin	Arzt für Geschlechtskrankheiten

Arzt;
. *„Ohr“,*
ıg *„Nase“,*
enggorok(an)
„Rachen“

ıch: Krankenpfleger

ahli mata	Augenspezialist
doktèr spesialis	Facharzt
ahli penyakit kulit	Hautarzt
ahli jantung	Herzspezialist
ahli penyakit dalam	Internist
doktèr anak	Kinderarzt
juru rawat	Krankenschwester
dukun	traditioneller Heiler
doktèr gigi	Zahnarzt

Saya sakit.
ich krank
Ich bin krank.

Sakit apa?
krank was
Was fehlt dir / Ihnen?

Ada doktèr dekat di sini?
es-gibt Doktor nah in hier
Gibt es in der Nähe einen Arzt?

Saya sakit inpluensa.
ich krank Grippe
Ich habe Grippe.

Saya perlu obat untuk menceret.
ich nötig Medizin für Durchfall
Ich brauche Medizin gegen Durchfall.

Tolong! Kaki teman saya patah.
Hilfe! Bein Freund ich gebrochen
Hilfe! Das Bein meines Freundes ist gebrochen.

penyakit (Krankheiten / Beschwerden)

auch: masuk angin,
(hereinkommen Wind)

angina	Angina
tular	ansteckend
asma	Asthma
gembung	Blähungen
koléra	Cholera
penyakit gula	Diabetes
mencerèt	Durchfall

muntah	erbrechen
gelegata	Ekzem, Nesselfieber
flu, pilèk	Erkältung
demam	Fieber
patah	gebrochen
inpluènsa	Grippe
penyakit kotor	Geschlechtskrankheit
batuk	Husten
infèksi	Infektion
gatal, kegatalan	jucken, Juckreiz
pusing	Kopfschmerzen
kejang	Krampf
sakit - sehat	krank - gesund
penyakit	Krankheit
kondor(an)	Leistenbruch
kusta	Lepra
radang paru-paru	Lungenentzündung
malaria	Malaria
lecèt	Schnitt
penyakit anjing gila	Tollwut
luka bakar	Verbrennung
sembelit	Verstopfung
luka	Wunde
sakit gigi	Zahnschmerzen

Möchte man ausdrücken, dass man an einer bestimmten Krankheit leidet, kann man penyakit, „Krankheit" mit einem Körperteil oder mit einem Wort kombinieren, das diese Krankheit charakterisiert, wie: penyakit gula *„Krankheit Zucker"* = Diabetes, penyakit busung *„Krankheit Schwellung"* = Ödem, penyakit barang *„Krankheit Gegenstand"* = Nierenstein, penyakit kulit *„Krankheit Haut"* = Hautkrankheit, penyakit mata *„Krankheit Auge"* = Augenkrankheit, penyakit saraf *„Krankheit Nerv"* = Neurose. Mit diesem Behelf kann es zwar mal passieren, dass man sich nicht korrekt ausdrückt, aber man wird in den meisten Fällen verstanden.

obat & pèngobat (Medizin & Behandlung)

Die traditionelle, homöopathische Medizin heißt jamu. *Traditionelle Heiler heißen* dukun.

di luar	außen, äußerlich
mengerjakan	behandeln
penilitian	Behandlung
diagnose	Diagnose
minum	einnehmen, trinken
gosok	einreiben, reiben
di dalam	innen, innerlich
obat	Medikament, Heilmittel
sehari	pro Tag, täglich
sirop	Saft, Tropfen
B-test	Schwangerschaftstest
tablèt	Tablette, Pille
komprès	Umschlag, Kompresse
balut	Verband, Binde
plèster	Verband, Pflaster

Kasih suntik, tidak bolèh. Saya hamil.
geben Spritze, nicht dürfen. ich schwanger
Sie dürfen mir keine Spritze geben. Ich bin schwanger.

Obat ini untuk minum tiga kali sehari.
Medizin dies für trinken drei Mal ein-Tag
Diese Medizin dreimal täglich einnehmen.

Saya perlu kwitansi untuk asuransi saya.
ich nötig Quittung für Versicherung ich
Ich brauche eine Quittung für meine Versicherung.

Saya minta surat diagnosa untuk asuransi saya, Pak/Ibu doktèr.
ich bitten-um Brief Diagnose für Versicherung ich, Vater/Mutter Doktor
Ich bitte um eine schriftliche Diagnose für meine Versicherung.

Körperteile

lengan - tungkai, kaki	Arm - Bein, Fuß
buah dada	Brüste (weibl.)
dada	Brust(korb)
usus - kandung kemih	Darm - Blase
jari - jari kaki	Finger - Zeh
sendi - (urat) saraf	Gelenk - Nerv
badan, tubuh - kepala	Körper - Kopf
tangan	Hand, Unterarm
léhér - hidung	Hals - Nase
kulit - tulang	Haut - Knochen
jantung	Herz
lutut	Knie
hati	Leber
paru-paru	Lunge
lambung, perut	Magen, Bauch
mulut - bibir	Mund - Lippen
otot	Muskel, Sehne
ginjal, buah pinggang	Nieren
telinga - mata	Ohr - Auge
punggung	Rücken
bahu	Schulter
pundak	Schulter, Nacken
gigi	Zahn, Zähne
lidah	Zunge

Für Indonesier ist der Sitz der Seele die Leber, daher ist hati *gleichbedeutend mit „Herz"*

Toilette & Co.

Indonesier legen sehr viel Wert auf Sauberkeit. Täglich wird zwei- bis dreimal geduscht. In Hotels und auch fast immer in kleinen Pensionen wird man eine normale Dusche vorfinden, aber in abgelegenen Gebieten sieht ein kamar mandi folgendermaßen aus: im Raum befindet sich ein gekacheltes Becken, daneben oft das Hock-Klo. Irgendwo in diesem Raum gibt es immer eine knallbunte Schöpfkelle in blau, grün, gelb, rot oder lila, mit der man das Wasser aus dem Becken schöpft und sich damit übergießt.

Zimmer baden	**kamar mandi**	Bade- und Waschraum
	mandi	duschen, sich waschen
schon baden	**Sudah mandi?**	Schon geduscht?
Zimmer klein	**kamar kecil**	Toilette

In Indonesien sucht man oft vergeblich nach getrennten Toiletten für Männer und Frauen. Oft gibt es überhaupt keine Toiletten. In kleinen, abgelegenen Dörfern werden meist der Fluss, Bach oder für kleinere Geschäfte irgendwelche Sträucher benutzt. Mit der Frage „Di mana bisa buang air?" „wo können wegwerfen Wasser" lässt sich herausfinden, an welcher Flussstelle die „Dorftoilette" ist.

Perempuan/Wanita	Frauen-WC
Laki-laki/Pria	Männer-WC
WC umum	öffentliche Toilette
kakus	Toilette

wegwerfen Wasser groß	**buang air besar**	Stuhlgang haben
wegwerfen Wasser klein	**buang air kecil**	urinieren

Saya harus ke kamar kecil! Cepat!
ich müssen nach Zimmer klein! schnell
Ich muss zur Toilette. Schnell!

Saya harus ke belakang.
ich müssen nach hinten
Ich muss mal austreten (*dezenter*).

Hygiene- & Kosmetikartikel

krèm (bayi)	Creme (Baby-)
pembalut wanita	Damenbinden
déo	Deo
obat dèsinfèksi	Desinfektionsmittel
sikat sisir	Haarbürste
lap tangan, lap handuk	Handtuch
sisir	Kamm
kondom	Kondom
alat kecantikan, kosmetika	Kosmetik
kikir kuku	Nagelfeile
gunting kuku	Nagelschere
minyak	Öl (Körper-)
minyak wangi, parfum	Parfum
pinsèt, sepit, angkup	Pinzette
alat cukur	Rasierapparat
pisau silèt	Rasierklingen
pisau cukur	Rasiermesser
wangi-wangian	Rasierwasser
sabun - sampu	Seife - Shampoo
tampon	Tampons
sapu tangan	Taschentücher
koton	Watte
sikat gigi	Zahnbürste
pasta gigi, tapal gigi	Zahnpasta

Schimpfen & Fluchen

So eigenartig es auch klingen mag, es gibt keine wirklichen Schimpfwörter in der indonesischen Sprache. Der Grund dafür liegt auf der Hand: Indonesisch ist übergeordnete Verkehrs-, Handels- und Mediensprache. Jeder Indonesier wächst mit seiner regionalen Muttersprache auf und lernt meistens erst in der Schule Bahasa Indonésia. Bahasa Indonésia ist sozusagen für alle Indonesier eine Fremdsprache, mit der sie sich untereinander verständigen können. Wer einmal schimpfen oder fluchen will, tut das in seiner Muttersprache.

Trotz alledem gibt es ein paar Schimpfwörter, die man aber wirklich nicht anwenden sollte:

makian		Beschimpfung
otak beton	*Gehirn Beton*	Betongehirn
goblok		Blödmann
kepala kosong	*Kopf leer*	Dummkopf
kepala kelapa	*Kopf Kokosnuss*	Hohlkopf
kurang cahaya	*wenig Licht*	unterbelichtet

Gerät man in eine Situation, in der man sehr bedrängt wird (das gilt vor allem für Frauen):

kurang ajar	wenig gebildet, gelehrt
kurang sopan	wenig höflich

Literaturhinweise

Lehrbücher / Grammatiken

Bahasa Indonesia, Nothofer/Pampus, J. Groos 2004, Lehrbuch Teil 1, 247 Seiten. Dazu gibt es ein Wörterbuch und 4 Kassetten.
(das meines Erachtens beste Lehrbuch)

Bahasa Indonesia, Langkah Baru: a new approach, Y. Johns/R. Stokes, Faculty of Asian Studies in association with Australian National University Press 1994. *(Grammatik, Dialoge, viele Übungen, leider auf Englisch)*

Die hier aufgeführten Bücher sind nicht über den Reise Know-How Verlag Peter Rump GmbH erhältlich. Bitte wenden Sie sich an Ihre Buchhandlung.

Die Autorin

Gunda Urban, Jahrgang 1956, studierte an der FH Bielefeld Foto-/ Film-Design. 1982 reiste sie zum ersten Mal nach Indonesien. Da die Reiseroute hauptsächlich durch von Touristen nicht bereiste Gebiete der Kleinen Sunda-Inseln führte, wo kaum jemand Englisch sprach, sie sich aber trotzdem verständlich machen wollte, blieb ihr nichts anderes übrig, als Indonesisch zu lernen. Seitdem sie die Sprache spricht, reist sie jährlich mehrere Monate durch Indonesien.

Anderen Reisenden das Erlernen der Sprache zu erleichtern, war ihre Intention, als sie begann, dieses Sprachbuch zu schreiben.

Peter Rump, Autor des Reisehandbuches „Bali & Lombok" nahm die Idee auf und konzipierte die Reihe Kauderwelsch. „Indonesisch - Wort für Wort" ist der erste Band der mittlerweile über 220 Bände umfassenden Reihe.

Gunda, Peter und Sohn Wayan freuen sich über Kritik und Verbesserungsvorschläge. Man erreicht sie entweder in Bielefeld oder in ihrem Häuschen auf Bali. Das steht auf dem Gelände von „Pugig's Homestay", Penestanan, Ubud, Bali.

Dr. Bambang Roseno

Wörterbuch
Indonesisch – Deutsch
Deutsch – Indonesisch

Ein gutes Wörterbuch ist in der
Fremde mehr wert als ein Schwert.
(arabische Redensart)

Kurzgrammatik und Erläuterungen zu diesem Wörterbuch

Wortklassen

Im Indonesischen sind die Grenzen zwischen den einzelnen Wortklassen „unschärfer" als im Deutschen. Viele Wörter können sowohl Verb (Tätigkeitswort) bzw. Adjektiv (Eigenschaftswort) oder auch Substantiv (Hauptwort) sein, je nach ihrer Stellung im Satz. Deshalb muss beim Satzbau streng die Reihenfolge Subjekt-Prädikat-Objekt (SPO) eingehalten werden.

Substantive und Geschlechter

Grammatische Geschlechter existieren nicht. Soll das Substantiv näher bestimmt werden mit „der/die/das/dieser/diese/dieses" verwendet man „ini/itu". Bei Bedarf kann der Plural (Mehrzahl) gebildet werden, in dem das Substantiv verdoppelt oder durch ein Zahlwort ergänzt wird:

dieses Haus	Häuser (Pl.)	viel Häuser (Pl.)
rumah ini	rumah-rumah	banyak rumah

Das Geschlecht wird bei Personenbezeichnungen nur bei Bedarf unterschieden durch Anhängen von „laki-laki" (m) oder „perempuan" (w).

Lehrer(in)	Lehrer (m)	Lehrerin (w)
guru	guru laki-laki	guru perempuan

In diesem Wortschatz geben wir nur die männliche Entsprechung an. Ausnahmen:

Student = mahasiwa, Studentin = mahasiswi
Geschäftsmann = usahawan, -frau = usahawati

Viele Substantive werden durch Anhängen von Vor- bzw. Nachsilben am Stammwort gebildet:

Stammwort	pe-	pe-/ke- + -an
ajar	pelajar	pelajaran
(Lehre)	(Schüler)	(Unterricht)
kaya		kekayaan
(reich)		(Reichtum)

Soll das Substantiv mit einem Adjektiv (Eigenschaftswort) näher beschrieben werden, so steht dieses grundsätzlich nach dem Substantiv.

rumah bagus	das schöne Haus
rumah bagus sekali	das sehr schöne Haus

Verben

Verben (Tätigkeitswörter) werden nicht entsprechend ihrer Zeitform oder Person gebeugt, sondern werden durch das Pronomen (Fürwort) oder ein Zeitwort näher bestimmt, wenn dies für die Aussage wichtig ist.

makan	essen
kamu makan	du isst
akan makan	werden essen
belum makan	haben noch nicht gegessen
lagi makan	essen gerade
ia masih makan	er isst noch

Verben werden meist durch Anhängen der Vorsilben „ber-" und „me-" bzw. Nachsilben „-i" und „-kan" an das Stammwort gebildet.

jalan	berjalan	menjalankan
(Straße)	(gehen)	(ausüben)
ajar	belajar	mengajar
(Lehre)	(lernen)	(lehren)
ambil	mengambil	mengambili
	(nehmen)	(wiederholt nehmen)

Achtung: „sein" und „haben" fungieren im Indonesischen nicht als Hilfsverben, diese Bedeutung ist im Adjektiv oder der Verbvorsilbe „ber-" bereits enthalten.

Die Passivform wird durch die Vorsilben „di-" und „ter-" gebildet.

Buku ini ditulis oleh Bahar.
Das Buch wurde von Bahar geschrieben.
Saya tertidur.
Ich bin eingeschlafen.

Viele Indonesier verwenden umgangssprachlich nicht das Verb mit den Anfangs- und Endsilben (in

Klammern), sondern nur das Stammwort:

Saya (mem)baca buku.
Ia (mem)beri(kan) saya uang.
Kami (me)naik(i) sepéda.

Aber Vorsicht! Das Verb ändert mit den Silben seine Bedeutung und diese können daher nicht immer weggelassen werden:

séwa	Miete
menyéwakan	vermieten
disévakan	wird gemietet
menyéwa	mieten
penyéwa	Mieter

Aussprache und Lautschrift

Die Schreibweise in diesem Buch entspricht der Schreibweise des Indonesischen. Lediglich für das Indonesische haben wir zur Unterscheidung des „e"-Lautes in diesem Buch ein „é" und ein „è" eingeführt. Wie man welchen Laut ausspricht, können Sie der Übersicht im Buchumschlag entnehmen.

Groß- und Kleinschreibung

Es wird alles klein geschrieben, außer am Satzanfang, Personen-, Ortsnamen und feststehende Begriffe.

Abkürzungen

Werden für ein deutsches Wort zwei oder mehr indonesische Übersetzungen angegeben, werden diese durchnummeriert: (①②③ usw.)

Dem Zeichen ⇨ folgt ein Beispielsatz oder eine Redewendung.

Nach dem Zeichen 🛈 finden Sie landeskundliche Informationen. Im übrigen wurden die allgemein üblichen Abkürzungen med. (medizinisch), allg. (allgemein), jmd. (jemand), etw. (etwas), usw. verwendet.

Zahlen & Zählen

Zum Üben und zum einfachen Nachschlagen finden Sie die indonesischen Zahlen auf jeder Buchseite einmal augeschrieben.

Was auch immer Sie zählen möchten, Sie brauchen dafür fast immer ein Zählhilfswort wie das deutsche „Stück". Die meist gebrauchten sind buah, biji und butir. Eine Übersicht finden Sie im Buch im Kapitel „Zahlen & Zählen".

Alphabetische Sortierung

Bei der alphabetischen Sortierung im Deutsch-Indonesischen Teil sind Umlaute und „ß" einfach als a, e, i, o, u, s einsortiert.

Im Indonesisch-Deutschen Teil wurden alle Einträge rein nach Buchstabenfolge sortiert, ungeachtet von Bindestrichen oder Leerzeichen zwischen mehrwortigen Einträgen, damit Sie nur auf Gehör nachschlagen können. Entgegen allgemein üblicher Wörterbücher sind die indonesischen Einträge nicht nur unter ihrem Stammwort gelistet, sondern stehen einfach alphabetisch einsortiert.

Glossarübersicht

Im Wörterbuch kann man immer nur das nachschlagen, wovon man schon weiß, daher haben wir Ihnen ein paar Glossare zusammengestellt zu Themen rund um die indonesische Kultur, der kulinarischen Welt, Flora und Fauna, ... all die Dinge, die es nur in Indonesien gibt und nicht unbedingt in Europa.

A

Aal belut
Aas (Tier) bangkai
ab ① dari *(örtlich)* ② mulai *(Zahlen)*
Abacus swipoa
Abalone abalone
abbauen ① bongkar, membongkar *(abmontieren)* ② menambang *(Bergbau)*
abbiegen (Verkehr) bèlok, membèlok
abbinden (med.) mengikat pembuluh darah
Abend ① malam *(18-24:00)* ② soré *(17-18:00)*
Abend essen, zu makan malam
Abendessen makanan malam
Abendkleid gaun malam
abends pada soré/malam
aber tapi, tetapi
Aberglaube takhayul
abfahren berangkat
Abfahrtszeit jam/waktu berangkat
Abfall (Müll) sampah
abfärben (Farbe) luntur
abfliegen berangkat
abfließen mengalir
Abflugzeit jam/waktu berangkat
Abfluss (Drainage) saluran
Abführmittel obat mejen/urus-urus
abfüllen mengisi
Abgase asap motor
abgeben memberi, membagi
abgehen (Straße) pergi, berangkat
abgeholzt ditebang
abgekocht ① rebus ② masak *(Wasser)*
abgelaufen ① tidak berlaku lagi *(Pass)* ② léwat *(Lebensmittel)* ③ dialir *(Flüssigkeit)*
abgelegen terpencil
abgemacht setuju
abgenutzt usang
abgeschlossen ① terkunci *(Tür)* ② selesai *(Arbeit)*
abgesehen von selain dari
abgewöhnen, etw. melepaskan
Abgrund jurang
Abhang lèrèng
abhängen von tergantung pada
abhängig (Drogen) kecanduan
abhauen menebang, pergi
abheben (Geld) ambil, mengambil
abholzen tebang, menebang
Abitur ujian akhir di sekolah ℹ *in Indonesien macht man den Abschluss nach der 12. Klasse.*
abkochen didihkan, mendidihkan
Abkommen janji, perjanjian
abkoppeln melepaskan
abkühlen (Motor, Getränk) menyejukkan
abkürzen ① potong, memotong *(Weg)* ② singkat, menyingkat *(Worte)*
Abkürzung ① pemotongan *(Weg)* ② singkatan *(Worte)*
abladen (Gepäck) bongkar, membongkar
ablaufen ① tidak berlaku lagi *(Pass)* ② léwat *(Lebensmittel)* ③ mengalir *(Flüssigkeit)*
ablegen (Schiff) lepas sandar
Ableger tunas, cabang
Ablegestelle sandaran kapal/perahu
ablehnen tolak, menolak
Ablehnung penolakan
abmachen ① janji, menjanjikan *(vereinbaren)* ② buka, membuka *(Verpackung)* ③ lepas, melepaskan *(Aufkleber)*
Abmachung janji, perjanjian
abnehmen ① turunkan berat badan *(Gewicht)* ② ambil, mengambil *(Telefon, Aufgabe)*
Abneigung rasa segan
Abonnement abonemèn
abputzen menghapus
abreiben menggosok
Abreise keberangkatan
abreisen berangkat, pergi
abreißen ① robèk, merobèk *(Zettel)* ② bongkar, membongkar *(Haus)*
absagen batal, membatalkan
absägen menggergaji
Absatz (Schuh) tumit/hak sepatu
abschaffen tiada, meniadakan
abschalten (elektr.) matikan, mematikan
abschicken (Post) kirim, mengirim
Abschied perpisahan
Abschleppwagen mobil dèrèk
abschließen (Schloss) kunci, mengunci

Abschlussprüfung ujian akhir
abschneiden (etw.) potong, memotong
Abschnitt bagian
abschrauben memutar
abschreiben ①salin, menyalin *(Kopie)* ②nyontèk, menyontèk *(Prüfung)*
abseits di samping
absenden kirim, mengirim
Absender pengirim
absetzen (jmd.) turunkan, menurunkan
Absicht maksud
absichtlich sengaja
absolut mutlak
abspülen membilas, mencuci
Abstand (Entfernung) jarak
absteigen (Berg, Fahrrad, Pferd) turun
abstellen (Gegenstand) taruh, menaruh
abstempeln menyenémpel
abstimmen ①menyetèm *(Wahl/Musik)* ②menyelaraskan *(vereinbaren)*
Abstimmung (Wahl) pemungutan suara
abstreiten membantah
Abszess absès, benjol
abtasten raba, meraba
Abteilung bagian
abtreiben (Kind) menggugurkan
Abtreibung (Kind) pengguguran, abortus
abtrocknen, sich keringkan badan
abwärts ①ke bawah ②merosot *(Wert)*
abwaschen cuci, mencuci
Abwasser air kotor, limbah
abwechseln ganti, berganti
abwechselnd berganti-ganti
Abwehrkräfte (med.) daya tahan tubuh
abweichen membias, berbéda
abweisen tolak, menolak
abwesend (nicht anwesend) tidak hadir
Abzug (Foto) cétakan, afdruk
Abzweigung (Straße) persimpangan jalan
ach aduh
Achat batu akik, lamiang
Achse (Auto) poros, as
Achsel bahu, ketiak
achten ①hormati, menghormati *(jmd.)* ②jaga, menjaga *(auf jmd.)*
Achterdeck geladak belakang
Achtung! ①Awas! ②Hati-hati! *(bei Gefahr)*
Acker ①ladang *(trocken)* ②sawah *(nass)*
Ackerbau pertanian
Adapter adaptor
addieren tambah, menambahkan
Adel bangsawan, ningrat
Ader pembuluh darah
Adjektiv kata sifat
Adler élang
adoptieren mengangkat anak
Adresse alamat
Adverb kata keterangan
Aerogramm aérogram
Affe kera, monyèt, kunyuk
Afrika Afrika
After dubur
AG perséroan terbatas (PT)
Agent agèn
Agentur perwakilan
aggressiv agrèsif
ähneln menyerupai
ahnen menduga
Ahnen nènèk moyang
ähnlich mirip
Ähnlichkeit kemiripan
Ahnung (Vermutung) dugaan, sangkaan
AIDS (penyakit) Aids ⓘ*Es gibt nur wenig Aufklärung und kaum Gegenmaßnahmen.*
Air-Conditioning AC ⓘ*sprich: A-Sé*
Akazie pilang
Akku (Auto) aki
Akne jerawat
Akt ①adégan *(Theater)* ②babak *(nackt)*
Aktie saham
Aktion ①aksi *(Handlung)* ②kejadian *(Ereignis)*
aktiv aktif, giat
aktuell aktuil
Akzent aksén
akzeptieren terima, menerima
Alarm tanda bahaya, alarm
Alge ganggang
Alkohol ①alkohol *(Substanz)* ②minuman keras *(Getränk)* ⓘ*Auf Seite 225 dieses Buches finden Sie eine kleine Liste von Getränken in Indonesien.*

alkoholfrei tanpa alkohol, non-alkohol
All alam semesta
Allah Allah, Tuhan
alle semua, segala
allein sendiri
allerdings memang
Allergie alèrgi
allergisch gegen alèrgi terhadap
allerlei berbagai
alles semua
allgemein umum
allmählich lambat-laun
all zu terlalu
Alphabet abjad
als ① daripada *(Vergleich)* ⇨ *lebih/kurang besar daripada saya = größer/kleiner als ich* ② ketika, waktu, bila, masa *(zeitlich)* ③ sebagai *(als etw./jmd.)* ④ seakan-akan *(als ob)*
also jadi, maka
alt ① tua *(nicht jung)* ② kuno *(nicht neu)* ③ lama *(langjährig)* ④ berumur *(Jahre alt sein)*
Altar altar
Alte(r) orang tua
Alter usia, umur
älter lebih tua
altmodisch kuno
Altstadt kota kuno/tua
Aluminium aluminium
Amateur amatir
Ameise semut
Ameisehhaufen busut
Amerika Amérika
Amme penyusu
Ampel ① lampu mérah *(rote)* ② lampu lalu-lintas *(Verkehrs-)*
Amphibie binatang amfibi
Amt ① kantor *(Post)* ② jabatan *(Position)* ℹ *Wenn man Bekannte in abgelegenen Dörfern besucht, muss man sich beim „kepala désa" oder „lurah" (Dorfbürgermeister) anmelden.*
amtlich résmi
amüsieren, sich senang-senang, bersenang-senang
an ① di *(örtlich)* ② kepada *(Personen)* ③ pada *(zeitlich)* ④ hidup *(Elektrizität)*
an Bord gehen naik kapal
Ananas (buah) nanas
Anästhesie biusan
Anbau (Pflanzen) penanaman
anbauen (Pflanzen) tanam, menanam
anbieten ① menghidangkan *(Speise)* ② tawar, menawarkan *(Ware)*

ANDENKEN

Batik kain batik, batik cap *(gedruckt)*, batik tulis *(handgemalt)*, lukisan batik *(Bild)*, kain songkèt *(Seide)*, bèbèt *(Tuch für Männer)*
Bastwaren anyam-anyaman
Blasrohr sumpitan
Dolche keris, kujang, badik *(Jakarta)*, karih *(Minangkabau)*, pendang jenawi *(Riau)*; mandau *(West-Kalimantan)*, clurit *(Ost-Java)*; rencong Acèh *(Krummdolch, Acèh)*; pisau belati *(Irian Jaya)*, piso surit *(Nord-Sumatra)*
Gürteltücher selèmpang *(für Männer)*, sabuk, seléndang *(für Frauen)*, stagèn *(für Männer und Frauen)*; ulus *(Nord-Sumatra)*
Holzschnitzerei ukiran kayu
Männerkopftuch péci *(malaiischer Hut)*; blangkon *(javanischer Turban)*, dèstar *(Kopftuch)*, ikat kepala *(Turban)*
Maske topèng
Oberbekleidung *für Männer:* surjan *(Shirt)*, bèskap *(Jacke)*, *für Frauen:* kebaya *(Seidenbluse)*, semékan *(Brusttuch)*
Puppe bonéka, wayang golèk *(Holzmarionette)*, wayang kulit/lemah *(aus Leder, Schattenspiel-)*
Schirm payung kertas *(Regen-)*, payung besar *(Sonne-)*
Stempel cap
Wasserpfeife hukah, hokah
Wickeltuch sarong banjar, jarit *(lang, für Männer und Frauen)*; kain sarong *(mit Batikmuster)*, sarong palémbang, sinjang + tapih *(lang, für Männer)*

anbinden (Hund, Pferd) ikat, mengikatkan
Anchovis bilis
Andenken (Souvenir) cendéra mata
andere yang lain
ändern, sich ubah, berubah, mengubah
anders ①berbéda *(sein)* ②lain
anerkannt diakui
anerkennen (jmd. / etw.) mengakui
anfahren (mit dem Auto) tabrak, menabrak
Anfall (med.) serangan
Anfang awal, permulaan
anfangen mulai, memulai
Anfänger orang baru, pemula
anfassen pegang, memegang
anfaulen busuk, membusuk
anfeuchten lembabkan, melembabkan
Anfrage pertanyaan
anfragen tanya, menanyakan
angeben ①lapor, melaporkan *(Angabe)* ②berlagak *(prahlen)*
Angebot ①penawaran *(Ware)* ②usul *(Vorschlag)*
angefault busuk, membusuk
angeblich katanya
angegossen (sitzen) pas/cocok sekali
Angehörige ①keluarga *(Familie)* ②warga negara *(Staatsangehörige)*
angeklagt dituduh
Angeklagte terdakwa
Angelegenheit urusan
angeln pancing, memancing ℹ *In Indonesien braucht man keinen Angelschein zum Angeln.*
Angelrute gagang pancing
angemessen sesuai dengan, pantas
angenehm menyenangkan *(sich wohl fühlen)*, nyaman *(gemütlich)*
Angestellter pegawai
Angewohnheit kebiasaan
Angina sakit kerongkongan
angreifen ①sérang, menyérang ②sérbu, menyérbu *(militärisch)*
Angst takut, ketakutan
ängstlich takut, cemas
anhalten berhènti, setop
anhand dengan bantuan
Anhänger ①gandéngan *(Transporter)* ②pengikut *(Weltanschauung)*
anhören mendengarkan
Animismus animisme, kafir
Ankauf pembélian
Anker jangkar
ankern berlabuh
Anklage gugatan
ankleben melengketkan
ankleiden, sich berpakaian
anklopfen mengétuk
ankommen datang, tiba
ankündigen beritahu, memberitahukan
Ankunft kedatangan, tiba
Ankunftszeit jam/waktu tiba
ankurbeln (Motor) memacu
Anlasser starter
anlegen (Schiff) berlabuh
Anlegestelle dermaga
anlehnen, sich menyandarkan diri
Anliegen keinginan
anlocken memikat
anmachen ①buat, membuat *(Salat)* ②nyalakan, menyalakan *(Licht, Feuer, TV)* ③rayu, merayu *(Sex)*
anmelden, sich melaporkan diri
Anmeldung laporan, pendaftaran
annähen (Knopf) pasang, memasang
annehmen ①duga, menduga *(einschätzen)* ②kira, mengira *(glauben)* ③terima, menerima *(Geschenk)*
Anorexie anoreksia
anprobieren coba, mencoba
Anrede tegur-sapa
Anruf télépon
Anrufbeantworter answering machine ℹ *Anrufbeantworter gibt es bislang kaum und es gibt auch noch kein indonesisches Wort dafür.*
anrufen télépon, menélpon, hubungi
anschauen ①lihat, melihat(-lihat) *(ansehen)* ②nonton, menonton *(Film/Veranstaltung)*
anscheinend rupa-rupanya
anschieben (Auto) mendorong
Anschluss ①hubungan *(Zug)* ②sambungan *(Telefon)*
anschnallen, sich menyabuk badan ℹ *In Indonesien besteht keine Anschnallpflicht.*

ansehen lihat, melihat(-lihat)
Ansicht (Meinung) pendapat
anschneiden (Fleisch) potong, memotong
anspruchsvoll sein berseléra tinggi
anständig sopan
anstatt daripada, untuk gantinya
anstecken, sich menulari
ansteckend sein (med.) tular, berjangkit
anstellen, sich antri, mengantri
anstrengen, sich berusaha keras
anstrengend melelahkan
Antarktis kutub sélatan
Anteil ①andil *(Leistung)* ②bagian *(Teilstück)*
Antenne anténe
Antibabypille pil anti hamil
Antibiotikum anti-biotika
antik antik, kuno
antiseptisch antiséptik
Antrag permohonan *(amtlich)*
Antwort jawab, jawaban
antworten jawab, menjawab
Anwalt/-ältin pengacara
anwesend hadir, ada
Anzahl jumlah
Anzahlung uang muka
Anzeige ①iklan *(Werbung)* ②pengaduan *(Recht)* ③pengumuman *(Bekanntmachung)*
anzeigen (Tafel) umumkan, mengumumkan
anziehen ①pakai, memakai *(Kleidung)* ②pikat hati, memikat hati *(Aufmerksamkeit)*
Anzug jas
Apartment apartemen
Apfel ①apél ②apél Jepang *(birnenartig)*
Apotheke apotik ℹ *Apotheken findet man nur in Städten. Bei Reisen auf dem Land sollten Sie eine gute Reiseapotheke bei sich haben!*
Apotheker ahli/tukang apotik
Apparat alat, pésawat
Appetit seléra ⇨ *Selamat makan! = Guten Appetit!*
Aprikose manggis negeri
April (bulan) April
Aquarell gambar/lukisan cat air
Äquator garis katulistiwa
arabisch arab
Arbeit kerja, pekerjaan
arbeiten kerja, bekerja
Arbeiter buruh, pekerja
Arbeitgeber majikan
Arbeitnehmer karyawan
Arbeitserlaubnis ijin/izin kerja
arbeitslos nganggur, menganggur
Arbeitsloser penganggur
Arbeitslosigkeit pengangguran
Arbeitsplatz lapangan kerja, tempat kerja
Arbeitszeit jam/waktu kerja
Archäologie ilmu purbakala ℹ *Der Schädel des Pithecantropus erectus aus Sangiran liegt 15 km nordlich von Solo - Mittel-Java.*
Archipel kepulauan
Architekt arsitèk
Architektur arsitèktur
Archiv arsip
Ärger kejèngkèlan
ärgerlich ①jèngkèl *(Person)* ②menjèngkèlkan *(Situation)*
ärgern, sich merasa marah
Argument alasan, argumén
Arktis kutub utara
Arm lengan
arm (sein) miskin
Armband gelang
Armbanduhr jam tangan
Armee ①angkatan darat (AD) *(Heer)* ②angkatan laut (AL) *(Marine)* ③angkatan udara (AU) *(Luftwaffe)* ℹ *Der Überbegriff lautet ABRI (angkatan bersenjata Républik Indonésia) und heißt übersetzt „Streitkräfte der Républik Indonesien"*
Ärmel lengan baju
Armut kemiskinan
arrogant sombong
Art ①jenis *(Tiere, Pflanzen)* ②macam *(Art und Weise)*
Arterie pembuluh nadi
Artikel ①barang *(Ware)* ②laporan *(Bericht)*
Arznei obat-obatan
Arzt dokter (Dr.)
Asche abu, as
Aschenbecher asbak
Asien Asia

asiatisch dari Asia

Aspirin aspirin

Ast dahan

Asthma asma

Atem pernafasan

Atemgerät alat pernafasan

Atlas atlas

atmen bernafas

Atmosphäre (Luft) udara

Atoll pulau karang

Atomenergie tenaga atom ⓘ *In Indonesien wird keine Atomenergie genutzt.*

Atomkraftwerk pembangkit tenaga atom

Aua! aduh!

Aubergine térung

auch juga

auf ①di ⇨ *di halaman 10 = auf Seite 10* ②*(di)* atas ⇨ *di atas méja = auf dem Tisch* ③terbuka *(offen)*

Auf Wiedersehen! ①Sampai bertému lagi! ②Selamat tinggal! *(sagt der Weggehende)* ③Selamat jalan! *(sagt der Bleibende)*

aufbauen bangun, membangun

aufbewahren simpan, menyimpan

aufbrausend ①menggelora *(Wasser)* ②émosi *(Gefühle)*

Aufenthaltsgenehmigung ijin/izin tinggal

auffallen menyolok

auffangen tangkap, menangkap

auffordern tuntut, menuntut

Aufführung pertunjukan

Aufgabe (Herausforderung) tugas

aufgeben ①menyérah *(nachgeben)* ②titip, menitipkan *(Gepäck)*

aufgegessen, alles semua makan

aufgehen (Sonne) terbit

aufgewacht terbangun

aufhängen gantung, menggantungkan

aufheben (Boden) angkat, mengangkat

aufhören berhènti

aufklären (Problem) jélas, menjélaskan

auflegen (Telefon) putuskan, memutuskan

aufmachen (öffnen) buka, membuka

aufmerksam sein berhat-hati

Aufnahme ①foto, potrèt *(Foto)* ②rékaman *(Musik)*

Aufnahmeprüfung ujian masuk

aufnehmen ①ambil, mengambil *(Kredit)* ②rékam, merékam *(Musik)* ③terima, menerima *(neue Schüler)*

aufpassen ①berhati-hati *(vorsichtig)* ②memperhatikan *(aufmerksam)* ③jaga, menjaga *(auf jmd./etw.)*

aufräumen bérés, membéréskan

aufrecht tegak

aufregen, sich menjadi marah

aufregend (spannend) ①asyik *(Adjektiv)* ②menegangkan *(Verb)*

aufreißen (Frauen) cari céwèk

aufrichtig jujur, tulus

aufschließen (Tür) buka, membuka

aufschreiben catat, mencatat

Aufstand pemberontakan

aufstehen bangun, bangkit

aufstellen (sich etw.) pasang; memasang

Auftrag tugas

Auftritt penampilan

aufwachen bangun

aufwachsen jadi besar, menjadi besar

Aufwand ①usaha *(Anstrengung)* ②biaya *(Kosten)*

aufwärmen panaskan, memanaskan

aufwärts ①ke atas *(nach oben)* ②naik *(steigen)*

aufzählen hitung, menghitung

aufzeichnen ①mencatat *(Worte)* ②merékam *(Musik)*

Auge mata

Augenarzt dokter mata

Augenblick, einen sebentar

Augenbraue alis

Augenschmerzen sakit mata

Augentropfen obat tètès mata

Augenzeuge saksi

August (bulan) Agustus

aus ①dari(pada) *(Ort, Material)* ②karena, atas *(Grund)* ③mati *(ausgeschaltet)* ④habis *(leer)*

Ausbeutung èksploitasi

Ausbildung pendidikan

ausbrechen (Vulkan) melétus

Ausdruck ①mimik *(Gesicht)* ②ungkapan *(Wort)*
Ausfahrt jalan keluar
Ausflug piknik, darmawisata
Ausfuhr èkspor
ausführlich secara terperinci
ausfüllen (Formular) isi, mengisi
Ausgabe (Zeitung) penerbitan
Ausgang pintu keluar
ausgeben (Geld) keluarkan, mengeluarkan
ausgebucht habis terjual
ausgehen ①jalan-jalan, berjalan-jalan *(Abend)* ②keluar *(hinaus-)*
ausgelaufen (Behälter) bocor
ausgezeichnet (Eigenschaft) bagus/hébat sekali
Ausgrabungen penggalian
aushalten (ertragen) tahan, menahan
Aushilfe tenaga bantuan
auskennen, sich mengénal
Auskunft informasi, penerangan
auslachen menertawakan
Ausland luarnégeri
Ausländer orang luarnégeri
Auslandsgespräch télépon dari/ke luarnégeri *(aus dem/ins Ausland)*
auslaufen ①lepas landas *(Schiff)* ②bocor *(Behälter)*
ausleeren kosongkan, mengosongkan
Auslegerboot sampan
ausleihen ①pinjam, meminjam *(sich)* ②pinjamkan, meminjamkan *(jmd.)* ③meminjami *(von jmd.)*
ausmachen (elektrisch) matikan, mematikan
Ausnahme perkecualian
ausnahmsweise kecuali, terkecuali
ausnutzen manfaatkan, memanfaatkan
auspacken bongkar, membongkar
auspressen (Frucht) meméras
ausprobieren coba, mencoba
Auspuff knalpot
Ausrede alasan
ausreisen pergi/berangkat ke luarnégeri
Ausruf tériakan
ausruhen istirahat, beristirahat

AUSRUFE

Vom Gebrauch der Schimpfworte möchten wir Ihnen abraten, es soll lediglich zum Verständnis dienen!

Ach! Wahai!
Achtung! Pass auf! Awas!
Aua! Oh! Aduh!
Bandit! Bandit!
Betrüger! Penipu!
Blöd! Tak punya otak!
Blöder Affe! Monyèt sialan!
Dummheit! Kebodohan!
Entschuldige dich! Bilang ma'af!
Gauner! Penjahat!
Gott sei Dank! Alhamdulillah!
Halunke! Bangsat!
Hör zu! Dengarlah!
Hund! Anjing!
Hundekot! Tahianjing!
Hure! Lonté!
Idiot! Idiot!
Igitt! Aduh jijik!
In Ordnung! Ok! Ya dèh!
Katzenkot! Tahikucing!
Langsam! Pelan-pelan!
Los! Lass uns gehen! Ayo!
Lügner! Bohong!
Macht nichts! Tidak apa-apa!
Na sowas! Wah!
Nicht möglich! Tidak mungkin!
Schade! Sayang!
Scheiße! Tai!
Schnell! Cepat-cepat!
Schuft! Bajingan!
Schweinerei! Babi!
Schwuchtel! Bencong!
So ist es! Adanya!
Verflucht! Sialan!
Verrückt! Gila!
Vorsicht! Hati-hati!
Weißer! Bulé!
Wie schön! Aduhai!
Zum Glück! Untung! Kebetulan!
Zum Teufel! Sétan!

Ausrüstung perléngkapan
ausschalten (elektrisch) matikan, mematikan
Ausschlag (Haut) penyakit kulit
aussehen (scheinen) kelihatan, tampaknya
außen (di)luar
Außenbordmotor jonson
Außenkabine kabin luar
Außenminister menteri luar negeri (MENLU)
Außenspiegel kaca spion
außer selain (dari)
außerdem ① disamping/selain itu *(abgesehen von)* ② tambahan lagi *(zusätzlich)*
Äußeres ① luarnya *(Außenseite)* ② kelihatannya, rupanya *(Schein)*
äußere ① yang luar *(außen)* ② tampaknya *(scheinen)*
außergewöhnlich istiméwa, luar biasa
außerhalb diluar
äußerlich ① tampaknya *(scheinen)* ② yang terlihat *(sichtbar)*
äußerst paling, sangat
Aussicht ① pemandangan *(Blick)* ② harapan, kemungkinan *(Möglichkeit)*
ausspielen, gegeneinander adu-domba
Aussprache ① lafal *(Art zu Sprechen)* ② pembicaraan *(Streit)* ③ ucapan *(Sprache)*
aussteigen (Fahrzeug) turun
Ausstellung (Kunst) paméran
Ausstellungsraum ruang paméran
aussuchen pilih, memilih
austauschen (Ersatzteil) tukar, menukarkan
austragen (Kind) genap bulan
Auster tiram
Austernpilze jamur ⓘ *Egal ob Austernpilze, Shiitakepilze oder Strohpilze, alle heißen einfach nur jamur.*
Australien Australi
austreten (Verein) keluar dari
ausüben (Religion) beribadah
Ausübung pelaksanaan
Ausverkauf obral
ausverkauft terjual habis
Auswahl pilihan
Ausweg jalan keluar
Ausweis kartu tanda pengénal
auswendig hafal
Auszahlung pembayaran
ausziehen ① membuka *(Kleidung)* ② memperpanjang *(länger machen)* ③ pindah *(Wohnung)*
authentisch asli, oténtik
Auto mobil
Autobahn jalan tol ⓘ *Autobahnen in Indonesien sind gebührenpflichtig.*
Autofähre féri mobil
Autofahrer sopir
Autokennzeichen plat motor
Automatikwagen mobil otomatik
automatisch otomatik
Automechaniker montir mobil
Autonomie otonomi
Autor pengarang, pencipta
Avocado apokat, alpukat
Axt kapak

B

Baby bayi, orok ⓘ *Sagen Sie nicht versehentlich „babi", denn das heißt „Schwein"!*
Babyflasche botol bayi
Babynahrung makanan bayi
Babypuder bedak bayi
Bach sungai kecil
backen ① bakar, membakar *(Steine)* ② buat roti, membuat roti *(Brot backen)*
Bäckerei békeri ⓘ *Brotbacken ist in Indonesien kaum verbreitet.*
Bad ① kamar mandi *(Badezimmer)* ② mandi *(Bad nehmen)*
Badekleidung pakaian renang ⓘ *Statt Badeanzug oder Badehose tragen die Indonesier meist Shorts und T-Shirt.*
baden ① mandi *(ein Bad nehmen)* ② memandikan *(jmd. baden)*
Badetuch handuk
Badewanne bak mandi ⓘ *Badewannen findet man nur in internationalen Hotels. Indonesier „duschen sich" mit der Schöpfkelle.*
Badezimmer kamar mandi
Badminton bulu tangkis

Bahn keréta api
Bahngleis rél keréta api
Bahnhof setasiun
Bahnübergang persimpangan jalan keréta api
Bakterien baktéri
bald ① segera *(nach Verb)* ②lekas *(vor Verb)*
Balkon balkon *(Haus, Theater)*
Ball bola *(Sport)*
Ballett balèt
Balsampflaume kedongdong manis/cocok
Bambus bambu
Bambusbaum pohon bambu
Bambussprossen rebung
Banane ①pisang, biu ℹ*Es wachsen unzählige Bananensorten. Manche sind nur gekocht genießbar, andere sind süß und saftig.* ②pisang gorèng *(gebacken)*
Bananenbaum pohon pisang/biu
Bananenblüte jantung pisang ℹ*Kurz blanchiert als Gemüse verwendet.*
Band ①tali *(Schnur)* ℹ*utas dient auch als Zählhilfswort für alle bandartigen Dinge* ⇨*empat utas tali = vier Seile* ②bèn *(Musik)*
Bänderriss jaringan urat pecah/sobék
Bandscheibe piringan sendi
Bank (Geld) bank
Bankangestellter karyawan/pegawai bank
Bankleitzahl code/nomer bank
Bar ①warung, kedai ②petuakan *(Bali, hier trinkt man tuak – Palmwein)* ③bar ℹ*Westliche Kneipen gibt's in Touristenzentren.*
bar tunai, kontan
Bär beruang ℹ*steht unter Artenschutz*
barfuß kaki telanjang
Bargeld uang kontan
Barometer barométer
Barriere rintangan
Bart jènggot
Baseball bisbol, bola base
basieren auf berdasar atas
Basilikum, asiatisch daun sélasih/kemangi
Basis dasar, basis
Basketball bola baset
Bastmatte tikar
Bastwaren anyam-anyaman
Batate ubi ketala
Batik batik
Batikstoff ①kain batik ②batik cap *(gedrucktes Muster)* ③batik tulis *(handgemaltes Muster)* ④kain songkét *(Seide)* ⑤bèbèt *(für Männer)* ⑤kain sarung *(für Frauen)*
Batterie batérai, akku (Auto)
Bau ①pembangunan *(Gebäude)* ②liang *(Tierhöhle)*
Bauch perut
Bauchschmerzen sakit perut
bauen ①bangun, membangun *(Gebäude)* ②buat, membuat *(Straße)*
Bauer/Bäuerin petani
Bauernhaus rumah petani
Bauholz kayu bangunan
Baum pohon
Baumaterial bahan bangunan
Baumwolle kapas, katun
Baumwurzel akar pohon
Baustelle tempat bangunan
Bauwerk bangunan
beabsichtigen bermaksud
beachten perhatikan, memperhatikan
Beamter pegawai negeri
beanstanden keberatan, berkeberatan
Beanstandung keberatan, penolakan
beantragen mohon, memohon
beantworten ①balas, membalas *(schriftlich)* ②jawab, menjawab *(mündlich)*
bearbeiten ①kerjakan, mengerjakan *(Amt)* ②tangani, menangani *(mit den Händen)*
Bearbeitungsgebühr biaya/ongkos administrasi
beaufsichtigen ①jaga, menjaga *(beschützen)* ②awasi, mengawasi *(kontrollieren)*
Beben ①gementaran *(Zittern)* ②gempa *(Erde)*
Becher mangkok
Becken ①bak *(Wasch-)* ②pinggul *(Körper)* ③kolam *(Schwimm-)*
bedanken berterimakasih
Bedarf keperluan
bedauern menyesal

bedeckt ①tersélimuti *(zugedeckt)* ②mendung *(bewölkt)* ③ditutupi *(Schnee)*
bedenken pikirkan, memikirkan
bedeuten ①berarti ②maksudnya *(das bedeutet)*
Bedeutung ①arti *(Sinn)* ②pentingnya *(Wichtigkeit)*
bedienen (Gast) layani, melayani
Bedienung pelayanan
Bedingung syarat
bedingungslos tanpa syarat
Bedrohung ancaman
Bedürfnis kebutuhan, keperluan
Beefsteak bistik
beeilen, sich ①bergegas-gegas ②cepat-cepat *(schnell)*
beenden ①akhiri, mengakhiri *(Rede)* ②selesaikan, menyélesaikan *(Aktion)*
Beerdigung penguburan
Beere buah kecil-kecil
Befehl perintah
befehlen perintahkan, memerintahkan
befestigen ①pasang, memasang *(anbringen)* ②ikat, mengikat *(mit Schnur/Band)* ③lekatkan, melekatkan *(mit Leim)*
befinden, sich berada, ada
befreien bébaskan, membébaskan
befürchten rasa/merasa takut
begabt sein berbakat
begegnen, sich jumpa, berjumpa
begeistert sein bersemangat
Begeisterung kegairahan
Beginn permulaan
beginnen mulai, memulai
beglaubigen mengesyahkan
begleiten ①antar, mengantar *(zusammen gehen)* ②memandu *(führen)*
Begleiter ①pengantar *(Wegbegleiter)* ②pengawal *(Wache)*
Begleitung pengiring
begreifen paham, memahami
Begriff pengertian
Begründung alasan
begrüßen, sich ①beri/memberi salam *(grüßen)* ②sambut, menyambut *(Willkommen)*
Begrüßung ①sambutan *(Willkommen)* ②penghormatan *(Ehrfurcht)*
behaart sein berbulu
behalten (Gedächtnis) simpan, menyimpan
Behälter wadah
behandeln ①obati, mengobati *(Medizin)* ②rawat, merawat *(pflegen)*
Behandlung ①pemeriksaan dokter *(Arzt)* ②pengobatan *(Medikamente)*
behaupten, etw. tegaskan, menegaskan
beherrschen ①menguasai *(etw.)* ②mengendalikan diri *(sich)*
behindern halangi, menghalangi
Behinderung halangan
Behörde dinas pemerintah
bei ①di ②pada *(jmd. / etw.)* ③dekat *(nahe)*
beibringen ajari, mengajari
Beichte pengakuan dosa
beichten mengaku dosanya
beide keduanya
Beifahrer pendamping pengemudi
Beifall tepuk tangan, sorak sorai
beige kuning coklat
Beil kapak
Beilage (Essen) lauk-pauk
Beileid berduka cita
Bein kaki, tungkai
beinahe hampir
beischlafen kawin, sanggama
beiseite ke samping
Beispiel contoh
beißen gigit, menggigit
beitragen menyumbang
bekämpfen berantas, memberantas
bekannt terkenal
Bekannte kenalan
bekanntmachen umumkan, mengumumkan
beklagen, sich ngeluh, mengeluh
Bekleidungsgeschäft toko pakaian
bekommen ①dapat, mendapat *(erhalten)* ②memperolèh *(erwerben)* ③terima, menerima *(empfangen)*
bekömmlich mudah dicernakan
belasten ①memberatkan *(Gewicht)* ②tuduh, menuduh *(beschuldigen)*
belästigen ganggu, mengganggu
belebt hidup

beleidigen hina, menghina
Beleidigung hinaan, penghinaan
Beleuchtung penerangan
Belgien Bèlgia
beliebt disukai
bellen gonggong, menggonggong
Belohnung imbalan
bemerken ①sadari/menyadari *(wahrnehmen)* ②katakan, mengatakan *(kommentieren)*
Bemerkung catatan, komentar
bemühen, sich usaha, berusaha
benachrichtigen beritahukan, memberitahukan
Benehmen kelakuan
benehmen, sich berkelakuan
benutzen ①pakai, memakai *(nehmen)* ②gunakan, menggunakan *(abstrakt)*
Benutzungsgebühr ongkos séwa/pakai
Benzin bènsin, minyak
Beo burung béo
beobachten amati, mengamati
bequem santai, énak
beraten ①berunding *(sich besprechen)* ②naséhoati, menaséhati *(Rat geben)*
Beratung ①musyawarah *(Diskussion)* ②perundingan *(Besprechung)*
berauben rampok, merampok
berechnen hitungkan, memperhitungkan
berechtigt sein berhak
Bereich ①bidang *(Zuständigkeit)* ②lapangan *(räumlich)*
bereit sein sedia, bersedia, siap
bereits sudah, telah
bereuen menyesal
Berg gunung, doro
bergab ①turun gunung *(Berg)* ②memburuk *(verschlechtern)*
bergauf ①naik gunung *(Berg)* ②menjadi lebih baik *(verbessern)*
Bergbau pertambangan
bergig sein bergunung-gunung
Bergpass celah gunung
Bergsteiger pendaki gunung
Bergwerk tambang, pertambangan
Bericht ①berita *(Nachricht)* ②laporan *(Artikel)*
berichten ①lapor, melaporkan *(melden)* ②beritakan, memberitakan *(mitteilen)* ℹ *"Berita Dunia" sind im Indonesischen Fernsehen die internationalen Nachrichten.*
Beruf jabatan, pekerjaan
Berufsausbildung pendidikan kejuruan
Berufsschule sekolah kejuruan
berufstätig bekerja
beruhigen ①tenangkan, menenangkan *(sich, jmd.)* ②tentramkan, menentramkan *(militärisch)*
Beruhigungsmittel obat penenang
berühmt terkenal, tersohor
berühren sentuh, menyentuh
Berührung sentuhan
Besatzung (Schiff) awak kapal
beschädigen rusakkan, merusakkan
beschädigt rusak
beschäftigen ①bekerja *(arbeiten)* ②sibuk *(beschäftigt sein)*
Beschäftigung kesibukan
Bescheid geben beritahukan, memberitahukan
Bescheid wissen tahu, mengetahui
bescheiden sein rendah hati
Bescheinigung surat keterangan
beschleunigen mempercepat
Beschluss keputusan
Beschneidung sunat, penyunatan
beschreiben gambarkan, menggambarkan
Beschreibung penggambaran
beschuldigen salahkan, menyalahkan
beschützen lindung, melindungi
Beschwerde keluhan
beschweren, sich ①berkeberatan *(Beschwerde)* ②ngeluh, mengeluh *(beklagen)*
beseitigen lenyapkan, melenyapkan
Besen sapu
besessen kasap, kerasukan ℹ *In den Vorführungen „Trance-Tanz zu Pferde" (kepang/lumping) fährt ein Dämon in die Mitspieler (Ponorogo/Java).*
besetzt ①terisi *(Platz)* ②sibuk *(Telefon)*
besichtigen tinjau, meninjau
Besichtigung peninjauan
Besitz milik, kepunyaan

besitzen punya, milik, memiliki
Besitzer pemilik
besonders ①khusus *(speziell)* ②terutama *(vor allem)*
besorgen usahakan, mengusahakan
besprechen bicarakan, membicarakan
besser lebih baik
beständig terus-menerus, tetap
bestätigen ①benarkan, membenarkan *(gut heißen)* ②mengesahkan *(beglaubigen)*
Bestätigung ①pembenaran *(Billigung)* ②pengesahan *(Beglaubigung)*
beste terbaik, paling baik
Bestechung penyuapan, korupsi
bestehen ①lulus *(Prüfung)* ②terdiri dari *(bestehen aus)*
besteigen ①naik *(Bus)* ②mendaki *(Berg)*
bestellen pesan, memesan *(Essen, Karten)*
Bestellschein kartu pesanan
Bestellung pesanan
besten, am paling baik
bestens paling baik
bestimmen ①tentukan, menentukan *(festlegen)* ②putuskan, memutuskan *(entscheiden)*
bestimmt ①pasti *(sicherlich)* ②bertékad-bulat *(entschlossen)*
bestohlen kecurian, dicopet
bestrafen hukum, menghukum
Bestrahlung penyinaran
Besuch ①kunjungan *(Handlung)* ②pengunjung *(Person)*
besuchen ①kunjungi, mengunjungi *(jmd.)* ②pergi ke *(Schule, Kurs)*
betätigen, sich ①bekerja *(arbeiten)* ②ikut aktif *(sich engagieren)*
betäuben biuskan, membiuskan
Betäubung biusan
Betelnuss pinang ℹ *wird zusammen mit einen Sirihblatt (kapor sirih) und einer braunen Substanz (gambir) als aufputschendes Mittel gekaut)*
beten berdoa, sembahyang
Beton beton
betonen tekankan, menekankan
Betonung ①penekanan *(Nachdruck)* ②tekanan *(Stimme)*
betrachten memandang
Betrag jumlah
betreten ①injak, menginjak *(treten auf)* ②masuk, memasuki *(eintreten)*
Betrieb ①pabrik *(Fabrik)* ②perusahaan *(Firma)*
Betrug ①kecurangan *(Unehrlichkeit)* ②penipuan *(Schwindel)*
betrügen ①memperdayakan *(Partner)* ②tipu, menipu *(täuschen)*
betrügerisch curang
betrunken mabuk
Bett ambèn, tempat tidur
Bettdecke seprai, liput
betteln minta-minta, ngemis, mengemis
Bettler pengemis
Beule benjol
beunruhigen kuatirkan, mengkuatirkan
beurteilen nilai, menilai
Beute ①rampasan *(Raub)* ②mangsa *(Tier)*
Beutel kantong
Beuteltier binatang berkantung
Bevölkerung penduduk(nya)
ℹ *Die Verteilung der über 100 Völker in Indonesien in % der Gesamtbevölkerung: 45% Javaner, 14% Sundanesen, 7,5% Maduraner, 7,5% Malaiien, insgesamt 26% weitere Ethnien.*

BEVÖLKERUNG

Balinesen

Der banjar – die Dorfgemeinschaft – lenkt die wirtschaftlichen und sozialen Geschicke jedes einzelnen in der hinduistischen Gesellschaft. Sie organisieren auch die Kremierungen – pengabénan. Die Balinesen müssen bei der Zubereitung der Opfergaben – sesajen, bantén – bestimmte Regeln einhalten.

Javaner

Die muslimischen santri unter den Javanern machen eine haj – Pilgerreise – nach Mekka und lehren ihre Kinder den Koran in pesantrén – islamischen Schulen.

⇨⇨⇨

⇨⇨⇨

Minangkabau
Wie auch die Acèhnesen verlassen junge Männer ihren Heimatort, um sich als Mann zu beweisen. Das nennen sie merantau. Die Herkunftslinie der Minangkabau auf Sumatra ist suku – matrilinear. Die Sippe einer Frau wird geleitet von einem penghulu.

Ngaju-Dayak
Die Dayak in Süd-Kalimantan praktizieren den Kaharingan-Glauben mit balian – schamanischen Heilungsritualen. Das Totenfest – tiwah – dauert einige Wochen an, bis die Knochen des Verstorbenen im Knochenhaus – sandung – aufgebahrt werden.

Toba-Batak
Die traditionellen Häuser der Toba-Batak – rumah adat – und die Reisspeicher – sopo – findet man heute kaum noch.

Toraja
Es gibt wichtige Gruppen auf denen die Gesellschaft der Toraja in Zentral-Sulawesi aufbaut: rarabuku – Blutsverwandte, tongkonan – Nachkommen von den Urahnen, und saroan – die Dorfgemeinschaft. Von Geburt an gehören die Toraja entweder zu den rengnge – den Adligen, den makaka – gewöhnlichen Menschen, oder den kaunan – Sklaven. Gegenüber den schiffsartigen Torajahäusern – tongkonan – steht der Reisspeicher – alang.

bevor sebelum
bewachen jaga, menjaga
bewahren ①jaga, menjaga *(aufbewahren)* ②simpan, menyimpan *(Geheimnis, Koffer)*
bewässern airi, mengairi
bewegen, sich bergerak
Bewegung gerakan
Beweis bukti
bewerben, sich lamar, melamar
Bewerbung lamaran
Bewerbungsunterlagen surat-surat lamaran
bewirken menyebabkan
bewölkt mendung
Bewohner penduduk
bewundern ngagumi, mengagumi
bewusst sadar
Bewusstsein kesadaran
Bewusstsein, außer tidak sadaran diri
bezahlen bayar, membayar
Beziehung ①hubungan *(Zusammenhang)* ②pacaran *(Liebschaft)*
Bezirk distrik, daérah, kebupaten
bezwecken maksudkan, memaksudkan
bezweifeln ragukan, meragukan
Bibel Alkitab
Bibliothek perpustakaan
biegen béngkokkan, membéngkokkan
Biegung (Straße) bélokan, tikungan
Biene lebah, tawon
Bier bir ℹ *Es gibt gute indonesische Biermarken: „Bintang", „Anker" oder „Bali Hai".*
bieten tawarkan, menawarkan
Bikini bikini
Bild gambar
bilden ①bentuk, membentuk *(Form geben)* ②jadi, menjadi *(entstehen)* ③didik, mendidik *(Bildung aneignen)* ④merupakan *(darstellen, sein)*
Bildhauer pemahat
Bildschirm layar TV *(sprich „ti-pi")*
Bildung pendidikan
billig murah
billigstes paling murah
Binde ①pembalut/duk wanita *(Monats-)* ②balut *(Verband)*
Bindehautentzündung radang selaput mata
binden, sich ①ikat diri, mengikat diri *(freiwillig)* ②terikat *(abhängig)*
Biologie ilmu hayat
Birne ①buah pir *(Obst)* ②balon *(Glüh-)*
bis ①sampai *(zeitlich)* ⇨*sampai nanti = bis bald/nachher/später* ⇨*sampai bésok! = Bis morgen!* ②hingga *(bis dass)*
bisexuell bisèksual
bisher selama ini
Biss gigitan
bisschen, ein sedikit
bitte ①kembali! *(Antwort auf „danke")* ②silakan!*(Aufforderung)* ⇨*silahkan duduk! = Bitte setzen Sie sich!* ③tolong! *(helfen)*

Bitte ①permintaan *(privat)* ②permohonan *(formell)*
bitten ①harap, mengharapkan *(erwarten)* ⇨*Harap tidak mengganggu! = Bitte nicht stören!* ②tolong, menolong *(Hilfe)* ③mempersilakan *(auffordern, anbieten)* ④minta *(um etw.)* ⑤mohon *(ersuchen)*
bitter pahit, tawar
Bittermelone péria ℹ*auch: Bittergurke, hellgrün, sehr unebene Schale*
Blähungen ①mulas perut *(Krampf)* ②perut gelembung *(aufgeblähter Bauch)*
Blase ①gelembung *(Luft-)* ②kandung kencing *(Harn-)*
blasen tiup, meniup
blass pucat
Blatt ①daun *(Pflanze)* ②lembar *(Papier)* ℹ*lembar dient auch als Zählhilfswort für alle flachen dünnen Gegenstände wie Papier, Bretter, Stoff* ⇨*empat lembar kertas = vier Blätter Papier* ③koran *(Zeitung)* ④halaman *(Buch)* ⑤lukisan *(Zeichnung)* ⑥buku not *(Noten-)* ⑦*helai* ℹ*helai dient auch als Zählhilfswort für dünne Materialien wie Haar, Baumwolle* ⇨*sehelai ramput = ein Haar*
blau biru
blau und grün babak-belur
Blei timah (hitam)
bleiben ①menetap *(konstant)* ②tinggal *(sich aufhalten, wohnen)*
Bleigurt ikat pinggang
bleifrei bébas timah
Bleistift pensil
blenden menyilaukan
Blick ①pandangan *(Blick)* ②pemandangan *(Aussicht)*
blind buta
Blinddarm usus buntu
Blinddarmentzündung radang usus buntu
Blindenschrift huruf braille
blinken ①berkilap *(glänzen)* ②beri/memberi tanda (lampu sèn) *(Verkehr)*
Blinker lampu sèn
Blitz ①kilat *(Foto)* ②halilintar *(Wetter)*
Block ①buku catatan *(Notiz-)* ②blok *(Häuser-)*
blöd ①bodoh, goblog *(dumm)* ②sinting *(verrückt)* ③tolol *(einfältig)*
Blödsinn omong kosong
blond (berambut) pirang
bloß ①hanya, saja *(nur)* ②telanjang *(entblößt)*
blühen ①berbunga *(in Blüte stehen)* ②berkembang *(entwickeln)* ③mekar *(aufblühen)*
Blume bunga, kembang ℹ*kuntum dient als Zählhilfswort für Blumen* ⇨*enam bunga anggrèk = sechs Orchideen*
Blumenhändler penjual bunga
Blumenkohl bunga kol, kubis bunga, blumkol
Blumenstrauß seikat bunga ℹ*Als Geschenk in Indonesien eher unüblich.*
Blumentopf pot bunga
Blumenvase jambangan bunga
Bluse ①blus ②keméja *(Hemd)* ③kebaya *(aus Seide, für Frauen)*
Blut darah
Blutdruck tekanan darah
Blüte kuntum, bunga ℹ*kuntum dient auch als Zählhilfswort für Blumen* ⇨*enam bunga anggrèk = sechs Orchideen*
bluten berdarah
Bluterguss luka memar
Blütezeit musim bunga
Blutgruppe golongan darah
blutig sein berdarah
Blutprobe pemeriksaan darah
Blutspender donor darah
Bluttransfusion transfusi darah
Blutung ①datang bulan *(Monatsregel)* ②perdarahan *(Austritt von Blut)*
Blutvergiftung keracunan darah
Boden ①lantai *(Fußboden)* ②tanah *(Grundstück)*
Bogen ①busur *(Form)* ②helai kertas *(Papier)*
Bohne ①boncis ②kacang panjang *(ganz lange grüne Bohnen)* ③petai *(grüne Stinkbohne)* ④kecipir, botor *(fransige grüne Bohnen)* ⑤kacang ércis;kacang kapri *(Zuckerschoten)* ⑥kacang kedelai *(Sojabohne)*
bohren bor, membor
Bohrer ①bor *(Gerät)* ②tukang bor *(Arbeiter)*

Bok Choy sawi, petsai
Boot ①perahu *(Fischerboot)* ②sampan *(Auslegerboot)*
Bord, an di atas kapal
borgen ①pinjam, meminjam *(sich etw.)* ②pinjamkan, meminjamkan *(jmd. etw.)*
Börse ①dompèt *(Portmonee)* ②bursa *(Aktien)*
böse ①jahat *(böswillig)* ②marah *(wütend)* ③jelèk *(schlecht)*
Boss bos, pimpinan
Botanischer Garten kebun raya
Botschaft ①amanat *(Nachricht)* ②kedutaan besar *(diplomatisch)* ⇨*KBRI (Keduataan Besar Républik Indonésia) = Botschaft der Republik Indonesien* ③pesan *(Bestellung/Instruktion)*
Botschafter duta
Bouillon kuah
Boutique butik
Box (Dose) dos
boxen tinju, meninju
Boxer petinju
Boykott pemboikotan
Brahmane brahmana *(Priesterkaste im balinesisch-hinduistischen Kastensystem)*
Brand kebakaran
Brandsalbe salep obat terbakar
Brandung empasan
Branntwein brèndi ℹ*Indonesier trinken eher Palmwein (tuak) oder Reiswein (brèm). In islamischen Gebieten tut man dies jedoch nicht öffentlich!*
Brasilien Brasilia
braten gorèng, menggorèng
Braten gorèngan ℹ*Traditionell wird Fleisch in Indonesien nicht am Stück gebraten.*
Brauch adat
brauchen ①butuh, membutuhkan *(bedürfen)* ②perlu (akan), memerlukan *(benötigen)*
Braue kening
braun coklat
Braut/Bräutigam pengantin
brav patuh
Brechbohnen boncis
brechen ①pecah, memecahkan *(zerbrechen)* ②patahkan, mematahkan *(durchbrechen)* ③muntah *(sich erbrechen)*
Brechreiz rasa muak
Brei ①pap *(Kinder-)* ②bubur nasi *(Reis-)*
breit ①lébar *(messbar)* ②luas *(weitläufig, ausgedehnt)*
Breite ①garis lintang *(Breitengrad)* ②lébarnya *(mathematisch)* ④luasnya *(Ausdehnung)*
Bremse rèm ⇨*rèm belakang = Rückbremse* ⇨*rèm muka = Vorderbremse*
bremsen rèm, mengerèm
Bremsflüssigkeit minyak rèm
Bremsklotz blok rèm
Bremslicht lampu rèm
brennen ①bakar, membakar *(Feuer, Haut)* ②nyala, menyala *(Lampe)*
Brennspiritus spiritus
Brennstoff bahan bakar
Brett papan ℹ*lembar dient auch als Zählhilfswort für alle flachen dünnen Gegenstände wie Papier, Bretter, Stoff* ⇨*empat lembar kertas = vier Blätter Papier*
Brief surat ℹ*pucuk dient als Zählhilfswort für Gewehre, Briefe* ⇨*empat pucuk surat = vier Briefe*
Briefkasten bis/kotak surat
Briefmarke perangko, meterai pos
Brieftasche dompèt
Briefträger tukang pos
Briefumschlag amplop ℹ*Einfache Luftpostbriefe versendet man in blauen Umschlag kilat, soll es schneller gehen im gelben kilat khusus*
Brille kacamata
Brillenetui kantong kacamata
bringen bawa, membawa
Brise angin sepoi-sepoi
brodeln menggelembung
Brokkoli brokoli ℹ*Brokkoli ist noch relativ neu und selten zu finden.*
Bronchitis bronkitis, sesak napas
Bronze perunggu
Brosche bros
Broschüre brosur
Brot roti ℹ*Es gibt nur Toastbrot, süße Brötchen und Weißbrot.*

Brotbaum pohon térap/kulut
Brotfrucht buah nona, timbul, sukun, cempedak
Bruch ①burut ②patah tulang ③bilangan pecahan *(mathematisch)*
Brücke jembatan
Bruder ①adik (laki-laki) *(jüngerer)* ②abang (laki-laki)*(älterer)* ③saudara laki-laki *(neutral)* ④adik kandung (laki-laki) *(Zwilling)* ⑤kakak (laki-laki) *(älter)* ℹ*laki-laki hängt man an, wenn es wichtig ist, dass der Bruder gemeint ist und nicht die Schwester*
Brüderlichkeit persaudaraan
Brühe (Gemüse-) kuah
brummen mendengung
Brunch sarap siang
Brunnen sumur
Brunstzeit masa berahi
Brust ①dada *(allgemein)* ②susu *(Frau)* ③téték *(Titten)*
Brustwarze puting susu, bengek
brutal kejam, brutal
Bruttopreis harga kotor
Buch buku
buchen ①catat, mencatat *(Buchhaltung)* ②pesan, memesan *(Sitz, Kabine, Ticket)*
Buchhandlung toko buku
Buchhalter aktuntan
Büchse ①kalèng *(Dose)* ②tabung *(senapan)*
Buchstabe huruf
buchstabieren ejà, mengéja
Bucht teluk, ceruk
Buchung ①pencatatan *(Buchhaltung)* ②pemesanan *(Sitz, Kabine, Ticket)*
Buddha Budha
Buddhismus agama/ajaran Budha ℹ*Nur ca. 1% der Indonesier sind Buddhisten.*
Buddhist pemeluk agama Budha
buddhistisch sein beragama Budha
Budget angagaran
Büffel kérbau, banténg
Bügeleisen seterika
bügeln seterika, menyeterika
Bühne panggung, pentas
bummeln ①jalan-jalan, berjalan-jalan *(spazieren)* ②kerja/bekerja pelan-pelan *(bei der Arbeit trödeln)*
bumsen (Sex) main
Bund ①ikat *(Gemüse)* ②ikatan *(Vereinigung)*
bunt sein ①beranéka-warna *(farbig)* ②macam-macam, bermacam-macam *(vielfältig)*
Bürger penduduk
Bürgerkrieg perang saudara
Bürgermeister ①walikota *(Großstadt)* ②gubernur, bupati *(Provinz)* ③camat *(Distrikt)* ④kepala désa *(Gemeinde)* ⑤lurah, kepala kampung *(Dorf)*
Bürgersteig kaki lima
Büro kantor
Bürokratie birokrasi
Bürste sikat
Bus bis ℹ*Öffentliche Busse kann man überall anhalten, man muss keine Haltestelle suchen.*
Busbahnhof tèrminal bis
Busch ①semak belukar *(Strauch)* ②hutan rimba *(Urwald)*
Busen ①dada *(allgemein)* ②susu *(Frau)*
Busfahrer sopir bis, pengemudi
Büste patung setengah badan
Büstenhalter ①béha, BH ②baju kutang
Butter mentéga

C

Cabrio kabrio
Café rèstoran kopi ℹ*Cafés gibt es nur in den großen Städten und Touristenorten.*
campen berkémah ℹ*Indonesier campen nicht und werden auch nicht unbedingt verstehen, wovon Sie sprechen.*
Cashew jambu meté
Celebes alter Name für die Insel Sulawési
Celsius derajat
Chamäleon bunglon
Chance kesempatan
chaotisch kacau, kacau-balau
Charakter ①sifat *(Eigenschaft)* ②watak *(Veranlagung)*
charakteristisch sein bersifat khas
charmant mempesona
chartern menyéwa

Chauffeur sopir
Chef ①kepala *(Oberhaupt)* ②pimpinan *(Firma)*
Chemie kimia
chemisch kimiawi
Chili cabé rawit, lombok
Chilipaste sambal ℹ *Es gibt verschiedene Sorten: sambal oelek (rötlich, scharf), sambal manis (süßlich), sambal badjak (braun, scharf)*
Chilisoße saus cabé rawit ℹ *Mit Chilischoten, Sojasoße, Zwiebeln, Knoblauch und Gewürzen wird eine scharfe Soße hergestellt, die zum Nachwürzen von Gerichten serviert wird.*
China Cina, Tiongkok
Chinakohl sawi putih
Chinese orang Cina/Tionghoa
Chinesisch bahasa Cina/Tionghoa
Chirurg ahli/dokter bedah
Chips ①krupuk *(aus Krabben- oder Fischmehl)* ②krupuk melinjo, emping *(aus Melinjofruchtmehl)*
Cholera koléra, penyakit koléra
Chor paduan suara
Christ orang Kristen
Christentum agama Kristen
christlich Kristiani
Christus Kristus
Chrysantheme tungho ℹ *die Blätter werden als Gemüse gebraten.*
circa kira-kira
Computer komputer
Container kontainer
Couch kursi panjang
Courage haben berani
Cousin saudara sepupu (laki-laki)
Cousine saudara sepupu (perempuan)
Creme krém
Curry ①karé *(Gewürz und Gericht)* ②gulai *(Gericht mit Kokosmilch)*
Curryblätter daun karé
Currysoße bumbu karé

D

da ①di sana/situ *(örtlich)* ②karena *(weil)* ③ketika *(als)* ④ada *(da sein)*
dabei sein hadir
Dach atap
daher ①dari sana/situ *(von dort)* ②olèh karena itu *(deswegen)*
daheim ①di kampung halaman *(Heimatdorf)* ②di rumah *(zu Hause)*
dahin ke sana/situ
damals ①dahulu/dulu *(früher)* ②pada waktu itu *(zu einem bestimmten Zeitpunkt)*
Dame ①Ibu *(Mutter, wird auch als Anrede für Frauen benutzt)* ②Nyonya *(verheiratete Frau)* ③wanita *(Frau)* ℹ *wanita steht als Hinweis an der Toilettentür für Frauen, pria für Männer.*
Damenbekleidung pakaian wanita
Damenbinde pembalut wanita
damit ①dengan demikian, dengan itu *(mit etw.)* ②agar supaya *(um zu)*
damit nicht supaya jangan
Damm bendungan, tanggul, tambak
Dämmerung ①fajar pagi *(morgens)* ②magrib *(abends)*
dampfen menguap
danach ①kemudian *(dann)* ②selanjutnya *(im weiteren Verlauf)* ③sesudah itu *(nach dieser Sache)*
daneben ①di samping *(örtlich)* ②selain itu *(außerdem)*
dankbar sein berterima kasih
danke terima kasih
danken terima/berterima kasih
dann kemudian, lalu
daran pada itu *(an dieses)*
darauf ①di atasnya *(oben drauf)* ②kemudian *(dann)*
daraus dari itu *(Material)*
darin di dalamnya
Darlehen ①pinjaman ②krèdit
Darm usus
Darmerkrankung sakit usus
darstellen ①gambar, menggambarkan *(zeichnen)* ②lukis, melukiskan *(malen)*

③tunjukkan, mempertunjukkan *(zeigen)*
④merupakan *(bilden, sein)*
darüber mengenai itu
darum karenanya, maka, olèh sebab itu
das ①yang *(Relativsatz)*
②ini, itu *(dieser, jener)*
dass bahwa
dasselbe (wie) se-*(+Nomen)* (dengan)
Datum tanggal
Dattel kurma
Dauer (Länge) lamanya
dauern ①langsung, berlangsung *(andauern)*
②terus-menerus *(ständig, immer weiter)*
Dauerwelle rambut dikeriting
Daumen ibu jari, jempol
davon ①dari itu *(von diesem)*
②tentang itu *(darüber)*
dazwischen di antaranya
dazu (zu diesem) untuk itu
Debatte pembahasan, débat
Deck geladak kapal
Decke ①langit-langit *(Zimmer-)*
②selimut *(Bett-)*
Deckel (Topf) tutup, penutup
defekt rusak
dehnen panjangkan, memanjangkan
Deich tanggul, bendungan
dein -mu ⇨*kakakmu = deine Schwester*
dekadent merosot, dékadén
deklarieren (Zoll) melaporkan
Dekoration ①dékorasi *(Dekoration)*
②hiasan *(das Schmücken)*
Delle benjol
Delfin ikan lumba-lumba, dolfin
ℹ *Sie sind überall in den indonesischen Meeren zu beobachten.*
demnächst segera
Demokrat démokrat
Demokratie démokrasi
demokratisch démokratik
Demonstration démonstrasi
demontieren bongkar, membongkar
denken ①pikir/memikir/teringat pada *(an etw., jmd.)* ②berpikir (tentang) *(nachdenken (über))*
Denkmal ①monumèn *(Monument)*
②tugu peringatan *(Mahnmal)*
denn karena
Deo déo
deponieren (bei) titip, menitip (pada)
deprimiert ①putus asa *(verzweifelt)*
②sedih *(traurig)*
der ①yang *(Relativsatz)*
②ini, itu *(dieser, jener)*
deren yang *(+Nomen)*-nya
derselbe (wie) se-*(+Nomen)* (dengan)
deshalb karena itu
Design désain
Desinfektionsmittel obat désinfèksi
desinfizieren désinfèksi
dessen yang *(+Nomen)*-nya
destillieren menyuling
deswegen sebab itu
Detail perincian
deutlich jelas
Deutsch (bahasa) Jerman
Deutschland Jerman
Dezember (bulan) Désèmber
Dia slide
Diabetes kencing manis, penyakit gula
Diabetiker penderita penyakit gula
Diagnose diagnose
diagonal garis diagonal
Dialekt logat
Diamant intan
Diarrhö diaré, mencrèt
Diät diét
Diät, auf ... sein berdiét
dicht rapat
Dichter penyair
dick gemuk
Dickicht semak
die ①yang *(Relativsatz)*
②ini, itu *(dieser, jener)*
Dieb pencuri, maling
Diebstahl pencurian
dienen layani, melayani
Dienst dinas
Dienstag (hari) Selasa
Dienstmädchen ①babu *(Dienerin)*
②pelayan-rumah-tangga *(Hausangestellte)*
③pembantu rumah tangga *(Dienstmädchen)*

Dienststelle kantor
Diesel solar
diese(-r, -s) ini
dieselbe (wie) se-*(+Nomen)* (dengan)
digital digital
Diktator diktator
Dimension dimènsi
Ding ①barang *(Gegenstand)* ②benda *(Gegenstand, Objekt)*
Dioptrie dioptri
Diplom ①diploma *(Diplom)* ②ijazah *(Zertifikat)*
diplomatisch diplomatis
direkt langsung, terus
Direktflug penerbangan langsung
Direktor dirèktur
Dirigent dirigèn
Dirne pelacur
Diskothek diskotik
Diskrepanz kesenjangan
diskret tidak menyolok
Diskussion ①perdébatan *(Debatte)* ②perundingan *(Besprechung)*
diskutieren ①débat, berdébat *(debattieren)* ②diskusi, berdiskusi *(diskutieren)*
Distanz jarak
Disziplin ①bidang olah raga *(Sportart)* ②disiplin *(Zucht)*
doch ①toh, tetapi ②dong *(rhetorisch)*
Docht sumbu
Doktor ①dokter *(Arzt)* ②doktor *(Titel)*
Dokument dokumen
Dolch keris, kujang, badik *(Jakarta)*, karih *(Minangkabau)*, pendang jenawi *(Riau)*, mandau *(West-Kalimantan)*, klurit *(Ost-Java)*, rencong Acèh *(Krummdolch, Acèh)*, pisau belati *(Irian Jaya)*, piso surit *(Nord-Sumatra)*
Dollar dolar
dolmetschen menterjemahkan
Dolmetscher penterjemah, juru bahasa
Donner ①guntur *(Donner)* ②guruh *(Donnerdröhnen)* ③petir *(Donnerschlag)*
donnern bergemuruh
Donnerstag hari Kamis
donnert, es sedang bergemuruh
doof tolol
doppelt lipat dua
Doppelzimmer kamar untuk dua orang
Dorf désa, kampung
dörren keringkan, mengeringkan
dort di sana
dorthin ke sana
Dose kalèng
dösen tidur-tiduran
Dosenöffner (alat) pembuka kalèng
Dozent dosèn, guru sekolah tinggi
Drachen ①naga *(Fabeltier)* ②layang-layang *(Spielzeug zum Fliegen)*
Draht kawat
dramatisch ①tegang *(spannend)* ②yang dramatis *(dramatisch)*
dran ①ada benarnya *(an etw.)* ②gilirannya *(an der Reihe)* ③tak beruntung *(schlecht … sein)*
Drang ①desakan *(Drängen)* ②keinginan *(Wunsch)*
drauf di atasnya
draußen ①di luar *(sein)* ②ke luar *(nach draußen)*
Dreck kotoran
dreckig kotor
drehen putar, memutar
Dreieck segitiga
dreieckig sein berbentuk segitiga
dreifach tiga kali lipat
dreimal tiga kali
drei Viertel tiga perempat
dringend désak, mendésak
drinnen di dalam
dritte yang ketiga
Drittel sepertiga
drittens ketiganya
Droge obat hius
Drogerie toko obat
drohen ancam, mengancam
dröhnen menderu
Drohung ancaman
drüben disebelah sana
Druck ①tekanan ban *(Reifen-)* ②terdésak olèh waktu *(unter Zeit- stehen)* ③cétakan buku *(Buch-)*
drucken cétak, mencétak

drücken ①peluk, memeluk *(umarmen)* ②tekan, menekan *(niederdrücken)*
Druckerei percétakan
Drucksache barang cétakan
drunter di bawah
Drüse kelenjar
Dschungel hutan belantara/lebat, rimba
du ①kau, engkau *(unter Gleichrangigen)* ②kamu *(für Freunde/Kinder)* ③saudara *(höfliche Anrede)* ℹ *In Indonesien spricht man sich häufig nicht mit „du", sondern mit dem Namen an. In einigen Gegenden ist der Gebrauch von „kau" bzw. „kamu" richtig unhöflich.*
ducken merunduk
Duft bau wangi/harum
duften ①harum *(gut riechen)* ②wangi, mewangi *(gut riechen, duften)*
dulden ijinkan, mengijinkan
dumm bodoh, tolol
Dummheit kebodohan, ketololan
Dummkopf goblog
Düne bukit pasir
Düngemittelfabrik pabrik pupuk
düngen memupuk
Dünger pupuk
dunkel ①gelap *(dunkel)* ②suram *(düster)* ③tua *(Farbe, wird nachgestellt)* ⇨ *biru tua = dunkelblau, coklat tua = dunkelbraun, kuning tua = dunkelgelb, mérah tua = dunkelrot, kelabu tua = dunkelgrau, hijau tua = dunkelgrün*
dunkelhaarig sein rambut/berambut hitam
Dunkelheit kegelapan
dünn ①tipis, halus *(fein)* ②kurus *(schlank)*
dünsten mengukus
dunstig kabut, berkabut *(sein)*
durch ①olèh *(jmd.)* ②léwat *(Ortschaft)* ③terus *(hindurch Zeit, Ort)*
durcheinander ①berantakan *(etw.)* ②bingung *(verwirrt sein)*
durcheinanderbringen buat/membuat kacau
Durchfahrt terusan
Durchfall mencrèt, diaré ℹ *Jetzt brauchen Sie Salze, fragen Sie in der Apotheke nach bubuk glukosa elektrolit oder der Marke Oralit*
durchfallen ①gagal *(scheitern)* ②tidak lulus *(Prüfung)*
durchführen ①laksanakan, melaksanakan *(organisieren)* ②lakukan, melakukan *(durchführen)* ③selesaikan, menyélesaikan *(zu Ende führen)*
Durchgang terusan
Durchmesser garis tengah
durchnässt basah-kuyub
durchqueren ①lintasi, melintasi *(Stadt)* ②menyeberang *(Fluss, Tal)*
durchschneiden potong, memotong
Durchschnitt rata-rata
durchschnittlich rata-rata
durchsehen periksa, memeriksa
durchsichtig tembus pandang
durchstreichen corèt, mencorèt
durchsuchen gelédah, menggelédah
durchweichen merendam dalam air
dürfen ①bolèh, membolèhkan *(dürfen)* ②ijinkan *(erlauben)*
Dürre tandus
Durst kehausan
durstig haus
Dusche pancuran
duschen mandi air pancuran
Duschgel cairan sabun mandi
Düsenflugzeug pesawat jét
Dynamo dinamo
Dysenterie (penyakit) diséntri

E

Ebbe air surut
eben ①datar, rata *(flach)* ②baru saja *(soeben)*
Ebene dataran
ebenso sama juga
Echo gaung, gema
echt ①asli *(original)* ②murni *(Gold)* ③betul *(wirklich)*
Ecke sudut
eckig sein bersudut
edel mulia
Edelstein batu permata
Effekt éfèk
egal apa/sama saja

eh dong, kok
ehe sebelum
Ehefrau istri
ehemalig bekas
Ehemann suami
Ehepaar suami-istri
Ehepartner jodoh
eher ①lebih dahulu *(früher)* ②lebih suka *(lieber mögen)*
Ehre hormat, kehormatan
ehren hormati, menghormati
ehrgeizig sein berambisi
ehrlich jujur
Ei ①telur ②telur rebus *(gekocht)* ③telur gorèng *(gebraten)* ⑤telur mata sapi *(Spiegel-)* ℹ*butir dient als Zählhilfswort für Eier, Mangos und andere kleine runde Dinge* ⇨*delapan butir telur = acht Eier*
Eichhörnchen tupai
Eidechse cicak, kadal, bengkarung, tokek
Eier (Sex) bola
Eierstöcke indung telur
eifersüchtig cemburu
eifrig rajin
eigenartig anèh, ganjil
eigene sendiri
Eigenschaft ①sifat *(beschaffen)* ②watak *(Charakter)*
Eigenschaftswort kata sifat
eigensinnig ①bandel *(Kinder)* ②keras kepala *(dickköpfig)*
eigentlich sebenarnya, sebetulnya
Eigentum milik, kepunyaan
Eigentümer pemilik
Eilbrief surat kilat
eilig buru-buru
Eimer èmbèr
einatmen tarik/menarik nafas
Einbahnstraße jalan satu arah
einbrechen dobrak, mendobrak
Einbruch kebongkaran
einchecken chéck-in
Eindruck kesan
einerseits ... andererseits di satu pihak ... dan di pihak yang lain
einfach ①mudah *(leicht)* ②sederhana *(schlicht)* ③tunggal *(Einzel-)*
Einfahrt jalan masuk
Einfall ①idé *(Idee)* ②pikiran *(Gedanke)*
einfangen tangkap, menangkap
Einfluss pengaruh
Einfuhr impor
einführen ①impor, mengimpor *(importieren)* ②memasukkan *(Regel)*
Eingang ①jalan masuk *(Weg)* ②pintu masuk *(Tür)*
eingebildet sein ①sombong *(hochmütig)* ②berhayal *(Phantasie)*
Eingeborene ①pribumi *(Ur-)* ②penduduk asli *(Alteingesessene)*
Eingeweide ①dalaman perut *(Lebewesen)* ②jeroan *(Tier)*
eingewöhnen, sich sesuaikan/menyesuaikan diri
eingießen menuangkan
eingleisig sein berjalur satu
eingraben pendam, memendam
eingreifen turun tangan
einhalb setengah
einheimisch ①berasal dari *(stammen aus)* ②pribumi *(Ur-)*
einheitlich seragam
einholen, jmd. menyamai seseorang
einhüllen ①meliputi *(einwickeln)* ②menyelimuti *(zudecken)*
einig sein sepakat, bersepakat
einige beberapa
einigen, sich bersepakat
einigermaßen ①bolèhlah *(kann man so lassen)* ②lumayan *(eher durchschnittlich)* ③agak *(ziemlich)*
einkaufen belanja, berbelanja
Einkaufswagen grobak-belanja, lori belanja
Einkommen pendapatan, gaji
einladen undang, mengundang
Einladung undangan
einleben, sich sesuaikan/menyesuaikan diri
einlegen ①awètkan, mengawètkan *(konservieren)* ②taruh, menaruh ke dalam *(hineinlegen)* ③acar *(eingelegtes Gemüse)*
Einleitung ①kata pengantar *(Einleitung)* ②prakata *(Vorwort)* ③pembukaan *(Eröffnung)*

einlösen (Scheck) mencairkan
einmal sekali
einmalig luar biasa
einmischen, sich campur tangan
einnehmen (Medizin) ①minum *(flüssig)* ②télan *(fest)*
einpacken bungkus, membungkus
einprägen masuk dalam ingatan
einreiben gosok, menggosokkan
einreichen (Antrag) mengajukan
Einreise masuknya
einreisen in masuk ke
einrichten ①lengkapi, melengkapi *(Möbel)* ②memungkinkan *(ermöglichen)*
Einrichtung perabot rumah
einsam sepi, sunyi
einsammeln kumpul, mengumpulkan
einschalten (elektrisch) ①nyala, menyalakan *(Licht)* ②pasang *(elektrische Geräte)*
einschenken tuangkan, menuangkan
einschlafen tertidur
einschließlich termasuk
Einschreiben surat tercatat
einsteigen naik
einstellen ①setèl, menyetèl *(Radio)* ②terima, menerima *(Arbeitskräfte)*
einstimmig (dengan) suara bulat
einstürzen ①roboh, merobohkan *(Gebäude)* ②runtuh *(Felsen/Gebäude)*
eintauschen tukar, menukarkan
einteilen membagikan
eintippen ketik, mengetik
eintönig menjemukan, monoton
Eintopf godog
eintreten ①masuk, memasuki *(in etw.)* ②terjadi *(passieren)* ③silahkan *(sagt jemand, wenn er Sie bittet einzutreten)*
Eintrittskarte karcis
einverstanden setuju
Einwanderer imigran
einwandern masuk ke dalam negeri
Einwanderungsbehörde Kantor Imigrasi
einwandfrei sempurna, baik
einweihen merésmikan
einwerfen memasukkan
einwilligen kabul
Einwohner penduduk
Einzahl tunggal
einzahlen menyetor
Einzelheit détail
Einzelkind anak tunggal
einzeln satu per satu
Einzelzimmer kamar untuk satu orang
einziehen ①meresap *(Salbe)* ②menempati rumah *(Wohnung)*
einzigartig unik
einzige satu-satunya
Eis ①èskrim *(Speise-)* ②ès batu *(Würfel-)*
Eisen besi
Eisenbahn keréta api
eitel sombong
Eiter nanah
eitrig sein bernanah
ekelhaft menjijikkan
ekeln, sich jijik
Ekzem gelegata
Elastikbinde pembalut élastis
elastisch élastis
Elefant gajah ℹ *steht unter Artenschutz. Man findet sie auf Süd-Sumatra.*
elegant ①cakep ②kerèn *(Jakarta-Slang)* ③perlènté *(in West-Indonesien gebräuchlich)*
Elektriker tukang listrik
elektrisch èlèktris, listrik
Elektrizität tenaga listrik
Element unsur
Elend kesengsaraan
Elfenbein gading
Ellbogen sikut
Eltern orang tua, ibu bapak, ayah bunda
E-mail e-mail
empfangen terima, menerima
Empfänger penerima
empfehlen anjur, menganjurkan
empfinden rasa, merasa
empfindlich sénsitif
Emulsion élmulsi
Ende akhir
enden akhir, berakhir
endgültig pasti
endlich akhirnya

endlos tiada akhirnya
Energie ①daya *(Kraft)* ②énergi ③semangat *(Eifer)* ④tenaga *(Stärke)*
eng ①sempit *(Raum)* ②ketat *(Kleidung)*
Enge kesempitan
Engel ①bidadari *(auch: schönes Mädchen)* ②malaikat
enger machen sempitkan, menyempitkan
England Inggris
Engländer orang Inggris
Englisch (bahasa) Inggris
Enkel cucu
enorm sangat besar
entbehren berkekurangan
entbinden ①lahirkan, melahirkan *(Geburt)* ②bébaskan, membébaskan *(Aufgabe)*
entblößen membuka
entdecken temukan, menemukan
Entdeckung penemuan
Ente bèbèk, itik
Entenei telur bèbèk
Entenfleisch ①daging bèbèk ②bèbèk peking *(Pekingente)* ③bèbèk betutu *(Entenbrust, meist im Bananenblatt gekocht)*
entfachen menyalakan
entfalten mengembangkan
entfernen ①keluarkan, mengeluarkan *(herausholen)* ②menjauhi diri *(sich)* ③menyingkirkan *(abmachen)*
entfernt (weit) jauh
Entfernung (weit) jarak
entführen menculik
entgegengesetzt sein berlawanan
entgegenkommen ①menyongsong *(jmd. abholen)* ②mengatur harga *(Preis)*
enthalten ①berisi, mengandung *(beinhalten)* ②tidak berikan suara *(Wahlstimme)*
enthusiastisch sein ①bergairah *(Leidenschaft)* ②bersemangat *(begeistert)*
entkernen keluarkan, mengeluarkan biji
entlang sepanjang
entlassen ①pecat, memecat *(Arbeit)* ②bolèhkan/memperbolèhkan pulang *(Krankenhaus)*
entschädigen mengganti rugi
entscheiden, sich putuskan, memutuskan
Entscheidung keputusan
entschuldigen, sich minta ma'af
Entschuldigung ma'af, permisi dulu
entsetzlich mengerikan
entsorgen buang, membuang
entspannen, sich istirahat, beristirahat
Entspannung rékréasi
entsprechend sesuai dengan
entstehen menjadi
enttäuschend mengecéwakan
enttäuscht kecéwa
Enttäuschung kekecéwaan
entweder ... oder atau ... ataupun
entwerfen ①rancang, merancang *(projektieren)* ②rencanakan, merencanakan *(planen)*
entwerten ①batal *(Ticket)* ②dévaluasi, mendévaluasi *(Währung)*
entwickeln ①berkembang *(sich)* ②cuci, mencuci *(Film)*
Entwicklung perkembangan
Entwicklungshilfe bantuan untuk negara berkembang
Entwurf rancangan
entzündet (Wunde) diradang
Entzündung (Wunde) infèksi
entzwei pecah menjadi dua
Epidemie épidémi, wabah
Epilepsie épilépsi, penyakit ayan
Epoche zaman
er dia, ia
erbauen ①bangun, membangun ②mendirikan *(errichten)*
Erbe (Person) ahli waris
erben mewarisi
erbrechen, sich muntah
Erbsen kacang polong
Erdbeben gempa bumi
Erdbeere buah arbai, strobéri
Erde ①bumi, tanah *(Boden)* ②dunia *(Welt)*
Erdgeschoss ①lantai dasar ②lantai bawah
Erdnüsse kacang
Erdöl minyak tanah
Erdrutsch tanah longsor
Ereignis kejadian, peristiwa
erfahren ①dengar, mendengar *(hören)*

②ketahui, mengetahui *(wissen)*
erfahren sein berpengalaman
Erfahrung pengalaman
erfinden ciptakan, menciptakan
Erfinder pencipta
Erfindung penemuan
Erfolg keberhasilan, suksès
erfolgreich sein berhasil
erforderlich diperlukan
erforschen selidiki, menyelidiki
erfreulich yang menggembirakan
erfrieren mati kedinginan
erfrischend segar, sejuk
Erfrischung penyegaran
erfüllen (Wunsch) memuaskan, memenuhi
ergänzen tambah, menambahkan
Ergebnis hasil
ergreifen (Hand) pegang, memegang
erhalten ①dapat, mendapat, terima, menerima *(bekommen)* ②memelihara *(bewahren, pflegen)*
erhältlich ①bisa dapat *(kann es bekommen)* ②sedia *(vorrätig, verfügbar)*
erhitzen panaskan, memanaskan
erholen, sich beristirahat
erinnern an, sich ingat pada
Erinnerung ①kenang-kenangan *(Erinnerungsstück)* ②ingatan *(Erinnerung)*
erkalten menjadi dingin
erkälten, sich masuk angin
erkältet masuk angin
Erkältung pilek, flu
erkennen mengenali
erkennbar dapat dikenal
erklären terangkan, menerangkan
Erklärung penjelasan, keterangan
erkunden meneliti
erkundigen (nach), sich bertanya (tentang)
erlauben mengijinkan
Erlaubnis ijin, izin
erlaubt bolèh
erleben mengalami
Erlebnis pengalaman
erledigen selesaikan, menyélesaikan
erleichtern meringankan
Ermäßigung potongan harga, korting, discount
ermöglichen memungkinkan
ermorden bunuh, membunuh
Ernährung nutrisi, pangan
ernst sérius
ernst meinen, es bersungguh-sungguh
Ernst kesériusan, kesungguhan
Ernte panèn
ernten ①menuai *(Reis)* ②memanèn *(allgemein)* ③mendapat *(erhalten)*
Eroberung penaklukkan
eröffnen buka, membuka
Eröffnung pembukaan
erreichbar dapat dicapai
erreichen mencapai, mendapat
errichten bangun, membangun, dirikan, mendirikan
Ersatz penggantian
Ersatzteil bagian pengganti, onderdil, sparepart, suku cadang
erscheinen ①keluar, terbit *(Zeitung)* ②muncul *(auftauchen)*
erschließen (Gebiet) memanfaatkan
erschöpft ①habis *(Vorrat)* ②letih, capèk *(Körper)*
erschrecken mengejutkan
ersetzen ganti, mengganti
erst baru (saja)
erstatten ①melapor *(Anzeige, Bericht)* ②kembalikan, mengembalikan *(zurückgeben)*
erstaunt héran, tercengang
erstaunlich menghérankan
erste yang pertama
Erste Hilfe P3K (pertolongan pertama pada kecelakaan)
erstens pertama
ersticken ①tak dapat bernafas ②mencekik seorang *(jmd. töten)*
Ertrag (Agrar) penghasilan
ertragen ①derita, menderita *(erleiden)* ②tahan, menahan *(aushalten)*
ertrinken tenggelam
Eruption letusan
erwachsen déwasa
Erwachsener orang déwasa
erwähnen sebut, menyebutkan

erwärmen panaskan, memanaskan
erwarten ①harapkan, mengharapkan *(etw.)* ②menantikan *(jmd.)*
erweitern luaskan, memperluaskan
Erz bijih logam
erzählen cerita, menceritakan
Erzählung cerita
erzeugen hasilkan, menghasilkan
Erzeugnis buatan
erziehen didik, mendidik
Erziehung pendidikan
erzogen, gut terdidik baik
es -nya ⇨*Ich weiß es nicht. = Saya tidak mengetahuinya.* ⇨*Er hofft es. = Dia harapkannya.* ⇨*Es ist ... Uhr. = Jam ...* ⇨*es macht nichts = tidak apa-apa*
Esel keledai
eskortieren mengawal
essbar dapat dimakan
essen makan
Essen makanan, santapan ℹ*Auf Seite 218 dieses Buches finden Sie eine Liste mit den Spezialitäten der indonesischen Küche.*
Essig cuka
Esslöffel séndok makan
Esszimmer kamar makan
Etage tingkat
etliche beberapa
etwa kira-kira, kurang-lebih
etwas sedikit
euch kamu, kalian
euer(e) kamu, -mu, kalian
Eukalyptusbaum pohon kayu putih
Eule burung hantu
Europa Éropa
Euter ambing
eventuell barangkali, mungkin
ewig kekal, abadi
exakt tepat
Examen ujian
Exil pengasingan
Exorzismus ruwat
Export èkspor
Experiment percobaan
Experte ahli
explodieren melédak
Explosion lédakan
Export èkspor
Exporteur èksportir
exportieren èkspor, mengèkspor
express èksprés, kilat
extra tambah
extravagant méwah
extrem èkstrém

F

Fabrik pabrik
Fach ①kejuruan *(Beruf)* ②laci *(Schubfach)*
Fachausdruck istilah khusus
Fächer kipas
Fächerpalme lontar
Fachmann orang ahli, spésialis
Fackel obor
fad (Geschmack) ambar
Faden benang
fähig sein zu mampu/tahu untuk
Fähigkeiten kemampuan
Fahne bendéra
Fahrbahn jalur
Fähre tambangan, féri
fahren (mit) pergi/naik (dengan)
Fahrer sopir
Fahrerflucht tabrak lari
Fahrkarte karcis
Fahrkartenschalter lokèt karcis
Fahrplan jadwal perjalanan
Fahrpreis harga karcis
Fahrrad sepéda
Fahrschule sekolah mengemudi
Fahrstuhl lift
Fahrt perjalanan
Fahrtdauer lama/waktu perjalanan
Fahrzeugschein STNK (surat tanda nomor kendaraan bermotor)
fair adil
Falke rajawali
Fall ①hal, kasus *(Vorkommnis)* ②jatuh, jatuhnya *(Sturz)*
Falle perangkap
fallen ①jatuh *(Gegenstand)* ②turun *(Preis)*
fällen ①tebang, menebang *(Baum)*

②memutuskan *(Entscheidung)*
falls jika, kalau
Fallschirm parasut
falsch salah ⇨*falsch verbunden = salah sambung*
Falschgeld uang palsu
Fälschung pemalsuan, tiruan
Falte ①kriputan *(Gesicht)* ②lipatan *(allg.)*
falten ①lipat, melipat ②mengatupkan *(Hände)*
Falter kupu-kupu
Familie keluarga, pamili, famili ℹ*Eine Familieneinheit bei den Toraja in Zentral-Sulawesi nennt man rarabuku.*
Familie haben berkeluarga
Familienname nama keluarga
Familienplanung Keluarga Berencana (KB)
Fan penggemar
fanatisch fanatik
Fang penangkapan
fangen tangkap, menangkap
Farbe ①warna ②cat *(Anstrich)*
färben (Textil) celup, mencelup
Farbfilm film berwarna
farbig sein berwarna
Farbton corak warna
Farn pohon pakis/paku
Fasan kuau
Fass tong, tahang
fassen ①pegang, memegang *(halten)* ②tangkap, menangkap *(fangen)*
fast hampir
fasten berpuasa
Fastenzeit waktu puasa
faszinierend mengasyikkan
faul ①busuk *(Lebensmittel)* ②malas, lamban *(lustlos)*
Faust kepalan, jotos
Faxgerät pesawat/mesin fax
Faxnummer nomor fax
Februar (bulan) Fébruari
Feder (Tier) bulu
fegen sapu, menyapu
fehlen ①tidak lengkap *(unvollständig)* ②tidak hadir *(nicht anwesend)*
Fehler ①cacat *(Makel)* ②kekeliruan *(Irrtum)* ③kesalahan *(Schuld)*
fehlerlos tanpa salah
Fehlgeburt keguguran
Feier ①pésta ②upacara *(rituell)*
feierlich meriah
feiern ①pésta, berpésta ②rayakan, merayakan
Feiertag hari raya/libur ℹ*Infolge der verschiedenen Glaubensrichtungen hat Indonesien viele Feiertage, die in jeder Region anders gefeiert werden. Als staatliche Feiertage anerkannt sind satu Januari (Neujahrstag) am 1. Januar, Lebaran (Ende der Fastenzeit), Hari Kartini (Kartini Tag) am 21. April, Hari Proklamasi Kemerdékaan (Nationalfeiertag) am 17. August, Hari Natal (Weihnachten) am 25. Dezember.*
Feige ara
feige penakut
Feigling pengecut
Feile kikir
feilschen tawar-menawar
fein ①bagus *(gut)* ②halus *(dünn)*
Feind musuh
Feindschaft permusuhan
Feld ①lapangan *(Platz)* ②medan ③sawah-ladang *(Acker)*
Felge pelek
Fell kulit *(binatang)*
Fels batu karang, bebatuan, tebing
felsig cadas
Fenchel adas
Fenster jendela
Fensterscheibe kaca jendéla
Ferien liburan
fern jauh
Ferne kejauhan
Ferngespräch interlokal ℹ*Auskunft 106*
Fernglas teropong
Fernlicht lampu jarak jauh
Fernost timur jauh
Fernseher télévisi/tivi
Fernsehsender pemancar télévisi ℹ*Der staatliche Fernsehsender heißt TVRI.*
Ferse tumit
fertig sein ①selesai *(zu Ende)* ②siap *(bereit)*

fertigen buat, membuat
fest ①kokoh *(stabil)* ②padat *(dicht)* ③teguh *(entschlossen)*
Fest ①perayaan ②pésta
festbinden ikatkan, mengikatkan
festhalten pegang, memegang
Festland daratan, benua
festlegen, sich mengikat diri
festlich meriah
festsitzen (an einem Ort) tidak bisa berangkat
feststellen ketahui, mengetahui *(erfahren)*
Festung bénténg
Fett lemak
fett ①gemuk *(Person)* ②berlemak *(Speise)*
fettig sein berlemak, berminyak
Fetzen carikan
feucht lembab, basah
Feuchtigkeit kelembaban
Feuchtigkeitscreme krim kulit ⓘ*Besonders in ländlichen Gegenden kennt man westliche Cremes kaum. Hier werden meist traditionelle Mittel (Jamu) verwendet.*
Feuchttücher saputangan lembab ⓘ*Feuchttücher zum Abwischen der Hände nach Mahlzeiten sind nur in den Städten verbreitet. Traditionell wird ein Becher Wasser zum Essen serviert, in dem man sich nach der Mahlzeit die rechte Hand wäscht. Die linke Hand gilt als unrein, deshalb wird sie zum Essen unter keinen Umständen benutzt.*
Feuer api, kebakaran!
Feuerlöscher alat pemadam kebakaran
Feuerstelle perapian
Feuerwehr dinas pemadam api
Feuerzeug gérétan, korèk api, catus
ficken ngéntot *(sehr derb)*
Fieber demam
Fieberthermometer tèrmométer
fies kotor, jelèk
Filiale cabang
Film film
filmen buat/membuat film
Filter (Zigarette) filter ⓘ*Bei krétèk – Nelkenzigaretten – sind die Filter meist gesüßt.*
Findelkind anak pungut
finden ①berpendapat *(Meinung)* ②temukan, menemukan *(Verlorenes)*
Finger jari
Fingernagel ①kuku jari ②kuku pancanaka *(bei Wayang-Schauspiel-Figuren mit übersinnlichen Kräften)*
finster gelap
Firma perusahaan
Fisch ikan
fischen tangkap, menangkap ikan
Fischerboot perahu nelayan
Fischfang penangkapan ikan
Fischflosse sirip ikan
Fischgräte duri ikan
flach ①dangkal *(Gewässer)* ②datar *(Boden)*
Fläche bidang, luasnya ⓘ*bidang dient auch als Zählhilfswort für Land ⇨sebidang tanah = ein Stück Land*
Flachzange tang pecak
flackern berkelip-kelip
Flagge bendéra
Flamme lidah api
Flasche botol ⓘ*botol dient auch als Zählhilfswort für Flaschen aller Art ⇨dua botol bir = zwei Flaschen Bier*
Flaschenöffner pembuka botol, kotrék
flattern ①terkepak-kepak *(Vogel)* ②berkibar-kibar *(Fahne)*
flauschig empuk *(weich, z. B. Kissen)*
Flaute (Wind) tiada angin
flechten menganyam *(Korb)*
Fleck noda
Fledermaus kelelawar, codot
Fleisch daging
Fleiß kerajinan
fleißig rajin
flexibel lentur
flicken tambal, menambal
Fliege lalat
fliegen terbang
fliehen ①lari, melarikan diri ②mengungsi *(im Krieg)*
fließen mengalir
flimmern berkunang-kunang
flink ①gesit *(geschickt)* ②cepat *(schnell)*
Flinte senapan

flirten bercumbu-cumbu
Flitterwochen bulan madu
Flocke jonjot
Floh kutu
Floß rakit
Flosse sirip
Flöte suling ℹ*Auf Seite 172 dieses Buches finden Sie die Musikinstrumente einer Gamelan-Gruppe.*
flott ①cepat *(schnell)* ②layak laut *(Schiff)*
Fluch kutukan
fluchen mengutuk ℹ*Wer sich laut streitet oder laut flucht, läuft Gefahr sein Gesicht zu verlieren. Dies gilt auch für Touristen!*
Flucht pelarian
flüchten ①lari, melarikan diri ②mengungsi *(im Krieg)*
Flüchtling pengungsi
Flug penerbangan
Flügel ①sayap *(Tier)* ②piano *(Musik)*
Fluggesellschaft perusahaan penerbangan
Flughafen lapangan terbang
Flugplan jadwal penerbangan
Flugticket tikèt penerbangan
Flugzeug kapal terbang
Flur ①gang *(Gang)* ②lahan *(Acker)* ③lorong *(Hausflur)*
Fluss sungai, kali
flussabwärts ke hilir
flussaufwärts ke hulu
flüssig ①cair *(nicht fest)* ②lancar *(ohne Hindernis, z. B. sprechen)*
Flüssigkeit cairan
Flusskrebs udang krai
Flussmündung muara, kuala
Flussufer tepi sungai
flüstern berbisik
Flut ①air pasang *(Meer, Fluss)* ②banjir *(Überflutung)*
Fohlen anak kuda
Folge akibat
folgen ikut, mengikuti
folgern simpulkan, menyimpulkan
folglich jadi
Fön alat pengering rambut
fönen keringkan, mengeringkan rambut
fordern ①tantang, menantang *(jmd.)* ②tuntut, menuntut *(etw.)*
fördern ①dorong/mendorong maju *(Fähigkeiten)* ②gali, menggali *(Mine)*
Forderung tuntutan
Form bentuk
formen membentuk
förmlich résmi, formal
formlos ①tanpa bentuk *(keine Form)* ②tanpa résmi *(unförmlich)*
formulieren merumuskan
Formular formulir
Formulierung perumusan
Forscher penyelidik
Forschung penyelidikan
Forstwirtschaft perhutanan
fort ①menjauhkan *(entfernen)* ②pergi *(gegangen)* ③jauh dari *(weit entfernt)*
fortbestehen terus berdiri
fortgehen pergi
fortlaufen lari
fortlaufend terus-menerus
fortpflanzen, sich membiak
Fortpflanzung pembiakan
Fortschritt kemajuan
fortschrittlich maju, modérn
fortsetzen teruskan, meneruskan
Fortsetzung lanjutan, sambungan
Foto foto, potrèt, gambar
Fotoapparat tustèl, kaméra
Fotogeschäft toko peralatan foto
Fotograf juru potrét
fotografieren memotrèt ℹ*Militärische Objekte darf man nicht fotografieren.*
Fotokopie fotokopi, Xerox
fotokopieren membuat fotokopi
Fracht muatan
Frachter kapal muatan
Frage pertanyaan
Fragebogen daftar pertanyaan
fragen (nach) tanya, bertanya (tentang), menanyakan
Fragestellung masalah
Franken (Schweiz) uang swiss
frankieren bubuhi/membubuhi prangko
Frankreich prancis

Franzose/-ösin orang prancis
Französisch bahasa prancis
Frau ibu, perempuan, wanita ℹ *wanita steht an der Toilettentür für Frauen, pria für Männer.*
Frauenarzt dokter wanita/kandungan
Fräulein nona
frech ①kurang ajar *(unhöflich)* ②nakal *(unartig)*
frei ①bébas *(ohne)* ②merdéka *(unabhängig)* ③kosong *(leer, z. B. Zimmer frei)*
freiberuflich freelanced
Freiheit ①kebébasan ②kemerdékaan *(Unabhängigkeit)*
freilegen membuka
Freitag (hari) Jum'at ℹ *Viele Büros und Geschäfte sind am Freitag (islamischer Gebetstag) nur bis 11.00 Uhr geöffnet.*
freiwillig sukaréla
Freizeit waktu bébas, waktu longgar
fremd asing
Fremde orang asing
Fremdsprache bahasa asing
Frequenz frékuènsi
fressen makan sangat rakus
Freude kegembiraan
freuen, sich gembira, bergembira, senang, bersenang
Freund pacar, teman
freundlich ramah
Freundschaft persahabatan
Frieden perdamaian
Friedhof ①kuburan ②pura dalem *(Tempel der Toten auf Bali)* ③sandung *(Knochenhaus der Ngaju-Dayak)*
friedlich damai, teduh
frieren ①beku, membeku *(es)* ②rasa, merasa dingin *(jmd.)*
frisch ①baru di cuci *(frisch gewaschen)* ②sejuk, segar *(kühl, erfrischend)* ③baru *(neu)*
Friseur tukang cukur rambut, pemangkas
frisieren, sich sisir/menyisir rambut
Frist jangka waktu terbatas
Frisur tata rambut
frittiert gorèng, menggorèng
froh gembira, senang
fröhlich gembira, senang
fromm saléh
Front (Voerderseite) hadapan
Frosch katak, kodok
Froschschenkel paha kodok
Frost embun beku
Frucht (Obst) buah ℹ *buah dient auch als Zählhilfswort für Früchte und Gemüse* ⇨ *tujuh buah mangga = sieben Mangos, auf Seite 200 dieses Buches finden Sie eine Liste der exotischen Obstsorten in Indonesien.*
fruchtbar (Erde) subur
Früchte buah-buahan
Fruchtsaft sari buah, jus
Fruchtsalat rujak ℹ *sehr würzig-scharf*
früh pagi-pagi
früher ①lebih pagi *(eher)* ②dulu, dahulu *(damals)*
frühestens paling pagi
Frühling musim semi
Frühlingsrolle lumpia
Frühlingszwiebel daun bawang
Frühstück makanan pagi
frühstücken makan pagi ℹ *Europäisches Frühstück gibt es nur in Touristenorten. Indonesier essen Reis oder Nudeln zum Frühstück.*
Fuchs rubah
fühlen ①raba, meraba *(Hand)* ②rasa, merasakan *(sich)*
fühlbar dapat diraba
führen ①antar, mengantar *(geleiten)* ②memimpin *(Politik)* ③memandu *(Touristen)*
führend yang menjadi utama
Führer ①pemandu wisata *(Touristen)* ②pemimpin *(Politik)*
Führerschein surat ijin/izim mengemudi (SIM)
Führung ①pimpinan *(Firma)* ②posisi terkemuka *(Sport)* ③keliling yang dipimpin *(Sehenswürdigkeit)*
füllen (mit) isi/mengisi (dengan)
Füllfederhalter pulpèn
Füllung pengisian
Fund penemuan
Fundort tempat penemuan

Fünftel seperlima
fünftens kelima
Funk radio
Funke bunga api
funkeln berkilau
funken siarkan, menyiarkan
Funktion jabatan, fungsi, tugas
funktionieren ①berfungsi *(als etw.)* ②jalan, berjalan *(nicht kaputt)*
für bagi, untuk, demi, atas
Furche alur
furchtbar ①menakutkan *(Angst)* ②mengerikan *(gruselig)*
fürchten vor, sich merasa takut akan
Fürst ①adipati *(Herrscher)* ②raja *(König, Fürst)* ℹ*Auf vielen Inseln gibt es heute noch Adelstitel, wenn auch ihre Macht oftmals eher gesellschaftlicher Art ist.*
Fürstin ①isteri bangsawan tinggi *(Fürstenfrau)* ②ratu *(Fürstin vom Stand her)*
Fürwort kata ganti
furzen kentut
Fuß kaki
Fußball sépak bola
Fußballmannschaft kesebelasan
Fußballplatz lapangan bola
Fußballspiel permainan sépak bola
Fußboden lantai
Fußgänger pejalan kaki
Fußmatte kèsèt
Futter ①makanan ternak *(Essen)* ②umpan *(Köder)* ③vuring *(Kleidung)*
füttern ①beri/memberi makanan ternak *(Tier)* ②dulang, mendulang *(Baby, Kranke)*

G

Gabel garpu
Gabelung persimpangan
gähnen menguap
Galerie (Bilder) galéri
Galgant kèncur, laos, lèngkuas
Galle empedu
Gamelan gamelan ℹ*Diese traditionelle indonesische Musik findet man auf Bali (gong gédé, gong kebyar, gong selunding), Lombok, Java und den Sunda-Inseln (gamelan degung), sie begleitet auch Schauspielaufführungen.*
Gang ①tahap hidangan *(Menü)* ②gir *(Auto)*
gängig laku
Gans angsa
ganz ①seluruhnya *(am Stück)* ②semua *(alle)* ③lengkap, utuh *(heil)*
Ganzheit keseluruhan
gänzlich sama sekali
gar ①bahkan, agak *(sogar)* ②masak, matang *(gekocht)*
Garage garasi
Garantie jaminan
garantieren jamin, menjamin
Gardine tirai, gordèn
garen masak, memasak, rebus, merebus
gären meragi, beragi
Garn benang
Garnele udang-udang
Garnelenpaste terasi
garnieren menghias makanan
Garten kebun, taman
Gartengeräte peralatan berkebun
Gartenmöbel mébel untuk kebun
Gärtner tukang kebun
Gärung peragian, fèrmèntasi
Gas gas
Gasflasche tabung gas
Gaskocher kompor gas
Gasse gang, jalan sempit
Gast tamu
gastfreundlich senang menjamu
Gastgeber tuan rumah
Gastgeberin nyonya rumah
Gasthaus ①penginapan *(auch homestay genannt)* ②losmèn ③wisma ④pondok
Gauner ①penipu *(Betrüger)* ②penjahat *(Fiesling)*
Gebäck kuè
gebacken panggang, dipanggang
Gebärde gerak gerik
Gebärmutter kandungan
Gebäude bangunan, gedung
geben beri, memberi
Gebet doa, sembahyang

GAMELAN

SCHLAGINSTRUMENTE
bedug Haut bespannt, im Holzgerüst hängend
bonang kleinen Gongs auf Holzsockel
gambang mit 19-20 Holzschlagflächen
gender mit 7 eckigen Metallschlagflächen
gong ageng großer hängender Bronze-Gong
kempul hängende Bronze-Gongs im Holzgerüst
kempyang zwei mittelgroße Gongs
kendang zwei große Gongs auf Holzsockel
kenong Haut bespannt auf Holzsockel
ketuk ein Gong auf Holzsockel
saron 7 runde Metallschlagflächen
slentem 7 eckige Metallschlagflächen

SAITENINSTUMENTE
celempung 26-Saiteninstrument aus Holz
rebab 2-Saiteninstrument aus Holz
siter 11/12-Saiteninstrument aus Holz

BLASINSTUMENTE
suling vertikal bespielte Bambusflöte, einziges Blasinstument in einem Gamelanorchester

TONHÖHEN
barung mittel für bonang, gender und saron
demung tief für bonang, gender und saron
panerus hoch für bonang, gender und saron
pelog 7-Noten-Skala für das Saron
slendro 5-Noten-Skala für das Saron

Gebiet ①daérah ②kawasan *(politisch)* ③wilayah *(Gegend)*
gebildet ajar, terpelajar
Gebirge pegunungan
Gebiss ①seluruh gigi *(alle Zähne)* ②gigi palsu *(dritte Zähne)*
geblümt berhiaskan bunga-bunga
geboren lahir
gebraten gorèng, digorèng
Gebrauch pemakaian
gebraucht bekas
gebrechlich penyakitan
gebrochen ①patah *(Hartes)* ②putus *(Langes)*
Gebühr ①béa *(Zoll)* ②biaya *(Kosten)*
gebührenfrei bébas biaya
Gebührenmarke menéra témpél
gebührenpflichtig wajib bayar
Geburt kelahiran
Geburtsjahr tahun kelahiran
Geburtsort tempat lahir
Geburtstag hari lahir/kelahiran
Geburtsurkunde surat kelahiran
Gebüsch semak-semak
Gecko tokéh
Gedächtnis ①ingatan *(Denkleistung)* ②peringatan *(Gedenken)*
gedämpft ①dikukus *(Speise)* ②redup *(Licht)* ③rendah *(Stimme)*
Gedanke pikiran, rasa
Gedicht sajak, syair
Gedränge ①kerumunan *(Gedränge)* ②macet *(Stau)*
Geduld sabar, kesabaran
geduldig sabar
gedünstet kukus, terik
geehrte(r), sehr yang terhormat
geeignet cocok
Gefahr bahaya
gefährlich sein berbahaya
Gefälle ①jurang *(Schlucht)* ②penurunan *(Abhang)*
Gefallen ①pertolongan *(Hilfe)* ②kumurahan hati *(Gefallen)*
gefallen (mögen) ①senang *(sich erfreuen)* ②suka, menyukai *(gern haben, mögen)*
gefälscht dipalsu
gefangen ①tangkap, tertangkap *(gefasst)* ②tertahan *(in Gewahrsam gehalten)*
Gefangener tawanan
Gefängnis penjara, LP (Lembaga Permasyarakatan)
Gefängnisstrafe hukuman kurungan
Gefäß ①bejana *(Schüssel)* ②wadah *(Behälter)*
gefleckt sein berbintik, bercak darah
Geflügel unggas
gefroren beku, membeku
Gefühl rasa, perasaan

gegen ①kira-kira *(nahezu)* ②lawan, melawan *(nicht dafür)* ③terhadap *(gegenüber)* ④kurang-lebih *(Uhrzeit)*
Gegend ①daérah, wilayah *(Gebiet)* ②sekitarnya *(Umland)*
Gegengift anti-toksin, penangkal racun
Gegensatz kebalikan
Gegenstand ①benda *(Ding)* ②pokok tema *(Thema)*
Gegenteil ①lawan *(Gegenteil)* ②sebaliknya *(im Gegenteil)*
gegenüber ①berhadapan *(im Gegensatz sein)* ②di seberang *(auf der anderen Seite)*
Gegenwart saat ini, waktu sekarang
Gegenwind angin sakal
Gegner ①lawan *(Gegner)* ②musuh *(Feind)*
gegrillt panggang, bakar
Gehacktes daging cincang
Gehalt ①isi *(Inhalt)* ②gaji *(Verdienst)*
Geheimnis rahasia
gehen ①pergi *(aufbrechen)* ②jalan/berjalan kaki *(zu Fuß gehen)* ③pulang *(nach Hause)*
Gehirn otak, benak
Gehirnerschütterung gegar-otak
gehoben tinggi
Gehör pendengaran
gehorchen patuhi, mematuhi
gehören ①kepunyaan *(Besitz)* ②tidak pantas *(sich nicht gehören)*
gehörlos tuli
geht, es ①bolèh(lah) *(in Ordnung sein)* ②lumayan *(es geht so)*
Gehweg kaki lima
Geier burung nasar
Geige biola
geil (Sex) nafsu cabul
Geisel sandera
Geist ①semangat *(Begeisterung)* ②roh *(spirituell)*
geistig ①mèntal ②rohaniah *(spirituell)*
Geistlicher ①pendéta *(christlich)* ②rohaniawan *(buddhistisch)* ③imam *(islamisch)*
geistreich pandai
geizig kikir, pelit
gekocht ①rebus ②matang *(hartgekocht)* ③sudah dimasak *(schon zubereitet)* ④terik *(gedünstet)*
gekränkt sakit hati
gekürzt ringkas
Gelächter gelak, tawa
gelähmt lumpuh
Gelände tanah lapang
Geländer sandaran
Geländewagen jip, landrover
gelangweilt bosan
gelb kuning
Gelbfieber penyakit demam
Gelbsucht penyakit kuning
Gelbwurz kunyit
Geld uang, duit
Geldautomat ATM (anjungan tunai mandiri)
Geldschein uang kertas
Geldstrafe denda
gelegen ①cocok *(kommen)* ②terletak *(sein)*
Gelegenheit kesempatan
gelegentlich kapan-kapan
gelehrt ajar, terajar
geleiten kawal, mengawal
Gelenk (Körper) sendi
gelernt trampil, dipelajari
Geliebter kekasih
gelingen hasil, berhasil
gelten ①laku, berlaku *(gültig sein)* ②syah *(authentisch, beglaubigt)*
gemacht dibuat
Gemälde lukisan ℹ *Bedeutende Vertreter der indonesischen Malerei sind Affandi, Basuki Abdullah, Batara Lubis, Dullah, Henk Ngantung, Raden Saléh, Sudjojono, Wakidi, u.a.*
Gemäldesammlung kolèksi lukisan
gemäß sesuai dengan
gemein ①jahat *(fies)* ②biasa *(gewöhnlich)*
Gemeinde ①jemaat *(Kirche)* ②rukun kampung *(Dorf)* ③rukun tetangga *(Nachbarschaft)* ④banjar *(religiös)*
Gemeinheit kelicikan
Gemeinsamkeit kesamaan
Gemeinschaft (Gesellschaft) masyarakat
Gemisch campuran
gemischt campur(-campur)

gemischter Salat ① acar campur, asinan ② gado-gado *(gegartes Gemüse mit Erdnusssoße)*

Gemüse ① (sayur-)sayuran ② cap cai *(gemischtes gebratenes Gemüse)* ℹ *buah dient auch als Zählhilfswort für Früchte und Gemüse* ⇨ *tujuh buah mangga = sieben Mangos*

GEMÜSE

Aubergine térung
Avocado apokat
Bambussprossen rebung
Bananenblüte jantung pisang
Batate ubi ketéla
Blumenkohl bunga kol, blumkol
Bohnen, grün kacang boncis
Bohnen, lang kacang panjang
Bohnen, fransig kecipir, kacang botor
Bohne, Stink- peté, petai
Bok Choy / Paksoi sawi, petsai
Brokkoli brokoli
Brotfrucht, jung kluwéh
Chinakohl sawi putih
Chrysanthemengemüse tungho
Erbsen kacang polong
Frühlingszwiebel daun bawang
Gurke timun, ketimun
Gurke, eckig belustru, gambas
Gurke, bitter peré belut
Gurke, Einlege- mentimun
Jackfrucht, jung gori
Kailan-Kohl kai lan, kale
Karotte lobak mérah, wortel
Kartoffel (ubi) kentang
Knoblauch bawang putih
Kürbis, orange labu mérah, labu waluh
Kürbis, grün +lang labu air
Kürbis, grün + rund kundur, baligo
Lauch bawang perai, daun perai
Linsen kacang
Lotoswurzel teratai
Mais jagung
Mungbohne kacang hijau
Paprikaschote lombok besar, cabé besar
Okraschote kopi arab, okra
Pilze jamur
Rettich lobak
Sabahgemüse katuk
Salatkopf lètus, salada
Schalotte bawang mérah
Senfkohl sawi, sawi hijau, moster
Sojabohne kacang kedelai
Sojabohnensprossen taugé, kecambah
Spargel pucuk aspargus
Spinat, China- bayam
Spinat, Ceylon- gendola
Spinat, Wasser- kangkung
Spinat, englischer peleng, puileng
Süßkartoffel ubi manis/jalar
Tapioka ubi kayu, singkong
Tarowurzel keladi
Tomate tomat
Wasserkresse sélada air, kenci
Yamswurzel bengkuang
Zuckerrohr tebu
Zuckerschote kacang kapri/ércis
Zwiebel bawang

Gemüsebrühe kuah
Gemüsehändler penjual sayur
Gemüsesuppe sop/soto sayur
gemustert sein bercorak
gemütlich santai
Gen gèn
genau tepat, teliti
genehmigen ijinkan, mengijinkan
Genehmigung ijin, izin
Generation angkatan, générasi
Generator générator
generell pada umumnya
genesen sembuh
genieren, sich merasa malu-malu
genießen nikmati, menikmati
Genitalien kemaluan
genug cukup
genügen mencukupi
genügend cukup
Genuss kenikmatan
geöffnet buka, terbuka *(sein)*

Geographie ilmu bumi
Gepäck bagasi
gepflegt rapi
gepunktet sein berbintik
gerade ①baru saja, sedang, lagi *(zeitlich)* ②datar *(nicht schräg)*
geradeaus lurus, terus
Gerät alat
geräumig longgar, luas
Geräusch ①bunyi *(Klang)* ②suara *(Stimme)*
gerecht ①adil *(Recht)* ②wajar *(angemessen)*
gereift (Obst) masak
gereizt lekas marah
Gericht ①hidangan, masakan *(Essen)* ②pengadilan, mahkamah *(Justiz)* 🛈*piring dient als Zählhilfswort für Teller und Gerichte ⇨dua piring nasi gorèng = zwei Teller gebratenen Reis. Auf Seite 218 dieses Buches finden Sie eine Liste mit den kulinarischen Spezialitäten der indonesischen Küche.*
gerichtlich menurut hukum
gerieben lihai
gering sedikit
gerinnen membeku
gern suka, senang
gern haben (jmd.) cinta, mencintai
Geröll batu-batuan
geröstet bakar, panggang
Geruch bau
Gerücht desas-desus
Gerüst perancah
gesalzen ①asinkan, mongasinkan *(salzen)* ②lumayan juga *(happig)*
gesamt seluruhnya
Gesamtbetrag jumlah seluruhnya
Gesang nyanyian
Geschäft ①toko *(Laden)* ②usaha dagang *(Arbeit)*
Geschäftsfrau pengusaha, usahawati
Geschäftsführer pemimpin perusahaan
Geschäftsmann pengusaha, usahawan
geschehen sein ①berlangsung *(stattfinden)* ②terjadi *(passiert)*
Geschenk ①hadiah, kado ②kenang-kenangan *(zur Erinnerung)*
Geschichte ①cerita *(Erzählung)* ②sejarah *(historisch)*
geschickt pintar
geschieden sein (von) cerai, bercerai (dengan)
Geschirr piring
Geschlecht jenis, kelamin
Geschlechtskrankheit penyakit kelamin
geschlossen tutup
Geschmack ①seléra, rasa *(Zunge)* ②perasaan *(Stil)*
geschmacklos (Stil) tak pantas *(Kultur)*
geschmackvoll (Stil) penuh citarasa
geschnitzt (Holz) dipahat
Geschrei teriakan
geschwächt lemah, menjadi lemah
geschweige denn apalagi
Geschwindigkeit kecepatan
Geschwindigkeitsbegrenzung batas kecepatan
Geschwister saudara
geschwollen (med.) bengkak, gembung
Geschwür absès, borok
Gesellschaft ①masyarakat *(Menschen)* ②perusahaan *(Firma)*
Gesetz ①hukum *(Rechtsprechung)* ②undang-undang *(Gesetz)* ③hukum adat *(traditionell)*
Gesicht muka, wajah
Gesichtsausdruck air muka
gesondert sendiri-sendiri
gesperrt tertutup
Gespräch percakapan, pembicaraan
Gestalt ①bentuk *(Form)* ②perawakan *(Personen)* ③tokoh *(Literatur)*
gestalten membentuk
Geständnis pengakuan
Geste gerak tubuh
gestehen akui, mengakui
Gestein batu-batuan
Gestell ①rak ②bingkai *(Brille)*
gestern kemarin
gestohlen dicuri
gestorben meninggal (dunia)
gestreift ①bergaris-garis *(sein)* ②lorèng *(Tiere)*

gesund séhat, segar
Gesundheit keséhatan
geteert sein beraspal
geteilt durch dibagi
Getränk minuman ℹ *Auf Seite 225 dieses Buches finden Sie eine kleine Liste von Getränken in Indonesien.*
Getreide padi-padian
getrennt terpisah
Getriebe persnéling, transmisi
geübt terlatih
gewähren ① mengabulkan *(erlauben)* ② membiarkan *(-lassen)*
gewährleisten menjamin
Gewalt ① kekerasan *(rohe-)* ② kesewenang-wenangan *(Tyrannei)*
Gewaltherrschaft déspotisme
Gewässer perairan
Gewebe tenunan
Gewehr senapan ℹ *pucuk dient als Zählhilfswort für Gewehre, Briefe* ⇨ *empat pucuk bedil = vier Gewehre*
Gewerbe perdagangan
Gewerkschaft serikat buruh
gewesen sein sudah, telah
Gewicht ① berat, bobot ② timah, pemberat *(Tauchgewichte)*
gewillt sein bersedia
Gewinn ① kemenangan *(Sieg)* ② keuntungan *(wirtschaftlich)* ③ laba *(Vorteil)*
gewinnen ① hasilkan, menghasilkan *(erzeugen, fördern)* ② menang *(siegen)*
gewiss mesti, pasti, tentu
Gewissen hati kecil, suara hati
Gewitterwolke awan guntur
gewöhnen, sich (an) biasakan/membiasakan diri (pada/dengan)
Gewohnheit kebiasaan
gewöhnlich biasa, pada umumnya
Gewölbe kubah
gewölbt melengkung
Gewürz bumbu ℹ *Auf Seite 177 dieses Buches finden Sie eine Liste der Gewürze.*
Gewürznelke cengkèh
Gibbon siamang, simpai
gibt, es ada
gierig serakah
gießen ① tuangkan, menuangkan *(in Gefäß)* ② siram, menyiram *(Pflanzen)*
Gift ① bisa *(Tiere)* ℹ *kalajengking = Skorpion, katél = Erdspinne, ular = Schlange. Wenn man von den genannten Tieren gebissen wurde, muss man sofort ärztliche Hilfe holen.* ② racun *(Chemikalie, Gas, Pflanzen)*
giftig sein ① beracun *(Chemie)* ② berbisa *(Tiere)*
Gin jenéwer ℹ *Viele „westliche" alkoholische Getränke sind den Indonesiern nicht geläufig.*
Ginseng kolesom
Gipfel puncak
Gipsverband plèster gips
Gitarre gitar
Gitter jeruji
Glanz kerlip
glänzen ① bersinar *(leuchten)* ② cahaya, bercahaya *(strahlen)* ③ mengkilap *(schimmern)*
glänzend sein ① berkilau-kilauan *(funkeln)* ② bersinar(-sinar) *(leuchtend)*
Glas ① gelas *(Gefäß)* ℹ *gelas dient auch als Zählhilfswort für Gläser aller Art* ⇨ *dua gelas tèh = zwei Gläser Tee* ② kaca *(Material)*
Glasur lapisan, émail
Glasscheibe kaca jendéla
glatt ① licin *(rutschig)* ② rata *(eben)*
glätten melicinkan
Glatze kepala botak
Glaube ① agama *(religiös)* ② kepercayaan *(allgemein)* ③ keyakinan *(Weltanschauung)*
glauben ① percaya *(religiös)* ② yakin, meyakin *(Meinung)*
gläubig sein beriman
glaubwürdig patut dipercaya
gleich ① sama, seperti *(identisch)* ② sebentar *(einen Augenblick)*
gleichen, sich serupa, menyerupai
gleichfalls ① demikian juga ② sama-sama *(Antwort auf „danke")*
Gleichgewicht keseimbangan
gleichgültig acuh, cuek
Gleichstrom arus searah
Gletscher sungai ès
gleichzeitig bersamaan itu, serentak

GEWÜRZE

Asien-Basilikum daun sélasih/kemangi
Chili cabé rawit, lombok
Chilipaste sambal
Curryblätter daun karé
Fenchelsamen adas
Galgant kèncur, laos, lèngkuas
Garnelenpaste terasi
Gewürznelke cengkèh
Ingwer jahé
Ingwer-ähnlich temu kunci
Ingwer, Fackel- combrang
Kaffirlimonenblätter daun jeruk purut
Kardamom kapulaga
Kerzennuss kemiri, tingkih
Kokosraspel kelapa parut, urap
Koriander ketumbar
Kreuzkümmel jintèn
Kurkuma kunyit, kuma-kuma
Mangostane, sauer asam gelugur/keping
Meerrettichbaumblätter daun kelor
Melinjoblätter daun melinjo
Minze, asiatisch pudina
Muskatnuss pala
Pandanpalmenblätter pandan
Pfeffer, rot lada mérah
Pfeffer, schwarz lada padi
Pfeffer, weiß merica
Pfefferblätter, wild kadok
Salamblätter daun salam
Schnittlauch, asiatisch kucai
Sellerie selédri
Senfkörner biji sawi
Sesam wijèn
Sojasoße, salzig kécap asin
Sojasoße, süß kécap manis
Sternanis bunga lawang
Sternfrucht, sauer belimbing wuluh
Tamarinde asam Jawa, lunak
Thymian, asiatisch daun kucing/kambing
Vanille vanili
Zimt kayu manis
Zitronengras seré, seréh

Gleis rél
glitzern berkilau
glitschig licin dan lunak
Glocke loncèng
Glück bahagia, kebahagiaan
glücklich sein bahagia, berbahagia
Glücksspiel perjudian
Glückwunsch ucapan selamat
glühen berpijar, membara
Glühbirne balon
Glut bara api
GmbH perséroan terbatas (PT)
Gold emas
golden keemas-emasan
Golf golf
Golfschläger pemukul besi
Gong gong
gönnen ① merelakan seseorang *(jmd.)* ② relakan diri *(sich)*
Gorilla gorila
Gott ① Allah *(Islam)* ② Déwa *(Hinduismus)* ③ Tuhan *(christlich)*
Gottesdienst ① Ibadah *(Gottesdienst)* ② kebaktian *(Andacht)* ③ sembahyang *(Anbetung Gottes)*
Göttin déwi
Grab kuburan, makam
graben gali lubang, menggali lubang
Graben ① parit *(Abwassergraben)* ② selokan *(Erdrinne)*
Grabstein batu nisan
Grad derajat
Gramm gram
Grammatik tatabahasa
Granatapfel delima
Gras rumput
Gräte duri/tulang ikan
gratis gratis
gratulieren beri/memberi selamat
⇨ *Herzlichen Glückwunsch zum Geburtstag! = Selamat hari ulang tahun!*
grau abu-abu, kelabu
grausam kejam
greif zu ① ambillah! *(unter Freunden)* ② silakan ambil! *(höflich)*
greifen ① cengkeram *(packen)*

②pegang, memegang *(halten)*
grell ①mecolok mata *(Licht/Farbe)*
②melengking *(Klang)*
③menyolok *(auffallend, markant)*
Grenze perbatasan
Griechenland Yunani
Griff (Henkel) gagang
Grill pemanggangan
Grille jangkrik, gangsir, cengkerit
grillen memanggang
Grimasse ①berang ②gusar *(Menschen)*
grinsen meringis
Grippe flu, influènsa
grob ①kasar *(unfreundlich)*
②dipotong kecil *(zerkleinert)*
grollen (Donner) gemuruh
groß ①besar *(geräumig, wichtig)*
②tinggi *(hoch)*
großartig hébat
Großbritannien Britania Raya
Größe ①besarnya *(Dimension)* ②lébarnya *(Breite)* ③luasnya *(Fläche)* ④tingginya *(Höhe)*
Großeltern kakèk-nènèk
Großenkel cicit
Großmutter nènèk
Großstadt kota besar
größte paling besar
größtenteils sebagian besar
Großvater kakèk
großzügig murah hati
Grotte gua
Grube lubang, tambang
grün hijau
Grund ①alasan *(Argument)* ②dasar *(Fundament)* ③sebab *(Ursache)*
③maksud *(Absicht)*
gründen dasari, mendasari
Grundlage dasar
gründlich secara teliti
grundsätzlich pada dasarnya
Grundschule sekolah dasar (SD)
ℹ*von der 1. bis zur 6. Klasse*
Grundstück sebidang tanah
grunzen mendengkur
Gruppe grup, kelompok, rombongan
Gruß salam
grüßen beri salam, memberi salam
gucken lihat, melihat
Guave jambu batu/biji/klutuk
Guerilla gerilya
Gulasch ①rendang ②rendang daging sapi
ℹ*Aus West-Sumatra stammende Spezialität, die in ganz Indonesien beliebt ist (scharf).*
gültig laku, berlaku, syah
Gummi karèt
Gummiband kenyal
günstig ①yang menguntungkan *(Situation)*
②murah *(billig)*
gurgeln (med.) berkumur
Gurke ①ketimun, timun ②belustru, gambas *(eckig)* ③mentimun *(Einlege-)* ④péria, pare (bitter) ⑤paria belut *(Schlangen-, bitter)*
Gürtel ①ikat pinggang ②stagèn *(javanisch, für Frauen)* ③sabuk *(für Frauen)* ④selèmpang *(für Männer)* ⑤seléndang *(für Frauen)*
gut ①bagus *(schön)* ②baik *(charakterlich)*
Gut ①barang-barang *(Ware)*
②harta benda *(Besitzungen)*
Gutachten penilaian ahli
Gute Reise! Selamat jalan!
Guten Abend! ①Selamat malam! *(nach 18 Uhr)* ②Selamat soré! *(vor 18 Uhr)*
Guten Morgen! Selamat pagi!
Guten Nacht! Selamat tidur!
Guten Tag! Selamat siang! ℹ*Wenn Sie jedoch ein muslimisches Haus betreten, sollten Sie sagen „Asalmu alaikum!“ (Friede sei mit dir) und man antwortet Ihnen „Walaikum salam!“ (Und mit dir).*
Güterzug keréta barang
gutmütig baik hati
Gutschein kupon
guttun ①berbuat baik kepada *(jmd.)*
②manjur *(Arznei)*
Gymnastik senam

H

Haar rambut
Haarfarbe warna rambut
Haarfestiger perekat/krém rambut
Haarnadel tusuk rambut

Haarspange jepit rambut
Haarspray obat semprot rambut
Haartrockner alat mengering rambut
haben (besitzen) punya, mempunyai
ℹ *Im Indonesischen wird „haben" als Hilfswort niicht benutzt. Beschaffenheit und Eigenschaft von Dingen werden meist mit der Verbvorsilbe „ber-" ausgedrückt.*
Hacke pacul, cangkul
hacken ① belah, membelah *(Holz)* ② cangkul, mencangkul *(Boden)* ③ mencincang *(Speise)*
Hackfleisch daging cincang
Hafen labuhan, pelabuhan
Hafenaufsicht kantor syahbander
Haftpflichtversicherung asuransi wajib tanggung kerugian
Hagel batu/hujan ès
Hahn ayam jantan, jago
Hähnchenfleisch ① daging ayam ② saté ayam *(-spießchen)* ③ ayam gorèng *(gebraten)* ④ gudég/opor ayam *(in Kokosmilch)* ⑤ bubur ayam *(Reisbrei)* ⑥ karé ayam *(-curry)* ⑦ kaki ayam *(-schenkel)*
Hahnenkampf adu ayam
Hai ikan hiu/yu
Haken ① cantèlan ② kail *(Angel)*
halb setengah
halbieren membagi dua
Halbinsel tanjung
Halbkreis setengah lingkaran
Halbmond bulan separuh
halbvoll setengah penuh
Hälfte tengah
Hall gaung
Halle ① balai *(Versammlungsort im Dorf)* ② bangsal *(Halle)*
hallo! halo
Halm tangkai
Hals lèhèr
Halsband tali lèhèr
Halskette kalung
Halsschmerzen sakit tenggorokan
Halstuch syal
Halt! berhenti!, stop!
haltbar awèt
Haltbarkeit keawètan, pengawètan
halten ① berhenti *(anhalten)* ② tahan, menahan *(festhalten)*
Halunke! Bangsat!
Hammel domba jantan
Hammer palu, pemukul
Hand tangan
Hand geben berjabatan tangan ℹ *Nicht mit der linken Hand, bitte! Diese gilt als unrein, da traditionell der Hintern nach einem großen Geschäft damit abgewischt wird.*
Handarbeit kerajinan tangan
Handbremse rèm tangan
Handel perdagangan
handeln ① bertindak *(agieren)* ② tawar, menawar *(feilschen)*
handgemacht buatan/kerajinan tangan
Handgepäck bagasi, bawaan, jinjingan
Händler ① pedagang, orang dagang ② vesya *(Händlerkaste im balinesisch-hinduistischen Kastensystem)*
Handlung ① perbuatan *(Tat)* ② tindakan *(Maßnahme)*
Handschrift tulisan tangan
Handschuh sarung tangan, kaos tangan
Handtasche tas tangan
Handtuch anduk, handuk
Handwerker tukang, pengrajin
Hang ① kecenderungan *(Tendenz)* ② lèrèng *(Berg)*
Hängebrücke jembatan gantung
Hängematte jala ayunan
hängen ① gantung, menggantungkan *(aufhängen)* ② bergantung (pada/di) *(an etw./jmd.)*
harmlos sein tak berbahaya
harmonisch harmoni, keserasian
Harn air kencing
Harnblase kandung kencing
Harpune séruit, harpun
hart keras
hartnäckig ① gigih *(positiv)* ② ngotot *(negativ)*
Harz getah
Haschisch ganja ℹ *Gebrauch, Besitz und Verkauf sind in Indonesien verboten!*

Hase terwelu
Hass kebencian
hassen benci, membenci
hässlich jelèk, buruk
hastig tergesa-gesa
Haufen timbunan
häufig sering
Hauptbahnhof stasiun utama
Hauptgericht hidangan pokok
Hauptsache soal pokok
hauptsächlich terutama
Hauptstadt ibu kota
Hauptstraße jalan besar/raya/utama
Hauptwort kata benda, substantif
Haus rumah
Hausangestellte pembantu rumahtangga
Hausfrau ibu rumahtangga
hausgemacht buatan sendiri
Haushalt rumahtangga
Haustier binatang rumah
Haut kulit
Hautarzt dokter kulit
Hautcreme krém kulit
häuten menguliti
Hautfarbe warna kulit
Hautkrankheit penyakit kulit
Havarie ①pesawat rusak di jalan *(Flugzeug)* ②kapal rusak di jalan *(Schiff)*
Hebamme ①bidan *(weibl.)* ②dukun bayi *(männl.)*
Hebel éngkol
heben ①angkat, mengangkat *(per Hand)* ②naikkan, menaikkan
Hebung ①kenaikan *(physikalisch)* ②peningkatan *(Beförderung, Höherstufung)*
Hecht ikan tambak
Heck bagian belakang
Heer angkatan darat (Abkürz.: AD)
Hefe ragi
Heft (Schreib-) buku tulis
heften jilit
heftig ①deras *(Regen)* ②keras *(hart, geballt)*
Heide (nichtreligiös) orang kafir
heidnisch kafir
heil ①utuh *(intakt)* ②sembuh *(medizinisch)* ③tak terluka *(unverletzt)*
heilbar ①dapat diobati *(Medikament)* ②dapat disembuhkan *(durch Behandlung)*
heilen ①obati, mengobati *(Medikament)* ②sembuhkan, menyembuhkan *(durch Behandlung)*
heilig suci
Heilmittel ①jamu *(Heilkräuter)* ②obat-obatan *(Medikament)* ℹ *Gegen Krankheiten nehmen Indonesier gerne Kräuter statt Medikamente. Diese Kräuter nennt man jamu.*
Heilpraktiker ①dukun *(Schamane)* ②singsé *(chinesischer Heilpraktiker)* ③tabib *(Schamane, oftmals arabisch oder indisch)*
Heilung penyembuhan
Heim ①asrama *(allgemein)* ②panti *(Wohnstätte)* ③wisma *(Wohnblock)*
Heimat ①kampung halaman *(Dorf)* ②tanah air *(Synonym für „Indonesien")*
heimkommen pulang
heimlich diam-diam, sembunyi-sembunyi
Heimweh rindu pulang
Heirat kawin, nikah
heiraten nikah, menikah, kawin
heiser parau, serak
heiß panas, sangat
heißen ①namanya (Personen) ⇨ *Auf die Frage „Wie heißt du?" antwortet man im Indonesischen „der Name ist ..." = namanya ...* ②bernama *(für Dinge)* ③artinya, ialah *(das heißt)*
heiter ①gembira *(glücklich)* ②riang *(lustig)* ③cerah *(Wetter)*
heizen (warm) panaskan/memanaskan ruangan
Heizung pemanas
Hektar hèktar
hektisch tergesa-gesa
Held pahlawan
helfen bantu, membantu, tolong, menolong
Helfer pembantu, penolong
hell ①muda *(Farbe)* ⇨ *biru muda = hellblau, coklat muda = hellbraun, kuning muda = hellgelb, mérah muda = hellrot, kelabu muda = hellgrau, hijau muda = hellgrün* ②terang *(Geist, Licht, Farbe)*

Helm topi baja
Hemd ①keméja *(allgemein)* ②surjan *(für Männer, mit langen Ärmeln)*
Hemisphäre ①belahan bumi *(geografisch)* ②kawasan *(politisch)*
hemmen ①hambat, menghambat *(verzögern)* ②rintangi, merintangi *(verhindern)*
Henkel ①gagang *(Halter)* ②pegangan *(Griff)*
Henne ayam betina
Hepatitis (penyakit) radang hati, hépatitis
herab ke bawah
herabsetzen (Preis) turunkan, menurunkan
heran ke sini/mari
herauf ke atas
heraufkommen naik ke atas
heraus keluar
herausgeben ①kembali, mengembalikan *(Geld)* ②terbit, menerbitkan *(Zeitung)*
herauskommen ①keluar *(aus etw.)* ②terbit *(Zeitung)*
herb asam
Herbst musim gugur
Herd (-platte) kompor, tungku
Herde kawanan héwan
herein masuk
Hereinfall kekecéwaan
hereinfallen ①jatuh *(in etw.)* ②kena tipu *(betrogen)*
hereinkommen masuk ke dalam
hergestellt dibuat
Hering (Zelt) pasak kémah
Herkunft ①asal *(geografisch)* ②keturunan *(erblich)*
Herr ①Pak, Bapak ℹ*Heutzutage benutzt man Bapak anstelle von Tuan.* ②saudara *(höfliche Anrede für Fremde)* ③Tuan *(sehr höfliche, etw. unterwürfige Anrede)* ④Tuhan *(Gott)*
Herrenbekleidung pakaian pria
herrlich ①énak *(Geschmack)* ②sangat bagus *(sehr gut)* ③sangat indah *(sehr schön)* ④sedap sekali *(Essen)*
Herrschaft ①kekuasaan *(Macht)* ②pemerintahan *(Regierung)*
herrschen ①kuasai, menguasai *(Macht)* ②perintah, memerintah *(regieren)*
Herrscher penguasa
herstellen buat, membuat, produksi, memproduksi
Hersteller pembuat, produsen
herüber ke mari/sini
herunter ke bawah
herunterkommen turun
herunterstellen turunkan, menurunkan
hervorragend luar biasa
hervorrufen menimbulkan
Herz ①jantung *(anatomisch)* ②hati *(Gefühl)*
herzkrank sakit jantung
Herzinfarkt serangan jantung, stroke
Herzschrittmacher pemacu jantung
Heu damen kering
heulen menangis
Heuschnupfen pilek alèrgis
Heuschrecke belalang, uir-uir
heute hari ini
⇨*heute Abend = malam ini, nanti malam*
Hexenschuss éncok
Hibiscus bunga sepatu, pucuk
hier di sini
hierher ke mari/sini
Hilfe ①bantuan, pertolongan ②tolong! *(Ausruf)*
hilflos sein tidak berdaya
hilfsbereit suka menolong
Hilfskraft pembantu
Himmel ①angkasa *(Weltall)* ②langit *(Wetter)*
hin und her ke sana ke mari
hin und zurück pulang-balik, pulang-pergi
hinab ke bawah
hinabsteigen turun
hinauf ke atas
hinaufgehen naik
hinaus ke luar
hinausgehen keluar
hinderlich menghalangi
hindern rintangi, merintangi
Hindernis rintangan
Hinduismus agama Hindu Dharma
ℹ*Fast 90% der Balinesen sind Hindus. agama Hindu Dharma ist eine Form des Hinduismus, die nur auf Bali existiert.*
hinduistisch sein beragama Hindu (Dharma)

hinein ke dalam
hineingehen masuk
hinfallen jatuh
hingegen tetapi
hinken berjalan pincang
hinlegen ①berbaring *(etw.)* ②tiduran *(sich)*
hinsetzen, sich duduk, mendudukkan
hinten belakang
hinter di belakang
hintereinander berturut-turut
Hintergrund latar belakang
hinterher belakangan
Hinterteil bagian belakang
hinüber ke seberang
hinunter ke bawah, turun
Hinweis petunjuk
hinweisen auf tunjukkan menunjukkan
Hinweisschild papan petunjuk
hinzu tambah
hinzufügen zu tambah pada, menambah pada
Hirn otak
Hirsch rusa, kijang
Hirte gembala
hissen naikkan, menaikkan
historisch sein bersejarah
Hitze panas, kepanasan
HIV HIV *(sprich: ha i fé)*
HIV-positiv HIV-positif
Hobel serut, pasah
hoch tinggi
hochheben mengangkat
Hochschule perguruan tinggi
Hochsprache ①Bahasa Indonésia *(Indonesisch)* ②kromo *(Javanische Hochsprache)*
höchstens paling banter
Hochwasser banjir
Hochzeit upacara perkawinan
Hochzeitsreise bulan madu
Hocke jongkok
hocken jongkok, berjongkok
Hockey hoki
Hoden buah pelir, bola, testis
Hof pekarangan
hoffen harap, mengharap
hoffentlich mudah-mudahan, semoga
Hoffnung harapan
höflich sopan
Höhe ketinggian
Höhepunkt puncak
hohl ①hampa *(hohl)* ②kosong *(leer)*
Höhle ①goa *(Höhle)* ②lubang *(Loch)*
holen ambil, mengambil
Holland negeri Belanda
Holländer orang Belanda
Hölle neraka
holperig (Weg) tidak rata
Holz kayu
Holzschnitzerei ukiran kayu
Holzwurm ulat kayu, urèt
Honig madu
Honorar imbalan
hören dengar, mendengar(kan)
Hörer ①gagang téléfon *(Telefon)* ②pendengar *(Zuhörer)*
Horizont cakrawala, horison
horizontal datar, mendatar, horisontal
Hormon hormon
Horn (Tier) tanduk
Hornhaut (Auge) selaput bening
Hornisse naning, langkau kerbau
Hose celana
Hotel ①hotèl ②penginapan *(klein, auch homestay genannt)* ③losmèn ④wisma ⑤pondok ℹ*Es gibt Kategorien für Unterkünfte: melati für bescheidenen Standard, bintang für gehobenen Standard*
hübsch cantik *(Frauen, Haustiere)*, indah *(Berge, große Dinge)*, manis *(Kinder)*
Hubschrauber hèlikopter
Huf kuku kuda
Hüfte pinggul, pinggung
Hüftgelenk sendi pangkal paha
Hügel bukit
hügelig sein berbukit
Huhn ayam
Hühnersuppe soto ayam
Hülle ①kulit *(Frucht)* ②tempat simpan *(Etui)* ③sarung *(Umhüllung)*
human kemanusiaan
Hummer udang besar/karang

Humor dagelan, lelucon
humpeln berjalan pincang
Hund anjing
Hunger kelaparan
hungern merasa lapar
Hungersnot masa kelaparan
hungrig lapar
Hupe klakson
hupen menglakson
hüpfen loncat-loncat, meloncat-loncat
Hure kupu-kupu malam, lonté
Husten batuk
husten batuk
Hustensaft cairan obat batuk
Hut ①topi *(allgemein)* ②péci *(ovaler, schwarzer malaiischer „Nationalhut“*
hüten ①lindungi/melindungi diri (terhadap) *(sich (vor) etw.)* ②jaga, menjaga *(auf etw. achten, auch: Kinder)*
Hütte gubuk, pondok
Hygiene kebersihan
hygienisch bersih

I

ich ①aku ℹ*Diese Form nur verwenden, wenn Sie sehr eng befreudet sind, sonst:* ②saya
ideal sempurna
Idee gagasan, pikiran
identisch serupa, idéntik
Ideologie ideologi ℹ*Die indonesische Staatsideologie ist Pancasila („die fünf Säulen“)*
Idiot dungu, orang gila
igitt! aduh jejék!
ignorieren mengesampingkan
ihr ①kamu (se)kalian ②kalian *(2. Pers. Mz.)* ③-nya ⇨*ihr Geld = uangnya (besitzanzeigend, für „sie“ (3.Person Ez.) und „sie“ in der Mz.)*
illegal gelap, ilégal
Illusion impian, khayalan
Illustration gambaran, ilustrasi
Illustrierte majalah bergambar
ℹ*Eine bekannte Illustrierte ist Femina.*
im dalam
im Amt dinas
im voraus terlebih dahulu
Imbiss ①makanan ringan ②jajanan *(jav.)* ③kudapan
Imbissstand ①warung ②tenten *(Bali, an Kreuzungen)* ③dakocan *(Kaffee-Ausschank)* ④pasar senggol *(Wagen auf Abendmärkten)* ⑤kaki lima *(fahrender Imbisswagen)*
immer ①selalu, selamanya ②(se)makin *(+Adjektiv zur Steigerung)*
immerhin sekurang-kurangnya
Immigrant imigran
immun kebal, imun
Immunsystem pertahanan tubuh
impfen menyuntik
Impfstoff bahan vaksin
Impfung vaksinasi, suntikan
Import impor
importieren impor, mengimpor
imposant kesan
imstande mampu
in ①dalam ②di ⇨*Ia di sekolah. = Er ist in der Schule.* ③ke dalam
indem waktu, sedang
Indien India
individuell perseorangan
Indonesien Indonésia
Indonesisch bahasa Indonésia
Indonesier orang Indonésia
industrialisieren membangun industri
Industrie industri, kerajinan
Infektion infèksi
infiziert ketularan penyakit
Inflation inflasi
Inflationsrate laju inflasi
in Folge karena
Information informasi, penerangan
informativ informatif
informieren, sich cari/mencari informasi
Infrastruktur infrastruktur
Ingenieur insinyur (Ir.), juru mesin
Ingwer jahé, combrang
Ingwertee tèh jahé
Inhaber pemilik
inhalieren hisap uap, menghisap uap
Inhalt isi
Injektion suntikan
inklusive termasuk

Inland dalam negeri
inmitten di dalamnya, di tengah
innen di dalam
Innere(-r, -s) dalam, bagian dalam
innerhalb di dalam(nya)
innerlich dalam batin
inoffiziell tak resmi
in Ordnung ①baiklah, baik-bai saja *(ok)* ②bèrès *(ordentlich)* ③ya dèh *(ok, Jakarta-Dialekt)*
ins ke dalam
Inschrift inskripsi
Insekt serangga

INSEKTEN

Ameise semut
Ameise, fliegende keletaku, laron
Ameise, rote kerangka
Biene lebah, tawon
Blattinsekt kumbang daun
Blutegel lintah, pacat
Fliege lalat
Gottesanbeterin belalang kacung
Grille cengkerit, jangkrik, gangsir
Heuschrecke belalang, uir-uir, wérèng
Hornisse langkau kerbau, naning
Käfer kepik, kumbang
Kakerlake kecuak, lipas, coro
Leuchtkäfer kunang-kunang
Laus kutu
Libelle capung
Marienkäfer kumbang kecil
Milbe tungau
Mosquito nyamuk
Motte ngengat, rengat
Nashornkäfer kumbang badak
Reiskäfer sundep
Schmetterling kupu-kupu
Skorpion kalajengking
Spinne laba-laba
Tausendfüßler gonggok, lipan, kelabang
Termite anai-anai, rayap
Wespe penyengat, tabuhan
Wurm cacing
Zecke kutu, tengu

Insektenstich gigitan/sengatan serangga
Insektenvertilgung pembasmian serangga
Insel pulau, nusa
Inserat iklan, adpertènsi
inserieren iklankan, mengiklankan
insgesamt seluruhnya
insofern sejauh, sampai begitu
Installateur pemasang
instandhalten pelihara, memelihara
Instinkt naluri
Institut lembaga
Instruktion ①instruksi *(Anweisung)* ②perintah *(Befehl)*
Instrument ①alat *(Gerät)* ②perkakas *(Werkzeug)*
Inszenierung pementasan
intakt utuh
Intellektueller cendekiawan
intelligent pandai, cerdas
Integration integrasi
integrieren padu, memadu
intensiv intènsip
interessant menarik
Interesse perhatian
interessieren, sich (für) minat, berminat (untuk)
interessiert menarik
Internat asrama
international sedunia, internasional
Internist ahli penyakit dalam
Interview wawancara
intim intim
intolerant tidak toleran
investieren menanamkan modal, inves
inzwischen sementara itu
irgendein(-e, -r) ①seseorang *(jemand)* ②siapa saja *(wer auch immer)*
irgendwann kapan-kapan
irgendwer ①seseorang *(jemand)* ②siapa saja *(wer auch immer)*
irgendwo(hin) ①dimana saja *(irgendwo)* ②kemana saja *(irgendwohin)*
ironi ironi
irre gila, bingung
irreführen menyesatkan
irren, sich bersalah

irritieren mengganggu
Irrtum kekhilafan
Ischias éncok
Islam (agama) Islam ℹ *87% der Indonesier sind Moslems. santri sind die, die sich strikt an die syariah – islamische Moral – halten, eine Pilgerreise (haj) nach Mekka unternehmen und ihre Kinder den Koran lehren. abangan sind die, die eine Mischung aus traditionell animistischem Glauben, dem Islam und hindu-buddhistischem Glauben betreiben.*
isolieren mengisolasikan
Isolierband pita isolasi
ist gleich sama dengan
Italien Italia
Italiener orang Italia

J

ja ya
Jacke ①jakèt, baju ②bèskap *(traditionelle Jacke für Männer)*
Jackfrucht ①nangka ②gori *(junge Frucht)*
Jagd pemburuan
jagen buru, memburu
Jäger pemburu
Jahr ①tahun ②oton *(Jahr im balinesischen Kalender mit 210 Tagen)*
Jahresende akhir tahun
Jahrestag ulang tahun
Jahreszeit musim
Jahrhundert abad
jährlich tiap tahun
Jahrtausend seribu tahun
Jahrzehnt dasawarsa, dékade
jähzornig cepat marah
jammern mengeluh
Januar bulan januari
Japan Jepang
Japanisch bahasa Jepang
Jasmin melati
je ... desto semakin ... semakin
jede setiap, tiap-tiap
jedenfalls setidak-tidaknya
jedermann setiap orang
jederzeit sewaktu-waktu
jedes Mal tiap kali
jedoch tapi, tetapi
Jeep jip
jeher, seit sejak dulu kala
jemals pernah
jemand seseorang
jene itu
jenseits (nebst) di seberang
Jenseits alam baka, akhirat
jetzt sekarang
jeweils sewaktu-waktu
Job pekerjaan
Jod yodium
Joghurt susu kental asam ℹ *In Indonesien kaum verbreitet, wie alle Milchprodukte.*
Journalist wartawan
Jubel sorak-sorai
jubeln bersorak-sorai
Jubiläum pesta peringatan
jucken gatal
Juckreiz kegatalan
Jude orang Jahudi
Jugend masa muda *(Zeit)*
jugendlich muda
Jugendliche pemuda
Juli (bulan) Juli
jung muda
Junge ①anak laki-laki ②cowok *(Macker)* ③anak binatang *(neugeborene Tiere)*
jünger lebih muda
Jungfrau perawan, gadis
Junggeselle bujangan
Jüngstes (Kind) bungsu
Juni (bulan) Juni
Jura ilmu hukum
Jurist ahli hukum
Justizpalast Gedung Pengadilan
Juwelier tukang emas/intan
Jux luca, banyolan

K

Kabel kabel
kacken bérak
Kachel (Fliese) tegel
Kabine kabin
Käfer kumbang, kepik
Kaffee ①kopi ②kopi susu *(mit Milch)* ③kopi manis *(mit Zucker)* ④kopi susu manis *(mit Milch und Zucker)* ⑤kopi hitam/tawar/pahit *(schwarz)* ℹ*Indonesier trinken am liebsten kopi bubuk (ungefilterten gemahlenen Kaffee). Berühmte kopi bubuk-Sorten kommen aus Bali, Java und Sulawesi.*
Kaffeefilter penyaring kopi
Kaffeekanne porong/téko kopi
Kaffeemaschine mesin masak kopi
Kaffirlimonenblätter daun jeruk purut
Käfig sangkar
kahl tandus, botak, gundul
Kahlschlag penggundulan hutan
Kahn sampan
Kai pangkalan
Kaiserschnitt bedah sesar
Kajüte kabin
Kakadu (burung) kakatua ℹ*der schwarze und der weiße Kakadu stehen unter Artenschutz.*
Kakao coklat
Kakaobaum pohon coklat
Kakaobohne biji coklat
Kakaogetränk minuman coklat
Kakaopulver bubuk coklat
Kakerlake kecuak, lipas
Kalb sapi muda
Kalender kalènder
Kalk kapur
Kalkstein batu kapur
kalt dingin
Kälte cuaca dingin
Kamera kaméra, tustèl
Kamm sisir
kämmen, sich sisir, menyisir
Kampagne kampanye
Kampf perjuangan
kämpfen berjuang, bergulat
Kampfhahn jagoan
Kampfsport pencak silat ℹ*Diese indonesische Form des Kampfsportes ist besonders in West-Java und West-Sumatra beliebt. Man verwendet dabei die Hände und einige Waffen, wie Stöcke und Messer.*
Kanada Kanada
Kanal ①kanal, kali *(Fluss)* ②parit *(Abwasser)*
Kanarienvogel burung kenari
Kandidat calon
Känguruh kanguru ℹ*Irian Jaya.*
Kaninchen kelinci
Kanone meriam
Kante sisi
Kanu perahu
Kanüle (med.) jarum suntik
Kanzler perdana menteri
Kap tanjung
Kapelle (Musik) ①bèn *(moderne Musik)* ②orkes *(Orchester)* ③sanggar *(Gruppe, z. B. Gamelan)* ℹ*Auf Seite 172 dieses Buches finden Sie die Musikinstrumente einer Gamelan-Gruppe.*
Kapitän kaptèn, nakhoda, pemimpin
Kapitel bagian, bab
kapitulieren menyerah kalah
Kapsel (med.) kapsul
kaputt rusak
Kapuze kopiah
Karat karat
Kardamom kapulaga
karg tandus
kariert sein berkotak-kotak
Karies gigi berlobang, lobang gigi
Karotte wortel, lobak mérah
Karre gerobak
Karriere karir
Karte ①kartu *(allgemein, auch Visiten-)* ②karcis *(Eintrittskarte)*
Kartenspiel main kartu
Kartentelefon télépon kartu
Kartoffel ①(ubi) kentang ②ubi manis/jalar *(Süßkartoffel)* ③keladi *(Tarowurzel)* ④bengkuang *(Yamswurzel)* ⑤ubi kayu, sinkong *(Tapioka, Kassava)*

Karton kardus
Käse kèju
Kasse kas, kasir
Kassenbon tanda pembayaran, kwitansi
Kassette kasèt
Kassettenrekorder alat perékam
Kassierer kasir
Kaste (Hindu) kasta, warna
ℹ *Es wird unterschieden zwischen Kastenangehörigen (triwangsa) und Kastenlosen (sudra). Zu den triwangsa gehört die Kriegerkaste satriya, die Priesterkaste brahmana und die Händlerkaste waisya. Die Mehrheit der Balinesen sind kastenlos, also sudra oder auch djaba genannt.*
Kasten kotak, peti
kastenlos sudra, djaba *(im balinesisch-hinduistischen Kastensystem)*
kastenzugehörig triwangsa *(im balinesisch-hinduistischen Kastensystem)*
Katastrophe bencana
Kategorie (Tiere, Pflanze) jenis
katholisch Katolik ℹ *Es gibt weniger Katholiken als Protestanten in Indonesien.*
Katze kucing
kauen kunyah, mengunyah
Kauf pembelian
kaufen beli, membeli
Käufer pembeli
Kaufhaus ①toko perbelanjaan ②supermarket
Kaugummi permen karèt
kaum hampir tidak
Kautabak tembakau susur ℹ *Man kennt aber auch das Kauen der Betelnuss – sirih.*
Kautschuk karèt ℹ *Das Wort für Unpünktlichkeit im Indonesischen – jam karèt – heißt wörtlich: Uhr Kautschuk, also dehnbare Zeit!*
Kautschukbaum pohon karèt
Kehle kerongkongan
Kehrschaufel pengki
kehren menyapu
Keil baji
Keilriemen sabuk-mesin
Keim tunas
keimen berkecambah
kein ①bukan ⇨ *Ini bukan hotèl. = Das ist kein Hotel.* ②tidak ⇨ *tidak soal = kein Problem*
keiner tak seorang
keinesfalls samasekali tidak
keinmal tak sekalipun
Keks biskuit, kuè kering
Kellner pelayan rèstoran
kennen kenal, mengenal
kennenlernen, sich kenalan, berkenalan
Kenntnisse pengetahuan
Keramik tembikar, keramik
Kerl pria ℹ *pria steht auch als Hinweis an der Toilettentür für Männer, wanita für Frauen.*
Kern (Obst) biji ℹ *biji dient auch als Zählhilfswort für Samen, Körner, Kerne* ⇨ *sembilan biji sawi = neun Senfkörner*
Kerze lilin
Kerzennuss kemiri ℹ *Ein Gewürz*
Kessel kètèl
Ketchup saos tomat
Kette ①rantai *(Fahrrad)* ②kalung *(Halskette)*
Kichererbsen kacang polong
Kiefer (Mund) rahang
Kieme insang
Kies pasir
Kieselstein kerikil
Kilogramm kilo
Kilometer kilométer
Kilowatt kilowatt
Kind anak
Kinder anak-anak
Kinder haben beranak
Kindergarten taman kanak-kanak (TK)
kinderlos bulus, gabug
Kindermädchen pembantu anak
kinderreich kaya anak-anak
Kindheit masa kanak-kanak
Kinn dagu
Kino bioskop
Kiosk ①warung *(hier gibt es alles mögliche)* ②tenten *(Bali, an Kreuzungen)* ③pasar senggol *(Wagen auf Abendmärkten)*
Kirche geréja
Kissen bantal
Kiste peti, kotak
Klage ①keluhan *(Jammern)*

②pengaduan *(vor Gericht)*
klamm lembab
Klang nada
klappern gemertak
Klappmesser pisau lipat
klar jelas
klären menjernihkan
klarstellen menjelaskan
Klasse klas
klassisch klasik
klatschen (Hände) bertepuk tangan
Klavier piano
Klebeband pita perekat
kleben merékat
klebrig lèngkèt
Klebstoff perekat
kleckern mengotori
Kleid ①baju wanita *(allgemein)*
②baju kurung *(lang, vorne geschlossen)*
③gaun *(zum Ausgehen)*
Kleiderbügel gantungan baju
Kleiderschrank lemari pakaian
Kleidung pakaian
klein kecil
Kleine(r) cilik
Kleingeld uang kecil
Kleinkind kanak-kanak
kleinlich picik
klemmen menjepit
Klempner tukang soldir
klettern panjat, memanjat
Kletterpflanze gerit-gerit
klicken mendetik
Klima iklim
Klimaanlage ①AC ℹ*sprich „A-Sé"*
②alat pendingin udara
Klinge mata pisau
Klingel bèl
klingen berbunyi
klingeln mengebèl
Klinke ①gagang pintu *(Tür)*
②gagang jendela *(Fenster)*
Klippe karang
Klitoris kelentit
klopfen ketok, mengetok
Klumpen gumpalan
klug pandai
knacken memecahkan
Knall ledakan
knapp langka
knarren berderak-derak
kneifen cubit, mencubit
Kneifzange tang jepit
Kneipe ①warung ②petuakan *(hier trinkt man tuak – Palmwein)* ③bar ℹ*Westliche Kneipen findet man nur in Touristenzentren.*
knicken lipat, melipat
Knie lutut, dengkul
knien berlutut
knittern kusut
Knoblauch bawang putih
Knöchel pergelangan
Knochen tulang
Knolle u
bi, umbi
Knopf kancing
Knospe kuncup, kuntum ℹ*kuntum dient auch als Zählhilfswort für Blumen*
⇨*enam bunga anggrèk = sechs Orchideen*
Knoten simpul tali
knurren menggerutu
knusprig garing, kemripig
Koboldmaki jembalang, monyet hantu
ℹ*Sumatra, Kalimantan und Sulawesi.*
Kobra ular sénduk
Koch/Köchin juru/tukang masak
kochen masak, memasak
Kocher kompor, tungku
Kochsalzlösung cairan garam dapur
Kochtopf panci masak, kuwali
Köder (angeln) umpan
Koffer bagasi
Kofferraum ruang bagasi/koper
Kohl kol
Kohle batubara
Kohlensäure asam karbonat
Kokosmilch ①opor, santan *(zum Kochen)*
②air kelapa/kopyor *(zum Trinken)*
Kokosnuss kelapa, nyuir
Kolben ①bonggol *(Pflanze)*
②silinder *(Motor)*
Kollege rekan

Kolonie jajahan, koloni
Kolonialismus kolonialisme
Kombi (Auto) mobil kombi
komfortabel méwah, énak
komisch lucu
Komma koma
kommen ①datang ②keluar *(Sex)* ③berasal *(stammen aus)* ④mendatangkan *(kommen lassen)*
Kommentar komentar
Kommunikation komunikasi, perhubungan
kommunistisch komunis
Komodowaran buaya darat, komodo ℹ *steht unter Artenschutz. Man findet sie auf Flores, Komodo, Padar und Rinca.*
Kompass kompas, pedoman
komplett lengkap
Kompliment pujian
kompliziert sulit
Komponist komponis
Kompresse (med.) komprès
Kompressor (techn.) komprèsor
Kondom kondom
Konferenz konferènsi
Konflikt konflik, pertikaian
Konfuzianismus agama Kong Hu Cu ℹ *Vorwiegend chinesischstämmige Anhänger, klenténg - konfuzianische Tempel - kann man in fast jeder großen Stadt finden.*
Kongress kongrès
König raja
Königin ratu
Königspapagei burung nuri raja ℹ *Molukken*
konkret sein berwujud
können bisa, dapat, sanggup
konsequent tegas
konservativ konservatif
Konstruktion rancangan
Konsulat konsulat
Kontakt hubungan
Kontaktlinsen lènsa kontak cair
Kontaktlinsenflüssigkeit cairan lènsa kontak
Kontinent benua
Konto rékening bank
Kontoinhaber pemilik rékening bank
Kontonummer nomor rékening
Kontrolle kontrol, pengendalian
kontrollieren periksa, memeriksa
konzentriert terpusat
Konzert pagelaran musik ℹ *Auf Seite 172 dieses Buches finden Sie die Musikinstrumente einer Gamelan-Gruppe.*
Kopf kepala
Kopfhörer headphone
Kopfkissen bantal
Kopfschmerzen sakit kepala, pusing
Kopftuch ①dèstar *(Java, für Männer)* ②ikat kepala *(Turban für Männer)* ③blangkon *(Java,Turban für Männer)*
Kopie foto kopi
Koran AlQuran
Koralle karang
Korb bakul, keranjang
Kordel tali
Koriander ketumbar
Kork(en) gabus
Kormoran burung pecuk
Korn ①gabah *(Reis)* ②biji ℹ *biji dient als Zählhilfswort für Samen, Körner, Kerne* ⇨ *sembilan biji jambu mété = neun Cashews*
Körper badan, tubuh
Körperteil anggota badan
Körperverletzung melukai badan
korrekt betul
Korrektur korèksi
korrigieren korèksi, mengorèksi
Kosmetik kosmétik, alat kecantikan
Kosten harga(nya)
kosten ①harganya *(Preis)* ℹ *Im Indonesischen sagt man „Der Preis ist ..."* ②mencoba *(Geschmack)*
kostenlos gratis, cuma-cuma
köstlich sedap, énak
Kostüm (Verkleidung) pakaian sandiwara
Krabbe ketam, udang
krabbeln merangkak
Krach keributan
krachen berbunyi keras
Kraft tenaga
kräftig kuat
Kraftwerk pusat tenaga listrik

Kragen lèhèr baju, krah keméja
Krähe burung gagak
Kralle cakar
Krampf kejang
krank sakit
Kranker orang sakit
Krankenhaus ① rumah sakit (RS) ② PUSKEMAS *(staatliches Gesundheitszentrum)*
Krankenpfleger juru rawat
Krankenversicherung asuransi kesèhatan
Krankenwagen ambulans
Krankheit penyakit
Krater kawah
kratzen ① garuk, menggaruk ② bergaruk *(sich)*
Kratzer gorèsan
Krawatte dasi
Krebs ① kepiting, ketam *(Tier)* ② kanker *(Krankheit)*
Kredit krèdit
Kreditkarte krèdit card
Kreis lingkaran
Kreislauf (Blut) perédaran darah
Kremierung pembakaran mayat, pengabénan
Kreuz salib
Kreuzkümmel jintèn
Kreuzschlüssel kunci silang
kriechen merangkak
Krieg perang
Krieger ① pejuang ② ksatria *(im balinesisch-hinduistischen Kastensystem)*
Krise krisis
Kritik kritik
kritisch kritis
kritisieren kritik, mengritik
Krokette lemper *(Klebereis mit Fleisch)*
Krokodil buaya
Krone ① puncak pohon *(Baum-)* ② tajuk gigi *(Zahn-)*
Kröte kintal
Krücke (Geh-) tongkat ketiak
Krug bejana
Krümel remah
krumm béngkok, tak lurus
Krummdolch rencong acèh
Kruste (Wunde) keropèng, kerak
Kübel tong
Kubikmeter méter kubik
Küche dapur
Kuchen kuè
Kugel peluru
Kugelschreiber bolpèn, pèna
Kuh sapi, lembu
Kuhfladen kotoran sapi, létong
kühl sejuk
kühlen mendinginkan
Kühler (Motor) radiator
Kühlschrank kulkas, lemari ès
Kühlwasser air pendingin
Kultur kebudayaan ℹ *Die erste Hochblüte der indonesischen Kultur war die Dongson-Kultur 1000 v.Chr. mit Bronzebearbeitung und dem Nassreisbau. Die zweite erlebte Indonesien vom 8. bis 9.Jh. n.Chr. mit der Sailendra-Dynastie und dem Reich von Srivijaya. Es entstanden Borobudur und Prambanan. Die dritte erfolgte 1294-1520 unter dem Reich von Majapahit.*
Kummer kesusahan
kümmern, sich (um) urus, mengurus
Kunde langganan
kündigen ① berhenti kerja *(selbst)* ② memecat *(jmd.)*
Kunst ① kebudayaan *(Kultur)* ② seni, kesenian ℹ *Indonesien hat vielfältige Kulturschätze, vor allem das buddhistisch-hinduistische Erbe der balinesischen und javanischen Kunst.*
Kunsthandwerk kerajinan (tangan)
Künstler seniman
Künstlerin seniwati
künstlich ① buatan *(von jmd. gemacht)* ② tiruan *(gefälscht)*
Kunstrichtung aliran seni
Kunststoff plastik
Kunstwerk karya seni
Kupfer tembaga
Kuppel kubah
Kupplung kopeling
Kurbel èngkol
Kürbis ① labu ② labu siam *(wässrig, grün)* ③ labu mérah/waluh *(klassisch orange)* ④ baligo *(Winter-)* ⑤ labu air *(grün, Flaschen-)*

Kurkuma kunyit
Kurs ①haluan *(Richtung)* ②kursus *(Lehrgang)*
Kurve tikungan
kurz ①pèndèk *(Länge)* ②singkat *(zeitlich)*
kürzen ①pèndèkkan, memèndèkkan *(kleiner, niedriger machen)* ②potong, memotong *(Kleid)* ③singkat, menyingkat *(abkürzen)*
kürzeste paling pèndèk
kurzfristig dalam jangka pèndèk
kürzlich baru saja, baru-baru ini
Kurzschluss koslèting
kurzsichtig sein bermata dekat
Kurzwelle (Radio) gelombang pèndèk
kuscheln berpeluk manja
Kuss ciuman
küssen cium, mencium ℹ*Liebesbezeugungen in der Öffentlichkeit sind tabu!*
Küste pesisir

L

Labor laboratorium
lächeln senyum, tersenyum
lachen (über) ketawa, tertawa (tentang)
Lack pernis
lackieren memberi pernis
Laden toko
laden (Batterie) isi, mengisi bateri
Ladung muatan
Lage keadaan
Lager gudang
Lagerplatz tempat perkemahan
lahm lumpuh
Laich telur ikan
Laken seprai
Lamm domba
Lampe lampu
Land ①negeri *(Staat)* ②tanah *(Erde)* ℹ*bidang dient als Zählhilfswort für Land* ⇨*sebidang tanah = ein Stück Land*
landen mendarat
Länder negara-negara
Landkarte péta bumi
Landschaft pemandangan
Landung pendaratan
Landwirt petani
Landwirtschaft pertanian
lang panjang
lange (Zeit) lama
Länge lamanya
länger lebih lama
Langeweile kebosanan
langfristig jangka panjang
langhaarig gondrong
länglich panjang
langsam pelan
längst sudah lama
langweilig bosan, membosankan, jemu
langwierig sein bertélé-télé
Lappen sehelai kain ℹ*helai dient auch als Zählhilfswort für dünne Materialien wie Haar, Baumwolle* ⇨*sehelai ramput = ein Haar*
Lärm kegaduhan
lassen biarkan, membiarkan
lasst uns mari(lah) kita
Last beban
lästig usil
Laub daun
Lauch daun bawang/perai
lauern mengincar
Lauf (Wasser) aliran
laufen lari
Laus kutu
laut keras, bising
Laute kecapi *(Instrument der Sundanesen, West-Java)*
läuten bunyi, berbunyi
Lautsprecher pengeras suara
lauwarm hangat-hangat kuku
Lava ①lava ②lahar *(kalte Lava)*
Leben hidup, kehidupan
leben hidup
lebendig hidup
Lebenserwartung jangka hidup
Lebensmittel bahan makanan
Lebensmittelfarbe, rot kesumba ℹ*Traditionell wurden die roten Samen der Annatto-Blume zum dekorativen Rotfärben von Lebensmitteln verwendet, aber auch um die rote Lippenfarbe für Tänzer herzustellen.*
Lebensraum tempat hidupnya

Lebensstandard tingkat hidup
Lebensweise cara hidup
Leber hati
Lebewesen makhluk
Leck kebocoran
lecken jilat, menjilat
lecker énak
Leckerbissen makanan yang lezat
leckersten paling énak
Leder kulit
Lederpuppe wayang kulit
ledig bujang
lediglich hanya ... saja
leer kosong
leeren kosongkan, mengosongkan
legal sah
legen letakkan, meletakkan
legendär dongéng rakyat
Leguan biawak
Lehm tanah liat
Lehne sandaran
Lehrbuch buku belajar
Lehre pendidikan, ajaran
lehren ajar, mengajar
Lehrer guru
Lehrgang kursus
Leiche mayat
leicht ①mudah *(nicht schwierig)* ②énténg *(Gewicht)*
Leid tun kasihan kepada
leiden ①derita, menderita ②merana *(unter einer Krankheit)*
Leidenschaft gairah
leider sayang
leihen ①pinjam, meminjam *(sich)* ②pinjamkan, meminjamkan *(jmd.)* ③meminjami *(von jmd.)*
Leine tali panjang
Leinwand layar putih
leise tidak ribut, lembut
leise stellen kecilkan, mengecilkan suara
leisten, sich (in der Lage sein) mampu
Leistenbruch kondoran
Leistung préstasi
leiten (führen) pimpin, memimpin
Leiter ①pimpinan *(Person)* ②tangga, jenjang *(zum Hochsteigen)*
Leitung ①kabel *(Draht)* ②saluran *(Rohr)* ③pimpinan *(Person)*
Lektion pelajaran
Lendentuch sabuk
lenken kemudikan, mengemudikan
Lenker (Fahrrad) tangan-tangan
Lenkrad setir
Lepra (kusta) lépra
lernen belajar
lesbisch lesbian
lesen baca, membaca
Leser pembaca
letzte terakhir
leuchten bersinar
Leute orang-orang
Libelle capung
Licht sinar
Lichtmaschine (Motor) generator
Lichtschalter tombol lampu
Lid kelopak mata
lieb sayang, manis
Liebe cinta, kasih, sayang
lieben cintai, mencintai
lieber ①lebih sayang *(jdn. lieber haben)* ②lebih suka *(mehr mögen)*
Liebeskummer patah/susah hati
Liebhaber pacar
Liebling kekasih, sayangku
Lied lagu
liefern kirim, mengirim
Lieferant langganan
Lieferung pengiriman barang
Liege ambén
liegen ①berbaring *(Körper)* ②terletak pada *(an etw.)*
Lift lif
lila ungu
Limone jeruk nipis/purut
Limonade ①air jeruk ②ès jeruk *(eisgekühlt)*
lindern (Schmerz) ①mengurangi *(verringern)* ②meringankan *(erleichtern)*
Linie garis
links kiri
linkshändig kidal ℹ *Aufgrund der „Unreinheit" der linken Hand werden*

Linkshänder im Kindesalter auf rechtshändig umerzogen.
Linse ① lènsa *(Optik)* ② miju-miju, kacang *(Speise)*
Lippe bibir
Lippenstift lipstik
Liste daftar
Liter liter
Literatur kesusasteraan
LKW truk
loben puji, memuji
Loch lobang
Locke keriting
locker longgar
lockig keriting
lodern (Feuer) menyala-nyala
Löffel séndok (makan) ℹ *Indonesier verwenden kein Besteck zum Essen, sondern benutzen ihre rechte Hand.*
Lohn (Gehalt) gaji
lohnen, sich guna, berguna
Lokal rumah makan, rèstoran, warung
lokal setempat
Los ① nasib *(Schicksal)* ② undian *(Tombola)*
löschen ① hapus, menghapuskan *(Daten)* ② padamkan, memadamkan *(Feuer)*
lose longgar
lösen lepaskan, melepaskan
losfahren berangkat
losgehen berangkat
loslassen lepaskan, melepaskan
Lösung (Problem) pemecahan
löton mematri
Lotos padma, tunjung, teratai
Lotoswurzel teratai
Lücke celah
Luft udara
Luftdruck tekanan udara
lüften segarkan/menyegarkan udara
Luftfeuchtigkeit kelembaban udara ℹ *Sie beträgt im Durchschnitt 75 %.*
Luftmatratze kasur angin
Luftpost pos udara ℹ *Einfache Luftpostbriefe versendet man in blauen Umschlag kilat, soll es schneller gehen im gelben kilat khusus*
Luftpumpe pompa angin
Lüftung véntilator
Lüge kebohongan
lügen berbohong
lügner bohong
Lunge paru-paru
Lungenautomat régulator
Lungenentzündung radang paru-paru
Lust (haben) ① minat *(wollen)* ② nafsu *(begehren)*
lustig ① kocak *(Jakarta Dialekt)* ② lucu
lutschen kesip
Luxus keméwahan
Lymphen (med.) getah bening
Lyrik sajak

M

machen buat, membuat ⇨ *tidak apa-apa = macht nichts*
Macht ① kekuatan *(Stärke)* ② kekuasaan *(Macht)*
mächtig perkasa
Mädchen ① céwèk *(Mieze)* ② gadis
Made belatung
Magazin (Zeitschrift) majalah
Magen lambung
Magengeschwür infèksi perut
Magenschmerzen bisul perut
mager kurus
Magnet magnét
mähen ① babat, membabat *(roden)* ② menyabit *(Gräser schneiden)*
mahlen giling, menggiling
Mahlzeit makanan ℹ *Es wird zu jeder Mahlzeit warm gegessen.*
Mai (bulan) Mèi
Mais jagung
Make-up make up, cat penyamar
Makrele kembung, ikan selar
Mal ① kali *(einmal)* ② tahi lalat *(Haut)*
Malaria (penyakit) malaria
Malariaanfall serangan malaria
malen ① gambar, menggambar *(zeichnen)* ② lukis, melukis *(Bild)*
Maler ① pelukis *(Künstler)* ② tukang cat *(Anstreicher)*

Malerei lukisan, seni lukis
malnehmen kalikan, mengalikan
Mama ibu
man orang
manche beberapa
manchmal kadang-kadang
Mandarine jeruk keprok/garot
Mandelentzündung infèksi tonsil
Mangel kekurangan
mangeln kurang
Mango mangga, kuini, bacang, kuwèni, kemang
Mangostane manggis
Mangrove pohon bakau
Maniküre perawatan kuku tangan
Mann ①suami *(Ehemann)* ②pria *(Geschlecht)* ⓘ*pria steht auch an der Toilettentür für Männer, wanita für Frauen.*
männlich ①jantan *(mannhaft)* ②pria, laki *(Geschlecht)*
Mannschaft kesatuan regu
Mantel mantel
Manuskript manuskrip
Mappe map
Märchen dongèngan
Margarine mentéga
Marihuana mariyuana ⓘ*Der Besitz, Verkauf und Anbau sind verboten!*
Marine angkatan laut (AD)
Marionette wayang golèk ⓘ*Hauptsächlich in West-Java aufgeführt)*
Mark (Extrakt) sumsum
Marke ①mèrek *(Marke)* ②tanda *(Zeichen)*
Markise kerai
Markt ①pasar ②pasar malam *(abends)*
Marmelade selé
Marmor marmer
Märtyrer syahid
März (bulan) Maret
Mascara celak
Maschine mesin
Masern penyakit campak, morbili, tampek
Maserung urat kayu
Maske ①topèng *(Schauspiel)* ②masker *(Tauch-)*
Maß ukuran
Massage pijat
Massaker pembantaian
Masse ①jumlah besar *(große Menge)* ②orang banyak *(Menschengruppe)*
Masseur/Masseuse juru pijat
massieren memijat
massiv padat, kokoh
maßlos (sehr) sangat
Maßnahme tindakan
Maßstab patokan
Mast (Schiff) tiang
Material bahan
masturbieren rancap
Mathematik ilmu pasti, matematika
Matratze kasur
Matriarchat matriakat
Matrose pelaut
Matsch lumpur
matschig sein berlumpur
matt ①letih *(müde)* ②buram *(Farbe)*
Matte ①kèsèt *(Fuß-)* ②tikar *(Sitz-, Schlaf-)*
Mauer ①témbok, dinding ②aling aling ⓘ*Traditionelle Schutzwand direkt nach dem Eingangstor balinesischer Häuser.*
Maul moncong
Maulwurf tikus mondok
Maurer tukang batu
Maus tikus
maximal sebanyak-banyaknya, setinggi-tingiinya
Mechaniker montir
mechanisch mékanis
Medaille medali, tanda jasa
Medikament obat
Medizin ①obat *(Medikament)* ②ilmu kedokteran *(Fach)*
Medizinmann/-frau dukun
Meer laut
Meeresboden dasar laut
Meeresenge selat
Meerrettichbaumblätter daun kelor ⓘ*Es hat nichts mit richtigem Meerrettich zu tun, schmeckt aber so ähnlich.*
Meerwasser air laut
Mehl tepung
mehr lebih ⇨*lebih banyak = etwas mehr*

⇨*lebih besar = größer*
mehrere beberapa
mehrfach beberapa kali, berkali-kali
Mehrheit mayoritas, sebagian besar
mehrmals sering kali
Mehrwertsteuer pajak pertambahan nilai
Mehrzahl ①sebagian besar *(Mehrheit)* ②bentuk jamak *(Grammatik)*
Meile mil
mein ①-ku ⇨*sepédaku = mein Fahrrad* ②saya ⇨*sepéda saya = mein Fahrrad*
meinen mengira, percaya
Meinung pendapat ⇨*pendapat umum = öffentliche Meinung*
meißeln ukir/mengukir batu
meist ①paling, ter- *(Steigerung)* ⇨*paling besar = größte* ②pada umumnya, biasanya *(für gewöhnlich)*
Meisterschaft pertandingan kejuaraan
melancholisch murung
melden (sich) melapor
Meldung laporan
melken memerah susu sapi
Melodie mélodi, lagu
Melone (buah) semangka
Menge jumlah
mengen campur, mencampurkan
Meningitis radang selaput otak
Mensch orang ℹ*orang dient auch als Zählhilfswort für Menschen und Personen* ⇨*dua orang Jerman = zwei Deutsche*
Menschenrechte hak azasi manusia (HAM)
Menschheit kemanusiaan
menschlich manusiawi
Menstruation datang bulan
Menthol mentol
Menü ménu
merken ①rasakan, merasakan *(fühlen)* ②ingat, mengingat sesuatu *(sich etw. merken)*
Merkmal ciri
merkwürdig anèh
Messe (Handel) paméran dagang
messen ①ukur, mengukur *(etw.)* ②adu kekuatan *(sich)*
Messer pisau ℹ*Indonesier verwenden kein Besteck, sondern benutzen ihre rechte Hand.*
Messing kuningan
Metall logam
Meter méter
Methode cara
Metzger tukang daging
Metzgerei kedai daging
miauen mengèong
Miesmuschel kerang
Mietauto mobil séwaan
Miete harga séwa
mieten séwa, menyéwa
Mieter penyéwa
Mietvertrag perjanjian séwa-menyéwa
Migräne sakit kepala
Mikrophon mikrofon
Mikrowellengerät microwave
Milch ①susu ②susu kental *(Kondens-)* ℹ*Frischmilchprodukte werden eingeführt aus Neuseeland oder Australien.*
Milchkaffee kopi susu
mild lembut
Militär ①angkatan bersenjata (alle) ②angkatan laut (AL) *(Marine)* ③angkatan udara (AU) *(Luftwaffe)* ④angkatan darat (AD) *(Heer)* ℹ*Der Überbegriff lautet ABRI (angkatan bersenjata Républik Indonésia) und heißt übersetzt „Streitkräfte der Republik Indonesien“*
Milliarde milyar
Milligramm miligram
Milliliter militer
Millimeter miliméter
Million juta
Millionär jutawan
Minderheit golongan kecil ℹ*Auf Seite 153 dieses Buches finden Sie Informationen über einige der interessantesten nationalen Minderheiten Indonesiens.*
minderjährig belum déwasa
mindestens paling sedikit
Mineral mineral
Mineralwasser air soda/minéral
minimal minimal
Minister menteri
Ministerium kementerian
Ministerpräsident perdana menteri

minus kurang
Minute menit
Minze ①pudina *(Kräuter)* ②pérmén *(Geschmack)*
mir ①-ku ⇨*sepédaku = das Fahrrad ist mir* ②saya ⇨*sepéda saya = das Fahrrad ist mir*
mischen campur, mencampur
Mischung campuran
missachten menghina
missbrauchen ①salah/menyalah gunakan *(allgemein)* ②memperkosa *(vergewaltigen)*
Misserfolg kegagalan
Missernte panèn yang gagal
misshandeln aniaya, menganiaya
Mission misi
misslingen gagal
Misstrauen kecurigaan
Missverständnis kesalahpahaman
missverstehen salah mengerti
Mist kotoran
mit dengan *(Abkürz.: dgn.)*
Mitarbeiter rekan kerja
mitbringen bawa, membawa
miteinander sama-sama, bersama-sama
mitfahren menumpang
Mitgefühl kasihan
mitgehen ikut (serta)
Mitglied anggota
mitkommen ikut, mengikuti
Mitleid kasihan
mitmachen ikut serta, mengikuti
mitnehmen ①bawa, membawa *(etw.)* ②mengajak *(jmd.)* ③nasi bungkus *(Reis zum Mitnehmen)*
Mittag siang hari
mittags pada tengah hari, waktu siang
Mitte tengah
mitteilen beritahu, memberitahukan
Mitteilung pemberitahuan
Mittel alat
Mittelalter Abad Pertengahan
Mittelfinger jari tengah
mittelmäßig sedang
Mittelmeer Laut-Tengah
Mittelpunkt pusat
Mittelschule sekolah menengah pertama (SMP) ℹvon der 6. bis zur 9. Klasse
mitten in di tengah-tengah
Mitternacht tengah malam
Mittwoch (hari) Rabu
Möbel mébel
möchten ①suka *(mögen)* ②mau *(wollen)*
Mode mode
Modell (Foto-) ①peragawati *(weiblich)* ②peragawan *(männlich)*
modern modérn
Moderne Kunst seni modérn
mögen suka, menyukai, senang
möglich sein mungkin, bolèh
Möglichkeit kemungkinan
Mohn bunga opiun
Möhre wortel, lobak mérah
Moment ①saat *(der Moment)* ②sebentar *(gleich, einen Augenblick noch)*
Monat bulan
monatlich tiap bulan
Monatsblutung datang bulan
Mond bulan
Mondfinsternis gerhana bulan
Mondsichel bulan sabit
Monitor monitor
Monsun angin musim
Monsunwald hutan rimba tropis
Montag (hari) Senin
Montage pemasangan
Monteur montir
montieren merakit
Monument monumèn
Moor rawa
Moos lumut
Moral moral
Morast lumpur
Mord pembunuhan
Mörder pembunuh
morgen bésok
Morgen pagi (hari)
Morgendämmerung fajar pagi
morgens pagi-pagi
morsch lapuk, rapuh
Mörser lumpang
Moschee ①mesjid ②jami mesjid *(für Freitagsgebete)* ③musalla *(für Gebete, außer*

freitags) ④mashad *(auf Friedhöfen)*
Moskito nyamuk
Moskitonetz kelambu ℹ*Man sollte Moskitonetze benutzen.*
Motiv motif
Motor motor
Motorboot perahu bermotor/speed
Motorrad sepéda motor
Möwe (See-) merpati laut, burung camar
Mücke nyamuk
Mückenschutzmittel obat nyamuk
Mückenstich sengatan nyamuk
müde capèk, lelah, ngantuk
Mühe ①susah-payah *(Arbeit)* ②usaha *(Bemühung)*
Mühle penggilingan
Müll sampah
Mullbinde pembalut luka
Mülleimer émber sampah
multiplizieren kalikan, mengalikan
Mumps bengkak babi
Mund mulut
münden bermuara
mündlich lisan
Mündung muara
Mundwasser obat kumur
Mungbohne kacang hijau
Münze uang logam/recehan
Muräne ikan moréa/ladu
murmeln menggumam
Muschel kerang, kapis, lokan
Museum muséum
Musik musik ℹ*Auf Seite 172 dieses Buches finden Sie die Musikinstrumente einer traditionellen Gamelan-Gruppe.*
Musiker pemain musik
Muskatnuss pala
Muskel otot
Muskelkater pegal otot
muskulös sein berotot
Muslim muslim, beragama islam
müssen harus, perlu (akan), mesti
Muster contoh
Mut keberanian, lincah
mutig sein berani
Mutter bu, ibu
Muttermal tahi lalat
Muttersprache bahasa ibu
Mütze kopiah
mysteriös anèh
Mythos dongèng

N

Nabel pusar
nach ①ke *(Richtung)* ②sesudah *(Zeit)* ③setelah *(Zeit)*
nach und nach lama kelamaan
nachahmen menirukan
Nachahmung tiruan
Nachbar tetangga, jiran
Nachbarschaftsverband rukun tetangga (RT) ℹ*Ohne diese administrative Einheit läuft gar nicht in Indonesien!*
Nachbildung (gambar) tiruan
nachdem sesudah, setelah
nachdenklich sein termenung, berpikir
nachdrücklich tegas
nacheinander berturut-turut
Nachfolger pengganti
nachforschen menyelidiki
Nachfrage ①permintaan *(Handel)* ②pertanyaan *(nochmalige Frage)*
nachfragen menanyakan
nachgemacht tiruan, imitasi
nach Hause ke rumah
nachher nanti (saja)
Nachkommen keturunan
nachkommen nyusul, menyusul
nachlassen ①berkurang *(weniger werden)* ②menurunkan *(sinken)*
nachlässig lalai
nachmachen tiru, meniru
Nachmittag soré hari, petang
Nachname nama keluarga
nachprüfen teliti, meneliti kembali
Nachricht berita, kabar
Nachrichten warta berita
Nachschub perbekalan
nachsehen cari, mencari
nachsenden kirim, mengirim kemudian
Nachsilbe akhiran

Nachspeise hidangan penutup
nachsprechen ulangi, mengulangi
nächste berikutnya
Nacht malam
nachtblind buta ayam
Nachtclub nightclub
Nachtdienst dinas malam
Nachteil kerugian
Nachtisch hidangan penutup
Nachtmarkt pasar malam
nachträglich sebagai susulan
nachts pada malam hari
Nachtschicht regu/dinas malam
Nachtwache ronda malam
Nachtwächter penjaga malam
nachvollziehen mengerti
nachweisen buktikan, membuktikan
nachwirken mengakibatkan
Nachwuchs anak-anak
Nacken tengkuk, pundak
nackt telanjang
Nadel jarum
Nagel ①kuku jari *(Finger)* ②kuku kaki *(Zeh)* ③paku *(Drahtstift)*
Nagelfeile kikir kuku
Nagellack kuteks
Nagellackentferner penghapus kuteks
Nagelschere gunting kuku
nagen menggerogoti
Nagetier binatang pengerat
nahe dekat
Nähe dekatnya
nähen jahit, menjahit
näher lebih dekat
Näher tukang jahit
nähern, sich dekati, mendekati
Nähgarn benang
Nähmaschine mesin jahit
Nähnadel jarum jahit
nahrhaft sein bergizi
Nahrung makanan
Nahrungsmittel bahan makanan
Nahrungsmittelvergiftung keracunan makanan
Naht ①jahitan *(Textil)* ②sambungan *(Metall)*
naiv naif
Name nama ⇨*Siapa namamu? = Wie heißt du?*
nämlich yaitu
Napf mangkuk
Narbe bekas luka, codet
Narkose pembiusan
naschen jajan
Nase hidung
Nasenbein tulang hidung
Nasenbluten mimisan
Nashorn badak ⓘ*steht unter Artenschutz. Man findet sie in West-Java und Sumatra.*
Nashornvogel burung badak/enggang
nass basah
Nässe kebasahan
Nassreisanbau sawah
Nation bangsa
national kebangsaan, nasional
Nationalflagge bendéra kebangsaan
Nationalhymne lagu kebangsaan
Nationalität kebangsaan
Nationalpark cagar alam nasional
Natur alam
Naturereignis peristiwa alam
Naturkatastrophe bencana alam
Naturgummi karèt alam ⓘ*Indonesien gehört zu den größten Kautschuk-Produzenten der Welt.*
Naturheilverfahren pengobatan tradisional
natürlich ①memang, tentu saja *(klar)* ②alami *(Eigenschaft)*
Naturschutz perlindungan alam
Naturschutzgebiet cagar alam ⓘ*Batur Gilimanuk - West Bali, Blambangan - Ost-Java, Gunung Leuser - Nord Sumatra, Kerinci Seblat - Zentral-Sumatra, Komodo-Inseln - Kleine Sunda-Inseln, Lore Lindu - Mittel-Sulawesi, Ujungkulon - West-Java, Tanjung-puting - Zentral-Kalimantan*
Naturwissenschaft ilmu pengetahuan alam
Navigation pelayaran
Nebel kabut
neben ①di samping ②di sebelah
nebenan di sebelah
nebeneinander sein bersebelahan
Nebenfluss anak sungai
Nebenwirkung akibat sampingan
neblig sein berkabut

nebst bersama dengan
necken menggoda
Neffe kemenakan/keponakan (laki-laki)
negativ négatif
nehmen ambil, mengambil
Neid rasa iri
neidisch iri, iri hati
neigen (zu etw.) cenderung *(ke sesuatu)*
nein ①bukan *(mit Substantiv)* ⇨*Ini bukan kopi saya. = Das ist nicht mein Kaffee.* ②tak, tidak *(mit Adjektiv oder Verb)* ⇨*tidak seberapa = nicht so viel*
Nelke (Gewürz) cengkèh
Nelkenzigaretten kréték ℹ*Die meist gerauchten Zigaretten in Indonesien haben kleine Nelkenstücke im Tabak, und wenn es Filterzigaretten sind, ist der Filter meist gesüßt. Die bekanntesten Marken sind: Gudang Garam, Sampoerna.*
nennen sebut, menyebut
Nerv (urat) saraf
nervig kuat
nervös gelisah, gugup
Nesselfieber gelegata
Nest sarang
nett ramah, baik
Nettogewicht berat bersih
Netz jala
Netzhaut (med.) rétina, selaput jala
neu baru
neuerdings baru-baru ini
neugeboren baru lahir
Neuigkeit berita baru
Neujahr tahun baru, satu Januari ⇨*Selamat Tahun Baru! = Frohes Neues Jahr!*
neulich baru-baru ini
Neumond bulan muda/baru
Neuseeland Selandia Baru
neutral nétral
nicht ①bukan ⇨*Ini bukan kopi saya. = Das ist nicht mein Kaffee.* ②tak, tidak *(mit Adjektiv oder Verb)* ⇨*tidak seberapa = nicht so viel* ③ngak *(Jakarta)* ④jangan ⇨*jangan sentuh! = Nicht berühren!*
nicht ... sondern ... tidak ... melainkan ...
nicht nur ... sondern auch ... tidak hanya ... tetapi juga ...
nicht wahr kok
Nichte kemenakan/keponakan (perempuan)
nichts tidak apapun
nichtsnutzig nakal
nicken (Kopf) mengangguk
nie tidak pernah
nie wieder tidak lagi
nieder ke bawah
niederknien berlutut
Niederlage kekalahan
Niederlande Belanda
Niederschlag hujan
niedlich mungil
niedrig rendah
niemals tidak pernah
niemand tidak seorangpun
Niere ginjal, buah pinggang
nieseln gerimis
niesen bersin
Nilpferd badak sungai
noch ①masih ②tambah *(+Adjektiv zur Steigerung)* ③lagi *(hinter Fragepronomen)*
noch einmal sekali lagi
noch immer lagi
noch mehr masih lagi
noch nicht belum
noch nie belum pernah
Nonne suster, biarawati
Nord(en) utara
Nordküste pasisir *(insbesondere von Java)*
nördlich (di sebelah) utara
Nordosten timur laut
Nordpol kutub utara
Nordwesten barat laut
normal (üblich) biasa
Not ①bencana *(Katastrophe)* ②kesusahan *(große Schwierigkeiten)*
Notar notaris
Notausgang pintu bahaya
Notbremse rèm bahaya
Note ①nilai *(Schule)* ②not balok *(Musik)*
Notfall darurat
notieren catat, mencatat
nötig perlu (akan), usah
Notiz catatan

Notlandung pendaratan darurat
Notruf nomor telpon penting
Notsignal tanda bahaya
notwendig harus, perlu (akan)
November (bulan) Nopémber
nüchtern ①dengan perut kosong *(Magen)* ②tidak mabuk *(nicht betrunken)*
Nudeleintopf mi godog
Nudeln mi, bihun, bakmi
Null kosong, nol
Nummer nomor
Nummernschild pelat nomor mobil
nun sekarang
nur hanya, saja
Nuss kacang
Nutzen guna, kegunaan
nützen gunakan, menggunakan
nützlich sein berguna
nützlos sein tak berguna
Nutzung penggunaan

O

ob ①apakah *(Frage)* ⇨*ob er Zeit hat? = apakah dia punya waktu?* ②karena *(wenn)*
obdachlos gelandangan
oben di atas
Ober pelayan
obere bagian atas
Oberarm lengan atas
Oberfläche permukaan
oberflächlich ①dangkal *(äußerlich)* ②sepintas-lalu *(menschliche Eigenschaft)*
oberhalb di atas*(nya)*
Oberhaupt kepala
Oberlippe bibir atas
Oberschenkel paha
Oberschule sekolah menengah atas (SMA) ℹ*von der 10. bis zur 12. Klasse*
Oberseite atas
oberst paling tinggi/atas
Objektiv lènsa
Obst buah-buahan ℹ*buah dient als Zählhilfswort für Früchte und Gemüse* ⇨*tujuh buah jeruk Bali = sieben Pomelos* ℹ*butir dient als Zählhilfswort für Eier, Mangos und andere kleine runde Dinge* ⇨*delapan butir mangga = acht Manggos* ℹ*biji dient als Zählhilfswort für Samen, Körner, Kerne* ⇨*sembilan biji jambu mété = neun Cashews*

OBST IN INDONESIEN

Ananas nanas
Apfel apél
Apfelsine jeruk manis
Aprikose manggis negeri
Balsampflaume kedongdong manis/cocok
Banane pisang, biu
Berg-Papaya gedang memedi
Butterfrucht buah sakhlat
Breiapfel sawo
Brotfrucht buah nona, cempedak, sukum, timbul
Cashew jambu/nyambu meté
Dattel kurma
Drachenaugen léngkéng
Elefantenapfel kawista, kusta
Erdbeere buah arbei, stroberi
Feige ara, bulu timun, anjir
Granatapfel delima
Guave jambu batu/klutuk/biji
Jackfrucht nangka, gori
Japanischer Apfel apél Jepang
Java-Kirsche talok
Java-Pflaume jamblang, juwet
Kakifrucht buah kaki, kesemek
Kaliasemkirsche kaliasem, gowok
Kepundungtraube kepundung, menteng
Kokosnuss kelapa, nyiur
Langsat duku, ceroring
Limone jeruk nipis/purut
Litschi klengkeng, lici
Mandarine jeruk keprok/garut
Mango mangga, kuini, bacang, kuwèni, kemang, gandaria
Mangostane manggis
Melinjo melinjau, belinjau
Melone blèwah
Otaheite-Beere ceremai

Otaheite-Kastanie gayam, tolok
Pampelmuse limau gedang
Papaya pépaya, betik, katés
Passionsfrucht konyal, markisa
Pomelo jeruk Bali/besar
Ramai ramai, rambai
Rambutan rambutan, buluan
Sanddorn kecapi
Schlangenhautfrucht salak
Sapodilla sawo manila
Sirsakfrucht sirsat
Sternfrucht belimbing manis
Stinkfrucht durian
Wasserapfel jambu air/Semarang/bol
Wassermelone semangka
Zitrone jeruk sukade
Zuckerapfel sri kaya, silik
Zuckerpalme arén, beluluk

Obstbaum pohon buah
Obstkern biji buah
Obstsaft sari buah, air buah, jus
Obstsalat rujak
obwohl mèskipun, walaupun
Ochse lembu, sapi ℹ *Wilde Ochsen gibt es noch auf Java und stehen noch unter Artenschutz.*
Ochsenrennen kerapan ℹ *Auf der Insel Madura werden Ochsenrennen veranstaltet.*
öde tandus
oder atau
Ofen oven, tungku
offen ①terus-terang *(gerade heraus, ehrlich)* ②terbuka *(geöffnet)*
öffentlich umum
offiziell resmi
öffnen buka, membuka
Öffner alat pembuka
Öffnung ①pembukaan *(Eröffnung)* ②lobang *(Loch)*
Öffnungszeiten jam buka
oft sering, acap
oh! aduh!
ohne tanpa
ohnehin bagaimanapun juga
ohnmächtig pingsan
Ohr telinga
Ohrenschmalz tahi telinga
Ohrenschmerzen sakit telinga
Ohrentzündung radang telinga
Ohrfeige tempéleng
Ohrläppchen cuping telinga
Ohrring anting-anting
okay baik, baiklah
Ökosystem sistem éko
Ökonomie ékonomi
Okraschote kopi arab, okra
Oktober (bulan) Oktober
Öl ①minyak *(Speise-)* ②oli *(Motor-)*
Ölfelder ladang minyak
ölen meminyaki
ölig sein berminyak
Ölkanne olikèn
Olympische Spiele pertandingan olimpiade
Oma nènèk
Omelett ①dadar ②fu yung hai *(süßsaures Omelett nach chinesischer Art)*
Onkel paman
Opa kakèk
Operation (Medizin) operasi, bedah
operieren membedah
Opfer ①korban *(Person)* ②persembahan, bantén *(Opfergabe)*
opfern ①korban, berkorban ②mempersembahkan *(Opfergabe)*
Opium candu, madat
Opposition oposisi
Optiker tukang kacamata
optimal yang sebaik-baiknya
optimistisch optimis
Orange jeruk jingga/manis
orange jingga
Orang-Utan orang hutan ℹ *Sumatra und Kalimantan*
Orchester orkès ℹ *Gamelan-Gruppen findet man auf Java, Bali und den Sunda-Inseln.*
Orchidee bunga anggrèk
ordentlich teratur
ordnen atur, mengatur
Ordner ①map berkas *(Aktenordner)* ②petugas ketertiban *(Person)*

Ordnung ketertiban ⇨ *baiklah = in Ordnung* ⇨ *ya dèh =in Ordnung, ok (Jakarta-Dialekt)*
Organ (Körper-) alat tubuh
Organisation lembaga
organisieren mengorganisasi
Orgasmus puncak nafsu birahi
orientieren, sich oriéntasi, beroriéntasi
original asli
originell khas
Orkan angin taufan
Ornament perhiasan
Ort tempat
örtlich setempat
Ortschaft ① désa *(Dorf)* ② kota kecil *(kleine Stadt)*
Ortsgespräch télépon lokal ℹ *Auskunft 108*
Ortsvorsteher kepala kampung, kepala désa
Ost(en) timur
Ostern Hari Raya Paskah
Österreich Austria
Osteuropa Éropa timur
östlich (sebelah) timur
Otter berang-berang
oval lonjong
Ozean samudera
Ozonschicht lapisan ozon

P

Paar ① pasangan ② sejoli *(Liebespaar)* ③ sepasang ⇨ *tiga pasang sepatu = drei Paar Schuhe*
paar, ein beberapa
paarweise (ber)pasang-pasangan
Päckchen bingkisan
Pacht séwa
pachten séwa, menyéwa
packen bungkus, membungkus
Packung bungkus, bungkusan
Paddel dayung
Paddelboot sampan dayung
Paket bungkus, pakét ℹ *Pakete nach Übersee sollte man tercatat (versichert und registriert) verschicken*
Palast ① Istana ② kraton *(Java)* ℹ *Präsidentenpaläste befinden sich in Jakarta, Bogor und Yogyakarta. Die Sultanspaläste sind in Cirebon, Yogyakarta, Medan und Solo. In Solo verfallen die Paläste leider. Auf Bali in Klungkung findet man einen altbalinesischen Königspalast.*
Palme pohon palem
Palmöl minyak kelapa
Palmwein tuak
Palmzucker gula mérah
Pampelmuse jeruk bali
Panik kepanikan
panisch panik
Panne mogok
Panther macan tutul ℹ *Java und Sumatra*
Panzer ① panser *(Tier)* ② tank *(Militär)*
Papa ayah, bapak
Papagei burung kakatua, burung nuri, parkit
Papaya pépaya, katés, betik
Papier kertas ℹ *lembar dient als Zählhilfswort für alle flachen dünnen Gegenstände wie Papier, Bretter, Stoff:* ⇨ *empat lembar kertas = vier Blätter Papier; carik zählt Streifen von Papier* ⇨ *tujuh carik kertas = sieben Streifen Papier*
Papiere (wichtige) surat-surat penting
Papierkorb kranjang kertas
Papierregenschirm payung kertas
Papiertaschentuch tisu
Pappe karton
Paprikaschote cabé gajah, cabé gembong, cabé besar, lombok besar, cabai
Papst Paus
Papua-Neuguinea Papua Nugini
Parade ① pawai militér *(Miklitär)* ② pertahanan *(Schau)*
Paradies (taman) firdaus
Paradiesvogel burung cenderawasih ℹ *Irian Jaya*
parallel sejajar
Parasit benalu, parasit
Parfüm wangi-wangian, parfum
Park taman
parken parkir, memarkir
Parkhaus gedung parkir
Parkplatz tempat parkir
Parkuhr méteran parkir
Parkverbot dilarang parkir

Parlament parlemén ℹ*Déwan Perwakilan Rayat - DPR = das indonesische Parlament*
Partei (politisch) partai (politik) (PARPOL)
Partie bagian
Partner kawan
Party (Fest) pésta
Pass paspor
Passagier penumpang
passen(d) cocok, sesuai
passierbar dapat dilalui
passieren terjadi
Passionsfrucht konyal, markisa
passiv pasif
Passkontrolle pemeriksaan paspor
Pastor ①pastor ②pendeta *(Protestant)*
patrilinear ①dadia *(Balinesisch)* ②marga *(Batak)*
Patriot pencinta tanah air *(speziell Indonesien)*
Patient pasièn, penderita
Patrone (Munition) pélor
Pause istirahat
pausenlos terus-menerus
Pavian yakis
Pazifik Lautan Pasifik
Pech sial
Pedal pédal
Pediküre perawatan kaki
Pegelstand tinggi air
peinlich memalukan
Peitsche cambuk
Pelikan burung undan
Pelz bulu binatang
Penicillin penisilin
Penis (Sex) kontol, pélir, zakar
Pension (Hotel) ①hotèl ②penginapan *(klein, auch homestay genannt)* ③losmèn ④wisma ⑤pondok
pensioniert pènsiun
Peperoni ①cabé hijau *(grün)* ②cabé mérah *(rot)*
per Stück tiap-tiap buah/biji
perfekt sangat baik
Periode ①jangka waktu *(Zeitraum)* ②datang bulan *(Menstruation)*
Perle mutiara
Perlmutt indung mutiara
permanent tetap
Person orang
Personalausweis surat keterangan
persönlich pribadi
Persönlichkeit ①kepribadian *(charakterlich)* ②tokoh *(gesellschaftlich wichtig)*
Perspektive pandangan
Perücke rambut palsu
pessimistisch pesimistis
Petroleum minyak tanah
Pfad jalan setapak
Pfahl tiang
Pfand gadaian
Pfanne panci
Pfannkuchen ①martabak *(herzhaft gefüllt)* ②apam *(süß, gefüllt mit Nüssen)* ③dadar *(Omelett)*
Pfarrer pendéta
Pfau burung merak ℹ*steht unter Artenschutz. Man findet ihn auf Irian Jaya.*
Pfeffer lada, merica
Pfefferblätter kadok
Pfeffermühle gilingan merica
Pfeife ①pipa *(rauchen)* ②sempritan *(Triller-)*
pfeifen siul, bersiul
Pfeil ①panah *(Bogen)* ②penunjuk arah *(Weg)*
Pferd kuda
Pferdestärken (PS) péka (PK)
Pferdewagen pedati
Pfingsten Hari Raya Pantékosta
Pfirsich buah pèrsik
Pflanze tumbuh-tumbuhan
pflanzen tanam, menanam
pflanzlich nabati
Pflaster (Wunde) plèster
Pflaume, javanisch jamblang, juwet
Pflege perawatan
pflegen rawat, merawat
Pflicht ①kewajiban *(Verpflichtung)* ②tugas *(Dienst)*
pflücken petik, memetik
pflügen bajak, membajak
Pfosten tiang
Pfote kaki binatang
Pfütze genangan

PFLANZEN

Akazie pilang, akasia
Affenschwanzblume ékor kera, ikut lutung
Amaranthblume bunga kancing, ratna
Balsamblume pacar, pacar air
Bambus bambu
Bananenbaum pisang, biu
Baumwolle kapas
Betelpalme pohon pinang
Bougainvillea kertas, bunganvil
Brotbaum pohon térap/kulut
Cannablume bunga tasbih, kana, soga
Dattelplame pohon kurma
Elengibaum pohon tanjung
Eukalyptusbaum pohon kayu putih
Farn pohon pakis/paku
Fächerpalme pohon serdang
Feigenbaum pohon ara
Ficuspalme pohon beringin
Frangipani kemboja, jepun bali, jepun Jawa
Gardenie kaca piring, jempiring
Goldregen tengguli
Hibiscus bunga sepatu, pucuk
Hortensie bunga tiga bulan, pasah seribu
Indische Rose bungur, tangi
Jackfruchtbaum pohon nangka
Jasminbaum pohon melati/gambir
Javanische Ixora soka, angsoka
Kakaobaum pohon coklat
Kaffeebaum kopi
Kaktus lidah mertua
Kasuarinenbaum pohon cemara
Kautschukbaum pohon karèt
Kletterlilie kembang sungsang/jonggrang
Kokosnussplame kelapa, nyiur
Korallenbaum dadap
Korallenhibiskus kembang lampu
Lotos tunjung, teratai, padma
Mangobaum pohon kuini/mangga
Mangostanebaum pohon manggis
Mangrove pohon bakau
Mohn bunga opiun
Muskatbaum pohon pala
Pandanpalme pandan
Oleander kenyeri
Orchidee bunga anggrék
Pagodenblume tumbak raja, senggugu
Reispflanze padi
Sagobaum pohon sagu
Sandatblume sandat, kenanga
Sandelholzbaum pohon cendana
Schilf alang-alang, gelagah
Schraubenbaum pohon padan duri
Tabak tembakau
Tamarindenbaum pohon asam Jawa
Teakbaum pohon jati
Teebaum pohon tèh
Thunbergiablume pelung-pelung
Trompetenbaum kecubung, semprong
Tulpenbaum cempaka, capaka
Wedelia padang lumut-lumut

Phantasie kayalan
phantastisch hébat
Philosophie filsafat
Physik ilmu alam
physisch jasmaniah
Piano piano
Pickel (Haut) bintil, jerawat
picken memagut
pieken menusuk
piepsen menciak
Pier dermaga
pikant gurih
Pilger ziarah
Pille tablèt
Pilot pilot, penerbang
Pilz jamur ℹ *Egal ob Austernpilze, Shiitakepilze oder Strohpilze, alle heißen einfach nur jamur.*
Pilzinfektion gatal
pink rosa
pinkeln kencing, buang air kecil
Pinsel kuas
Pinzette pinsèt, sepit, angkup
Pirol (Vogel) burung podang/nangka
Pisse kencing
Pistole pistol
Plage hama
Plakat plakat

Plan rencana
planen rencanakan, merencanakan
Planet planét, bintang siarah
Plantage perkebunan (rakyat)
Planung perencanaan
Plastik plastik
platt ① datar *(flach)* ② kempis *(Reifen)*
Platte ① piring *(Teller)*
② piringan hitam *(Musik LP)*
Plattenspieler gramafon
Platz ① lapangan *(Feld)* ② ruangan *(Raum)*
③ tempat *(Ort)*
platzen meletus
pleite bankrut
Plombe plombir
plombieren tambal, menambal
plötzlich tiba-tiba
plump ① kasar *(derb)* ② tolol *(dumm)*
plündern jarah, menjarah rampok, merampok
plus tambah
Po pantat
Pocke bintil
Poet penyair
Pol (magnetisch) kutub
polieren polès, memolès
Politik politik
Politiker politikus
politisch politis
Polizei polisi
Polizeistation kantor polisi
Polizist polisi
Polohemd baju kaos
Polynesien Polinésia
Pomelo jeruk Bali/besar
Pommes frites kentang gorèng
Popmusik lagu pop
Porree daun perai
Portmonee dompèt
Portion ① jatah *(Quote)* ② porsi *(Speise)*
Porto porto
Porträt lukisan orang
Porzellan porselin
Position kedudukan, posisi
positiv positif
Post pos
Postamt kantor pos ℹ *Im Postamt gibt es neben dem Postversand nur Telefonzellen. Telefone, Fax und Telex kann man nur beim Telefonunternehmen „Wartel“ versenden.*
Postbeamte pegawai pos
Posten ① kedudukan *(Position)*
② tempat penjagaan *(Posten)*
Postfach kotak pos
Postkarte kartu pos
Postleitzahl nomer kode wilayah pos
Poststempel stèmpel pos
prächtig megah
praktizieren gunakan, menggunakan
Pranke kaki binatang
Präservativ kondom
Präsident présidén
predigen khotbah, berkhotbah
Predigt khotbah
Preis harga
Preiserhöhung kenaikan harga
Preisliste daftar harga
Preisnachlass korting, potong harga, rabat
Preissenkung penurunan harga
preiswert murah
Prellung luka memar
Presse pèrs ℹ *Die indonesische Presseagentur heißt Antara.*
Pressefreiheit kebébasan pèrs
Pressluftflasche ténki
pressen peras, memeras
prickeln (Haut) meggelenyar
Priester ① pastor *(katholisch)* ② imam *(islamisch)* ③ pedanda *(hinduistisch)* ④ basir *(bei den Ngaju-Dayak auf Kalimantan)*
⑤ brahmana *(Priesterkaste im balinesisch-hinduistischen Kastensystem)* ⑥ pemangkus *(Tempelpriester auf Bali)*
primitiv sederhana
Prinz pangéran
Prinzessin putri raja
Prinzip prinsip
Prise sejemput
privat swasta
Privatbesitz milik pribadi
Privatfernsehen tévé swasta
privatisieren menswastakan
Privatschule sekolah swasta

Probe latihan
proben latih, melatih
probieren coba, mencoba
Problem soal
Produkt ①hasil *(Erfolg, Ertrag)* ②produk
Produktion produksi
Produzent ①penghasil *(Hersteller)* ②produser *(Film)*
produzieren hasilkan, menghasilkan
professionell profèsional
Professor profèsor, mahuguru
Profit untung
Programm ①acara *(allg.)* ②acara olahraga *(Sport)* ③acara pertunjukan *(Vorstellung)* ④acara tévé *(Fernsehen)*
Projekt proyèk, rencana
Promille ①perseribu *(mathematisch)* ②kadar alkohol dalam darah *(Alkoholgehalt)*
prominent terkenal
prompt ①langsung *(direkt, sogleich)* ②tanpa pikir panjang *(ohne zu zögern)*
Propaganda propaganda
Prophet nabi
Proportion perbandingan
Prospekt brosur
Prostituierte kupu kupu malam
protestantisch sein beragama Kristen Protestan ℹ *Mehr als 5% der indonesischen Bevölkerung sind protestantisch. Sie leben in Nord-Sumatra und in den östlichen Provinzen Indonesiens.*
Protest protès
protestieren protès, memprotès
Proviant bekal
Provinz propinsi
Provinzhauptstadt ibukota propinsi
Provision uang komisi
provozieren mengadakan provokasi
Prozent persèn
Prozess prosès
prüfen uji, menguji
Prüfung ujian
Prügel pukulan
prügeln, sich saling memukul
prunkvoll megah
Psychiater dokter jiwa
psychisch batiniah
Psychologie ilmu jiwa
publik umum
Publikum penonton
Puder bedak
Pullover pulover, switer
Puls urat nadi
Pult mimbar
Pulver serbuk
Pumpe pompa
Punkt titik
pünktlich tepat waktu
Pupille manik mata
Puppe bonéka
Puppenspieler dalang ℹ *Schattenspielfiguren aus Leder (wayang kulit) und deren Vorführungen erfreuen sich seit 2000 Jahren größter Beliebtheit, insbesondere auf Java und Bali. Aufgeführt werden meistens die indischen Epen Ramayana und Mahabharata. Der dalang, der Schattenspieler, erzählt die Geschichte und bespielt ca. 120 Figuren pro Geschichte, oft 5-6 Figuren gleichzeitig.*
pusten tiup, meniup
Putsch kudeta
putzen bersihkan, membersihkan
Putzmittel alat penggosok
Python ular sanca/sawah

Q

Quadrat kwadrat
quadratisch bentuk persegi
Quadratmeter méter persegi
Qual derita
quälen menyiksa
Qualifikation kwalifikasi
qualifiziert ahli, mampu
Qualität kwalitas, kwalitét
Qualle ubur-ubur, ampai-ampai
Qualm asap tebal
Quantität jumlah
Quarantäne karantina
Quatsch omong-kosong
quatschen ①omong-kosong *(Unsinn)*

②ngobrol, mengobrol *(schwätzen)*
Quecksilber air raksa
Quelle ①mata air *(Wasserquelle)* ②sumber *(allgemein)*
quer melintang
Quetschung luka memar
quietschen memekik
Quittung kwitansi
Quote jatah

R

Rabatt potongan, rabat
Rache balas dendam
Rachen hulu kerongkongan
Rad roda
Radar radar
radfahren bersepéda
Radiergummi karèt penghapus
radikal radikal
Radio radio
Rahmen bingkai
Rakete rokèt
Rambutan rambutan, buluan
rammen tabrak, menabrak
Rampe lerengan
Rand pinggiran
Rang ①balkon *(Theater)* ②gelar *(akademisch)* ③pangkat *(Position)*
ranzig tengik
rascheln gemerisik
rasen ngebut
Rasen rumput
Rasenmäher mesin potong rumput
Rasensprenger alat penyiram rumput
Rasierapparat alat cukur
rasieren, sich cukur, bercukur
Rasierklinge pisau cukur/silét
Rasiermesser ①pisau cukur ②taji *(Sporen, die am linken Fuß eines Kampfhahnes bei Hahnenkämpfen befestigt werden.*
Rasierpinsel kuwas cukur
Rasierschaum busah cukur
Rasierwasser wangi-wangian
raspeln memarut
Rasse bangsa
rasten ①berhenti *(anhalten)* ②istirahat *(ausruhen)*
Rat (Empfehlung) naséhat
raten ①naséhati, menaséhati *(empfehlen)* ②tebak, menebak *(erraten)*
Rathaus ①balai désa *(Dorf)* ②balai kota *(Stadt)*
ratlos bingung
Ratschlag naséhat
Rätsel teka-teki
Ratte tikus besar
rattern bergemuruh
Raub perampokan
Raubbau exploitasi sumber alam
rauben rampok, merampok
Raubtier binatang buas
Rauch asap
rauchen rokok, merokok
Raucher perokok
rauh kasar
Raum ruang
räumen (leeren) kosongkan, mengosongkan
Raupe ulat
Rauschgift narkotika ℹ*Rauschgift ist streng verboten, ein Verstoß gegen das Gesetz kann die Todesstrafe bedeuten.*
reagieren ①menanggapi *(auf etw.)* ②beréaksi
rebellieren memberontak
Realschule sekolah menengah Jerman
rechnen hitung, menghitung
Rechnung rékening
recht ①betul, benar *(richtig)* ②sangat *(sehr)*
Recht ①hukum *(Rechtsprechung)* ②hak *(Rechte)*
Rechteck bujur sangkar
rechtfertigen, sich benarkan, membenarkan
rechtlich menurut hukum
rechts kanan
Rechtsanwalt pengacara, advokat
Rechtschreibung éjaan
Rechtssache acar
rechtzeitig pada waktunya
Rede pidato, orasi
reden (mit) bicara, berbicara (tentang)

Redewendung ungkapan
redigieren sunting
reduzieren menurunkan
reduziert (Verkauf) murah
Reederei perusahaan perkapalan
Reform réformasi
Regel aturan
regelmäßig teratur
regeln atur, mengatur
Regelung pengaturan
Regen hujan
Regenbogen pelangi
Regenmantel mantel/jas hujan
Regenwald hutan rimba
Regenschauer curah hujan
Regenschirm payung
Regenzeit musim hujan ℹ *Auf den westlichen Inseln von Oktober bis April, auf den östlichen Inseln von Mai bis Oktober.*
regieren perintah, memerintah
Regierung pemerintah
Regime rezim
Region kawasan
regional kedaérahan
Regisseur sutradara
registrieren mendaftarkan
regnen hujan
reiben gosok, menggosok
Reich ① kerajaan *(Könige)* ② negara *(Staat)*
reich kaya
reichen (etw.) sampaikan, menyampaikan
reichlich cukup banyak
Reichtum kekayaan
reif masak, matang
Reifen ban
reifen menjadi matang
Reifenwechsel ganti ban
Reihe dérétan
Reihenfolge urutan
Reiher ① burung bangau ② bangau putih/tongtong *(Seiden-)* ③ bangau besar *(Silber-)*
rein ① bersih *(nicht schmutzig)* ② kedalam *(herein)*
reinigen bersihkan, membersihkan
Reinigung pencucian
Reis ① nasi *(gekocht)* ② nasi gorèng *(gebraten)* ③ padi *(die Pflanze)* ④ beras *(geschält)* ⑤ gabah *(ungeschält)* ⑥ nasi bungkus *(zum Mitnehmen)* ⑦ lemper *(Klebereis mit Fleisch im Bananenblatt)* ⑧ lontong *(Portion im Bananenblatt)* ⑨ ketan *(Klebereis)*
Reisbranntwein arak
Reisbrei bubur
Reisspeicher ① lumbung padi ② sopo *(bei den Toba-Batak auf Sumatra)* ③ alang *(bei den Minangkabau auf Sulawesi)*
Reiswein brèm
Reise perjalanan
Reisebüro biro perjalanan
Reiseführer ① pandu wisatawan *(Reiseleiter)* ② buku wisata *(Buch)*
reisen pergi, bepergian
Reisender orang yang bepergian
Reisescheck travellers chéques
Reisfeld sawah
Reiskocher dandang, alat penanak, periuk
Reismehl tepung beras
reißen robèk, merobèk
reißend (Wasser) deras
Reißverschluss ritslèting
reiten (Pferd) berkuda
reizen merangsang
reizvoll sangat menarik
Reklamation tuntut ganti, menuntut ganti
Reklame iklan
reklamieren minta ganti
rekonstruieren merékonstruksi
Rekord rékor
relativ tidak mutlak
Relief gambar timbul
Religion ① agama *(religiös)* ② kepercayaan *(Glaube)* ℹ *87% Muslime, 6% Protestanten, 3% Katholiken, 2% Hindus, 1% Buddhisten, 1% andere.*
Religionsfreiheit kebébasan beragama
religiös sein beriman
Rennen balapan, adu cepat
rennen (laufen) lari
Rentner pènsiunan
Reparatur perbaikan

Reparaturwerkstatt ①bèngkèl ②tambal ban *(Reifenreparaturstand)*
reparieren perbaiki, memperbaiki
Reporter wartawan
Reptil binatang melata/réptil
Republik républik ⇨ *Die Republik Indonesien wurde am 17. August 1945 durch Sukarno und Hatta proklamiert.*
Reserve cadangan
Reservereifen rés
reservieren pesan, memesan
Reservierung pesanan
resistent (medizinisch) kebal
Respekt hormat
respektieren hormati, menghormati
Rest sisa
Restaurant rumah makan, rèstoran, warung
restaurieren pugar, memugar
restlich tersisa
retten selamatkan, menyelamatkan
Retter penyelamat
Rettich, weißer lobak
Rettung penyelamatan
Rettungsring ban/gelang penolong
Revolution révolusi
Revolutionär révolusioner
Rezept resèp
Rezeption resèpsi
Rezession résési
Rheuma éncok rématik
Rhythmus irama
richten ①arahkan, mengarahkan *(auf etw.)* ②sesuaikan, menyesuaikan *(sich nach etw.)*
Richter hakim
richtig benar, betul
Richtung arah, jurusan
riechen bau, mencium
Riemen sabuk
riesig raksasa
Riff batu karang
Rikscha bécak ℹ *Meist motorisierte dreirädrige Gefährte, die als Taxi dienen.*
Rikschafahrer tukang bécak
Rind lembu, sapi
Rinde kulit pohon
Rindfleisch ①daging sapi ②abon *(zartgebacken und faserig)* ③rendang daging sapi *(Gulasch)* ④saté sapi *(-spießchen)*
Ring ①lingkaran *(Kreis)* ②cincin *(Finger-)*
ringen bergulat
Ringfinger jari manis
rings di sekeliling
Rinne alur
Rippe tulang rusuk, iga
riskieren berbahaya
Riss retak
Ritual upacara
robust kuat
Rochen ikan pari
Rock (Damen-) rok
Roggen gandum hitam
roh mentah
Rohr tabung
Rohrzange kunci tabung
Rohrzucker gula tebu
Rohstoff bahan baku
Rolle ①glindingan *(technisch)* ②peranan *(Theater)*
rollen gelinding, menggelinding
Rolltreppe èskalator
Rollstuhl kursi roda
Roman novel, roman
romantisch mesra
röntgen membuat foto ronsén
rosa mérah jambu/muda
Rose mawar
Rosine kismis
Rost ①karat *(Oxydation)* ②kisi-kisi bési *(Grill)*
rösten memanggang, membakar
rostfrei bébas karat
rostig sein berkarat
rot mérah
Rotan rotan
Rotbarsch ikan emas
Rotes Kreuz Palang Mérah
Rotwein anggur mérah
Rotwild rusa ℹ *Java, Bali, Flores, Timor, Sulawesi, Molukken, Kalimantan, West Irian*
Rotze ingus
Rouge bedak mérah

Route rute
Routine kebiasaan
Rubin batu delima
rücken dorong, mendorong
Rücken punggung
Rückenschmerzen sakit punggung
Rückfahrt perjalanan kembali/pulang
Rückfall kambuh
Rückgrat tulang punggung/belakang
Rückkehr kembalinya, pulangnya
Rücklicht lampu belakang
Rucksack ransel
Rückseite bagian belakang
Rücksicht nehmen auf jmd. perhatikan, memperhaikan
rücksichtslos tak peduli
rücksichtsvoll timbang rasa
Rückspiegel kaca spion
rückständig terbelakang
rückwärts ke belakang
Rückwärtsgang persnéling mundur
Rudel rombongan
Ruder kemudi
Ruderboot perahu dayung
rudern dayung, berdayung
Ruf ①teriakan *(Schrei)* ②nama *(Name)*
rufen panggil, memanggil
Rufnummer nomor télépon
Ruhe ①ketenangan *(kein Geräusch)* ②istirahat *(Pause)*
ruhelos (nervös) gelisah
ruhen beristirahat
ruhig tenang
ruhig sein diam
Rührei telur kocok gorèng
rühren ①aduk, mengaduk *(umrühren)* ②mengharukan *(emotional)*
rührend terharu
Ruin bangkrut, kebangkrutan
Ruine puing-puing
ruinieren (Geschäft) bangkrut(kan), membangkrutkan
Rum rum
rund bulat
Runde (Hahnenkampf) elaban
Rundfunk radio
Rundfunksender pemancar radio
Rundfunkübertragung penyiaran
runter ke bawah
rupfen ①mencabut ②membului *(Federn)*
Rupiah rupiah (Rp)
Russland Rusia
Ruß jelaga
Rüssel belalai
rutschen ①berluncur, meluncur ②merosot *(Bekleidung)*
rutschig licin
rütteln bergetar-getar

S

Saal bangsal
Saatgut semaian
Sache hal
sachlich objéktif
Sack kantong
Sackgasse jalan buntu
säen tabur, menabur
Safe brankas
Saft (Obst) sari buah, jus, air
Sage dongèng
Säge gergaji
sagen berkata, mengatakan
sägen gergaji, menggergaji
Sago sagu
Saison musim
Saite dawai, senar
Saiteninstrument alat musik petik
ℹ *Auf Seite 172 dieses Buches finden Sie die Musikinstrumente einer Gamelan-Gruppe.*
Salami sosis babi
Salat ①acar campur, asinan *(gemischt)* ②lètus, salada *(Pflanze)* ③gado-gado *(gegartes Gemüse mit Erdnusssoße)*
Salatsoße kuah salada
Salbe salep
Salz garam
salzen menggarami
salzig asin
Salzstreuer tabung garam

Salzwasser air asin
Samen benih, biji ℹ *biji dient auch als Zählhilfswort für Samen, Körner, Kerne ⇨ sembilan biji sawi = neun Senfkörner*
sammeln kumpulkan, mengumpulkan
Sammlung pengumpulan, kolèksi
Samstag (hari) Sabtu
Sand pasir
Sandale sandal
Sandbank beting, gosong
Sandelholzbaum pohon cendana
Sandstein batu pasir
sanft halus
Sänger penyanyi
Saphir batu nilam
Sarg peti mayat
Sarong sarong ℹ *Ein sarong Banjar stammt aus Banjarmasin, Kalimanatan. Er wird aus Baumwolle gewebt und hat ein Karomuster. Jarit, sinjang oder tapih sind lang und werden von Frauen getragen. Das Batikmuster besteht aus Pflanzen, Blätter oder Hahnenflügeln und ist dunkelbraun. Sarong Palèmbang ist typisch für Palèmbang, Sumatra. Der Seidenstoff hat Goldfäden eingewebt.*
satt kenyang
Sattel sadel
Satz (grammatikalisch) kalimat
sauber bersih
Sauberkeit kebersihan
saubermachen bersihkan, membersihkan
sauer asam
Sauerstoffflasche tabung oksigèn
Säugetier binatang menyusui, héwan mamalia
Säugling bayi, orok ℹ *Sagen Sie nicht versehentlich „babi", denn das heißt „Schwein"!*
Säule tiang
Säure zat-asam, air aki
sausen mendesing
Schach catur
Schacht tambang
Schachtel kotak
schade dass sayang
Schädel batok kepala
schaden ① merusak *(kaputt machen)* ② merugikan *(schädigen)*
Schaden ① kerusakan *(kaputt)* ② rugi *(Nachteil)*
schädlich sein berbahaya
Schaf biri-biri, domba
schaffen ① atasi, mengatasi *(bewältigen)* ② ciptakan, menciptakan *(erschaffen)*
schal hambar
Schale (Frucht) kulit buah
schälen kupas, mengupas, menguliti
Schall gema
Schalotte bawang mérah
Schallplatte piringan hitam
Schalter ① lokèt *(Ticket)* ② sakelar *(Knopf)*
Schaltung (Auto) persnéling
Schambein tulang kelamin
schämen, sich merasa malu-malu
Schamhaar jembut
Schande ① kecemaran *(Schande)* ② noda *(Makel)* ③ cela *(Scham)*
Schar ① kelompok *(menschen)* ② kawanan *(Tiere)*
scharf ① pedas *(Speise)* ② tajam *(Messer)*
schärfen tanjamkan, menanjamkan
Schärpe ① seléndang *(Hüfttuch)* ② selèmpang *(für Männer)* ③ ikat pinggang, stagèn *(für Frauen)*
Schatten bayangan
Schattenpuppenspiel wayang
schattig rindang
schätzen ① taksir, menaksir *(Wert)* ② hargai, menghargai *(würdigon)*
Schatzkammer perbendaharaan
schauen pandang, memandang
Schaufel sekop, pendoyok
Schaukel ayunan
schaukeln membuai
Schaum buih
schäumen berbusa
Schauspiel sandiwara
Schauspieler aktor
Schauspielerin aktris
Scheck cèk, periksa
Scheibe ① iris *(Wurst, Brot)* ② kaca *(Glas)*
Scheibenwischer wiper
Scheide (Vagina) liang sanggama
scheiden, sich cerai, menceraikan

INDONESISCHES SCHAUSPIEL

Arja Böse Figur, Herold des Königs, Bali
baksa kembang Tanz auf Kalimantan
balumba monong Tanz auf Sulawesi
barong Drachentanz auf Bali
baris Tanz von einem jungen Sohn auf Bali
bekhusek Tanz auf Sumatra
bidadaei Tanz auf Sumatra in Bengkulu
Bima eine Figur in den Erzählungen
Brahma Hindu-Gott, Schöpfer der Welt
brahmana Hindu-Priester
calon arang Tanz auf Bali
dalang Puppenspieler
Déwa Ruci der kleine Gott
gambuh Tanz auf Bali
Ganesha Elefantengott
Hanuman Affenfürst in der Ramayana Sage
jago Dorfheld im javanischen Volkstheater
jaipongan Tanz der Sundanesen auf Java
kécak Tanz des Affengotts Hanuman auf Bali
ketoprak Volkstheater mit Volkshelden
Krisna Gott Krishna
legong Klassischer Hoftanz, Bali
leko Tanz auf Bali
ludruk javanisches Volkstheater, in dem aktuelle Themen dargestellt werden in einem Gemisch aus Bahasa Indonésia und ngoko, der einfachen javanischen Sprachebene
maengket Tanz auf Sulawesi
Mahabharata Epische indische Erzählung
melinting Tanz auf Sumatra in Lampung
merak Tanz auf Java
monong Tanz auf Kalimantan
Parvati Frau von Shiva, Mutter von Ganesha
payung Tanz der Minangkabau auf Sumatra
Pencak Silat traditionelle Kampfsportart
Ramayana epische indische Erzählung
remong Tanz auf Java
sanghyang dedari Trancetanz von zwei jungen Mädchen getanzt, Bali
sekapur sirih Tanz auf Sumatra in Jambi
sendratari Tanz ohne Dialog und Gesang
serimpi sangupati Tanz in Yogyakarta, Java
Shiva Hindu-Gott, Bewahrer des Lebens und Lebensspender
tandak Tanz auf Sumatra in Riau
tortor Tanz auf Sumatra
wayang bébér Schauspiel mit auf Papierrollen gemalte Bilder
wayang golèk Holzmarionetten-Schauspiel
wayang klitik Schauspiel mit flachen Holzmarionetten
wayang kulit Schauspiel am Abend auf einer beleuchteten Leinwand mit Leder-Spielpuppen
wayang lemah Schauspiel am Tage ohne Leinwand mit Spielpuppen aus Leder
wayang wong Maskierte Schauspieler spielen Szenen aus dem Ramayana-Epos
wayang topèng Kostümierte Tänzer bringen mit Witzen das Publikum zum Lachen
Wisnu Hindu-Gott Vishnu, Zerstörer, Todbringer und Erneuerer
yapong Tanz auf Java in Jakarta

Scheidung perceraian
Schein ①sinar *(Sonne)* ②tampaknya *(An-)*
scheinbar tampaknya
scheinen ①bersinar *(Sonne)* ②tampaknya *(erscheinen)* ③seakan-akan *(es scheint)*
Scheinwerfer (Auto) lampu besar
Scheiße ①kotor *(Dreck)* ②tai! *(Schimpfwort)*
scheißen buang air besar, berak
scheitern gagal
Schenkel paha
schenken hadiahkan, menghadiahkan
Scherbe pecahan
Schere gunting
Scherz kelakar
scheuen takut akan
Scheune lumbung
scheußlich ①jelèk *(hässlich)* ②ngeri, mengerikan *(beängstigend)* ③seram *(grausig)*
Schicht (Lage) lapisan
schicken (an) kirim, mengirim (kepada), mengirimi
Schicksal nasib
schieben dorong, mendorong

Schiedsrichter ①wasit ②saja kemon *(bei Hahnenkämpfen)*
schief miring
Schienbein tulang kering
Schiene ①belat ②rél *(Zug)*
schießen témbak, menémbak
Schiff kapal laut
Schiffahrt pelayaran
Schild ①papan *(Werbung)* ②taméng *(Schutz)*
schildern menggambarkan
Schildkröte ①kura-kura *(Land-)* ②penyu *(Wasser-)*
Schildkrötenei telur penyu
Schilf gelagah, alang-alang
schimmelig bulukan, berjamur
Schimmelpilz cendawan, bulukan
Schimpanse simpanse
schimpfen caci, mencaci
Schimpfwort kata caci-maki ℹ*Auf Seite 148 dieses Buches finden Sie eine Liste von indonesischen Ausrufen und Schimpfworten.*
Schinken ham ℹ*Wurst allgemein ist kein gängiges Nahrungsmittel. Man kennt und isst sie nur in den Städten, beispielsweise in den amerikanischen Fastfood-Ketten.*
Schirm ①payung kertas *(Regen-)* ②payung besar *(Sonne-)*
Schlacht pertempuran
schlachten (Tier) potong binatang, memotong binatang
Schlaf tidur
Schlaf schön! Selamat tidur!
Schlafanzug piyama
schlafen ①tidur ②meniduri *(mit jmd.)*
Schlafmittel obat tidur
schläfrig ngantuk
Schlafsack kantung tidur
Schlaftabletten obat tidur
Schlafzimmer kamar tidur
Schlag pukulan
Schlaganfall penyakit pitam
schlagen pukul, memukul
Schläger (Sport) rakèt
Schlamm lumpur
Schlange ular
Schlangenbiss gigitan ular
schlank langsing, kurus
schlapp ①lesu *(Krankheit)* ②letih *(Arbeit)*
schlau cerdik
Schlauch slang
schlecht ①jelèk *(nicht gut)* ②mual *(übel)* ③kasar *(Ausführung)* ④busuk *(verdorben)*
Schleier kain tudung
Schleife (Haar-) pita
schleifen (scharf) mengasah
schleppen sèrèt, menyèrèt
schleudern lontarkan, melontarkan
schlicht bersahaja, sederhana
schließen tutup, menutup
schließlich akhirnya
schlimm payah
Schlinge jerat, simpul
Schlips dasi
Schlitz berlahan
Schloss ①gembok *(Tür)* ②istana *(Haus)*
Schlucht jurang
Schluck seteguk
Schluckauf kesedakan
schlucken télan, menélan
schlüpfrig licin
Schluss ①akhir *(Zeit)* ②penutup *(Programm)* ③selesai *(getane Arbeit)*
Schlüssel kunci
Schlussfolgerung kesimpulan
Schlussverkauf obralan
schmackhaft énak, lezat
schmal sempit
schmecken, gut nikmat sekali, ada rasa
schmeißen lémpar, melémpar
schmelzen ①lebur, melebur *(Eisen)* ②meléléh *(Kerze)*
Schmerz kesakitan, rasa sakit
schmerzhaft sakit
schmerzstillende Mittel obat/penawar sakit
Schmetterling kupu-kupu ℹ*Kupu-kupu malam heißt zwar Nachtfalter, der Begriff wird aber auch für Prostituierte benutzt.*
Schmied tukang besi
schmieden (Metall) tempa, menempa
schmierig sein berlumur
Schminke rias muka

schminken, sich merias muka
Schmuck hiasan
schmücken hiasi, menghiasi
Schmuggel penyelundupan
schmuggeln selundupkan, menyelundup
Schmutz kotoran
schmutzig kotor
Schnabel paruh
Schnaps sopi, jenéwér
schnarchen ngorok, mengorok
Schnauze moncong
Schnecke kéong, becikot, siput
Schnee salju
schneiden potong, memotong
Schneider penjahit
schneien hujan salju, bersalju
schnell cepat, lekas
Schnellzug keréta api cepat ⓘ *Es gibt Züge 3. Klasse (sehr voll, langsam) und Schnellzüge mit Business- und Exekutivclass (sehr bequem, inklusive Imbiss und Abendessen).*
Schnitt ① lécét *(Wunde)* ② potongan *(Schneiden)*
Schnittlauch, asiatisch kucai
Schnittwunde luka gorésan
schnitzen ukir, mengukir
Schnitzerei ukiran
ⓘ *Bekannt für Schnitzereien sind die Stadt Jepara in Mittel-Java und das Dorf Mas auf Bali.*
Schnorchel snorkel
schnorcheln snorkel
Schnuller dot
Schnupfen pilek, ingusan
Schnupftabak tembakau sedotan
Schnur tali
Schnurrbart kumis
schnurren mengeruh
Schnürriemen tali sepatu
Schock kejutan
Schokolade coklat
schon sudah, telah
schon einmal sudah pernah
schön ① bagus *(Form)* ② cantik *(Dame)* ③ indah *(Kunst)* ④ baik *(gut)* ⑤ énak *(nett)*
schonen, sich istirahat, beristirahat
Schönheit ① kecantikan *(Dame)* ② keindahan *(Natur)*
schöpfen (Wasser) menimba
Schöpfung penciptaan
Schornstein cerobong asap
schräg miring
Schramme gorèsan
Schrank lemari
Schranke palang, batas
Schraube sekrup
Schraubenschlüssel kunci sekrup
Schraubenzieher obéng
Schreck sentakan kagèt
Schrei jeritan
schreiben tulis, menulis
Schreibmaschine mesin ketik
Schreibtisch méja tulis
schreien menjerit
Schreiner tukang kayu
Schrift tulisan
schriftlich tertulis
Schriftrolle lontar
Schriftsteller pengarang
schrill melengking, nyaring
Schritt langkah
Schrott besi tua
schrubben menyikat
schrumpelig sein berkerut
schrumpfen mengecil
Schublade laci
schüchtern malu-malu
Schuh sepatu ⓘ *Vor Betreten eines Wohnhauses oder Tempelinneren sollten Sie immer die Schuhe ausziehen.*
Schuhgeschäft toko sepatu
Schulbildung pendidikan sekolah
Schuld haben bersalah
schulden berhutang
Schulden hutang
Schulden haben berhutang
schuldenfrei bébas hutang
schuldig ① berhutang *(Schulden haben)* ② salah *(Recht)*
Schule sekolah
Schüler murid, pelajar
Schulter ① bahu ② pundak *(Nackenbereich)*
schummeln (Spiel) bermain curang

Schund rombéngan, rongsokan
Schuppen ①sisik *(Fisch)* ②ketombe *(Kopf)* ③gubuk *(Geräte)*
Schuss témbakan
Schüssel mangkok
Schuster tukang sepatu
Schutt rerutuhan
schütteln goyang-goyang
schütten menuangkan
Schutz pelindung
Schutzblech sayap
schützen, sich béla/membéla diri
schwach lemah
Schwager ipar laki-laki
Schwägerin ipar perempuan
Schwalbe burung walet
Schwamm (Flora) bunga karang
Schwan angsa (hitam)
schwanger mengandung, hamil
schwängern menghamili
Schwangerschaft kehamilin
Schwangerschaftstest B-test
schwanken terhuyung-huyung
Schwanz ①ékor *(Tier)* ℹ *ékor dient auch als Zählhilfswort für Tiere* ⇨ *tiga ékor kerbau = drei Wasserbüffel* ②kotek *(Penis)*
Schwarm (Tier-) kawanan
schwärmen für mengagumi pada
schwarz hitam
Schwarzarbeit kerja gelap
schwarz-weiß hitam-putih
schweben melayang
Schwefel belerang
schweigen berdiam
Schwein babi
Schweinefleisch ①daging babi ℹ *In moslemischen Restaurants wird kein Schweinfleisch angeboten.* ②kolobak *(gebacken, auf Bali)* ③saté babi *(gegrillt auf einem kleinen Spieß)* ④babi guling *Spanferkel)*
Schweiß keringat
schweißen mengelas
Schweiz Swis
Schweizer orang Swis
Schwelle ambang
Schwellung bengkak
schwer ①berat *(Stoff)* ②sukar *(Probleme)*
schwerhörig congèk, agak tuli
Schwert pedang
Schwester ①adik (perempuan) *(jüngere)* ②adinda *(jüngere)* ③kakak (perempuan) *(ältere)* ④saudara perempuan ⑤(a)yu *(javanisch: hübsche Schwester)* ⑥adik kandung (perempuan) *(Zwilling)* ℹ *perempuan hängt man an, wenn es wichtig ist, dass die Schwester gemeint ist und nicht der Bruder*
Schwiegereltern mertua
Schwiegermutter mertua perempuan
Schwiegersohn menantu laki-laki
Schwiegertochter menantu perempuan
Schwiegervater mertua laki-laki
schwierig sukar, sulit
Schwierigkeit kesukaran
Schwimmbad kolam renang
schwimmen berenang
Schwimmflossen sepatu bèbèk, flipper
Schwimmweste pelampung
schwindelig pusing
schwitzen keringat, berkeringat
schwul banci
schwül udara panas dan lembab
Sechstel seperenam
See ①laut *(die See)* ②danau *(der See)*
Seehund anjing laut
Seeigel landak laut
seekrank mabuk laut
Seekuh babi duyung
Seele jiwa
seelisch batin
Seelöwe singa laut
Seemann pelaut
Seemeile mil laut
Seepferdchen kuda laut
Seestern tapak sulaiman
Segel layar
Segelboot perahu/kapal layar
segeln berlayar
segnen berkati, memberkati
sehen lihat, melihat
sehenswert pantas dilihat
Sehenswürdigkeit obyèk wisata
Sehne urat daging, otot

sehnen, sich merindukan
Sehnsucht kerinduan
sehr ①sangat, amat *(wird vorangestellt)* ②sekali *(nur Adjektive, wird nachgestellt)* ③ter- *(als Vorsilbe)* ⇨*yang terhormat = sehr geehrte(r)*
sei nicht jangan
seicht dangkal
Seide sutera
Seife sabun
Seil tambang, tali ⓘ*utas dient auch als Zählhilfswort für alle bandartigen Dinge* ⇨*empat utas tali = vier Seile*
sein ①ada *(es gibt, sich befinden)* ②berada *(auf Personen bezogen: da sein)* ③merupakan *(darstellen, bildet)* ④adalah *(das sind)* ⑤dia, -nya *(Pronomen)* ⓘ*Achtung: „sein" wird als Hilfswort im Indonesischen kaum genutzt, es ist meist im entsprechenden Vollverb enthalten!*
seit sejak
seitdem sejak itu
Seite ①halaman *(Buch)* ②sisi, samping *(links/rechts)*
seitlich dari/di samping
seitwärts di/ke samping
Sekretär sékretaris
Sekt anggur berbusa
Sekunde detik
selbst ①sendiri *(persönlich)* ②bahkan *(sogar)*
Selbstmord bunuh diri
selbstständig mandiri
selbstverständlich tentu saja, memang
Sellerie selédri
selten jarang, langka
seltsam anèh
senden ①mengirimkan *(Post)* ②menyiarkan *(Radio/TV)*
Sender pemancar
Sendung ①kiriman *(Post)* ②siaran *(Radio/TV)*
Senfkörner biji sawi
senken turunkan, menurunkan
senkrecht tegak lurus
Sense sabit besar
September (bulan) Séptémber
servieren hidangkan, menghidangkan
Serviette serbèt makan
Sesam wijèn
Sessel kursi malas
setzen, sich duduk
Seuche wabah
Sex sèks
Shampoo sampo
Sichel sabit
sicher ①aman *(ungefährlich)* ②pasti *(gewiss)*
Sicherheit ①keamanan *(Ungefährlichkeit)* ②kepastian *(Gewissheit)*
Sicherheitsgurt sabuk pengaman
sichern buat aman, membuat aman
Sicherung (elektr.) sékring
Sicht pemandangan
sichtbar tampak
Sie ①Anda ②Tuan *(Anrede für Männer)* ③Ibu *(Anrede für Frauen)*
sie dia, ia
Siedlung pemukiman
Sieg kemenangan
siegen menang
Sieger pemenang
Signal isyarat
Silbe suku kata
Silber pérak
singen nyanyi, menyanyi
sinken ①tenggelam *(Schiff)* ②menurunkan *(Preis)*
Sinn ①indera *(Wahrnehmungsfähigkeit)* ②arti *(Bedeutung)*
sinnlos sein tak berarti
Sirene siréne
Sitte adat
Situation keadaan
Sitz (platz) tempat duduk
sitzen duduk
Skandal kehebohan, skandal
Skelett kerangka tubuh
Skizze bagan
Sklave budak belian
Sklaverei perbudakan
Skorpion kalajengking
Skorpionbiss sengat kalajengking

skrupellos kejam
Skulptur arca patung
Slip celana dalam
Smaragd zamrut
so begitu ⇨*Begitulah. = So ist es.*
so ... wie ①se-*(+Nomen)* dengan ②se-*(+Adjektiv)* ③sama *(Adjektiv)*(-nya) dengan
sobald segera
Socke kaos kaki
Sockel tumpuan
so dass sehingga, agar
soeben tadi
Sofa dipan, sofa
sofort langsung, seketika
sogar bahkan ⇨*Bahkan dia makan juga. = Sogar er isst auch.*
Sohle telapak kaki
Sohn putra, anak laki-laki
Sojabohne kacang kedelai
Sojabohnensprossen taugé, kecambah
Sojasoße kécap
solange selama
solche semacam/seperti itu
Soldat prajurit, serdadu
Solidarität kesetiakawanan
sollen seharusnya
Sommer musim panas
sonderbar anèh
sondern melainkan
Sonne matahari
Sonnenaufgang matahari terbit
Sonnenbrand kulit yang terbakar
Sonnenbrille kacamata gelap
Sonnencreme krém kulit, Pabanox
ℹ*Indonesier meiden direkte Sonneneinstrahlung, da ihr Schönheitsideal helle Haut ist.*
Sonnenfinsternis gerhana matahari
Sonnenschirm payung besar
Sonnenuntergang matahari terbenam
sonnig cerah
Sonntag (hari) Minggu
sonst kalau tidak
Sorge kekuatiran
sorgen ①urus/mengurus untuk *(für)* ②merasa kuatir terhadap *(um etw.)*
sorgfältig teliti
Sorte jenis, macam
sortieren sortir, menyortir
Sortiment persediaan barang
so sehr bagaimanapun juga
Soße kuah, saus
Souvenir cendera mata, olèh-olèh
ℹ*Auf Seite 144 dieses Buches finden Sie eine kleine Liste von Souvenirs aus traditionellen indonesischen Handwerk.*
so viel sebanyak
sowie seperti juga
sowieso bagaimanapun juga
sowohl ... als auch baik ... maupun
sozial sosial
sozialistisch sosialis
Spalte celah
spalten belah, membelah
Spanferkel babi guling/panggang
Spanien Spanyol
spannend tegang
sparen tabung, menabung
Spargel pucuk asparagus
sparsam hémat
Spaß senang
spät lambat, terlambat
spätestens selambat-lambatnya
Spaten sekop
später nanti
Spaziergang jalan-jalan
Speck (Fett) lemak
Speer lembing
Speiche ruji
Speichel air ludah
Speicher ①gudang, lumbung *(Korn)* ②mémori *(Computer)*
Speise makanan, hidangan
Speisekarte daftar makanan, ménu
Spende sumbangan
spendieren traktir, mentraktir
Sperma air mani
Sperre penghalang
sperren menghalangi

SPEISEKARTE

piring dient als Zählhilfswort für Gerichte
⇨ dua piring nasi gorèng
= zwei Teller gebratenen Reis

bubur Reisbrei
campur gemischt
gorèng gebraten
godog Eintopf
gudég/opor mit Kokosmilch
gulai/karé Curry
kukus/rebus/terik gekocht, gedünstet
panggang gebacken, gegrillt
pépés im Bananenblatt gekocht
rendang Gulasch
saté gegrillte Fleischspießchen
sop/soto/bakso Suppe

SPEISEN

abon zartgebackenes Rindfleisch
acar campur gemischte eingelegte Gemüse
apam süßer Pfannkuchen mit Nüssen
asinan gemischter Salat
babi guling Spanferkel
bakwan frittierte Garnelen mit Sojabohnen
bèbèk peking Peking Ente
emping Chips aus Melinjofruchtmehl
fu yung hai Omelett mit Fleisch und Gemüse
gado-gado gegartes Gemüse mit Erdnusssoße
kolobak gebackenes Schweinefleisch
lemper Klebereis mit Fleisch im Bananenblatt
lontong gedämpfter Reis im Bananenblatt
lumpia Frühlingsrolle
martabak herzhafter, gefüllter Pfannkuchen
mi bakso Nudelsuppe mit Fleischklößchen
mi pangsit Nudelsuppe mit Teigtaschen
nasi bungkus Reis zum Mitnehmen
nasi campur Reis mit Gemüse und Fleisch
nasi kuning gekochter Reis mit Kurkuma
nasi padang Padangsreistafel
nasi putih gekochter Reis
nasi rames Reis mit Ei, Gemüse und Fleisch
nasi rawon Reis mit Rindfleischeintopf
nasi uduk Reis gekocht in Kokosmilch
pecel Gemüse in Erdnussoße
pisang gorèng gebackene Banane
rujak scharfer Fruchtsalat aus saurer Mango
tumis kangkung Wasserspinat mit Sojasoße

GRUNDZUTATEN

ayam Hähnchen
babi Schwein
bakmi/mi Nudeln
bèbèk Ente
cap cai gebratenes Gemüse
cumi-cumi Tintenfisch
domba Lamm
hati Leber
ikan Fisch
gurami Guramifisch
kuah Gemüsebrühe
jantung Herz
kambing Ziege
kepiting Krabbe
kodok Frosch
krupuk Chips
merpati Taube
nasi Reis
otak Hirn
sapi Rind
sayur Gemüse
tahu/tèmpé Tofu
udang Garnele

Spezialität ① kekhususan ② keistiméwaan *(zu Essen)*
Spezialist spesialis
speziell khusus, istiméwa
Spiegel cermin, kaca
Spiegelei telur mata sapi
Spiegelung pemantulan
Spiel permainan
spielen ① berlomba, bermain *(Spiel)* ② bermain, memainkan *(Instrument)*
Spielfilm film cerita/sandiwara
Spielkarten kartu mainan/permainan
Spielzeug alat permainan
Spieß (Fleisch-) saté
Spinat ① bayam *(China-)* ② gendola *(Ceylon-)* ③ kangkung *(Wasser-)*

④peleng, puileng *(englischer)*
Spindel gelendong
Spinne laba-laba
spinnen (irre sein) gila
spitz runcing
Spitze puncak
Spitzer (Stifte) penajam pènsil
Splitter pecahan
spontan spontan
Sport olahraga, sport
Sportler olahragawan
Sportplatz lapangan olahraga
Sportverein persatuan olahraga
spotten (über) éjék, mengéjék
Sprache bahasa ⓘ*Die offizielle Sprache ist Bahasa Indonésia. Es werden aber 668 weitere Sprachen gesprochen. Angabe in Millionen Sprecher: Javanisch (70), Sundanesisch (25), Malaiisch (10), Maduresisch (9), Minangkabau (7,5), Balinesisch (3), Bugis (2,5), Acèh (2,2), Toba Batak (2), Makassar (1,5), Banjar (1,8), Sasak (1,5), Lampung (1,5), Dairi Batak (1,2), Rejang (1), Chinesisch (2).*
Sprachebene ①ngoko *(javanische Umgangssprache der einfachen Leute)* ②kromo *(Hochjavanisch, die Hofsprache)*
Spray ①spray ②semprot *(Mücken-)*
sprechen bicara, berbicara
Sprechzimmer kamar prakték
sprengen ①siram, menyiram *(wässern)* ②meledakkan *(explodieren lassen)*
Sprengstoff bahan peledak
sprich alias, baca
springen loncat, meloncat
Spritze suntikan
spritzen suntik, menyuntik
Spruch pepatah
sprudeln memancur
sprühen sémprotkan, menyémprotkan
Sprung lompatan, loncatan
Spucke ludah, air liur
spucken meludah
Spülbecken bak cucian
Spule kumparan
spülen membilas
Spülmaschine mesin cucu piring
Spur jejak
spüren merasa
Staat negara, negeri
Staatsangehörigkeit kewarganegaraan
Staatsanwalt/ältin jaksa
Staatspräsident présidén
Stab tongkat, batang ⓘ*batang dient auch als Zählhilfswort für längliche Dinge* ⇨*sebatang krétèk = eine Nelkenzigarette*
stabil stabil
Stachel duri
Stachelschwein landak ⓘ*Java, Sumatra*
stachlig sein berduri
Stadt kota
Stadtmitte pusat kota
Stadtplan péta kota
Stadtverwaltung kotapraja
stagnieren tidak bergerak, macet
Stahl baja
Stall kandang
Stamm ①batang pohon *(Baum-)* ②suku *(Volks-)*
stampfen tumbuk, menumbuk
Stand ①kedudukan *(Gesellschaft)* ②stan *(Markt-)*
Standard baku
Ständer (Bambus) parapara
ständig selalu, senantiasa
Stange batang
Stapel tumpukan
Star ①burung jalak *(Vogel)* ⓘ*Java, Bali und Lombok* ②bintang *(Berühmtheit)*
stark kuat
Stärke ①kekuatan *(Kraft)* ②kanji *(Speise-)*
Starkstrom aras kuat
starr kaku
starren lihat-lihat
Start awal, mulai
starten (Flugzeug) berangkat
Station ①bagian *(Krankenhaus)* ②setasiun *(Bahnhof)*
statt ①daripada ②sebagai ganti *(anstatt)*
stattfinden berlangsung, terjadi
Statue arca, patung
Stau macet
Staub debu

staubig sein berdebu
Staubsauger alat penghisap debu
Staudamm tanggul waduk
staunen (über) héran (akan)
Stausee waduk
stechen ①tikam, menikam ②tusuk, menusuk *(Nadel)* ③menggigit *(Insekt)*
Steckdose stopkontak
stecken tancapkan, menancapkan
stecken bleiben macet
Stecker sontékan
Stecknadel peniti
Steg titian
stehen berdiri
stehen bleiben berhenti
stehlen curi, mencuri
steif kaku
steigen ①meningkat *(aufsteigen)* ②mendaki *(Berg)* ③naik *(ein-, auf-)* ④naikkan, menaikkan *(lassen)*
steigern meningkatkan
Steigung tanjakan
steil ①tajam *(nach oben)* ②curam *(nach unten)*
Stein batu
steinig sein berbatu-batu
Steißbein tulang tungging
Stelle tempat
stellen tempatkan, menempatkan
Stellenangebot lowongan
Stellung ①jabatan *(Beruf)* ②kedudukan *(Gesellschaft)* ③pangkat *(Militär)*
Stempel cap
stempeln menyenémpel
Stengel tangkai
Steppdecke kain perca
sterben meninggal, mati
steril stéril
Stern bintang *(auch zur Bewertung von Hotels)*
Sternfrucht ①belimbing manis *(Obst)* ②belimbing wuluh *(saures Gewürz)*
Steuer ①kemudi *(Lenkrad)* ②pajak *(Abgabe)*
steuerfrei bébas pajak
steuern kemudikan, mengemudikan
Steward(ess) pramugari
Stich (Insekt) gigitan
sticken sulam, menyulam
stickig pengap
Stiefbruder saudara tiri laki-laki
Stiefel sepatu bot/lars
Stiefmutter ibu tiri/mertua
Stiefschwester kakak tiri perempuan
Stiefvater ayah tiri/mertua
Stiel batang, gagang
Stil gaya
still ①diam *(Person)* ②tenang *(Atmosphäre)*
Stille ketenangan
stillen menyusui
Stilrichtung aliran gaya
Stimme (Gesang, Wahl) suara
stimmen ①betul/cocok *(korrekt)* ⇨ini *(tidak) cocok = das stimmt (nicht)* ②menyetèl *(Instrument)*
Stimmung ①perasaan hati *(Gefühlslage)* ②suasana *(Atmosphäre)*
Stimmzettel kartu suara
stinken berbau busuk
Stinkfrucht durian ⓘ*stinkt beim Öffnen der Frucht, aber das Fruchtfleisch schmeckt!*
Stipendium béa siswa
Stirn dahi, jidat
Stock tongkat
Stockwerk lantai
Stoff ①bahan *(Material)* ②kain *(Textil)* ⓘ*helai dient als Zählhilfswort für dünne Materialien wie Haar, Baumwolle, Stoff* ⇨*sehelai kain = ein Lappen Stoff*
stöhnen ngeluh, mengeluh
stolpern (über) tersandung (pada)
Stolz kebanggaan
stolz (auf) bangga atas
stop! setop, berhenti
stoppen berhenti, menghentikan
Stöpsel sumbat
stören ganggu, mengganggu
stornieren ①batal(kan), membatalkan *(Auftrag)* ②korèksi, mengorèksi *(Buchhaltung)*
storniert ①batal(kan), dibatalkan *(Auftrag)* ②dikorèksi *(Buchhaltung)*
Störung gangguan
Stoß benturan
stoßen bentur, membentur

Stoßstange bémper
stottern gagap
strafbar kriminal
Strafe hukuman
straff tegang
Strafrecht hukum pidana
Strahl ①pancaran *(Licht)* ②semburan, semprotan *(Wasser)*
strahlen ①berseri-seri *(Gesicht)* ②sinar, bersinar *(Licht)*
Strand pantai
Straße jalan
Straßenhändler(-in) pedagang kaki lima
Straßenschäden kerusakan jalan
Strauch semak
Strauß ①burung unta *(Vogel)* ②karangan bunga *(Blumen)*
streben berusaha
Strecke jarak
strecken rentangkan, merentangkan
streicheln belai, membelai
streichen mencat
Streichholz korèk api
Streifen ①garis ②carik ℹ *carik dient auch als Zählhilfswort für Streifen von z. B. Papier ⇨ tujuh carik kertas = sieben Streifen Papier*
streifen menyenggol
Streik pemogokan
streiken mogok
Streit pertengkaran
streiten, sich bertengkar
Streitkräfte angkatan bersenjata
streng ①ketat *(Regeln)* ②galak *(z. B. Lehrer)*
Stress ketegangan
Strich garis, gorésan
stricken rajut, merajut
Strick tali
stricken merajut
Stroh jerami
Strom ①sungai besar *(großer Fluss)* ②(arus) *listrik (elektrisch)*
strömen mengalir
Strömung ①aliran *(geistig)* ②arus *(Meer)*
Stromversorgung distribusi listrik ℹ *In abgelegenen Dörfern ist die Stromversorgung nicht optimal. Manche Dörfer haben überhaupt noch keinen Stromanschluss.*
Strophe bait
Strudel olak air
Strumpf kaos kaki
Stück ①lakon *(Theater)* ②potong, sepotong *(Menge)* ③carik *(Papierstreifen)* ④butir *(Eier, Mango, kleine und runde Dinge)* ⑤biji *(Samen, Körner, Kerne)* ⑥lembar, helai *(Papierblatt, Bretter, Stoff)* ⑦bidang *(Land)* ⑧buah *(Früchte, Schiffe, Häuser, Berge, Städte...)* ⑨kuntum *(Blume)* ⑩batang *(längliche Dinge, Zigaretten)*
Student mahasiswa
Studentin mahasiswi
studieren kuliah, belajar
Studium studi, pelajaran
Stufe tingkat
Stuhl kursi
Stuhlgang ①buang air besar *(höflich)* ②berak *(grob)*
stumm bisu
stumpf tumpul
Stunde jam
Stundenlohn upah sejam
stündlich tiap jam
stur keras kepala
Sturm badai
stürmisch sein (See) bergelora
Sturz jatuh
stürzen ①jatuh, menjatuhkan *(Regierung)* ②meruntuhkan *(Gebäude)*
stützen menopang
Suche pencarian
suchen cari, mencari
Sucht ketagian
süchtig ketagian
Süd(en) selatan
Südosten tenggara
Südpol kutub selatan
Südwesten baratdaya
Sultan sultan
Summe jumlah
summen mengumbang
Sumpf rawa
sumpfig sein berawa-rawa

Sünde dosa
Superbenzin bènsin super
Supermarkt supermarkét
Suppe sop, soto, bakso
Surfbrett papan surfing
surfen berselancar
Surfer peselancar
süß manis
süßen membuat manis
Süßigkeiten gula-gula, permen
Süßkartoffel ubi manis/jalar
süßsauer acar
Süßstoff gula sakarin
Süßwasser air tawar
Sweatshirt sweatshirt
Symbol lambang, simbol
sympathisch simpatik
Symptom gejala
Syphilis sifilis, penyakit raja singa
System sistém
Szene (Theater-) adegan

T

Tabak tembakau
Tabelle tabèl
Tablett baki
Tablette pil, tablèt
tabu tabu
Tachometer takhométer
Tafel (Schreib-) papan tulis
Tag hari
Tage (Periode) haben datang bulan
Tageszeitung surat kabar harian ℹ *Die wichtigsten sind „Suara Pembaruan", „Duta", „Kompas", „Java Post", „Rakyat Merdéka".*
täglich tiap hari, sehari
Taifun angin ribut/topan
Takt ① irama *(Musik)* ② sopan *(Feingefühl)*
Tal lembah
Talent bakat
Tamarinde asam Jawa, lunak
Tampon tampon
Tang ganggang laut
Tank (Auto) tangki
tanken isi/mengisi bahan bakar
Tankstelle pompa bènsin
Tante ① bibi, bibik, tante ② budhe *(älteste Schwester des Vaters oder der Mutter)*
Tanz tari, tarian ℹ *Auf Seite 212 dieses Buches finden Sie eine Liste der Schauspielarten und Tänze in Indonesien.*
tanzen ① dansa, berdansa *(westlich)* ② menari, bertari *(traditionell)*
Tänzer penari *(traditionell)*
Tanzveranstaltung ① acara dansa *(westlich)* ② pertunjukan tarian *(traditionell)*
Tapioka ubi kayu, singkong
Tasche kantong, tas
Taschendieb pencopét
Taschenlampe sénter
Taschenmesser pisau lipat
Taschenrechner kalkulator
Taschentuch saputangan, tisu
Tasse cangkir
Taste tombol
tasten meraba-raba
Tat perbuatan
Täter pelaku
Tätigkeit ① kesibukan *(Beschäftigung)* ② pekerjaan *(Arbeit)*
tätowieren merajah, mencacah ℹ *Traditionell auf Kalimantan bei Männern beliebt. Als Farbstoff diente ein Gemisch aus Zuckerrohrsaft und Ruß vom Damar-Harz. Auf Irian Jaya bekommen die Männer bei Initiationszeremonien Krokodilmotive tätowiert.*
Tatsache kenyataan
Tatze cakar
Tau ① tambang *(Seil)* ℹ *utas dient auch als Zählhilfswort für alle bandartigen Dinge ⇨ empat utas tali = vier Seile* ② embun *(Morgen-)*
taub tuli
Taube merpati ℹ *Auch für Speisen.*
Tauchausrüstung alat selam
tauchen menyelam
Taucherbrille kacamata selam
Taucher selam
Taucheranzug pakaian selam
Taucherbrille kacamata penyelam
tauen meléléh

Taufe pembabtisan
taufen membabtiskan
Tausch pertukaran
tauschen tukar, menukar
täuschen, sich keliru
tausend seribu
Taxameter argométer
Taxi ①taxi, taksi ②bécak *(3-rädriges-Fahrradtaxi)* ③bécak bermotor, bejaj, bémo, kijang, hélicak *(3-Rad-Motortaxi)* ④cidomo, dokar, andong, delman, bendi *(Pferdekarrentaxi)* ⑤colt, mikrolet, opelet *(Minibustaxi)*
TBC tbc *(Aussprache: té-bé-sé)*
Teakholz kayu jati
Team regu
Technik téknik
Techniker téknikus
Tee ①tèh ②tèh pahit *(schlapper Tee ohne Milch oder Zucker)*
Teebaum pohon tèh
Teelöffel séndok kecil
Teer aspal
Teich émpang
Teig adonan
Teil bagian
teilen bagi, membagi
Teilnahme an etw. pengikutsertaan
teilnehmen (an) ikut, mengikuti
Teilnehmer peserta
Telefon télépon ⓘ*Inlandvermittlung 100*
Telefonbuch buku télépon
Telefonhörer gagang télépon
telefonieren menélepon ⓘ*Es gibt die Telefonbüros Wartel und Warpostel. Öffentliche Münzentelfone findet man in einigen Postämtern, Flughäfen und in Großstädten.*
Telefonkarte kartu télépon
Telefonnummer nomor télépon
Telefonzelle kios télépon
Telegramm ①surat kawat *(national)* ②kabar kawat besar *(international)*
Teller piring ⓘ*piring dient als Zählhilfswort für Teller und Gerichte ⇨dua piring nasi gorèng = zwei Teller gebratenen Reis*
Tempel ①candi *(buddhistisch, hinduistisch)* ②pura *(balinesisch-hinduistisch)*
Tempelfest odalan ⓘ*Die jährlichen Tempelfeste auf Bali sind einen Besuch wert.*
Temperatur suhu
Temperatursturz turunnya suhu secara drastis
Tempo kecepatan
Tennis ténis
Tennisball bola ténis
Tennisplatz lapangan ténis
Tennisschläger rakèt ténis
Teppich permadani, karpet
Termin ①janji *(Verabredung)* ②ketentuan waktu *(Zeitpunkt)*
Termite anai-anai
Terrasse téras
Terror téror
Test ujian
Testament surat wasiat
testen menguji
Tetanus (penyakit) tétanus
teuer mahal
Text naskah, tèks
Textilien tèkstil
Thailand Muangthai
Theater gedung sandiwara ⓘ*Es gibt überwiegend Volkstheater, in den großen Städten werden auch Theaterstücke westlicher Autoren aufgeführt. Auf Seite 212 dieses Buches finden Sie Schauspielarten und Tänze in Indonesien.*
Thema téma
theoretisch secara téori
Thermometer tèrmométer
Thrombose buluh darah tersumbat
Thunfisch ikan tongkol/tuna
Thymian, asiatischer daun kucing/kambing
ticken berdetik
Ticket karcis
tief dalam
Tiefe kedalaman
tiefgefroren beku sekali
Tier binatang
Tierarzt dokter héwan (Drh.)
Tierkampf ①adu dombak *(Widder)* ②adu ayan *(Hähne)*
Tierpark kebun binatang
Tierwelt haiwanat

TIERE

Insekten, Vögel und Tiere im Wasser sind hier nicht aufgeführt, siehe jeweils dort!

Affe kera, monyèt, kunyuk
Blätteraffe lutung
Büffel banténg
Chamäleon bunglon
Eichhörnchen tupai
Eidechse kadal, bengkarung
Elefant gajah
Fledermaus kelelawar, codot
Frosch/Kröte katak, kodok
Gecko tokéh
Gibbon siamang, simpai
Hirsch babi rusa, kijang
Känguru kanguru
Kaninchen kelinci
Koboldmaki jembalang, monyèt hantu
Kobra ular sénduk/kobra
Komodowaran buaya darat, komodo
Leopard harimau bintang
Nashorn badak
Orang-Utan orang hutan
Otter berang-berang
Panther macan tutul
Python ular sanca/sawah
Schildkröte kura-kura, penyu
Schnecke kéong
Schuppentier trengiling
schwarzer Panther macan kumbang
Skorpion kalajengking
Tapir babi alu
Tiger harimau
Waran biawak
Wasserbüffel kerbau
Wildschwein babi hutan, nagui
Wildkatze garong
Zibetkatze musang
Zwergwildbüffel anoa

Tiger harimau, macan ℹ *stehen unter Artenschutz. Man findet Sie auf Java und Sumatra.*

Tinte tinta
Tintenfisch cumi-cumi
Tipp petunjuk
tippen (schreiben) ketik, mengetik
Tisch méja
Tischdecke taplak méja
Tischler tukang kayu
Tischtennis ténis méja
Titel titel
Toastbrot roti bakar
Toaster pemanggangan
Tochter anak perempuan, putri
Tod kematian
Todesstrafe hukuman mati
Tofu ① tèmpé *(aus ganzen Sojabohnen)* ② tahu *(aus Sojamilch)*
Toilette ① kamar kecil ② toilét ③ wc *(Aussprache wé-sé)* ℹ *Sitz- und Spültoiletten gibt es nur in modernen Wohnungen und im Hotel. Gewöhnlich hockt man über einem Plumpsklo mit Fußrasten an jeder Seite.*
Toilettenpapier kertas cébok ℹ *Es gibt normalerweise kein Toilettenpapier auf indonesischen Toiletten, da die Reinigung mit Wasser und der linken Hand erfolgt.*
tolerant toleran
toll (super) bagus sekali
Tollwut penyakit anjing gila
Tomate tomat
Ton ① nada *(Klang)* ② tanah liat *(Keramik)* ℹ *Auf Seite 173 dieses Buches finden Sie die Bezeichnungen für Tonhöhen von Gamelaninstrumenten.*
Tonband pita rekaman
Tonne ① ton *(Gewicht)* ② tong *(Gefäß)*
Tönung pewarnaan
Topf periuk
töpfern buat/membuat tembikar
Tor ① gawang *(Fußballtor)* ② gol *(Torerfolg)* ③ gerbang, gapura *(Tempel, Stadt)*
Torwart (Fußball) kiper
tosen bergemuruh
tot mati
Tote mayat
töten bunuh, membunuh

Tötung pembunuhan
Tour perjalanan
Tourismus pariwisata
Tourist wisatawan
Touristenführer pramuwisata
Tracht pakaian adat
trächtig bunting
Tradition tradisi, adat
traditionell secara tradisi, adat
Trage tandu
träge malas
tragen ① membawa ② angkat, mengangkat *(heben)* ③ gendong *(jmd. transportieren)*
tragisch sedih
Tragödie lakon sedih
Trainer pelatih
trainieren melatih
Traktor traktor
Träne air mata
tränken (Tier) beri/memberi minuman
Transmigration transmigrasi
transparent tembus mata
Transport angkutan
transportieren angkut, mengangkut
Transportkosten biaya pengangkutan
trauen, sich berani/memberanikan diri
Trauer duka-cita
Traum impian
träumen mimpi, bermimpi
traurig sedih
Treffen pertemuan
treffen, sich berjumpa, bertemu (dengan)
treiben ① menggiring *(Vieh)* ② terapung *(Boot)*
Treibholz kayu apung
trennen memisahkan
Trennung perpisahan
Treppe tangga, jenjang
Tretboot sampan berpédal
treten injak, menginjak
treu setia
Trichter corong
Trick akal
Trieb (Pflanze) tunas
trinkbar dapat diminum
trinken minum
Trinkgeld uang tip
Trinkwasser air minum
Tripper penyakit sabun
Tritt (Schritt) langkah
trocken kering
Trockenstange sampiran jemuran

TRINKEN

botol dient als Zählhilfswort für Flaschen
⇨ dua botol bir = zwei Flaschen Bier
gelas dient Zählhilfswort für Gläser
⇨ dua gelas tèh = zwei Gläser Tee

Avocadogetränk ès pokat
Bier bir
Fruchtsaft sari buah, jus
Fruchtsaft, eisgekühlt ès buah
Getränk minuman
Ingwertee tèh jahé
Kaffee kopi
Kaffee mit Milch kopi susu
Kaffee mit Zucker kopi manis
Kaffee ohne Zucker kopi pahit
Kaffee, schwarz kopi hitam/tawar
Kakao coklat
Kokosmilch air kelapa/kopyor
Kokosmilch, eisgekühlt ès kelapa
Limonade, eisgekühlt ès jeruk
Milch susu
Mineralwasser air aqua
Orangensaft air jeruk
Palmwein tuak
Reisbranntwein arak
Reiswein brèm
Schnaps sopi
Sekt anggur berbusa
Tee (air) tèh
Tee ohne Zucker tèh pahit
Tee mit Zucker tèh manis
Tee mit Milch tèh susu
Trinkwasser air minum
Wein air anggur

Trockenzeit musim kemarau ℹ *Sie dauert im allgemeinen von Mai bis September. Auf den*

Molukken dauert sie von September bis Mai.
trocknen keringkan, mengeringkan
Tropen kawasan tropis
Tropf (med.) infus
tropfen menétés
Tropfen tètès
Trost hiburan
trösten menghibur
trotz meskipun, walaupun
Trotz tantangan
trotzdem meskipun demikian
trüb keruh
Truhe peti
Truthahn burung gosong
Tschüss! ①Selamat jalan! *(sagt der Bleibende)* ②Selamat tinggal! *(sagt der Gehende)* ③sampai ketemu lagi!
T-Shirt T-Shirt
Tube tube
Tuberkulose tbc *(Aussprache: té-bé-sé)*
Tuch kain tenunan
tüchtig rajin
tun ①buat, berbuat *(herstellen, machen)* ②lakukan, melakukan *(durchführen)*
Tunnel terowongan
Tür pintu
Türkei Turki
türkis pirus
Türklinke gagang pintu
Turm menara
turnen senam
Türschloss gembok pintu
Tüte (kantong) plastik
tuten membunyikan klakson
Typ jenis, macam
Typhus (penyakit) tifus
typisch khas

U

übel ①buruk *(Erscheinung)* ②jelèk *(Erscheinung)* ③muak *(unwohl)*
Übelkeit rasa mual
übelnehmen merasa tersinggung
üben berlatih
über ①di atas *(oberhalb)* ②léwat, meléwat *(via)* ③tentang *(jmd. / etw.)*
überall di mana-mana
Überblick ①ikhtisar ②selayang-pandang
überbrücken menjembatani
übereinander bertumpuk-tumpuk
übereinstimmen ①sepakati, menyepakati *(einverstanden)* ②sependapat *(Meinung)*
Überfahrt penyeberangan
Überfall perampokan
überfließen meluap
Überfluss berlimpah ruah
überflüssig mubazir
überfüllt penuh, ramai
Übergabe penyerahan
Übergang peralihan
übergeben ①sampaikan, menyampaikan *(jmd. etw.)* ②muntah *(sich)*
überhaupt pada umumnya *(im allgemeinen)*
⇨*samasekali tidak (überhaupt nicht)*
überholen (Auto) mendahului
überlassen pulangkan, memulangkan
überlaufen (zum Gegner) membélot
überleben ①bertahan *(in Gefahr)* ②hidup lebih lama *(älter werden als)*
überlegen ①berpikir *(denken)* ②unggul, mengungguli *(jmd. ... sein)*
Überlieferung adat istiadat
übermäßig terlalu banyak
übermorgen lusa
übernächste sein berikutnya lagi
übernachten bermalam
Übernachtung penginapan
übernehmen ambil/mengambil alih
überprüfen ①periksa, memeriksa *(untersuchen)* ②uji, menguji *(testen)*
überqueren menyeberang
Überraschung kejutan
überrascht kagèt, héran
Überschrift judul
überschwemmen membanjiri
Überschwemmung banjir, kebanjiran
übersehen tidak memperhatikan
übersetzen (Sprache) terjemahkan, menerjemahkan
Übersetzer penerjemah

Überstunde lemburan
übertragen (TV) siarkan, menyiarkan
Übertragung penyiaran
übertreffen melampaui
übertreiben melebih-lebihkan
übervölkert terlalu penduduk
überwachen mengawasi
überweisen (Geld) transfér, mentransfér
Überweisung (Geld) transfér, pengiriman
überwinden ①mengatasi *(etw.)* ②memaksakan diri *(sich)*
überzeugen yakinkan, meyakinkan
üblich biasa
U-Boot kapal selam
übrig sein bersisa
übrigbleiben tinggal
übrigens ngomong-ngomong *(am Satzanfang)* ⇨*Ngomong-ngomong, saya ketemu Kahar. = Übrigens, ich habe Kahar getroffen.*
Übung latihan
Ufer tepi sungai
Uhr ①jam, pukul ⇨*Jam tiga. = Es ist 3 Uhr.* ②arloji *(Armband-)*
Uhrzeit waktu
um ①kira-kira *(ca.)* ②pada ⇨*pada jam 9.00 = um 9.00 Uhr* ③sekitar *(um ... herum)*
um zu ①untuk *(+ Verb)* ②agar
umarmen, sich berpeluk-pelukan
umbringen bunuh, membunuh
umdenken mengubah pikiran
umdrehen balik, membalikkan
umfallen jatuh, rebah
Umfang ①besarnya, kelilingnya *(Volumen)* ②luasnya *(Rauminhalt)*
umfangreich banyak sekali jumlahnya
Umgangssprache ①bahasa pasar ②ngoko *(Sprache der einfachen Leute auf Java)*
umgeben mengelilingi
Umgebung sekeliling
umgekehrt ①terbalik *(räumlich)* ②sebaliknya *(im Vergleich)*
umgraben gali, menggali
umkehren ①balik, membalik *(ins Gegenteil)* ②putar, memutar *(drehen)*
umkippen menumpahkan
Umkleidekabine kabin ganti pakaian
umknicken (Fuß) kaki kesléo
Umleitung pengalihan lalu lintas
umpflügen membajak
umrühren aduk, mengaduk
Umsatz jumlah penjualan
umschalten pindah(kan), memindahkan
umschauen, sich melihat-lihat
Umschlag ①amplop, sampul *(Brief)* ℹ*Einfache Luftpostbriefe versendet man in blauen Umschlag kilat, soll es schneller gehen im gelben kilat khusus* ②komprès
umsiedeln bertransmigrasi
umsonst ①percuma *(vergeblich)* ②gratis *(kostenlos)*
Umstände ①keadaan ②suasana
umständlich sein bertélé-télé
umsteigen pindah
umstoßen jatuhkan, menjatuhkan
umtauschen tukar, menukar
Umweg jalan putar
Umwelt lingkungan hidup
Umweltkatastrophe bencana alam
Umweltschutz pelestarian lingkungan
umwerfen jatuh, menjatuhkan
umziehen ①pindah rumah *(Haus)* ②ganti pakaian *(Kleidung)*
Umzug (Wohnung) pindah rumah
unabhängig merdéka
Unabhängigkeit kemerdékaan ℹ*Am 17. August 1945 verlas Sukarno die Unabhängigkeitserklärung. Dieser Tag ist ein nationaler Feiertag: Hari Proklamasi Kemerdékaan.*
unangenehm tidak menyenangkan hati
unanständig cabul, tidak sopan
unbedingt mutlak
unbegrenzt tak terbatas
unbekannt tak dikenal
unbeliebt tidak disukai
unbequem tidak nyaman
unbeschädigt utuh
unbestimmt tak menentu
und dan
und so weiter dan seterusnya
uneben tak rata
unecht palsu, tiruan

unentschieden seri
unerwartet tiba-tiba
unfair curang
Unfall kecelakaan
unfreundlich tak ramah
ungedeckt (Scheck) cèk kosong
ungeduldig tak sabar
ungefähr kira-kira
ungekocht mentah
ungerecht tak adil
ungeschickt ① canggung *(linkisch)* ② kurang trampil *(ungeübt)*
ungeschliffen kasar
ungesund tak séhat
ungewöhnlich ① tak biasa *(nicht üblich)* ② anèh *(seltsam)*
Ungeziefer hama, serangga perusak
ℹ *Auf Seite 184 dieses Buches finden Sie eine Liste der häufigsten Insekten in Indonesien.*
ungezogen ① kurang ajar *(unverschämt)* ② tak sopan *(unhöflich)*
unglaublich luar biasa
Unglück ① kecelakaan *(Unfall)* ② kemalangan *(Missgeschick)*
unglücklich tak bahagia
ungültig sein tak berlaku
unheimlich sein ① menakutkan *(gruselig)* ② sangat *(sehr)*
unhöflich tak sopan
Uniform uniform
uninteressant tak menarik
Universität univèrsitas ℹ *Univèrsitas Indonésia = Universität Indonesiens*
Unkosten ① ongkos *(Kosten)* ② pengeluaran *(Ausgaben)*
Unkraut rumput liar
unleserlich sulit dibaca
unmenschlich kejam
unmöglich mustahil
unnötig tak perlu (akan)
Unordnung keadaan kacau-balau
unpassend tidak cocok
unpünktlich tak tepat
Unrecht ketidakadilan
unreif ① belum matang *(Frucht)* ② belum déwasa *(Mensch)*
Unruhe kekacauan
unruhig ① gelisah *(Person)* ② kacau *(Situation)*
unscharf kabur
unschuldig sein tak bersalah
unser ① kami *(ohne die anderen)* ② kita *(wir alle)*
unsicher ① ragu-ragu *(zweifelnd)* ② tidak aman *(Situation)*
unsichtbar tak tampak
Unsinn omong kosong
unsterblich abadi
unsympatisch tak simpatik
unten di bawah
unter ① di antara *(zwischen)* ⇨ *Ia berdiri di antara penonton. = Er steht unter den Zuschauern.* ② di bawah *(niedriger)* ⇨ *di bawah harga = unter dem Preis*
unter anderem antara lain
Unterarm lengan bagian bawah
unterbrechen hentikan, menghentikan
Unterbrechung pemutusan
unterbrochen putus
unterdessen sementara itu
unterdrücken tindas, menindas
untereinander ① saling *(gegenseitig)* ② satu sama lain *(miteinander)*
Untergang keruntuhan
Untergebene bawahan
untergehen ① tenggelam *(Schiff)* ② terbenam *(Sonne)*
unterhalb di bawah
unterhalten bercakap-cakap
Unterhaltung ① hiburan *(Spaß)* ② percakapan *(Gespräch)*
Unterhemd kaos dalam
Unterhose celana dalam
Unterkunft ① hotèl ② penginapan *(homestay)* ③ losmèn ④ wisma ⑤ pondok
ℹ *Es gibt Kategorien für Unterkünfte: melati für bescheidenen Standard, bintang für gehobenen Standard*
Unterlagen surat-surat penting
Unterleib rahim
Unternehmen perusahaan
unternehmen (tun) lakukan, melakukan

Unterricht pelajaran
unterscheiden bédakan, membédakan
Unterschenkel betis
Unterschied perbédaan
unterschreiben tandatangani, menandatangani
Unterschrift tandatangan, tulisan tangan
unterstützen membantu
Unterstützung bantuan
untersuchen ①periksa, memeriksa *(jmd. / etw.)* ②teliti, meneliti *(forschen)*
Untersuchung ①pemeriksaan *(Überprüfung)* ②penelitian *(Forschung)*
Untertasse alas cangkir
Unterteil bagian bawah
unterteilen membagi
Unterwäsche pakaian dalam
unterwegs di perjalanan
unterwerfen, sich tunduk
untreu tak setia
ununterbrochen terus-menerus
unverantwortlich sein tak bertanggung jawab
unverletzt tak terluka
unvernünftig tidak bijaksana
unverschämt kurang ajar
Unwetter cuaca buruk
unzivilisiert sein tidak beradab
unzufrieden (mit) tak puas
üppig ①subur *(Natur)* ②méwah *(luxuriös)*
Urahn nènèk-moyang
Urbevölkorung penduduk asli
Urenkel cicit
Urgroßeltern moyang
Urgroßmutter nènèk moyang
Urgroßvater moyang
Urin air kencing
Urkunde piagam
Urlaub ①cuti *(freier Tag)* ②liburan *(Ferien)*
Ursache sebab
Ursprung awalmula
ursprünglich asli, asal
Urteil keputusan
Urwald rimba raya
USA Amérika Serikat (AS)
usw. dan seterusnya

V

vage tidak pasti
Vagina liang sanggama, nonok *(derb)*
Vanille panili
variieren berbeda-beda
Vase vas
Vaseline vaselin
Vater ayah, bapak, babe
Vaterland tanah air
vegetarisch végetaris, tanpa daging *Auf Seite 174 dieses Buches finden Sie eine Liste der indonesischen Gemüsesorten.*
Vegetation dunia tumbuh-tumbuhan
Vene pembuluh darah
Ventil pentil, katup
Ventilator kipas angin
verabreden, sich buat janji, membuat janji
Verabredung janji
verabschieden, sich pamitan
verachten merèmèhkan
veraltet kuno
verändern, sich ubah, berubah
Veränderung perubahan
Veranlagung bakat, pembawaan
veranlassen suruh, menyuruh
Veranstaltung ①pertunjukkan (Vorstellung) ②acara *(Programm)*
verantwortlich sein bertanggung jawab
Verantwortung pertanggungan jawab
verärgert jèngkèl
verarzten obati, mengobati
Verband balut, pembalut, perban
verbergen sembunyikan, menyembunyikan
verbessern perbaiki, memperbaiki
Verbesserung perbaikan
verbieten larang, melarang
verbinden ①balut, membalut *(med.)* ②hubungkan, menghubungkan *(in Verbindung bringen)* ③sambung, menyambungkan *(Telefon)*
Verbindung ①hubungan *(Zusammenhang, Verkehrs-)* ②sambungan, saluran *(Telefon-)*
verbittert sedih
verblassen (Farbe) memudar
verbleit bènsin mengandung timah

verblüfft tercengang
verblühen layu, melayu
Verbot larangan
verboten ①larang, dilarang ②haram *(für Muslime zu essen)*
Verbrauch pemakaian
verbrauchen pakai, memakai
Verbraucher pemakai
Verbrechen kejahatan
Verbrecher penjahat
verbreiten, sich sebarkan, menyebarkan
verbreitern ①lébarkan, melébarkan *(verbreitern)* ②perluas, memperluas *(ausdehnen, ausweiten)*
verbrennen bakar, membakar
Verbrennung (med.) luka terbakar
Verdacht kecurigaan
verdauen mencerna
Verdauung pencernaan
verderben ①jadi rusak, menjadi rusak *(Nahrung)* ②rusak, merusak *(Lust)*
verdienen ①mencari uang *(Geld)* ②berpenghasilan *(etw.)*
verdoppeln duakali lipat
verdorben busuk
verdünnen èncèrkan, mengèncèrkan
verdunsten menguap
verehren puja, memuja
Verehrung pemujaan
Verein perkumpulan
vereinbaren bersepakat
Vereinbarung persetujuan bersama
vereinen satukan, menyatukan
vereinfachen permudah, mempermudah
vereinigen persatukan, mempersatukan
Vereinigung ①penyatuan *(eins werden)* ②perkumpulan *(Verein)*
Vereinte Nationen Perserikatan Bangsa Bangsa (PBB)
vereinzelt sekali-sekali
vereitern bernanah
verfahren, sich tersesat
Verfallsdatum tanggal kedaluwarsa
verfärben berubah warna
Verfassung undang-undang dasar (UUD)
verfaulen membusuk
verfault busuk, membusuk
verfliegen (Luftt, Duft) menguap
Verflucht! Sialan!
verfolgen ①ikut, mengikuti *(beobachten, teilhaben)* ②kejar, mengejar *(jmd. / etw.)*
verformen (Form) mengubah (bentuk)
verführen (Mädchen) mengoda
vergangen sudah léwat
Vergangenheit masa lampau
vergänglich fana
Vergaser karburator
vergebens percuma
vergessen lupa (akan), melupakan
vergesslich pelupa
vergewaltigt diperkosa
Vergewaltigung perkosaan
vergiften, sich keracunan
Vergiftung keracunan
vergittert sein berkisi-kisi
Vergleich perbandingan
vergleichen bandingkan, membandingkan
Vergnügen kesenangan
vergoldet sein berkeemasan
vergraben menguburkan
vergrößern perbesar, memperbesar
Vergrößerung pembesaran
verhaften menangkap
Verhalten sikap
verhalten, sich tahan, menahan
Verhältnis ①keadaan *(Situation)* ②perbandingan *(Vergleich)* ③hubungan *(Zusammenhang)* ④jalinan cinta *(Liebschaft)*
verhältnismäßig diperbandingkan dengan
verhandeln berunding
Verhandlung perundingan
verhängnisvoll fatal
verheimlichen menyembunyikan
verheiratet nikah, kawin
verhindern hindari, menghindari
Verhör interogasi
verhungern (mati) kelaparan
Verhütung (verhindern) pencegahan
Verhütungsmittel kontrasépsi
verirren, sich kesasar
verjagen mengusir
Verkauf penjualan

verkaufen jual, menjual
Verkäufer penjual
Verkaufspreis harga jual
Verkehr lalu lintas ℹ *In Indonesien herrscht Linksverkehr.*
Verkehrsampel lampu lalu-lintas
Verkehrsmittel, öffentlich angkutan umum
Verkehrsschild papan/tanda lalu-lintas
Verkehrsunfall kecelakaan lalu-lintas
verkehrt ①salah *(falsch)* ②terbalik *(umgekehrt)*
verkleinern kecilkan, mengecilkan
verknoten mengikatkan
verkürzen ①pèndèkkan, memèndèkkan *(räumlich)* ②singkat, menyingkat *(zeitlich)*
Verlag penerbit
verlangen tuntut, menuntut
verlängern perpanjang, memperpanjang
Verlängerung perpanjangan
verlassen ①berangkat *(Ort)* ②percaya (pada) *(sich ... auf)*
verlaufen ①mengalir *(Fluss)* ②melalui *(Grenze)* ③kesasar *(sich)*
verleihen ①pinjam(kan), meminjamkan (kepada) *(borgen an)* ②séwakan, menyéwakan *(vermieten)*
verletzen, sich lukai, melukai
verletzt terluka
Verletzung luka, cedera
verlieben, sich jatuh cinta
verliebt jatuh cinta (pada)
verlieren ①hilang, kehilangan *(Dinge)* ②kalah *(Spiel)*
verlobt sein (ber)tunangan
Verlobte tunangan
verloren hilang
Verlust ①kehilangan *(Sachen)* ②kerugian *(Handel)*
vermehren, sich (Biologie) berkembang biak
vermeiden ①élakkan, mengélakkan ②hindari, menghindari
vermieten séwakan, menyéwakan
vermindern kurangi, mengurangi
vermischen ①aduk, mengaduk *(verrühren)* ②campur, mencampur *(mischen)*
vermissen (sehnen) rindu, merindukan
vermitteln (Lehre) mengajar, mengajarkan
Vermittlung (Kontakt) perantara
Vermögen kekayaan, harta
vermuten kira, mengira
vermutlich agaknya
Vermutung dugaan
vernachlässigen melalaikan
verneigen, sich menundukan kepala
vernichten binasakan, membinasakan
Vernunft akal
vernünftig bijaksana
veröffentlichen terbitkan, menerbitkan
verpachten séwakan, menyéwakan
verpacken bungkus, membungkus
Verpackung bungkus
verpassen (Bus) ketinggalan
Verpflichtung kewajiban
verprügeln memukul
verraten khianati, mengkhianati
verrechnen, sich salah hitung
verreisen pergi, bepergian
verrenkt terkilir
verriegeln mengancing(kan)
verringern kurangi, mengurangi
verrückt gila
verrühren aduk, mengaduk
versammeln kumpul, mengumpulkan
Versammlung rapat
Versand pengiriman, pengiriman barang
versäumen léwat, meléwatkan
verscheuchen usir, mengusir
verschieben ②gésér, menggésér *(räumlich)* ②tunda, menunda *(zeitlich)*
verschieden ②berbéda-béda *(sein)* ②lain *(andere)*
verschimmelt berjamur
verschlechtern menjadi buruk
Verschleiß (Motor) pengausan
verschließen kuncikan, menguncikan
verschlimmern, sich buruk, memburuk
verschlossen (Tür) ①terkunci *(abgeschlossen)* ②tertutup *(geschlossen)*
verschlucken ①menelan, tertelan *(etw.)* ②tersedak *(sich)*
Verschluss tutup

verschmutzen tercemar, tercemarkan
Verschmutzung pencemaran
verschönern perindah, memperindah
verschwenden boros, memboroskan
Verschwendung pemborosan
verschwinden hilang, menghilang
verschwommen kabur, tidak jelas
versehentlich khilaf
versenden mengirimkan
versenken tenggelamkan, menenggelamkan
Versicherung asuransi
Versicherungskarte kartu asuransi
versilbert menyepuh dengan pérak
versinken tenggelam
versorgen ①rawat, merawat *(pflegen)* ②urusi, mengurusi *(sorgen für)*
Versorgung ①pengurusan *(Sorge für)* ②perawatan *(Pflege)*
verspäten, sich terlambat
verspätet terlambat
Verspätung keterlambatan
versperren (Weg) merebat
versperrt tertutup
verspielt ①kalah judi *(Geld)* ②sembrono *(Recht)*
Versprechen janji
versprechen berjanji, menjanjikan
Verstand otak, pikir
verständigen, sich berkomunikasi, saling mengerti
verständlich machen, sich dimengerti
verstärken perkuat, memperkuat
verstauchen (med.) terkilir
Verstauchung salah urat
verstecken, sich sembunyi, bersembunyi
verstehen ①ngerti, mengerti ②saling mengerti *(einander)*
versteigern melelang
Versteigerung pelelangan
verstellen (Sitz) ubah, mengubah
verstopft ①tersumbat *(Abfluss)* ②macet *(Straße)*
Verstopfung ①penyumbatan *(Zuflüsse)* ②sembelit *(Verdauung)*
Versuch percobaan
versuchen coba, mencoba
Versuchung godaan
vertauschen (mit) menukar (dengan)
verteidigen (Gericht) béla, membéla
Verteidigung pertahanan
verteilen bagikan, membagikan
vertiefen perdalam, memperdalam *(Kenntnisse, Loch)*
vertikal tegak lurus
Vertrag perjanjian, kontrak
vertragen, sich rukun kembali
Vertrauen kepercayaan
vertrauen percaya
vertreten gantikan, menggantikan
Vertreter wakil, agèn
Vertretung perwakilan
vertrocknen mengering
verursachen menyebabkan
verurteilen hukum, menghukum
vervollständigen lengkapi, melengkapi
verwählen, sich salah pilih
verwaltet diurus
Verwaltung administrasi, pengurusan
verwandeln, sich menjélma
verwandt sein bergandengan
Verwandte keluarga, sanak saudara
verwechselt tertukar
verweigern tolak, menolak
verwelken jadi layu, menjadi layu
verwenden gunakan, menggunakan
verwirklichen laksanakan, melaksanakan
verwirren bingung, membingungkan
verwirrt bingung
verwöhnt manja
verwundert héran
verwundet terlukai
Verwundeter orang terluka
Verzeichnis daftar
Verzeihung! Ma'afkan!
verzichten rélakan, merélakan
Verzierung hiasan
verzögern memperlambat
Verzögerung kelambatan
verzollen mencukai
verzweifelt putus asa
Vetter saudara sepupu
Videokamara kaméra vidéo

via melalui
Vieh ternak
Viehseuche wabah ternak
Viehzucht peternakan
Viehzüchter peternak
viel(-e/-es) banyak
Vielen Dank. Terima kasih banyak.
vielleicht barangkali, mungkin
Viereck segi empat
vierfach empat kali lipat
viermal empat kali
Viertel ①rayon *(Stadt)* ②seperempat *(vom Ganzen)*
Viertelstunde seperempat jam
viertens keempat
violett ungu
Virus virus
Visitenkarte kartu (nama)
Visum visa
Vizepräsident wakil présidén
Vogel burung
Vokabular kosa kata
Volk ①rakyat *(Bevölkerung)* ②bangsa *(Volksgruppe)*
[i] *Auf Seite 153 dieses Buches finden Sie Informationen über einige der interessantesten Minderheiten Indonesiens.*
Volksabstimmung référendum
Volksaufstand pemberontakan rakyat
voll penuh
vollenden (Aufgabe) menyelesaikan
Volleyball bola voli
völlig sama sekali, sepenuhnya
volljährig déwasa
Vollkaskoversicherung asuransi kasko penuh
Vollmacht surat kuasa
Vollmond bulan purnama/penuh
Vollpension termasuk tiga kali makan
vollständig lengkap
Volumen volume
von ①dari ⇨*Dia bekerja dari pagi sampai petang. = Er arbeitet von früh bis spät.* ②olèh *(jmd.)*

VÖGEL

burung ist das Zählhilfswort für Vögel
⇨*lima burung béo = fünf Beos*
Mehr Tiere finden Sie unter Insekten, Wasser und Tiere

Beo burung béo
Eisvogel raja udang biru
Ente itik, bèbèk
Falke rajawali
Fasan burung kuau
Honigesser burung madu
Ibis burung ibis
Kakadu burung kakatua
Kanarienvogel burung kenari
Kasuarinenvogel kasuari kerdil
Königspapagei burung nuri raja
Kormoran burung pecuk
Kuckuck kukuk besar
Möwe burung merpati laut
Muskatfink burung peking
Nachtvogel burung cabak
Nashornvogel burung badak/enggang
Papagei burung nuri/parkit
Paradiesvogel burung cenderawasih
Pelikan burung undan
Pirol burung nangka/podang
Reiher burung bangau
Reisfink burung gelatik
Rosenbrustsittich burung bétét
Schwalbe burung walet
schwarzer Schwan angsa hitam
Seidenreiher bangau putih/tongtong
Silberreiher bangau besar
Spatz burung geréja
Sperber burung alap-alap
Star burung jalak
Strauß burung unta
Sumpfpirol burung cocakrawa
Taube burung merpati
Truthahn burung gosong
Wasserhenne burung ruak-ruak
Webervogel burung manyar
Wildhuhn ayam alas

vor ①(di) depan/muka *(räumlich)* ②sebelumnya *(zeitlich)* ③yang lalu *(vor ... Jahren)*
vor allem terutama
vor kurzem baru-baru ini
voraus, im terlebih dahulu
vorausgesetzt, dass seandainya bahwa
Voraussetzung syarat
Vorbehalt ①keberatan *(Bedenken)* ②syarat *(Bedingung)*
vorbei ①lalui, melalui *(örtlich)* ②selesai *(zeitlich)* ③putus *(sein)*
vorbeifahren léwat, meléwati
vorbeigehen (kurzer Besuch) mampir
vorbereiten persiapkan, mempersiapkan
Vorbereitung persiapan
Vorbild contoh yang baik
Vorderrad roda depan
Vorderseite sisi depan
vordrängeln, sich menerobos
Vorfahren nènèk moyang
Vorfahrt ①hak jalan ②beri jalan *(gewähren)*
Vorfall peristiwa
vorgestern kemarin dulu
vorhanden sein tersedia, ada
Vorhang tirai, gordèn
vorher ①sebelumnya *(zuvor)* ②tadi *(vorhin)*
vorhin tadi, baru saja
vorige lalu ⇨*tahun lalu = voriges Jahr*
vorkommen (existieren) terjadi
vorlesen bacakan, membacakan
Vorlesung kuliah
Vorliebe kesenangan
Vormittag pagi hari
vormittags pada pagi hari
vorn ①di depan/muka *(da vorn)* ②ke depan/muka *(nach vorne)*
Vorname nama (kecil)
Vorort kampung
Vorrat persediaan
Vorschlag usul
Vorschrift peraturan
Vorsicht! hati-hati!, awas!
Vorsicht Kurve! awas/hati-hati tikungan!
vorsichtig hati-hati, berhati-hati
Vorsilbe awalan
Vorsitzender ketua
Vorspeise hidangan awal
vorstellen, sich ①perkenalkan/memperkenalkan diri *(jmd.)* ②berkhayal *(Phantasie)*
Vorstellung (Theater) pertunjukan
Vorteil keadaan yang menguntungkan
Vortrag ceramah
vorüber ①berlalu *(zeitlich)* ②léwat *(örtlich)*
Vorurteil prasangka
Vorwahl ①kode ②kode negeri *(Länder-)* ③kode wilayah *(Gebiets-)*
vorwärts ke depan
Vorwurf dakwaan
Vulkan gunung api
Vulkanausbruch letusan gunung api

W

Waage timbangan
waagerecht mendatar
wach bangun
Wachs lilin
wachsen ①bertambah *(Lebewesen)* ②tumbuh, bertumbuh *(Pflanzen)* ③semir, menyemir *(Leder)*
Wachstum pertumbuhan
wackelig goyang
wackeln (Zahn) goyang
Wade buah betis
Waffe senjata
wagen berani
Wagen (Auto) mobil
Wagenheber dongkrak
Wagentür pintu mobil
Waggon gerbong
Wahl pilihan
wählen ①pilih, memilih *(etw.)* ②tekan, memutar *(Telefon)*
Wahlergebnis hasil pemilihan
wahr benar
während sedang, sambil
Wahrheit kebenaran
wahrscheinlich barangkali, mungkin
Währung mata uang
Waise (anak) yatim-piatu

Wal ikan paus/lodan ⓘ *Sunda-Inseln*
Wald hutan, belantara
Wallfahrer peziarah
Wallfahrtsort tempat ziarah
Wand ①témbok, dinding ②aling aling ⓘ *Traditionelle Schutzwand direkt nach dem Eingangstor balinesischer Häuser.*
wandern berkelana
Wanderschuhe sepatu kelana
Wandteppich permadani dinding
Wange pipi
wann? kapan?, bila?, bilamana
Wanne bak ⓘ *Bak nennt man das Becken aus dem man mit der Schöpfkelle Wasser über sich gießt. Das ist die indonesische Dusche.*
Wanze kepinding
Wappen lambang
Waran biawak
Ware(n) barang-barang
warm hangat
Wärme kehangatan
wärmen memanasi
warnen (vor) memberi ingat
Warnung peringatan
warten tunggu, menunggu
Warteraum ruang tunggu
Wartung (techn.) pemeliharaan, servis
warum? kenapa?, mengapa?
Warze ①kutil ②puting susu *(Brust)*
was? apa?
was für ein? apa? *(steht nach dem Nomen)*
was gibt's? ada apa?
Waschbecken wastafel, bak
Wäsche cucian, binatu
waschen, sich ①mandi, sibin ②cuci muka *(Gesicht)*
Wäschetrockner mesin pengering cucian
Waschmaschine mesin cuci
Wasser ①air ②air Belanda/soda *(Mineral-)* ③air laut *(See-, Meer-)* ④air minum *(Trink-)* ⑤air sungai *(Fluss-)* ⑥air tawar *(Süß-)* ⑦air suci *(heiliges)* ⑧air panas *(warmes)* ⑨air dingin *(kaltes)*
Wasserbehälter bejana
Wasserbüffel kerbau
wasserdicht tahan air

WASSERWELT

Aal ikan belut, welut
Abalone abalone
Alge ganggang
Anchovis bilis
Auster tiram
Barakuda ikan barakuda/jarum
Delfin lumba-lumba
fliegender Fisch ikan terbang/bilalang
Flusskrebs udang krai
Frosch katak, kodok
Garnelen udang-udang
Hai ikan hiu/yu
Hummer udang besar/karang
Katzenwels ikan lélé
Königskrabbe belangkas
Königsmakrele ikan tenggiri
Koralle karang
Krebs kepiting, ketam
Krokodil buaya
Makrele kembung, selar
Mantarochen ikan pari jurig
Meeräsche ikan bandeng/belanak
Muräne ikan moréa/ladu
Muschel kapis, kerang, lokan
Oktopus kurita
Perlmuttmuschel mutiara
Qualle ampai-ampai, ubur-ubur
Rochen ikan pari
Rotbarsch ikan emas
Schwamm span, bunga karang
Seeanemone bunga anemon/sapu laut
Seeigel landak laut
Seekuh babi duyung
Seepferdchen kuda laut
Seestern tapak sulaiman
Segelfisch ikan layar
Stromateus-Fisch bawal hitam/putih
Thunfisch ikan tongkol/tuna
Tintenfisch cumi-cumi, sotong katakF
Wal ikan lodan/paus
Wasserschildkröte penyu
Zahnwal paus gigi

wasserdicht tahan air
Wasserfall air terjun
Wasserflasche botol air, pélplés
Wasserhahn kran
Wasserkocher alat masak air
Wasserkresse (Gemüse) sélada air, kenci
Wasserleitung pipa air
Wassermelone semangka
Wasserpfeife hukah, hokah
Wasserschildkröte penyu
Wasserski ski air
Wasserstelle tempat mengambil air
Watte kapas, koton
Wattestäbchen kapas cukit telinga
WC kamar kecil ℹ *In einfachen Wohnungen sind selten Sitz- und Spültoiletten zu finden.*
weben menenun
Wechsel (von etw.) penukaran
Wechselgeld uang kecil
Wechselkurs kurs valuta asing
wechseln ①gantikan, menggantikan *(Dienst)* ②tukar, menukarkan *(Geld)*
wecken bangunkan, membangunkan
Wecker jam bèker
weder ... noch maupun ... tidak
Weg jalan
wegen karena, sebab
wegfahren ①pergi *(gehen, weggehen)* ②berangkat *(aufbrechen)*
weggehen pergi
weglaufen larikan diri, melarikan diri
wegnehmen sita, menyita
Wegweiser penunjuk jalan
wegwerfen buang, membuang
wegwischen bersihkan, membersihkan
weh tun, sich sakit
wehen ①berkibaran *(Fahne)* ②tiupkan, meniupkan *(blasen)*
wehren, sich lawan, melawan
weiblich (Geschlecht) jenis perempuan
weich empuk, lunak
weigern, sich tolak, menolak
Weihnachten Hari Natal ⇨*Selamat Hari Natal! = Fröhliche Weihnachten!*
weil karena
Wein anggur
Weinbrand brèndi
weinen nangis, menangis
weise bijak
Weise cara
Weisheitszahn gigi/geraham bungsu
weiß putih
Weißbrot roti tawar
Weißwein anggur putih
weit jauh
weiter selanjutnya, seterusnya
weitermachen ①lanjutkan, melanjutkan *(fortfahren)* ②lébarkan, melébarkan *(erweitern)* ③terus, meneruskan *(Richtung)*
weitergehen/-fahren terus, meneruskan
Weizen gandum
welche? yang mana?
Welle gelombang, ombak
Welt dunia
Weltall alam semesta
Weltmeisterschaft kejuaraan dunia
Weltraum ruang angkasa
Weltrekord rékor dunia
Weltuntergang khiamat
wenden balik, membalik
wenig sedikit
weniger ①kurang ⇨*kurang besar (daripada) = kleiner (als)* ②lebih sedikit (daripada) *(Vergleich)*
wenigstens paling sedikit
wenn jika, kalau
wer? siapa?
Werbung iklan
werden ①akan *(Zukunft)* ②di- *(Passiv)* ⇨*dimakan = Es wird gegessen.* ③jadi, menjadi *(sich entwickeln)* ④mau *(könnte)* ⇨*sebentar lagi mau hujan = Es wird bald regnen.*
werfen lémparkan, melémparkan
Werft galangan kapal
Werk ①pabrik *(Industrie)* ②karya *(Kunst)*
Werkstatt bèngkèl
Werktag hari kerja
Werkzeug alat, perkakas
Wert kadar, nilai
wertlos sein tak bernilai
Wertsachen benda bernilai

wertvoll sein berharga sekali
Wesen hakikat
wesentlich hakiki
weshalb? apa sebab?
Wespe tabuhan, tawon
wessen? milik siapa?
West(en) barat
Weste rompi
westlich barat
Wettbewerb kompetisi, perlombaan
Wette pertaruhan
wetten bertaruh
Wetter cuaca
Wetterbericht berita cuaca
Wettkampf pertandingan olahraga
Whisky wiski
wichtig penting
wickeln ①balut, membalut *(med.)* ②melampini, membedung *(Baby)*
Widerspruch pertentangan
Widerstand perlawanan
widerstehen lawan, berlawan
wie ①seperti *(Vergleich)* ②berapa? ⇨*berapa besar? = wie groß* ③apa? ⇨*apa tadi/maksudnya? = wie bitte?* ④bagaimana? ⇨*bagaimana membuka itu? = wie öffnet man das?*
wie lange berapa lama
wie viel(e) berapa (banyak)
wieder kembali, lagi
Wiederaufforstung reboisasi
wiederherstellen perbaiki/memperbaiki kembali
wiederholen ulang, mengulang
Wiederholung pengulangan
wiederkommen kembali
Wiege ayunan *(Hängematte für Babys)*
wiegen ①timbang, menimbang *(Gewicht)* ②berayun-ayun *(in den Armen)*
Wiese rerumputan
wieso? bagaimana?, mengapa?
wild liar
Wildkatze garong
Wildleder kulit binatang buruan
Wildnis hutan belukar, rimba raya
Wildschwein babi hutan ℹ *steht unter Artenschutz*
Wildtiere binatang liar
Wille keinginan, kemauan
Willkommen! Selamat datang!
Wimpern bulu mata
Wind angin
Windel lampin, bedungan
windig sein berangin
Windpocken cacar air
Windschutzscheibe kaca depan
Winkel sudut
winken lambaikan/melambaikan tangan
Winter musim dingin
winzig sangat kecil
Wipfel puncak pohon
wir ①kami *(ohne die anderen)* ②kita *(mit den anderen)*
Wirbel (Strudel) putaran
Wirbelsäule tulang belakang
Wirbelsturm topan
wirken (Ergebnis) berakibat
wirklich ①benar *(richtig)* ②nyata *(tatsächlich)*
Wirklichkeit kenyataan
Wirkung ①akibat *(Resultat)* ②dampak *(positiv und negativ)*
Wirtschaft ékonomi
Wirtschaftskrise krisis ékonomi
wischen usap
wissen ketahui, mengetahui
Wissen pengetahuan
Wissenschaftler ilmiawan
wissenschaftlich ilmiah
wittern (Tier) ngendus
Witwe janda
Witwer duda
Witz lelucon
witzig lucu
wo? di mana?
Woche minggu
Wochenende akhir minggu
Wochentag hari biasa ℹ *Die Wochentage heißen: Senin, Selasa, Rabu, Kamis, Jumat, Sabtu, Minggu. Bei den Balinesen heißen sie Soma, Anggara, Buda, Wraspati, Sukra, Saniscara und Redite. Die Javaner haben*

hingegen nur eine 5-Tage-Woche: Wagé, Kliwon, Pahing, Legi und Pon.
wöchentlich setiap minggu
wofür? untuk apa?
wogegen? lawan apa?
woher? dari mana?
wohin? ke mana?
wohl ①mungkin *(vermutlich)* ②baik *(angenehm)*
wohlfühlen (sich) betah, senang
wohlhabend kaya
wohnen diam, tinggal
Wohnmobil karavan
Wohnzimmer kamar tamu/duduk
Wolf serigala
Wolke awan
wolkenlos cerah
wolkig sein berawan
Wolle bulu domba, wol
wollen mau, ingin, hendak
womit? dengan apa?
Wort kata
Wörterbuch kamus
wörtlich kata demi kata
worüber? tentang apa?
wozu? untuk apa
Wrack bangkai kendaraan
wund terluka
Wunde luka
Wunder keajaiban
wundern über, sich héran, menghérankan, mengagumi
Wundstarrkrampf (med.) tetanus
Wunsch hasrat, keinginan
wünschen ①ingin *(wollen)* ②ucap, mengucapkan *(jmd.)* ③harapkan, mengharapkan *(sich)*
Würde martabat
würdig terhormat
würdigen hormati, menghormati
Wurf lémparan
Würfel dadu
würfeln bermain dadu
würgen mencekik
Wurm cacing
Wurst sosis
Wurzel akar
würzen bumbui, membumbui
würzig sein berbumbu
Wüste gurun
Wut kegeraman
wütend marah

Y

Yamswurzel bengkuang

Z

zäh ①ulet *(beharrend)* ②kental *(Masse)*
Zahl ①angka *(Ziffer)* ②bilangan *(Anzahl)*
zahlen bayar, membayar
zählen membilang
Zahlung pembayaran
zahm jinak
Zahn gigi
Zahnarzt dokter gigi (Drg.)
Zahnbürste sikat gigi
Zahnfleisch gusi
Zahnpasta tapal/pasta gigi
Zahnrad roda gigi
Zahnschmerzen sakit gigi
Zahnstocher tusuk gigi
Zange catut, tang
zart lembut
zärtlich penuh sayang
Zauberer ahli sihir
zaubern sulap, menyulap
Zaun pagar
Zecke kutu, sengkénét
Zeh jari kaki
Zeichen tanda
zeichnen gambar, menggambar
Zeichnung gambaran
Zeigefinger jari telunjuk
zeigen tunjukkan, menunjukkan
Zeile (Schrift) baris
Zeit ①jam ②waktu
⇨jam karèt ℹ *Wörtlich übersetzt „Gummizeit“ bezeichnet dieser Begriff „unpünktlich sein“.*
Zeitpunkt saat
Zeitschrift majalah

Zeitung surat kabar ℹ*Die wichtigsten nationalen Tageszeitungen sind „Duta", „Suara Pembaruan", „Rakyat Merdéka", „Kompas" und auf Englisch „Jakarta Post".*
Zeitverschiebung perbedaan waktu
Zelle ①sèl *(Körper)* ②penjara *(Gefängnis-)*
Zelt tènda
zelten berkémah ℹ*Es ist möglich abseits bewohnter Gebiete zu zelten. Teilweise benötigt man jedoch eine Genehmigung (Nationalpark).*
Zeltstange tiang tènda
Zement semèn
Zentimeter sèntiméter
Zentner lima puluh kilogramm
zentral sèntral
Zentrale pusat
Zentrum pusat, sentrum
zerbrechen ①patahkan, mematahkan *(Holz)* ②pecahkan, memecahkan *(Glas, Porzellan)*
zerbrechlich ①mudah patah *(Holz)* ②mudah pecah *(Glas, Porzellan)*
Zeremonie sérémoni, upacara
Zerfall keruntuhan
zerlegen membongkar
zerkleinern remukkan, meremukkan
zerreißen robèk-robèk, merobèk-robèk
zerren (an etw.) menyeret
Zerrung (Muskel) kesléo
zerschlagen hancurkan, menghancurkan
zerschneiden potong, memotong
zerstören rusak, merusak
Zerstörung perusakan
zerstreut linglung
zertrümmern menghancurkan
Zettel secarik kertas ℹ*Zählhilfswort für Streifen von z. B. Papier* ⇨*tujuh carik kertas = sieben Zettel*
Zeug bahan
Zeuge saksi
Zeugnis ijazah
Ziege kambing
Ziegel batu bata
Ziegenfleisch ①daging kambing ②gulai kambing *(-curry)* ②saté kambing *(-spießchen)*
ziehen ①cabut, mencabut *(Zahn)* ②tarik ℹ*An Türen steht tarik (ziehen) oder dorong (drücken)*
Ziel tujuan
ziemlich agak
zierlich mungil
Zigarette ①rokok, sigarét *(westlich)* ②kréték *(indonesische Nelkenzigarette)* ℹ*Die meist gerauchten Zigaretten in Indonesien haben kleine Nelkenstücke im Tabak und wenn es Filterzigaretten sind, ist der Filter meist gesüßt. Die bekanntesten Marken sind: Gudang Garam, Sampoerna.* ℹ*batang dient als Zählhilfswort für längliche Dinge* ⇨*sebatang kréték = eine Nelkenzigarette*
Zigarre cerutu
Zimmer kamar
Zimmermädchen pelayan
Zimmermann tukang kayu
Zimt kayu manis ℹ*West-Sumatra*
Zinsen bunga
zischen berdesis
Zitrone jeruk limau
Zitronengras seré, seréh
zittern bergetar
Zitze bengek
Zivilisation peradaban
Zivilrecht hukum perdata
zögern ragu-ragu
Zoll (Maß) inci
Zollbeamte pejabat béa cukai
Zollbestimmungen peraturan béa cukai
Zollerklärung laporan barang
zollfrei bébas béa cukai
Zollkontrolle pemeriksaan béa cukai
Zone kawasan ℹ*Indonesien wurde in drei Zeitzonen mit jeweils einer Stunde Unterschied geteilt: West-, Mittel- und Ost-Indonesien.*
Zopf kepang *(rambut)*
Zoo kebun binatang
zornig marah
zu ①di *(örtlich)* ⇨*dia (ada) di rumah. = Er ist zu Hause.* ②ke *(nach, Ort)* ③kepada *(nach, Person)* ④ terlalu *(sehr)* ⇨*terlalu banyak = zu viele* ⑤untuk *(um ... zu)* ⑥ber- ⇨*bertiga, berdua = zu dritt, zu zweit*
Zubehör perlengkapan
zubereiten siapkan, menyiapkan

Zubereitung pengolahan
züchten ① biakkan, membiakkan *(Tiere)* ② menumbuhkan *(Pflanzen)*
Züchtung pembiakan
zucken (Fisch) menggelepar
Zucker gula
Zuckerapfel sri kaya, silik
Zuckerkrankheit penyakit gula
Zuckerrohr tebu
Zuckerschote kacang kapri/ércis
zudecken ① selimuti, menyelimuti *(sich)* ② tutup, menutupi
zudem di samping itu
zudrehen tutup, menutup
zuerst pertama-tama
Zufall kebetulan
zufällig kebetulan
zufolge sesuai dengan
zufrieden puas
Zug keréta api (KA) ℹ *Gibt es nur auf Java und Sumatra.*
Zugang ① izin/ijin masuk *(Erlaubnis)* ② jalan masuk *(Weg)*
zugeben akui, mengakui
Zügel kendang
zugreifen mengambil
zugunsten demi
Zuhälter municikari, germo
zukleben rekatkan, merekatkan
Zukunft masa depan
zulassen ① ijinkan, mengijinkan *(genehmigen)* ② biarkan, membiarkan *(gewähren lassen)*
zuletzt akhirnya
zumachen tutup, menutup
zunächst pertama-tama
Zündkerze busi
Zündschlüssel kunci kontak
Zündung penyalaan
zunehmen tambah, bertambah
Zuneigung simpati
Zunge lidah
zupfen gamit
zurück ① kembali ② mundur *(rückwärts)*
zurückbringen pulangkan, memulangkan
zurückfahren pulang
zurückgeben kembalikan, mengembalikan
zurückgehen pulang
zurückkommen kembali
zurückschicken kirim/mengirim kembali
zurückzahlen bayar/membayar kembali
zusagen (Verabredung) janji, berjanji
zusammen sama, bersama, bersama-sama
Zusammenarbeit kerjasama
zusammenarbeiten bekerjasama
zusammenbrechen roboh
zusammendrücken padatkan, memadatkan
zusammenfalten melipat-lipat
Zusammenfassung ringkasan
Zusammenhang hubungan
zusammenhängen berhubungan dengan
zusammenleben tinggal bersama
zusammensetzen (Auto) mundur
Zusammenstoß tabrakan
zusammenstossen bertabrakan
zusammenzählen jumlahkan, menjumlahkan
Zusatz tambahan
zuschauen nonton, menonton
Zuschauer penonton
zusperren tutup, menutup
Zustand keadaan
zuständig sein berwewenang
Zustellung pengiriman
zustimmen kabul
Zustimmung kesepakatan, persetujuan
Zutaten bahan pelengkap ℹ *Auf Seite 218 dieses Buches finden Sie eine Liste der indonesischen Spezialitäten und Zutaten.*
Zutritt izin/ijin masuk
zuverlässig dapat dipercaya
zuversichtlich penuh kepercayaan
zu viel terlalu banyak
zuvor sebelumnya
Zwang paksaan
zwar ① memang ... tetapi *(zwar ... aber)* ② yakni *(und zwar, nämlich)*
Zweck ① maksud *(Absicht)* ② tujuan *(Ziel)*
zwecklos sein tak berguna
Zweifel keraguan
Zweig cabang
zweimal dua kali
zweite yang kedua
zweitens kedua

zweitrangig sekundèr
zwicken cubit, mencubit
Zwiebel bawang
Zwillinge kembar
zwingen paksa, memaksa
zwischen antara, di tengah
Zwischenfall insidèn, kejadian
Zwischenlandung persinggahan
zwitschern berkicau
Zylinder silinder

A

abad Jahrhundert
abadi unsterblich, ewig
abalone Abalone
abang älterer Bruder
abangan Mischung aus traditionellem Glauben, Islam und hindu-buddhistischem Glauben auf Java
abjad Alphabet
abon zartgebackenes faseriges Rindfleisch
abortus Abtreibung *(Schwangerschaft)*
ABRI (angkatan bersenjata Républik Indonésia) Armee Idonesiens
absès Geschwür
abu Asche
abu-abu grau
AC (air conditioning) Klimaanlage
acap oft
acar süßsauer, Rechtssache
acara Programm, Zeremonie
acara dansa Tanzveranstaltung *(westlich)*
acara harian Tagesordnung
acara kesenian Veranstaltung *(Kultur)*
acara olahraga Sportprogramm
acara pertunjukan Programm *(Vorstellung)*
acara tévé Fersehprogramm
acar campur gemischter Salat
acasia Akazie, *acacia auriculiformis*
accu Batterie
Acèh Provinz Acèh auf Sumatra
acuh gleichgültig
AD (angkatan darat) Heer
ada es gibt, Haben Sie ..., anwesend
ada apa? was gibt's?
ada benarnya an etw. dran sein
adanya so ist es
adaptor Adapter
ada rasa schmeckt gut
adas Fenchel
adat Sitte, Tradition, Gewohnheitsrecht
adat-istiadat Sitte
adegan Szene, Akt *(Theater)*
adegan sandiwara Schauspielszene
adik jüngere(r) Bruder/Schwester
adik kandung Zwilling
adik laki-laki jüngerer Bruder
adik perempuan jüngere Schwester
adil fair, gerecht
adinda jüngere Schwester
adipati Fürst, Herrscher
administrasi Verwaltung
adonan Teig
adopsi Adoption
adu ayam Tierkampf mit Hähnen
adu kekuatan sich messen
adu domba gegeneinander ausspielen, Tierkampf mit Widdern
adu cepat Rennen
aduh! Aua!, Oh!, Ach!
aduhai! Wie schön!
aduh jéjék! Igitt!
aduk vermischen, verrühren, umrühren
advokat Anwalt
aérogram Aerogramm
afdruk Abzug *(Foto)*
agak ziemlich
agaknya vermutlich
agak tuli schwerhörig
agama Glaube, Religion
agama Budha Buddhismus, buddhistisch
agama Hindu Hinduismus, hinduistisch
agama Hindu Dharma Form des Hinduismus, die nur auf Bali existiert
agama Islam Islam
agama Kong Hu Cu Konfuzianismus
agama Kristen Katolik Katholizismus
agama Kristen Protestan Protestantismus
agar so dass, um zu
agar supaya damit, um zu
agèn Agent, Vertreter
agènda Programm
agrèsif aggressiv
agung groß, erhaben
Agustus August
ahlak Charakter
ahli qualifiziert, Experte
ahli apotik Apotheker
ahli bangunan Architekt
ahli bedah Chirurg
ahli bumi Geologe
ahli hukum Jurist

ahli ilmu jiwa Psychologe
ahli obat Apotheker
ahli patung Bildhauer
ahli pijit Masseur/-se
ahli sains Wissenschaftler
ahli sejarah Historiker
Aids AIDS
aing ich ℹ *sundanesisch für „saya, aku"*
air Wasser, Saft
air aki Säure
air anggur Wein
air aqua Tafelwasser
air asam Essig
air asin Salzwasser
air bah Flut, Überflutung
air Belanda Mineralwasser
air buah Saft
air danau Seewasser
airi bewässern
air jeruk Limonade, Orangensaft
air kelapa Kokosmilch zum Trinken
air kencing Urin
air kopyor Kokosmilch zum Trinken
air kotor Abwasser
air laut Seewasser
air liur Spucke
air ludah Speichel
air mancur Springbrunnen
air mata Träne
air matang gekochtes Wasser
air minum Trinkwasser
air pasang Flut *(Meer, Fluss)*
air pendingin Kühlwasser
air soda Mineralwasser
air suci heiliges Wasser
air sungai Flusswasser
air surut Ebbe
air susu ibu Muttermilch
air tawar Süßwasser
air terjun Wasserfall
ajak einladen
ajal Sterbestunde
ajar lehren
ajaran Lehre
ajari beibringen
akal Vernunft
akal budi Verstand
akal séhat Vernunft
akan werden *(Zukunft)*, für, was betrifft
akar Wurzel, Ur-
akar gigi Zahnwurzel
akar pohon Baumwurzel
akhir Schluss, Ende *(Zeit)*
akhiran Nachsilbe
akhirat jenseits
akhiri beenden *(Rede)*
akhir minggu Wochenende
akhirnya zuletzt, schließlich
akhir pekan Wochenende
aki ①Großvater ②Akku
akibat Wirkung, Resultat, Folge, durch
akibat sampingan Nebenwirkung
akrab intim
aksèn Akzent
aksi Aktion *(Handlung)*
aktif aktiv
aktor Schauspieler
aktris Schauspielerin
aktuil aktuell
aku ich
akui gestehen, zugeben
akuntan Buchhalter
akur einverstanden
AL (angkatan laut) Marine
Al Qur'an Koran
alam Natur, natürlich, Welt
alamanda Goldtrompete, *allamanda cathartica*
alam baka jenseits
alam semesta Weltall
alamat Adresse
alami natürlich *(Eigenschaft)*
alang Reisspeicher der Toraja auf Sulawesi
alang-alang Schilf, Gras
alarm Alarm
alas Unterlage, Basis
alasan Grund, Argument, Begründung
alasan pokok Hauptgrund
alas cangkir Untertasse
alas kompor Herdplatte
alas tungku Herdplatte
alat Apparat, Gerät, Mittel, Werkzeug

alat cukur Rasierapparat, Rasierzeug
alat kelamin Geschlechtsorgan
alat kerja Werkzeug
alat masak air Wasserkocher
alat microwave Mikrowellengerät
alat pemacu jantung Herzschrittmacher
alat pemanas Heizung
alat pembalut Verbandszeug
alat pembuka kalèng Dosenöffner
alat penanak Reiskocher
alat pendingin udara Klimaanlage
alat pengering rambut Fön
alat penggosok Putzmittel
alat penghisap debu Staubsauger
alat perekam Kassettenrekorder
alat permainan Spielzeug
alat pernafasan Atemgerät
alat potrèt Fotoapparat
alat selam Tauchausrüstung
alat suara Lautsprecher
alat transport Transportmittel
alèrgi Allergie
alèrgis allergisch
alhamdulillah! Gott sei Dank!
aling aling traditionelle Schutzwand direkt nach dem Eingangstor balinesischer Häuser
aliran Strömung
aliran gaya Stilrichtung
aliran seni Kunstrichtung
alis Augenbraue
alkitab Bibel
alkohol Alkohol
Allah Allah, islamischer Gott
alpukat Avocado
altar Altar
aluminium Aluminium
alun-alun Dorfplatz
alur Rinne, Furche
ama umgangsprachlich für dengan = mit
aman sicher, ungefährlich
amanat présidén Präsidentenrede
amat sehr
amati beobachten
amatir Amateur
ambal Teppich
ambang Schwelle
ambar fad *(Geschmack)*
ambén Liege
ambil nehmen, bringen, holen, abnehmen *(Telefon, Aufgabe)*, aufnehmen *(Kredit)*
ambil alih übernehmen
ambillah! greif zu! *(unter Freunden)*
Ambon Insel Ambon in den Molukken
ambulans Krankenwagen
Amérika Amerika
Amérika Serikat USA
ampai-ampai Qualle
amplop Briefumschlag
ampuh übernatürlich
ampun Vergebung
anai-anai Termite
anak(-anak) Kind(er)
anakan Puppe
anak angkat adoptiertes Kind
anak bukit kleiner Hügel
anak bungsu jüngstes Kind
anak domba Lamm
anak gaul reiche, moderne Kinder
anak kalimat Nebensatz
anak kuda Fohlen
anak laki-laki Sohn, Junge
anak perempuan Tochter
anak pungut Findelkind
anak putus sekolah Schulabbrecher
anak sekolah Schüler
anak sulung ältestes Kind
anak sungai Nebenfluss
anak tunggal Einzelkind
anak yatim-piatu Waise
ancam drohen
ancaman Drohung, Bedrohung
ancangan Vorbereitung
ancol Landzunge
ancur zerstört
anda Sie
andi Fürst
andil Anteil *(Leistung)*
andong Pferdekarrentaxi für sechs Personen
anduk Handtuch
anèh merkwürdig, seltsam
aneka allerlei
angenan Opfergabe aus Kokosnussschale

anggaran Haushalt *(Budget)*
anggota Mitglied
anggota badan Körperteil
anggota badan buatan Prothese
anggota keluarga Verwandte
anggrèk Orchidee
angguk Knick
anggur Wein, Weintraube
anggur apél Apfelwein
anggur berbusa Sekt
anggur mérah Rotwein
anggur putih Weißwein
angin Wind, windig
angin ribut Taifun
angin sakal Gegenwind
angin topan Taifun
angka Nummer, Zahl, Punkte
angkasa Himmel *(Weltall)*
angkat heben, tragen, nehmen
angkatan Streitkräfte
angkat besi Gewichtheben
angkatan bersenjata Streitkräfte
angkatan darat Heer
angkatan kepolisian Polizeikräfte
angkatan laut Marine
angkatan udara Luftwaffe
angklung Bambusmusikinstrument der Sundanesen, West-Java
Angkot (Angutan Kota) Stadtverkehrsmittel
angkup Pinzette
angkut transportieren
angkutan Transport
angkutan umum öffentliche Verkehrsmittel
angsa Gans
angsa hitam Schwan (schwarz)
angsa putih Schwan (weiß)
angsoka Javanische Blume, *ixora javanica*
aniaya misshandeln
anjing Hund
anjing laut Seehund
anoa Zwergwildbüffel
anoreksia Magersucht, Anorexie
antar begleiten, zusammen gehen
antara zwischen
antara lain unter anderem
antariksawan Astronaut
antar kota innerstädtisch
antena Antenne
antero ganz
anti anti
antibiotik Antibiotikum
antik antik
anti karat rostfrei
anting-anting Ohrring
anti-toksin Gegengift
antri sich anstellen *(Reihe)*
anyam-anyaman Bastwaren
apa ①was? ②wie? ③ob
apa apa etwas
apabila wenn, falls
apa ini? was für ein(e)?
apa itu? was für ein(e)?
apa kabar? Wie geht's?
apakah ob, Ist es so, dass ...?
apalagi vor allem
apam süßer mit Nüssen gefüllter Pfannkuchen
apa maksudnya? wie bitte?
apapula vor allem
aparat Apparat
aparat negara Staatsapparat
apartemen Apartment
apa sebab? weshalb?
apa tadi? wie bitte?
apél Apfel
apél Jepang Apfel, *pyrus pyrifolia*
api Feuer
apokat Avocado
apotik Apotheke
April April
aprit Ausfahrt (Auto)
apuran Abflussrinne
ara Feige
arab arabisch
arah Richtung
arak Reisbranntwein
arang Holzkohle
aras kuat Starkstrom
arbei Erdbeere
arca Statue
arca patung Skulptur
arén Zuckerpalme, *arenga pinnata*
aréna tinju Boxring

argométer Taxameter
argumén Argument
Arjuna Wiwaha balinesische Erzählung, die bei Tänzen immer wieder erzählt wird
arloji Armbanduhr
arnab Hase, Kaninchen
arsip Archiv
arisan Kreditgeber in der indonesischen rukun tetangga – Nachbarschaftshilfe-Organisation
Arja böse Figur, Herold des Königs *(Bali)*
arsitèk Architekt
arsitèktur Architektur
arti Sinn, Bedeutung
artinya das heißt
artis Künstler
arus Strömung
arus listrik elektrischer Strom
arus searah Gleichstrom
arus strom bolak-balik Wechselstrom
as Achse
AS (Amérika Serikat) USA
asal Herkunft, Ursprung *(geografisch)*
Asalamu alaikum! Friede sei mit dir!
ℹ *„Asalamu alaikum" sagt man beim Eintritt in einen muslimischen Haushalt. Die Hausherren antworten „walaikum salam!" (Und mit dir).*
asalnya ursprünglich
asam herb, sauer, eingelegt
asam gelugur saure Gewürzmangostane, *garcinia atroviridis*
asam Jawa Tamarinde, *tamarindus indica*
asamkarbonat Kohlensäure
asap Rauch
asap motor Abgase
asap tebal Qualm
asbak Aschenbecher
Asia Asien
Asia Tenggara Südostasien
asin salzig
asinan gemischter Salat
asing fremd, ausländisch
asinkan salzen
asli authentisch, original, ursprünglich
aslinya Original
asma Asthma
asmara Liebe
aspal Teer
aspirin Aspirin
asrama Heim, Studentenwohnheim, Kaserne
asuransi Versicherung
asuransi kasko Kaskoversicherung
asuransi kesèhatan Krankenversicherung
asuransi mobil Autoversicherung
asuransi sosial Sozialversicherung
asyik aufregend, verliebt
atap Dach
atap jendéla Markise
atas auf, oben, weil
atas desakan drängen auf
atasi schaffen, bewältigen
atas nama namens
atau oder, bzw.
atau ... atau ... entweder ... oder ...
atlas Atlas
atlétik Leichtathletik
atur ordnen, regeln
ATM (anjungan tunai mandiri) Geldautomat
aturan Regel
aturan pakai Gebrauchsanweisung
aturan tatabahasa Grammatikregeln
AU (angkatan udara) Luftmacht
Australi Australien, australisch
Austria Österreich, österreichisch
awadra Entjungferung
awak Besatzungsmitglied
awak kapal Schiffsbesatzung
awal Anfang, Start
awalan Vorsilbe
awalmula Ursprung
awam gewöhnlich, alltäglich
awan Wolke
awan guntur Gewitterwolke
awas! Achtung!, Pass auf!
awasi beaufsichtigen, kontrollieren
Awas tikungan! Vorsicht Kurve!
awèt haltbar
ayah Vater
ayah angkat Pflegevater
ayah bunda Eltern
ayah mertua Stiefvater
ayah tiri Stiefvater

ayak Sieb
ayal langsam
ayam Hahn, Huhn, Hähnchen
ayam alas Wildhuhn
ayam betina Henne
ayam jantan Hahn
ayan Epilepsie
ayo! Los!, Lass uns gehen!
ayu schön
ayun hin und her wiegen
ayunan Hängematte zum Wiegen von Babys
azan Aufruf zum Gebet

B

bab Kapitel
babak Akt, Halbzeit
babak belur grün und blau, voll blauer Flecke
babat mähen, kahl schneiden
babe Vater
babi Schwein
babi alu Tapir
babi duyung Seekuh
babi guling Spanferkel
babi hutan Wildschwein, *sus scrofa*
babi rusa Hirsch
babu Dienstmädchen, Dienerin
baca lesen, leserlich
bacakan vorlesen
bacang eine Mangoart, *mangifera foetida*
badai Sturm
badak Nashorn
badal Vertreter
badam Mandel
badan Körper
badaniah körperlich
badik Dolch, den sich die Männer in Jakarta traditionell an den Gürtel stecken
badut Clown
bagai Art, Sorte
bagaimana? wie?, wieso?
bagaimanapun juga sowieso
bagan Skizze
bagasi Gepäck, Koffer
bagi für, teilen
bagian Abschnitt, Abteilung, Teil, Kapitel
bagian kelamin Geschlechtsorgan
bagian pengganti Ersatzteil
bagikan verteilen
bagus gut, schön
bagus sekali ausgezeichnet, toll
bahagia Glück, glücklich
bahan Stoff, Material, Zutat
bahan baku Rohstoff
bahan bangunan Baumaterial
bahan batik Batikstoff
bahan handuk Badetuch
bahan makanan Lebensmittel
bahan peledak Sprengstoff
bahan pelengkap Zutat
bahan vaksin Impfstoff
bahar eine Menge Wasser
bahasa Sprache
bahasa asing Fremdsprache
bahasa Cina Chinesisch
bahasa ibu Muttersprache
bahasa Indonésia Indonesisch
bahasa Inggris Englisch
bahasa pasar Umgangssprache
bahasa Perancis Französisch
bahasa Spanyol Spanisch
bahasa Tionghoa Chinesisch
bahaya Gefahr, gefährlich
bahkan selbst, sogar
bahu Schulter
bahwa dass
baik gut, okay, wohl, angenehm
baik ... maupun sowohl ... als auch
baik hati gutmütig
baiklah in Ordnung, ok
bait Strophe
baja Stahl
bajak pflügen
bajan Bratpfanne
bajing Eichhörnchen
bajingan Schuft!, Perverser!
baju Kleid, Jacke
baju dalam Unterhemd
baju kaos T-Shirt
baju kurung Kleid *(lang)*, Pullover
baju pelampung Schwimmweste
baju renang Badeanzug

bak Waschbecken, Wanne
bakal ①für, mit ②Kandidat
bakar geröstet, brennen, verbrennen
bakat Talent
bakau Mangrove, *rhizophora*
bak cucian Spüle
baki Tablett
bak mandi Badewanne
bakmi Nudeln
bakmi godog Nudeleintopf
bakmi gorèng gebratene Nudeln
baksa kembang Tanz auf Kalimantan
bakso Fleischklößchensuppe mit Nudeln
baktéri Bakterien
bakti treu
bakul Korb
bakwan Garnelen mit Sojabohnensprossen
balai Halle, Versammlungsort im Dorf
balang Karaffe
balapan Rennen, Rennbahn
balas beantworten *(schriftlich)*
balasan Antwort *(schriftlich)*
balas dendam Rache, sich rächen
balé Pavillion, Schrein
balé-balé Schlafbank
balèt Ballett
Bali Provinz und Insel Bali
Bali-Aga Ur-Balinesen
balian balinesischer Schamane
baligo Winterkürbis, *benincasa hispada*
balik umdrehen, umkehren, wenden, Gegenteil
balita (bawah lima tahun) Kinder unter fünf
balkon Balkon *(Theater)*
balok Balken
balumba monong Tanz auf Sulawesi
balut verbinden, wickeln, Verband *(med.)*
bambu Bambus, *bamusa vulgaris*
bami Nudeln
ban Reifen
banci ①Transvestit ②impotent ③schwul
ban kemis platter Reifen
ban penolong Rettungsring
ban sérep Ersatzreifen
bandar Hafen
bandara Flugplatz
bandar udara Flughafen
bandel störrisch *(Kinder)*
bandingkan vergleichen
Bandit! Bandit!
bandot Casanova
bangau Reiher, *ardeola bachus/egretta*
bangau besar Silberreiher
bangau putih Seidenreiher
bangau tongtong Seidenreiher
banget sehr
bangga (atas) stolz (auf)
bangkai Kadaver
bangkai kendaraan Wrack
bangkit aufstehen
bangkrut Ruin, pleite
bangkrutkan ruinieren *(Geschäft)*
bangku Bank *(Sitzbank)*
bangkuang Yamswurzel, *pachyrrhizus erosus*
bangolan Jux, Scherz
bangsa Nation, Volk
bangsal Halle, Saal
bangsal kecono tradionelle Versammlungshalle in Yogyakarta, Java
Bangsat! Halunke!
bangsawan Adel, Fürst
bangun ①bauen ②aufstehen, aufwachen, wach
bangunan Bauwerk, Gebäude, Architektur
bangunkan wecken
banjar Sarong banjar, balinesische Gemeinde
banjir Überschwemmung, Hochwasser, Flut
banjir bandang Springflut
bank Bank *(Geld)*
bantah Streit
bantal Kissen
bantén rituelle Opfergaben
bantén gebogen rituelle Opfergabe auf Tempelfesten
banténg Bantengrind
banter schnell
bantu helfen, Hilfe
bantuan Hilfe
banyak viel, meist
bapak Herr *(Anrede für Männer)*, Vater
bapak ibu Eltern
bar Bar
bara Ladung
barang Ding, Gegenstand

barang-barang Gut, Ware, Sache
barang cétakan Drucksache
barang-dagangan Ware
barangkali vielleicht, möglicherweise, wahrscheinlich
barat Westen, West, westlich
barat daya Südwesten
Baratha Yudha eine Erzählung, die immer wieder bei Tänzen erzählt wird
barat laut Nordwesten
baring liegen
baris ①Zeile *(Schrift)* ②balinesischer Tanz
barisan Truppe
barométer Barometer
barong balinesischer Tanz ℹ*Drache mit Löwenmähne kämpft gegen die Hexe rangda.*
baru frisch, neu, gerade, eben
baru saja gerade, vorhin
baru-baru ini kürzlich, neuerdings
barung mittlere Tonhöhe bei den Gamelanschlaginstrumenten bonan, gender und saron
basah nass, feucht
basah-kuyub durchnässt, klitschnass
basi verdorben
basir Priester bei Ngaja-Dayak auf Kalimantan
basis Basis
basmi zerstören
bata Ziegel
Batak Bataker, eine Minderheit in Indonesien
batal absagen, stornieren, vergebens
Batam Insel Batam in den Riau-Inseln
batamat muslimische Zeremonie auf Süd-Kalimantan, wenn ein Kind das Studium des Korans abgeschlossen hat
batang Stange, Stiel, Stamm ℹ*Zählhilfswort für längliche Dinge*
batas Begrenzung, Limit, Grenze
batas kecepatan Geschwindigkeitsbegrenzung
baterai Batterie
batik Batik
batik cap gedruckte Batik
batik tulis handgearbeitete Batik
batin seelisch, innerlich
batiniah psychisch, geistig
batu Stein, Edelstein
batu-bara Steinkohle
batu bata Ziegel
batu-batuan Geröll, Gestein
batu karang Korallenriff
batuk Husten, husten
bau ①riechen, Geruch ②Flächenmaß = 0,709 ha
bau harum Duft
bau wangi Duft
bauk Koteletten
bawa bringen, nehmen, tragen
bawaan Handgepäck
bawah unten
bawahan Untergebene
bawal eine Fischart, *stromateus*
bawang mérah Schalotte (Zwiebel)
bawang perai Lauch
bawang putih Knoblauch
bayak dick
bayam Chinaspinat, *amaranthus spp.*
bayang Schatten
bayangan Idee, Vorstellung
bayar bezahlen, zahlen
bayaran Zahlung
bayar béa masuk verzollen
bayi Baby, Säugling
béa Gebühr, Zoll
béa cukai Zoll
béasiswa Stipendium
béaya Ausgaben, Kosten
beban Last, Fracht
bebani belasten, auferlegen
bébas frei, ohne
bébas béa cukai zollfrei
bébas biaya gebührenfrei
bébas hutang schuldenfrei
bébaskan befreien
bébas pajak steuerfrei
bebatuan Steine, Felsen
bèbèk Ente
bèbèk betutu Ente im Bananenblatt
bèbèk peking Peking-Ente
beberapa manche, mehrere, ein paar
beberapa kali mehrfach
bèbèt Batiktuch *(für Männer)*

bécak dreirädrige Rikscha
bécak bermotor dreirädriges Motortaxi
béda Unterschied
bedah Operation
bedah sesar Kaiserschnitt
bedak Puder
bedak mérah Rouge
bédakan unterscheiden
bedil Gewehr
bedug Gamelanschlaginstrument mit Haut bespannt, hängt in einem Holzgerüst
bedungan Windel
begini so, also
beginilah cara auf diese Weise
begitu sehr, zu sehr, zu, allzu
begitulah das ist so
bego Idiot
béha BH
bejaj dreirädriges Motortaxi
bejana Gefäß, Schüssel
bekal Proviant
bekas frühere, Ex-
bekas luka Narbe
békeri Bäckerei
bekerja beschäftigen, arbeiten
bekerja keras schuften
bekerjasama zusammenarbeiten
bekhusek Tanz auf Sumatra
bekicot Schnecke
beku gefroren, es friert
bèl Klingel
béla verteidigen
béla diri (terhadap) sich schützen (vor)
belah hacken *(Holz)*
belahan bumi Hemisphäre *(geografisch)*
belai streicheln
belajar lernen, studieren
belakang hinten
belakangan hinterher
belalang Heuschrecke
belalang kacung Gottesanbeterin *(Heuschreckenart)*
Belanda niederländisch, Niederlande
belangkas Königskrabbe, *limulus moluccanus*
belanja einkaufen
belantara Dschungel, Wald
belat Schiene *(med.)*
belerang Schwefel
Bèlgia Belgien, belgisch
beli kaufen
beliau er, sie *(für hochgeschätzte Personen)*
belimbing manis Sternfrucht, *averrhoa carambola*
belimbing wuluh saures Sternfrucht-Gewürz, *averrhoa belimbi*
belinjau Melinjofrucht, *gnetum gnemon*
bélok ①abbiegen ②umkehren ③Kurve
bélokan Biegung, Kurve
bèl pintu Türklingel
beluluk Zuckerpalme, *arenga pinnata*
belum noch nicht
belum déwasa minderjährig
belum kawin ledig
belum nikah ledig
belum pernah noch nie
belustru eckige Gurke, *luffa acutangula*
belut Aal, *monopterus albus*
bémo dreirädriges Motortaxi
bémper Stoßstange
bèn Musikband, Band
benak Gedanke, Idee
benalu Parasit, Schmarotzer
benang Faden, Garn
benar richtig, wahr, wirklich
benar-benar wirklich
benarkan bestätigen, gutheißen
benarnya Wahrheit
bencana Not, Katastrophe
bencana alam Umweltkatastrophe
benci hassen
benda Gegenstand, Ding
bendéra Fahne
bendéra kebangsaan Nationalfahne
bendi Pferdekarrentaxi für zwei Personen
bendung sperren, stauen
bendungan Deich, Damm, Wehr
bengek Asthma
bengkak geschwollen, Schwellung
bengkak babi Mumps
bengkarung Eidechse
bengkek Zitze, Brustwarze
bèngkèl Werkstatt, Atelier

béngkok krumm, gebogen, schlau
béngkokkan biegen
bengkuang Yamswurzel, *pachyrrhizus erosus*
Bengkulu Provinz Bengkulu auf Sumatra
bengong sprachlos
benih Samen, Sperma
benjol Beule
bènsin Normalbenzin
bènsin super Superbenzin
bénténg Festung
bentuk ① Form, bilden ② Bogen, Krümmung
bentuk persegi quadratisch
bentur stoßen, streiten
benturan Stoß
benua Kontinent
béo Beo *(Vogel), gracula religiosa*
bepergian reisen, verreisen
berabe schwierig
beracun giftig
berada ① sich befinden ② wohlhabend sein
beradab gebildet
bérak kacken, Stuhlgang haben
bérak-bérak Durchfall
berakhir zu Ende, fertig
beralih verändern
berambut hitam dunkelhaarig
berambut pirang blond *(Haar)*
beranak Kinder haben
berang Grimasse
berang-berang Otter, *lutra sumatrana*
berangin windig
berangkat weggehen, wegfahren, abreisen
berani Mut haben, mutig, gewagt, wagen
berantakan durcheinander, in Unordnung
berantam kämpfen
berantas bekämpfen
berapa? wie viel?, wie viele?
berapa banyak? wie viel?, wie viele?
berapa besar? wie groß?
berapa jauh? wie weit?
berapa kali? wie oft?
berapa lama? wie lange?
berapapun wie viel auch immer
berarti bedeuten, Sinn haben
beras Reis (geschält)
berasa fühlen, empfinden
berasal (dari) stammen, abstammen (aus)
beraspal geteert werden
berat Gewicht, schwer
berat badan Körpergewicht
berat bersih Nettogewicht
berawan bedeckt, bewölkt, wolkig
berawa-rawa sumpfig
berbagai allerlei
berbahagia glücklich
berbahaya gefährlich
berbakat begabt
berbaring liegen, sich hinlegen *(Körper)*
berbatu-batu steinig
berbatuk husten
berbau busuk stinken
berbéda (dengan) anders als
berbéda-béda verschieden
berbehasa höflich
berbelanja einkaufen
berbenalan kennen lernen
berbentuk Form haben
berbicara sprechen, reden
berbintik gepunktet
berbisa giftig
berbisik flüstern
berbohong lügen
berbuat tun, machen, herstellen
berbukit hügelig
berbulu behaart
berbumbu würzig
berbunga blühen, in Blüte stehen
berbunyi läuten
berburu jagen
bercacah tätowiert
bercahaya glänzen, strahlen
bercakap-cakap unterhalten
bercak darah Rötungen haben *(Haut)*
bercampur vermischt
bercanda scherzen
bercerai dengan geschieden von
bercerita erzählen
bercorak gemustert
bercukur sich rasieren
bercumbu-cumbu flirten
berdamai Kompromiss
berdansa tanzen *(westlich)*

berdarah bluten
berdasar (atas) basieren (auf)
berdayung rudern
berdébat diskutieren, debattieren
berdebu staubig
berderak-derak knarren
berdesis zischen
berdetik ticken
berdiam ①wohnen ②schweigen
berdiet auf einer Diät sein
berdiri stehen
berdiskusi diskutieren
berdoa beten
berdua zu zweit
berduka cita Beileid
berduri stachelig
berdusta lügen
beréaksi reagieren auf
berembuk besprechen
berempat zu viert
berenang schwimmen
berencana planen, vorhaben
bèrès in Ordnung, ordentlich, aufräumen
berfungsi funktionieren als etw.
bergabung dengan sich anschließen (bei)
bergajul Schurke
bergandengan verwandt sein
berganti jaga jmd. ablösen
bergantian abwechselnd
bergantung hängen
bergaris-garis gestreift
bergaruk sich kratzen
bergaya bébas leger
bergegas-gegas sich beeilen
bergembira sich freuen
bergemuruh donnern
bergerak sich bewegen
bergetar zittern
bergizi nahrhaft
bergulat kämpfen
berguna sich lohnen, nützlich, sinnvoll
bergunung-gunung bergig
bergurau Witze machen
berhadapan (dengan) gegenüber (von)
berhadap-hadapan gegenüber
berhak das Recht haben, berechtigt
berhala Abgott
berharap agar hoffen, dass
berharga kostbar
berhasil gelingen
berhati-hati vorsichtig, aufpassen, aufmerksam
berhenti beenden, anhalten, stoppen, Halt!
berhimpun beraten, konferieren
berhinti ablaufen
berhitung zählen, rechnen
berhutang Schulden haben
berhutang budi schulden *(Dank)*
beri geben
beribadah Ausübung *(Religion)*
beri jalan Vorfahrt gewähren
berikut nächste
berikutnya nächste
berikutnya lagi übernächste
beri makanan füttern
beriman religiös, gläubig
beri minuman tränken
beri peringatan warnen (vor)
beri salam grüßen
beri selamat gratulieren
berisik laut
beristirahat ausruhen, sich schonen
berita Bericht, Nachricht
berita baru Neuigkeit
berita cuaca Wetterbericht
beritahu ankündigen, mitteilen, informieren
beritahukan benachrichtigen
beritakan berichten, mitteilen
beri tanda blinken *(Auto)*
berjabatan tangan Hand geben
berjalan funktionieren, funktionstüchtig sein
berjalan-jalan reisen, ausgehen, spazieren gehen
berjalan kaki gehen, zu Fuß gehen
berjalan pincang humpeln
berjalan terus weitergehen
berjamur schimmelig
berjangkit ansteckend
berjanji zusagen *(Verabredung)*, versprechen
berjongkok hocken
berjual verkaufen
berjuang kämpfen

berjumpa sich treffen, sich begegnen
berkabut neblig
berkali-kali mehrmals, mehrfach, oft
berkarat rostig
berkat dank
berkata sagen
berkati segnen
berkeberatan sich beschweren, beanstanden
berkecambah keimen
berkeemasan vergoldet
berkelahi kämpfen
berkelakuan sich benehmen
berkelana Wanderung, wandern
berkeliling umherziehen
berkeluarga eine Familie haben
berkémah zelten, campen
berkembang blühen, sich entwickeln
berkembang biak sich vermehren
berkenalan sich kennen lernen
berkencan verabreden
berkendara fahren
berkeringat schwitzen
berkhayal sich vorstellen, ausmalen
berkhotbah predigen
berkibaran wehen *(Fahne)*
berkibar-kibar flattern *(Fahne)*
berkicau zwitschern
berkilap blinken, glänzen
berkilau glitzern, funkeln
berkomunikasi sich verständigen
berkorban opfern
berkotak-kotak kariert
berkuat verstärken
berkuliah studieren, zur Uni gehen
berkumis einen Schnurrbart haben
berkumpul versammeln
berkumur gurgeln *(med.)*
berkunang-kunang flimmern
berkunjung besuchen
berkurang nachlassen
berlabuh anlegen *(Schiff)*
berlagak angeben, prahlen
berlaku gelten, gültig
berlalu vorüber *(zeitl.)*
berlangganan ein guter Kunde sein
berlangsung ①andauern ②stattfinden
berlari rennen
berlatih üben
berlawan widerstehen
berlayar segeln
berlemak fettig
berlibur in den Urlaub fahren
berlinang tropfen
berlomba spielen *(Spiel)*
berludah spucken
berluka gültig
berlutut knien
bermacam-macam einige, verschiedene
bermain spielen
bermain curang schummeln
bermain dadu würfeln
bermain selancar surfen
bermain sérong Seitensprung
bermaksud untuk beabsichtigen zu tun
bermalam übernachten
bermimpi träumen
berminat (untuk) sich interessieren (für)
bermuara münden
bernafas atmen
bernafsu angetörnt werden
bernama heißen
bernilai wertvoll, Wert haben
bernyanyi singen
berodot muskulös
berolahraga Sport treiben
beroleng schaukeln
beromong-kosong Unsinn reden
berondong abfeuern
berontak Aufstand
beroriéntasi sich orientieren
berpacu rennen
berpakaian sich anziehen
berpawai zeigen, demonstrieren
berpegang (fest)halten
berpeluk manja kuscheln
berpeluk-pelukan sich umarmen
berpendapat finden, der Meinung sein
berpendidikan geschult
berpenghasilan verdienen
berperang kämpfen, Krieg führen
berpésta feiern
berpijar glühen

berpikir überlegen, denken, nachdenken
berpindah umziehen *(Haus)*
berpisah geschieden, getrennt, entfernt
berpuasa fasten
berpura-pura heucheln
berputar drehen
berputus asa verzweifeln
bersahaja schlicht
bersahut antworten
bersalah Schuld haben, schuldig sein
bersalju schneien
bersama zusammen
bersamaan itu gleichzeitig
bersama-sama miteinander
bersandar lehnen
bersangkutan betreffend
bersebelahan nebeneinander
bersedia bereit
bersegi empat viereckig
bersejarah historisch
berselancar surfen
berseléra tinggi anspruchsvoll
bersemangat begeistert, schwungvoll
bersembunyi sich verstecken
bersenang sich freuen
bersenang-senang sich amüsieren
bersepakat vereinbaren
bersepak bola Fußball spielen
bersepéda radfahren
berseri-seri strahlen *(Gesicht)*
berseru rufen
bersifat charakterisiert (durch)
bersih sauber, rein
bersihkan saubermachen, wegwischen
bersihkan debu Staub wischen
bersin niesen
bersinar glänzen, leuchten, scheinen
bersisa übrig
bersiul pfeifen
bersohiban Freunde sein
bersorak-sorai jubeln
bersuara keras laut
bersumpah schwören
bertabrakan zusammenstoßen
bertahan überleben *(Gefahr)*
bertahun-tahun jahrelang
bertambah wachsen, zunehmen
bertanggung jawab verantwortlich
bertanya (tentang) fragen (nach)
bertari tanzen
bertaruh wetten
bertarung kämpfen
bertékad-bulat bestimmt, entschlossen
bertélépon telefonieren
bertélé-télé umständlich, langwierig
bertemu dengan sich treffen mit
bertèmpel kleben
bertengkar sich streiten
bertepuk tangan klatschen *(Hände)*
berteriak schreien
berterima kasih danken, dankbar
bertiga zu dritt
bertindak handeln, agieren
bertinju boxen
bertolak auslaufen *(Schiff)*
bertukar wechseln, umtauschen
bertumbuh wachsen
bertumpuk-tumpuk haufenweise, übereinander
bertunangan verlobt
berturut-turut nacheinander, hintereinander
beruang Bär
berubah sich ändern, sich verändern
berulang wiederholt
berumur alt (... Jahre alt sein)
berunding beraten, verhandeln
beruntung gewinnen
berusaha sich bemühen
berwarna farbig
berwewenang zuständig
berwujud konkret
besar groß, geräumig, wichtig
besarnya Umfang, Volumen, Größe
besi Eisen
besi tua Schrott
beskap traditionelle Männerjacke *(kein Batik)*
bésok morgen
bésok lusa übermorgen
bésok pagi morgens
beta ich
betah (sich) wohlfühlen
betapa? wodurch?

bétét Rosenbrustsittich
betik Papaya, *carica papaya*
betina weiblich, Weibchen
beting Sandbank
betis Unterschenkel, Wade
beton Beton
betul stimmen, korrekt, richtig, jawohl
betung groß
BH (béha) BH
biadab barbarisch
Biak Stadt Biak auf Irian Jaya
biakkan züchten *(Tiere)*
biang Muttertier
biar zulassen, lassen, auf dass
biara Kloster
biarawan Mönch
biarawati Nonne
biarkan zulassen, gewähren lassen
biarpun obwohl
biasa gewöhnlich, normal, üblich
Biasa-biasa saja. Es geht so.
biasakan diri sich gewöhnen (an)
biasanya gewöhnlich
biawak Bindenwaran, Leguan, Waran
biaya Gebühr, Kosten
biaya pengangkutan Transportkosten
bibi Tante
bibik Tante
bibir Lippe
bicara reden, sprechen
bicarakan besprechen
bidadaei Tanz auf Sumatra in Bengkulu
bidai ①Schiene ②Baseball-Base
bidan Hebamme (weiblich)
bidang Bereich, Fläche ℹ *Zählhilfswort f. Land*
bido Uhu *(Vogel), spitoris cheela*
biduri Manoriblume, *calotropis gigantea*
bihun Nudeln
bijak weise
bijaksana vernünftig
biji Kern, Samen, Stein
ℹ *Zählhilfswort für Samen, Körner, Kerne*
biji buah Obstkern
bijih logam Erz
biji sawi Senfkörner, *brassica juncea*
bikin herstellen
bikin bersih saubermachen
bikini Bikini
biksu Mönch
bila wenn, wann?
bilah Latte
bilamana? wann?
bilang erzählen
Bilang ma'af! Entschuldige dich!
bilangan Zahlen, Anzahl
bilangan pecahan Bruchzahlen
bilas rambut Haarspülung
bilik Kammer
bilis Anchovis *(Fisch), anchoviella indica*
Bima bekannte Figur in Erzählungen
Bima Swarga eine Erzählung, die immer wieder bei Tänzen erzählt wird
bimbang zögern
Bimbel (bimbingan belajar) Betreuung, beaufsichtigtes Studieren
binasakan vernichten
binatang Tier
binatang amfibi Amphibie
binatang berkantung Beuteltier
binatang buas Raubtier
binatang kesayangan Haustier
binatang liar Wild, wilde Tiere
binatang melata Reptil
binatang menyusui Säugetier
binatang pengerat Nagetier
binatang piaraan Haustier
binatang reptil Reptil
binatang rumah Haustier
binatu Wäsche
bingkai Brillengestell, Rahmen
bingkisan Päckchen
bingung durcheinander, verwirrt
bini Ehefrau
bintang ①Stern ②Star, Berühmtheit
bintil Pickel *(Haut)*
biola Geige
bioskop Kino
bir Bier
birat Narbe
biri-biri Schaf
biro Büro
biru blau

biru muda hellblau
biru tua dunkel blau
bis Bus
bisa ① können, imstande sein ② Tiergift
bisbol Baseball
bisèksual bisexuell
bising laut
biskuit Keks
bis malam Nachtbus
bisnis Business, Geschäfte
bistik Beefsteak
bisu stumm
bisul Pickel
bisul perut Magenschmerzen
biu Banane
bius bewusstlos
biusan Betäubung, Anästhesie
biuskan betäuben
blangkon eine Art indonesischer Turban *(Java)*
blèwah Melone, *cucumis melo*
blok Häuserblock
blumkol Blumenkohl
blus Bluse
bobot Gewicht
bocor auslaufen, lecken
bodoh blöd, dumm
bohlam Glühbirne
Bohong! Lügner!
boks surat Briefkasten
bola ① Ball ② Eier *(sexuell)*
bola base Baseball
bola basket Basketball
bola golf Golf
bola voli Volleyball
bolèh dürfen, erlaubt, möglich sein
bolèhkan dürfen
bolèhlah es geht, in Ordnung
bolpèn Kugelschreiber
bom Bombe
bom atom Atombombe
bon Rechnung *(Restaurant)*
bonang Gamelanschlaginstrument mit kleinen Gongs in zwei Reihen auf einem Holzfuß
boncis grüne Bohnen
bonéka Puppe
bonggol Kolben *(Pflanze)*
bongkar abladen, auspacken, abreißen
borok Geschwür
bos Boss, Chef
bosan langweilig
botak kahl
botol Flasche ℹ *Zählhilfswort für Flaschen*
botol air Wasserflasche
botol bayi Babyflasche
brankas Safe
Brahma hindhuistischer Gott
ℹ *Schöpfer der Welt und des Universums*
brahmana Angehöriger der Priesterklasse
brèm Reiswein
brèndi Weinbrand
Britania Raya Großbritannien
broker saham Aktienbroker
brokoli Brokkoli
bronkitis Bronchitis
bros Brosche
brosur Prospekt
B-test Schwangerschaftstest
bu Mutter, Frau *(Anrede)*
buah Frucht, Stück
ℹ *Zählhilfswort für Früchte und Gemüse*
buah amandel Mandel
buah anggur Weintraube
buah apokat Avocado
buah arbei Erdbeere
buah betik Papaya, *carica papaya*
buah-buahan Obst
buah betis Wade
buah dada Brust *(Mutter)*, Büste
buah kaki eine Fruchtart, *diospyros kaki*
buah kecil Beere
buah mentéga Butterfrucht, *diospyros blancoi*
buah nona Brotfrucht, *annona reticulata*
buah olif Olive
buah pelir Hoden
buah per Birne
buah pinggang Nieren
buah sakhlat Butterfrucht, *diospyros blancoi*
buaian Wiege, Hängematte
buang wegwerfen
buang air besar kacken, scheißen
buang air kecil pinkeln
buat ① machen, tun ② für

buatan Erzeugnis, künstlich
buatan tangan handgemacht
buat janji sich verabreden
buat kacau durcheinanderbringen
buat tembikar töpfern
buaya Krokodil
buaya darat Komodowaran, *varanus komodoensis*
bubuh injin Reisbrei aus schwarzem Reis
bubuhi prangko frankieren
bubuk Pulver
bubuk glukosa elektrolit Salze zur Rehydrierung nach Durchfallerkrankungen
bubur Reisbrei
bubur ayam Reisbrei mit Hähnchen
bubur kacang Mungbohnenbrei
bubur nasi Reisbrei
budak Kind, Junge
budaya Kultur
budhe Tante *(ältere Schwester der Mutter oder des Vaters)*
budi Charakter
budi bahasa Höflichkeit
buhul Knopf
buih Schaum
bujang ledig *(für Männer)*
bujangan Junggeselle
bujuk verführen, liebkosen, überreden
bujur Korn
bujur sangkar Rechteck
buka offen, öffnen, auf, geöffnet
bukan kein, nicht
bukan ... maupun (bukan) weder ... noch
bukit Hügel
bukit pasir Düne
bukti Beweis
buktikan nachweisen
buku Buch
buku belajar Lehrbuch
buku catatan Notizblock, Heft
buku cèk Scheckheft
buku pegangan Handbuch
buku saku Taschenbuch
buku tabungan Sparbuch
buku télépon Telefonbuch
buku tulis Schreibheft
buku wisata Reiseführer (Buch)
bulan Monat, Mond
bulan Agustus August
bulan April April
bulan baru Neumond
bulan depan nächster Monat
bulan Désèmber Dezember
bulan Fébruari Februar
bulan Januari Januar
bulan Juli Juli
bulan Juni Juni
bulan lalu voriger Monat
bulan madu Flitterwochen
bulan Maret März
bulan Mèi Mai
bulan Nopémber November
bulan Oktober Oktober
bulan penuh Vollmond
Bulan Puasa traditioneller Fastenmonat der Muslime, auch Ramadan genannt
bulan purnama Vollmond
bulan sabit Mondsichel
bulan separuh Halbmond
bulan Séptémber September
bulat rund
bulé Weißer! *(Schimpfwort für Weiße)*
bulu Federn, Behaarung
buluan Rambutan, *nephelium lappaceaum*
bulukan angeschimmelt
bulu mata Wimpern
bulu tangkis Badminton
bulu timun Feige, *ficus drupacea*
bulukan schimmelig
bulus kinderlos
bumbu Gewürz
bumbu karé Currysoße
bumbui würzen
bumi Erde, Welt
bumi perkemahan Camping
bumi putera Einheimischer, Inländer
boncis grüne Bohnen
bundar rund
bundaran Kreisverkehr
bung Kamerad
bunga Blume, Blüte, Zinsen
bunga anemon Seeanemone

bunga anggrèk Orchidee
bunga api Funke
bunga apiun Mohn
bunga kancing Amaranth
bunga kol Blumenkohl
bunga lawang Sternanis, *illicum verum*
bunganvil Bougainvillea, *bougainvillea spectabilis*
bunga sapu laut Seeanemone
bunga sepatu roter Hibiscus
bunga tasbih Cannablume, *canna orientalis*
bunga tiga bulan Hortensie, *hydrangea macrophylla*
bungkuk biegen
bungkus Packung, Paket, packen, Tüte
bunglon Chamäleon
bungsu Jüngster, jüngstes Kind einer Familie
bungur Indische Rose, *lagerstroemia speciosa*
bunting ①schwanger ②reif
buntut Schwanz
bunuh töten
bunuh diri Selbstmord
bunyi Geräusch, Klang, läuten
bupati Provinzvorsteher, Gouverneur
buram matt
buran Seeanemone
bursa Börse
buru jagen
buruh Arbeiter
buruh tani Landarbeiter
buruk sich verschlimmern, übel
burung Vogel ℹ *Zählhilfswort für Vögel*
burung alap-alap Sperber, *milvus migrans*
burung badak Nashornvogel
burung béo Beo *(Vogel), gracula religiosa*
burung bétét Rosenbrustsittich
burung cabak maling Nachtvogel, *caprimulgus macrurus*
burung camar Möwe
burung cenderawasih Paradiesvogel, *paradisidae*
burung enggang Nashornvogel
burung gagak Krähe
burung gelatik Reisfink, *munia oryzivora*
burung geréja Spatz, *passer montanus*
burung gosong Truthahn
burung hantu Uhu, Eule
burung ibis Ibis
burung jalak Star, *sturnupostor jalla*
burung kakatua Kakadu, Pagapei
burung kenari Kanarienvogel
burung kuau Fasan, *argusianus argus*
burung madu Honigesser *(Vogel), myzomela*
burung manyar Webervogel, *ploceus manyar*
burung merpati Taube
burung merpati laut Möwe
burung nangka Pirol *(Vogel)*
burung nuri Erdlori, Papagei
burung nuri raja Königspapagei
burung pecuk Kormoran *(Vogel)*
burung peking Muskatfink
burung pekutut Sperbertäubchen
burung podang Pirol *(Vogel)*
burung ruak-ruak Wasserhenne, *amaurornis phoenicurus chinensis*
burung undan Pelikan, *pelecanus onocrotalus*
burung unta Strauß *(Vogel)*
burung walet Schwalbe
bus Bus
busana malam Abendkleidung
busi Zündkabel
busuk faul, verfault, verdorben
busung Blätter der Kokospalme ℹ *Daraus werden balinesische Opfergaben hergestellt.*
buta blind
buta ayam nachtblind
butahuruf Analphabet
butir Korn, Stück ℹ *Zählhilfswort für Eier, Mangos und andere kleine runde Dinge*
butuh Bedürfnis, notwendig
butut abgetragen

C

cabai Chili, Paprikaschote
cabai giling Chilisoße
cabang Zweig, Zweigstelle, Wassercontainer
cabang perusahaan Filiale
cabé Chili, Paprikaschote
cabé besar Paprikaschote
cabé gajah Paprikaschote
cabé gembong Paprikaschote

cabé hijau grüne Peperoni
cabé mérah rote Peperoni
cabé rawit Chili
cabik gerissen
cabul unanständig
cabut ziehen (Zahn)
cacar air Windpocken
cacat Fehler, Makel
caci schimpfen
cacing Wurm
cacing bulat Rundwurm
cacing tanah Regenwurm
cadangan Reserve
cagar alam Naturschutzgebiet
cagar alam nasional Nationalpark
cahaya glänzen, strahlen
cahaya matahari Sonnenschein
cair flüssig (nicht fest)
cairan Flüssigkeit
cairan garam dapur Kochsalzlösung
cairan lènsa kontak Kontaktlinsenflüssigkeit
cairan obat Saft, Tropfen *(med.)*
cairan penghias bulu mata Wimperntusche
cakap ① gutaussehend ② sich unterhalten ③ fähig, imstande
cakar Kralle, Pfote, Tatze
cakrawala Horizont
calon Kandidat
calon arang balinesischer Tanz
camar Seemöwe, *thalasseus bengalensia*
camat Distriktsvorsteher
cambuk Peitsche
camburu eifersüchtig
campak Masern
campur gemischt, mischen, vermischen
campuran Mischung
candi Tempel (buddhistisch, hinduistisch)
candu Opium
canggih kompliziert
canggung ungeschickt, linkisch
cangkir Tasse
cangkul hacken *(Boden)*
cantèlan Haken
cantik hübsch, schön *(Frauen, Haustiere)*
canting Batiktechnik ℹ *Das Muster wird vor dem Färben mit Wachs auf den Stoff gemalt*
cantol Haken
cap Stempel
capai müde
capaka Champakblume, *michelia champaka L.*
capcai gebratenes Gemüse
capèk müde
capung Libelle
cara Methode, Weise
cara hidup Lebensweise
cara memasak Zubereitungsart
card krèdit Kreditkarte
cari nachsehen, suchen
cari hiburan Abwechslung suchen
cari informasi sich informieren
carik Dorfschreiber
ℹ *Zählhilfswort für Streifen von z. B. Papier*
cat Farbe, Anstrich
catat aufschreiben, notieren
catatan Bemerkung, Notiz
cat penyamar Make-up-Grundierung
catus Feuerzeug
catur Schach
catut Zange
cébol Kurzer!
cecak Echse
cedera Verletzung
cèk Scheck
cekcok Streit
cèk kosong ungedeckt *(Scheck)*
cèk perjalanan Reisescheck
cèk turis Reisescheck
cela Schande, Scham
celah Lücke, Spalte
celah gunung Bergpass
celaka fatal
celana Hose
celana dalam Unterhose
celana kolor Unterhose
celana pèndèk Shorts
celana renang Badehose
Celebes alter (Kolonial-) Name für Sulawesi
celemek Schürze
celempung 26-Saiteninstrument aus Holz bei Gamelanorchestern
celeng Schwein
celup färben *(Textilien)*

celurit Sichel
cemas ängstlich
cemburu eifersüchtig
cemilan naschen
cempaka Tulpenbaum, *michaelia champaka L.*
cempedak Brotfrucht, *artocarpus integer*
cendekiawan Intellektueller
cendera mata Andenken, Souvenir
cenderawasih Paradiesvogel, *paradisidae*
cenderung (ke sesuatu) neigen (zu etw.)
cendol ein eisgekühltes indonesisches Getränk
cengkèh Gewürznelke, *syzygium aromatica*
cengkeram greifen, packen
cengkerit Grille
cenkadu Heuschrecke
cepat flink, schnell
Cepat-cepat! Schnell!, sich beeilen
cepat marah jähzornig
cerah heiter, sonnig, wolkenlos
cerai geschieden, sich scheiden lassen
ceramah Vortrag, Lesung
cerdas intelligent
cerdik schlau
cerek Kessel
ceremai Otaheite-Beere, *phyllanthus acidus*
ceremai belanda Beerenfrucht, *eugenia uniflora*
cerewet Quatschtante, Quasselstrippe
ceri Kirsche
cerita Geschichte, Erzählung
ceritakan erzählen
cermin Spiegel
cerobong Schornstein
ceroring Langsat *(Obst)*, *lansium domesticum*
ceruk Bucht, Loch
cerutu Zigarre
cétak ①drucken ②(Guss-)Form
cétakan Abzug *(Foto)*
cétakan buku (Buch-)Druck
céwèk Mädel, Mieze
cicak Eidechse
cicip ①probieren ②schmecken
cidomo ein Einspänner als Taxi
ciduk Schaufel
cili ①Paprikaschote, Chili ②Opfergabe aus Palmenblättern (Bali)
cilik Kleine, Kleiner
cili kembung Paprikaschote
Cina China
cincang fein gehackt
cincin Ring *(Finger)*
cinta Liebe, jmd. gern haben
cintai lieben
ciptakan erschaffen
ciri Merkmal
cita-cita Idee
cium küssen
ciuman Kuss
coba versuchen, probieren, anprobieren
cobek flacher Mörser aus Stein
cocakrawa Sumpfpirol *(Vogel)*
cocok geeignet, passend, stimmen, korrekt
cocok sekali wie angegossen (sitzen)
codet Narbe
codot Feldermaus, *eonycteris*
coklat ①Schokolade ②braun ③Kakao (Pflanze), *theobroma cacao*
coklat muda hellbraun
coklat tua dunkelbraun
colt Minibus
combrang Fackelingwer, *etlingera elatior*
congèk schwerhörig
contoh Beispiel, Muster, Vorbild
corak warna Farbton
corèt durchstreichen
coro Kakerlake
corong Trichter
cowok Typ, Macker
cuaca Wetter
cubit kneifen, zwicken
cuci abwaschen, spülen
cucian Wäsche
cuci muka sich waschen *(Gesicht)*
cuci piring abspülen *(Geschirr)*
cucu Enkel, Kleinkinder
cuek gleichgültig
cuk Uhr
cuka Essig
cukai Steuer
cukup genug
cukupan mild
cukup banyak reichlich

cukur sich rasieren
cukur rambut Friseur
cuma nur
cuma-cuma umsonst, kostenlos, vergeblich
cumi-cumi Tintenfisch, *ommastreephes pacificies*
cuping telinga Ohrläppchen
curah hujan Regenguss
curam steil nach unten, abschüssig
curang betrügerisch, unfair
curi stehlen
curi-curi heimlich
curian gestohlen, Gestohlenes
cuti Urlaub

D

dada Brust
dadap Korallenbaum, *erythrina sp.*
dadar Omelett, Pfannkuchen
dadia patrilineare Herkuftslinie der Balinesen
dadu Würfel
daérah Gegend, Gebiet
Daérah Istiméwa (DI) Sonderzone (z. B. Acèh und Yogyakarta)
Daérah Khusus Ibukota (DKI) Hauptstadtzone Jakarta
daérah pesisir Küstengebiet
daftar Liste, Verzeichnis
daftar harga Preisliste
daftar isi Inhaltsverzeichnis
daftar kurs Umrechnungstabelle
daftar makanan Speisekarte
daftar mata kuliah Vorlesungsverzeichnis
daftar minuman Getränkekarte
daftar pertanyaan Fragebogen
daftar waktu Fahrplan
dagang geschäftlich
dagangan Ware
dagelan Humor
daging Fleisch
daging ayam Hähnchenfleisch
daging babi Schweinefleisch
daging bagian rusuk Kotelett
daging bèbèk Entenfleisch
daging domba Lammfleisch
daging kalkun Putenfleisch
daging kambing Ziegenfleisch
daging sapi Rindfleisch
daging unggas Geflügelfleisch
dagu Kinn
dahan Ast
dahi Stirn
dahulu damals, früher
dakocan Kaffeestand auf Bali
dakwaan Vorwurf
dalam in, innere, tief, innen
dalam batin innerlich
dalam jangka pèndèk kurzfristig
dalam negeri Inland
dalam tahun anno
dalang Puppenspieler
damai friedlich
dampak Wirkung *(positiv und negativ)*
dan und
dana Fonds
danas Ananas, *ananas comosus*
danau der See (Binnen-)
dandang Reiskocher
dangdut Popmusik
dangkal seicht, flach *(Gewässer)*
dansa tanzen, Tanz *(westlich)*
dan seterusnya und so weiter
dapat ① bekommen ② können, imstande sein
dapat dicernakan bekömmlich
dapat dikirim lieferbar
dapat dimakan essbar
dapat diminum trinkbar
dapat dipakai brauchbar
dapat dipercaya zuverlässig
dapat dirasakan spürbar
dapat disetèl verstellbar
dapat diterima akzeptabel
dapat dituntut strafbar
dapur Küche
darah Blut
darat Land, Boden, Festland
daratan Kontinent
dari ab *(Ort)*, aus, von
dari apa? woraus?
dari itu davon, von diesen, daraus *(Material)*
dari mana? woher?

daripada als *(Vergleich)*, statt, aus *(Material)*
darmawisata Ausflug
darurat Notfall
dasar Grund, Fundament
dasari gründen
dasawarsa Jahrzehnt
dasi Krawatte
datang ankommen, kommen
datang bulan Periode haben
datang kembali wiederkommen
datar gerade, flach, horizontal
dataran Ebene
daun Pflanzenblatt, Laub
daun bawang Frühlingszwiebel
daun jeruk purut Kaffirlimonenblätter (Gewürz), *citrus hystrix*
daun kambing asiatischer Thymian/Salbei, *plectranthus amboinicus*
daun karé Curryblätter, *murraya koenigi*
daun kelor Meerrettichbaumblätter, *moringa oleifera*
daun kemangi Asien-Basilikum, *ocimum tenniflorum/gratissimum*
daun kucing asiatischer Thymian/Salbei, *plectranthus amboinicus*
daun mangkokan Heilmittelpflanze, *nothopanax scutellarius*
daun melinjo Blattgewürz, *gnetum gnemon*
daun perai Porree, Lauch
daun salam Salamgewürz, *syzygium polyantha*
daun sélasih Asien-Basilikum, *ocimum tenniflorum/gratissimum*
daya kuda Pferdestärken (PS)
daya tahan tubuh Abwehrkräfte *(med.)*
Dayak Bevölkerungsgruppe auf Kalimantan
dayung Paddel, rudern
débat diskutieren, debattieren, Debatte
debu Staub
dékade Jahrzehnt
dékadén dekadent
dekat bei, nahe
dekati sich nähern
dékorasi Dekoration
dékorasi panggung Kulissen
delman Pferdekarrentaxi für sechs Personen
delapan acht
delapan belas achtzehn
delapan puluh achtzig
delapan ratus achthundert
delapan ribu achttausend
delima Granatapfel, *punica granatum*
demam Fieber
demam berdarah Dengue-Fieber
demang Distriktsvorsteher
demikian also
demikian juga gleichfalls
démokrasi Demokratie
démokrat Demokrat
démokratik demokratisch
démonstrasi Demonstration
demung tiefe Tonhöhe bei den Gamelanschlaginstrumenten bonang, gender und saron
denda Geldstrafe
dendam Rache
dengan mit
dengan apa? womit?
dengan demikian damit
dengan itu damit
dengar hören, zuhören
Dengarlah! Hör zu!
dengkul Knie
denyut jantung Herzschlag
déo Deo
depan vor (räuml.), nächste
départemén Abteilung (Behörde)
Denpasar Stadt Denpasar auf der Insel Bali
Déplu (départemén luar negeri) Auswärtiges Amt
derajat Grad
deras heftig, reißend
dérétan Reihe
derita leiden, Qual
derma Almosen, Gabe
dermaga Anlegestelle
désa Ortschaft, Dorf
désain Design
désak dringend
désakan Drang, Drängen
desas-desus Gerüchte
Désèmber Dezember
déséntri Ruhr (Krankheit), Dysenterie

desinfèksi desinfizieren
dèspotisme Gewaltherrschaft
dèstar Kopftuch für Männer
dèstar Java Kopftuch
detik Sekunde
Déwa Gott (Hinduismus)
Déwa Ruci der kleine Gott ℹ *eine bekannte Figur in indonesischen Erzählungen*
déwan Rat (Gruppe)
Déwan Perwakilan Rayat Parlament
déwasa erwachsen, Erwachsener
déwasa ini heutzutage
Déwi Göttin
Déwi Sri Reisgöttin
dgn. (dengan) mit
di ①an, auf, in, zu ②werden *(Passiv)*
dia sein, ihr, er, sie, es
diabetika Diabetes
diagnose Diagnose
diam ①still *(Person)* ②wohnen ③aufhören
diam-diam heimlich
diangkat anak adoptieren
di antara unter, zwischen
di antaranya dazwischen
diaré Durchfall
diasap geräuchert
di atas drauf, auf, oberhalb, über
di atasnya oberhalb
dibagi geteilt durch
dibatalkan storniert
dibatik gebatikt
di bawah unter, niedriger, unterhalb
di belakang hinter
dibeli gekauft werden
dibesar großgezogen werden
dibuat hergestellt, gemacht
dicabut gigi Zahn ziehen
dicampuri gemischt
dicetak gedruckt
dicintai Lieblings-, bevorzugt
dicopet bestohlen worden sein
dicuci gewaschen
dicuri gestohlen
di dalam drinnen, innen
di dalamnya darin, innerhalb
didapat bekommen, erhalten
di depan vorne, vor, vorn
didihkan abkochen
didirikan gegründet
diet Diät
digital digital
digorèng gebraten
digunakan gebraucht
dijemur getrocknet
dikeluarkan ausgestellt *(Dokument)*
dikenakan béa cukai zollpflichtig
dikenal bekannt
diktator Diktator
dikurangi reduziert
dilahirkann geboren
dilakukan gemacht, getan
dilarang verboten
Dilarang masuk! Eintritt verboten!
Dilarang parkir! Parkverbot
di luar draußen
di mana? wo?
di mana-mana überall
di mana saja irgendwo
dimènsi Dimension
di muka vor, vorn
dinamo Dynamo
dinas Dienst, im Amt
dinding Wand, Mauer
dingin kalt
dinihari frühe Morgendämmerung
dioptri Dioptrie
dipahat geschnitzt *(Holz)*
dipalsu gefälscht
dipanggang gebacken, gegrillt
dipan Sofa
dipelajari studiert, gelernt
di perjalanan unterwegs
diperkosa vergewaltigt
diperolèh bekommen, erhalten
dipesan bestellt
dipijat Massage
diploma Diplom
diplomatis diplomatisch
dirèktur Direktor
diri sich selbst
diriku mir
dirimu dir

dirigèn Dirigent
dirikan gründen *(Körperschaft)*
dirombak abbrechen
di rumah daheim, zu Hause
di samping daneben, neben, seitlich, seitwärts
di samping itu außerdem, abgesehen von
di sana da, dort, jenseits
di sebelah neben, nebenan
di sebelah sana drüben
di seberang gegenüber
di seberang lautan Übersee
di sekitar in der Umgebung von
disemur gedünstet
disengat kalajengking Skorpionbiss
di singkatkan abgekürzt
di sini hier
disiplin Disziplin, Zucht
di situ da *(örtlich)*
disko Disko
diskotik Diskothek
diskusi diskutieren
distribusi listrik Stromversorgung
distrik Bezirk
disukai beliebt
diswastaan privatisiert
ditebang abgeholzt
ditempati besetzt
di tengah-tengah mitten in
diterima bekommen, erhalten
dituduh angeklagt, beschuldigt
dituna verschoben
ditunda verspätet *(Zug)*
ditutupi bedeckt *(mit Schnee)*
diurus verwaltet
di waktu siang tagsüber
djaba kastenlos im Hindu-Kastensystem *(Bali)*
doa Gebet
dobel Doppel
dogol doof, dumm
dokar Pferdekarrentaxi auf zwei Rädern
dokter (Dr.) Arzt
dokter ahli bedah Chirurg
Dokteranda (Dra.) Doktorandin
Dokterandus (Drs.) Doktorand
dokter gigi (Drg.) Zahnarzt
dokter héwan (Drh.) Tierarzt
dokter jiwa Psychiater
dokter kanak-kanak Kinderarzt
dokter kandungan Frauenarzt
dokter kerongkongan HNO-Arzt
dokter kulit Hautarzt
dokter mata Augenarzt
dokter wanita Frauenarzt
Dokter Doktor *(akadamischer Grad)*
dokumen Dokument
dolar Dollar
dolfin Delfin
domba Schaf, Lamm
domino Domino *(Spiel)*
dompèt Portmonee
dong! He!
dongéng rakyat legendär
dongkrak Wagenheber
Dongson Dongson-Kultur
ℹ *Die erste Hochblüte der indonesischen Kultur war die Dongson-Kultur 1000 v.Chr. mit Bronzebearbeitung und dem Nassreisbau.*
donor darah Blutspender
doro Berg
dorong drücken *(Tür)*, schieben
dorongan Trieb
dorong maju fördern *(Fähigkeiten)*
dosa Sünde
dosèn Dozent
dot Schnuller
DPR (déwan perwakilan rakyat) Parlament
Dra. (Dokteranda) Doktorandin
dramatis dramatisch
Drg. (dokter gigi) Zahnarzt
Drh. (dokter héwan) Tierarzt
Drs. (Dokterandus) Doktorand
dua zwei
dua belas zwölf
dua kali zweimal
dua perlima zwei Fünftel (2/5)
dua puluh zwanzig
dua ratus zweihundert
dua ribu zweitausend
dubur Anus
duda Witwer
dudu geradeaus

duduk ①sitzen, sich setzen ②in der Klasse sein
duga annehmen, einschätzen
dugaan Ahnung, Vermutung
duit Geld
duka Trauer
duka-cita Trauer
dukuh Gehöft
duk wanita Damenbinde
duku Langsat *(Obst), lansium domesticum*
dukun Heilpraktiker, Schamane
dukun bayi Hebamme (männlich)
dukun beranak Hebamme (männlich)
dukung unterstützen
dulang füttern *(Kind)*
dulu damals, früher
dungu Idiot
dunia Welt
dupa Weihrauch
durhaka aufständisch
duri Stachel
durian Stinkfrucht, *durio zibethinus*
duri ikan Gräte
dus Dusche
dusta nicht wahr
duta Gesandter
duta besar Botschafter

E

e-Mail E-Mail
éfèk Wirkung
éfèktif wirksam
éja schreiben, buchstabieren
éjaan Rechtschreibung
éjék spotten (über)
ékonomi Wirtschaft, Ökonomie
ékonomis wirtschaftlich
ékor Schwanz ℹ *Zählhilfswort für Tiere*
ékor kera Affenschwanzblume, *euphorbiaceae*
èksklusif vornehm
èksploitasi Ausbeutung
èkspor Ausfuhr, Export
èksportir Exporteur
èksprés Express (international)
elaban Runde beim Hahnenkampf
élakkan vermeiden
elang Adler
elok schön
elu umgangsprachlich für anda = du
elung Kurve, Biegung
emas Gold
emat Größe
èmbèr Eimer
èmbèr sampah Mülleimer
embun Morgentau
embun beku Frost
embung Widerwillen
emosi aufbrausend
émpang Teich
empat vier
empat belas vierzehn
empat kali viermal
empat kali lipat vierfach
empat puluh vierzig
empat ratus vierhundert
empat ribu viertausend
empedu Galle
emping Chips aus Melinjofruchtmehl
empu Hersteller eines Keris-Dolches
empuk flauschig, weich
énak ①schmackhaft, lecker ②bequem
énak badan sich wohlfühlen
enam sechs
enam kali sechsmal
enam ratus sechshundert
enam ribu sechstausend
enam belas sechzehn
enam puluh sechzig
èncèrkan verdünnen
éncok Hexenschuss, Ischias
éncok rématik Rheuma
endapan Sediment, Rückstände
enggan weigern, keine Lust haben
enggang Nashornvogel
engkau du *(unter Gleichrangigen)*
éngkol Hebel, Kurbel
entah wer weiß
entah ... atau ob..., oder ...
énténg leicht *(nicht schwer)*
ès Eis(creme)

esah rechtsgültig
ès buah gefrorene Obststückchen mit Eis
ès batu Eiswürfel
ès jeruk eisgekühlte Limonade
èskalator Rolltreppe
ès kelapa eisgekühlte Kokosmilch
èskrim Eiscreme
ès pokat eisgekühltes Avocadogetränk
étalase Schaufenster

F

fajar Morgendämmerung
fakta Tatsache
famili Familie
fanatik fanatisch
fasal Leitartikel
fatal verhängnisvoll
Fébruari Februar
féri Fähre
féri mobil Autofähre
film Film
film cerita Spielfilm
film detéktif Krimi
film iklan Werbefilm
film sandiwara Spielfilm
filsafat Philosophie
firdaus Paradies
fitnah Verleumdung
flamboyan Flamboyantbaum, *poinciana regia*
flipper Schwimmflossen
flu Grippe, Erkältung
formal förmlich
formulir Formular
foto Foto
foto kaméra Fotoapparat
fotokopi Kopie
foto ronsen Röntgenaufnahme
freelanced freiberuflich
frékuènsi Frequenz
fungsi Funktion, Beruf
fu yung hai süßsaures Omelett nach chinesischer Art, mit Gemüse und Fleisch

G

gabah Reis (ungeschält)
gabug kinderlos
gabung Bündel
gabus Korken, Kork
gadaian Pfand
gading Elfenbein
gadis Mädchen
gado-gado gegartes Gemüse mit Erdnusssoße
gaga hübsch
gagah stattlich
gagak Krähe
gagal durchfallen, scheitern, misslingen
gagalkan vereiteln
gagang Henkel, Halter, Griff
gagang pancing Angelrute
gagang télépon Telefonhörer
gagap stottern
gagasan Idee
gaib mysteriös
gairah Leidenschaft
gajah Elefant
gaji Gehalt, Verdienst, Lohn
galak streng *(Person)*
galangan kapal Werft
galanggang Arena
galéri Galerie *(Bilder)*
gali fördern *(Mine)*, umgraben
gali lubang graben
Galungan Fest auf Bali, zu dem alle Götter auf die Erde herabsteigen
gamal mexikanische Lilie, *gliricidia sepium*
gambang Gamelanschlaginstrument mit 19-20 hölzernen Schlagflächen auf einem Holzpodest
gambar darstellen, malen, zeichnen, Bild
gambaran Illustration, Zeichnung
gambarkan beschreiben
gambas Schlangengurke, *luffa acutangula*
gambir Jasminbaum, *jasminum sambac*
gambir komik Cartoon, Comic
gambuh Tanz auf Bali
gamelan Gamelan-Orchester, findet man besonders in Java, Bali und den Sundainseln
gamelan degung Gamelan der Sundanesen

gamit zupfen
gampang einfach
gandaria Pflaumenmango, *bouea macrophylla*
gandarusa Heilkräuterstrauch, *justicia gendarussa*
gandéngan Anhänger(wagen)
gandum Weizen
gandum hitam Roggen
Ganesha Elefantengott ℹ *Nachkomme von Shiva und Parvati*
gang Flur, Gang, Gasse
ganggang Alge, Tang
ganggu stören, belästigen
gangguan Störung
gangguk stören
gangsir Grille
ganja Haschisch
ganjil ungerade *(Zahl)*, anormal
ganteng gutaussehend
ganti wechseln, Ersatz
gantikan wechseln *(Dienst)*
ganti kulit Häutung
gantung hängen, aufhängen
gantungan baju Kleiderbügel
gapura Tor *(Tempel, Stadt)*
gara-gara weil, wegen
garam Salz
garasi Garage
garing knusprig
garis Linie, Streifen, Strich
garis katulistiwa Äquator
garis tengah Durchmesser
garpu Gabel
garuda Adler, mythischer Vogel
garuk kratzen
gas Gas
gas tanah Erdgas
gatal jucken, Pilzinfektion
gaun Kleid *(zum Ausgehen)*
gaung Hall
gawang Tor *(Fußball)*
gawat heikel
gaya Stil
gaya dada Brustschwimmen
gaya kupu-kupu Schmetterling-Schwimmstil
gayam Otaheite-Kastanie, *inocarpus edulis*
gedang memedi Berg-Papaya, *carica pubescens*
gedek Flechtwerk
gede pantat fetter Hintern
gedung Gebäude
Gedung Pengadilan Justizpalast
gegar-otak Gehirnerschütterung
gegas eilig, hastig
gejala Symptom
geladak kapal Schiffsdeck
gelagah Schilf, *sacharum spontaneum*
gelak Gelächter
gelandangan obdachlos
gelang Armband
gelang penolong Rettungsring
gelap dunkel, finster, illegal
gelar Rang *(akad.)*
gelas Glas *(Gefäß)* ℹ *Zählhilfswort für Gläser*
gelatik Reisfink *(Vogel), munia oryzivora*
gelédah durchsuchen
gelégata Ekzem, Nesselfieber
gelembung Blase, Luftblase
gelinding rollen
gelisah nervös, unruhig
gelombang Welle
gelombang pèndèk Kurzwelle *(Radio)*
gema Schall
gembala Hirte, Cowboy
gembira froh, sich freuen, fröhlich, glücklich
gembok Schloss *(Tür)*
gembung geschwollen
gembur lose
gemerisik rascheln
gemertak klappern
gemetar zittern, beben
gempa Beben (Erde)
gempa bumi Erdbeben
gemuk dick, fett
gemuruh grollen (Donner)
genangan Pfütze
genap bulan austragen (Kind)
gendang Trommel, Schlaginstrument
gender Gamelanschlaginstrument mit 7 metallenen, eckigen Schlagflächen mit Resonanzkörpern in einem Holzgerüst
genderang Trommel

gendola Ceylonspinat, *basella rubra*
gendong tragen *(Person)*
generator Generator, Lichtmaschine
gengsi Prestige, Ansehen
genit kokett
genta Klingel
genteng Dachpfanne
genting Eile
gerah drückend, warm
geraham bungsu Weisheitszahn
gerak Bewegung
gerakan Bewegung
gerak gerik Gebärde
gerak tubuh Geste
geram böse
gerbang Tor *(Tempel, Stadt)*
gerbong Waggon
gerbong barang Güterwagen
gerbong rèstoran Speisewagen
gerbong tidur Schlafwagen
geréja Kirche
gérétan Feuerzeug
gergaji sägen
gergasi Riese
gerhana matahari Sonnenfinsternis
gerilya Guerilla
gerimis nieseln, Nieselregen
gerit-gerit Kletterpflanze, *urceola brachysepala*
germo Zuhälter
gerobak Karre
gerombolan Bande
gésér verschieben *(räuml.)*
gesit flink, geschickt
getah Harz
getah bening Lymphen *(med.)*
getar beben
giat aktiv, fleißig
gigi Zahn
gigi berlobang Karies
gigi bungsu Weisheitszahn
gigi goyang Zahn wackelt
gigih hartnäckig, verbissen *(positiv)*
gigi palsu Gebiss, dritte Zähne
gigi pecah Zahn abgebrochen
gigit beißen
gigitan Biss, Stich
gigit serangga Stich *(Insekt)*
gigit ular Schlangenbiss
gila (akan) verrückt (nach), irre
gila-gila lächerlich
giling mahlen
giliran Reihe, an der Reihe sein
gini so
ginjal Niere
gir Gang *(Auto)*
girang glücklich
giring-giring Klingel
gitar Gitarre
giwang Ohrring
glindingan Rolle *(techn.)*
global global
goa Grotte, Höhle
goblog blöd, dumm, Dummkopf
godaan Versuchung
godok gekocht
gol Tor *(Erfolg beim Fußball)*
Golkar (Golongan Karya) die politische Partei „Arbeitende Schichten"
golok Kurzschwert
golong Gruppe
golongan darah Blutgruppe
golong-golongkan unterteilen
Golongan Karya die politische Partei „Arbeitende Schichten"
golongan kecil Minderheit
gombal abgetragen, verschlissen *(Kleidung)*
goncang erschüttert, geschockt
gondrong langhaarig
gong Gong
gong ageng Gamelanschlaginstrument mit hängendem Bronze-Gong in einem Holzständer
gong gédé traditionelle Gamelanmusik
gong kebyar moderne Gamelanmusik
gong selunding antike Gamelanmusik
gonggok Tausendfüßler
gonggong bellen
gordèn Gardine
gorèng gebraten, frittiert
gorésan Strich, Schramme
gorésan luka Narbe
gori junge Jackfrucht

gorila Gorilla
gosip Klatsch
gosok reiben, einreiben
gosong Sandbank, anbrennen
gotong-royong Nachbarschaftshilfe
gowa Grotte
gowok Kaliasemkirsche, *eugenia polycephala*
goyang wackelig, wackeln
goyang-goyang schütteln *(Hände)*
gram Gramm
gramafon Plattenspieler
gratis umsonst, kostenlos
grobak Wagen, Karren
grup Gruppe
gua Höhle
guam Streit
gubuk Hütte
gubernur Gouverneur
gudang Kornspeicher, Lager, Vorratskammer
gudég javanische Gerichte mit Jackfrucht
gue umgangssprachlich für saya = ich
gugat anklagen, beschuldigen, kritisieren
gugatan Anklage
gugup nervös
gugur sterben
gula Zucker
gula bali Palmzucker
gula-gula Süßigkeiten
gulai Currygericht mit Kokosmilch
gula Jawa Palmzucker
gula mérah Palmzucker
gula pasir weißer Zucker
gula sakarin Süßstoff
gulat kämpfen
gulden Gulden
guling Kissenrolle
gulungan Rolle
gumpalan Klumpen
guna nützlich, sich lohnen, Nutzen, Vorteil
gunakan benutzen, nützen, verwenden
gunanya apa? wozu?
gundar Bürste
gundul kahl
gunting Schere
gunting kuku Nagelschere
guntur Donner
gunung Berg
gunung api Vulkan
gurami Guramifisch
guru Lehrer
guruh Donner(dröhnen) *(Wetter)*
gurun Wüste
gusar wütend, Grimasse
gusi Zahnfleisch

H

habis fertig, zu Ende, Schluss, Ende
habis samasekali restlos
habis terjual ausgebucht
hadapan Front, Vorderseite
hadiah Geschenk
hadiahkan schenken
hadir anwesend, dabei sein
hadis Überlieferungen von Mohammed *(Islam)*
hafal auswendig
haj Pilgerreise nach Mekka
hak Recht
hak asasi manusia (HAM) Menschenrechte
hak-hak asasi Menschenrechte
hakikat Wesen
hakiki wesentlich
hakim Richter
hak jalan Vorfahrt
hak sepatu Absatz *(Schuh)*
haiwanat Tierwelt
hal Fall, Vorkommnis, Sache
hal ihwal Ereignis, Umstände
halal koscher
halaman Grundstück, Seite *(Buch)*
halang blockieren, behindern
halangan Behinderung
halangi behindern
halilintar Blitz *(Wetter)*
halo hallo!
halte Haltestelle
haluan Kurs, Richtung
halus fein, dünn, sanft
HAM (hak asasi manusia) Menschenrechte
hama Ungeziefer
hambar fad, geschmacklos
hambat hemmen, verzögern

hambatan Hemmnis, Verzögerung
hamil schwanger
hampa hohl
hampir fast, beinahe
hampir tidak kaum
hancurkan zerschlagen
handphone (HP) Mobiltelefon, Handy
handuk Handtuch
hangat lauwarm
hangus anbrennen
hantu Eule
Hanuman Affenfürst (Ramayana-Sage)
hanya bloß, nur
hanya ... saja lediglich
hapus ①wegwischen ②löschen *(Dateien)*
haram verboten zu essen *(für Muslime)*
harap bitten, erwarten, hoffen
harapan Aussicht, Hoffnung
harapkan sich wünschen
Hardiknas (Hari Pendidikan Nasional) nationaler Erziehungstag
harga Kosten, kosten, Preis
harga beli Kaufpreis
harga bersih Nettopreis
harga diri Selbstwertgefühl
hargai schätzen, würdigen
harga jual Verkaufspreis
harga karcis Fahrpreis
harga mati Festpreis
harga murah preiswert
harganya kosten (Preis)
harga pas Festpreis
harga pasar Marktpreis
harga séwa Miete
harga tetap Festpreis
hari Tag
harian ①Tages-, täglich ②Zeitung
hari biasa Wochentag
hari depan Zukunft
hari ini heute
hari Jumat Freitag
hari Kamis Donnerstag
Hari Kartini Kartini-Tag ℹ *Nationaler Feiertag am 21. April zu Ehren von Raden Ajeng Kartini, einer frühen indonesischen Nationalistin*
hari kelahiran Geburtstag
hari lahir Geburtstag
hari libur Feiertag
harimau Tiger
harimau bintang Leopard
hari Minggu Sonntag
harmoni harmonisch
Hari Natal Weihnachten
Hari Proklamasi Kemerdékaan Unabhängigkeitstag am 17. August
hari Rabu Mittwoch
hari raya Feiertag
Hari Raya Pantékosta Pfingsten
Hari Raya Paskah Ostern
hari Sabtu Sonnabend
hari Selasa Dienstag
hari Senin Montag
hari ulang tahun Geburtstag
harta Gut, Besitzungen, Vermögen
harta benda Gut, Besitzungen
harta kekayaan Gut, Vermögen
harta milik Besitz, Land
harta pencaharian während der Ehe erworbener Besitz *(Minangkabau, Sumatra)*
harta pusako Besitz der Abstammungsgruppe *(Minangkabau, Sumatra)*
hartawan Reicher
harum duften, gut riechen, Duft
harus müssen
harus sekali notwendig
hasil Produkt, Erfolg, Ertrag, gelingen
hasilkan gewinnen, fördern, produzieren
hasrat Wunsch
hati Leber, Herz (Gefühl)
Hati-hati! vorsichtig, Achtung!
Hati-hati licin! Achtung glatt!
hati-hati tikungan! Vorsicht Kurve!
hati kecil Gewissen
hati nurani Gewissen
hatta dann
haus durstig, Durst
hawa Wetter, Klima
hébat großartig, phantastisch
hébat sekali ausgezeichnet *(Eigenschaft)*
hèktar Hektar
helai Blatt, Stück ℹ *Zählhilfswort für dünne Materialien wie Haar, Baumwolle*

hélicak dreirädriges Motortaxi
hèlikopter Hubschrauber
hélm Helm
hémat sparsam
hendak wollen
hentikan unterbrechen
hépatitis Hepatitis
héran (akan) staunen, sich wundern *(über)*
héwan Tiere
héwan mamalia Säugetier
hiasan Dekoration, Verzierung, Schmuck
hiasi schmücken
hibuk Druck
hibur amüsieren, Spaß haben
hiburan Unterhaltung, Spaß, Trost
hidang servieren
hidangan Speise, Gericht
hidangan awal Vorspeise
hidangan penutup Nachspeise, Nachtisch
hidangan pokok Hauptgericht
hidangan utama Hauptgericht
hidangkan servieren
hidung Nase
hidup ①Leben, leben, lebendig, bestehen ②an, eingeschaltet
hidupkan einschalten
hijau grün
hijau muda hellgrün
hijau tua dunkelgrün
hikayat Erzählung
hilang verlieren, verschwinden
hilir flussabwärts
hina beleidigen
hinaan Beleidigung
hindari verhindern, vermeiden
Hindu Hinduismus, hinduistisch
Hindu Dharma balinesischer Hinduismus
hingga bis
hisap uap inhalieren
hitam schwarz
hitam-putih schwarz-weiß
hitung zählen, rechnen, aufzählen
hitungkan berechnen
hiu Hai
HIV (haief) HIV
hobi Hobby
hoki Hockey
hokah Wasserpfeife
horison Horizont
horisontal horizontal
hormat Respekt;Ehre, Ehrerbietung
hormati jmd. achten, respektieren
hormon Hormon
hotèl Hotel
hubung verbunden
hubungan Beziehung, Zusammenhang, Anschluss *(Zug)*, Kontakt, Verbindung
hubungan cinta Affäre *(Liebes-)*
hubungkan verbinden, in Verbindung bringen
hujan Niederschlag, Regen, regnen
hujan abu Aschenregen
hujan ès Hagel
hujan salju schneien
hukah Wasserpfeife
hukum Gesetz, Rechtsprechung, bestrafen
hukum adat traditionelle Gesetze
hukuman Strafe
hukuman kurungan Gefängnisstrafe
hukuman mati Todesstrafe
hukum perdata Zivilrecht
hukum pidana Strafrecht
hulu flussaufwärts
humor Humor
huruf Buchstabe
hutan Wald
hutan belantara Dschungel
hutan lebat Dschungel
hutan rawa Sumpfwald
hutan rimba Regenwald
hutang Schulden

I

ia sie, er
ialah das heißt, nämlich, sein
Ibadah Gottesdienst
ibu Mutter, Frau *(Anrede)*, Mama, Sie *(Anrede)*
ibu bapak Eltern
ibu jari Daumen
ibu kota Hauptstadt
ibu kunci Schloss
ibu mertua Stiefmutter

ibu rumahtangga Hausfrau, Hausherrin
ibu tiri Stiefmutter
idé Idee
idéntik identisch
ideologi Ideologie
idiot Idiot
Idul Fitri islamisches Neujahr ℹ *Idul Fitri, auch Lebaran genannt, der erste im islamischen Monat Syawal, markiert das Ende der Fastenzeit und ist ein nationaler Feiertag in Indonesien*
iga Rippe
ijazah Diplom, Zertifikat, Zeugnis
ijin Genehmigung, Erlaubnis
ijinkan dürfen, erlauben, dulden, genehmigen
ijin kerja Arbeitserlaubnis
ijin masuk Zutritt, Zugang
ijin tinggal Aufenthaltsgenehmigung
ikan Fisch
ikan asin gesalzener Fisch
ikan bakar gebackener Fisch
ikan bandeng Meeräsche, *chanoschanos*
ikan barakuda Barakuda
ikan belanak Meeräsche, *chanoschanos*
ikan belut Aal
ikan bilalang fliegender Fisch, *exocoetidae*
ikan emas Rotbarsch, *carassius auratus*
ikan hias Zierfisch
ikan jarum Barakuda
ikan ladu Muräne
ikan laut Meeresfisch
ikan layar Segelfisch, *histiophorus orientalis*
ikan lélé Katzenwels, *clarius melanoderma*
ikan lodan Wal
ikan lumba-lumba Delfin
ikan mas Rotbarsch, *carassius auratus*
ikan moréa Muräne
ikan paus Wal, *phystes catadon*
ikan selar Makrele, *caranx*
ikan sotong Tintenfisch
ikan tambak Hecht, *lutjanus vaigiensis*
ikan tenggiri Königsmakrele, *scomberomorus*
ikan terbang fliegender Fisch, *exocoetidae*
ikan tambak Hecht, *lutjanus vaigiensis*
ikan tongkol Thunfisch, Makrele
ikan yu Hai
ikat befestigen, anbinden, Bund, Webtechnik
ikatan keluarga Verwandtschaft
ikat diri sich binden, freiwillig
ikatkan festbinden
ikat kepala eine Art indonesischer Turban
ikat pinggang Gürtel, Bleigurt zum Tauchen
ikhtisar Zusammenfassung
iklan Anzeige, Werbung, Reklame
iklan lowongan Stellenanzeige
iklankan inserieren
iklim Klima
ikut folgen, mitkommen, mitmachen
ikuti folgen
ikut lutung Affenschwanzblume, *euphorbiaceae*
ikut serta mitmachen
ilégal illegal
ilmiah wissenschaftlich
ilmiawan Wissenschaftler
ilmu alam Physik
ilmu bumi Geographie
ilmu èksakta Mathematik
ilmu hayat Biologie
ilmu jiwa Psychologie
ilmu kedokteran Medizin
ilmu pasti Mathematik
ilmu pengetahuan Wissenschaft
ilmu pengetahuan alam Naturwissenschaft
ilmu purbakala Archipel
ilmuwan Wissenschaftler
ilustrasi Illustration
imam Geistlicher, Priester (islamisch)
imbalan Honorar, Belohnung
imbuhan Zusatz
imigran gelap illegaler Einwanderer
imigrasi Einwanderungsbehörde
imitasi Imitation
impian Illusion, Traum
impor importieren, Import
importir Importeur
imun imun
inci Zoll *(Maß)*
indah hübsch, schön *(Berge, große Dinge)*
indera Sinn, Wahrnehmungsfähigkeit
India Indien, indisch
indonésia indonesisch
indung mutiara Perlmutt

industri Industrie
infèksi Infektion
infèksi perut Magengeschwür
infèksi tonsil Mandelentzündung
inflasi Inflation
influènsa Grippe
informasi Auskunft, Information
infrastruktur Infrastruktur
infus Tropf *(med.)*
infusi Infusion
ingat sich erinnern
ingatan Gedächtnis, Denkleistung
ingat sesuatu sich etw. merken
Inggeris Englisch, England
ingin wünschen, wollen
ingin tahu neugierig
ingusan Schnupfen
ini diese(-s/-r)
injak betreten, treten auf
insidèn Zwischenfall
insinyur (Ir.) Ingenieur
inskripsi Inschrift
instruksi Instruktion, Anweisung
intan Diamant
intensi Absicht
intensip intensiv
interésan interessant
interlokal Ferngespräch
internasional international
interogasi Verhör
interupsi Unterbrechung
invitasi Einladung
intim intim
ipar Schwager, Schwägerin
irama Rhythmus, Musiktakt
iri neidisch
Irian Jaya Provinz und Insel Irian Jaya
iris Scheibe
ironi Ironie
isi Gehalt, Inhalt, ausfüllen, füllen
isi bahan bakar tanken
isi bateri laden (Batterie)
isi tangki penuh volltanken
Islam Islam
istana Palast, Schloss
Istana Negara Präsidentspalast
istiadat Brauch, Sitte, Ritual
istilah khusus Fachausdruck
istiméwa außergewöhnlich
istirahat ausruhen, sich schonen, Pause
istri Ehefrau
isyarat Signal
Italia Italien, italienisch
itik Ente
itu jene(-r/-s)
izin Genehmigung
izinkan genehmigen
izin kerja Arbeitserlaubnis
Izin Masuk Einreisevisum
Izin Masuk Kembali Mehrfach-Einreisevisum
Izin Tinggal Aufenthaltsgenehmigung

J

jabang bayi Neugeborenes
jabatan Beruf, Amt, Stellung
jadah Bastard
jadi bilden, entstehen, entwickeln, werden, also
jadikan machen
jadwal Zeitplan, Plan, Kalender
jaga beaufsichtigen, achten, aufpassen
jago Dorfheld im javanischen Volkstheater
jagoan Hahn (für Hahnenkämpfe), Gewinner
jagung Mais, *zea mays*
jagung manis süßer Mais, *zea mays*
jahat gemein, fies
jahé Ingwer (Gewürz), *zingiber officinale*
jahit nähen
jahitan Naht (Textil)
jaipongan Tanz der Sundanesen in West-Java
jajahan ①Kolonie ②hausieren
jajan naschen, Süßigkeiten
jajanan Imbiss
jajaran hitung Reihenfolge
Jakarta Provinz/Hauptstadt Jakarta auf Java
jakèt Jacke
jakèt rajutan Strickjacke
jaksa Staatsanwalt
jala Netz
jalan ①gehen ②funktionieren, nicht kaputt ③Straße, Weg
jalan besar Hauptstraße

Jalan buntu! Sackgasse!
jalan-jalan spazieren gehen, ausgehen, Spaziergang
jalan kaki zu Fuß gehen
jalan kecil Seitenstraße, Nebenstraße
jalan keluar Ausweg, Ausfahrt, hinausgehen
jalan kerikil Schotterstraße
Jalan licin! Straße glatt!
jalan lintas Schnellstraße, Autobahn
Jalan masuk Einfahrt, Zugang
jalan mundur rückwärts
Jalan pelan-pelan! Langsam fahren!
jalan putar Umweg
jalan raya Hauptstraße, Schnellstraße
Jalan rusak! Straßenschäden!
jalan sempit Gasse
jalan setapak Pfad
jalan terus weiterfahren, weitergehen
jalan tol Autobahn
jalan utama Hauptstraße
jalinan cinta Verhältnis *(Liebschaft)*
jalur Fahrbahn, Streifen
jam Uhr, Zeit, Stunde, es ist ... Uhr
jamak Mehrzahl
jaman Zeitpunkt
jamban Toilette
jambang Koteletten
jambang mandi Badewanne
jambangan Blumenvase
jam bèker Wecker
jam berangkat Abfahrtszeit
Jam berapa? Wie spät ist es?
Jambi Provinz Jambi auf Sumatra
jamblang Javapflaume, *eugenia cumini*
jambu Cashew, *anacardium occidentale*
jambu air Wasserapfel, *eugenia jambos*
jambu batu Guave *(Obst), psidium guajava*
jambu biji Erdbeerguave, *psidium cattleianum*
jambu bol Wasserapfel, *syzygium malaccense*
jam buka Öffnungszeiten
jambu klutuk Guave *(Obst), psidium guajava*
jambu mété Cashew, *anacardium occidentale*
jambu Semarang Wasserapfel, *syzygium samarangense*
jam dinding Wanduhr
jami mesjid Moschee für Freitagsgebete
jamin garantieren
jaminan Garantie
jam karèt unpünktlich
jam sibuk Hauptverkehrszeit
jam tangan Armbanduhr
jamu Heilmittel, Heilkräuter
jamur Pilz *(zum Essen)*
janda Witwe
jangan nicht, sei nicht
janganlah tu nicht!
janggut Kinn
jangka panjang langfristig
jangka waktu Dauer, Periode, Zeitraum
jangkar Anker
jangkrik Grille *(Insekt)*
janji Abkommen, abmachen, Vereinbarung, zusagen, Versprechen, Termin
jankung lang
jantan männlich
jantung Herz *(anatomisch)*
jantung pisang Bananenblüte *(Gemüse)*
Januari Januar
jara Bohrer
jarah plündern
jarak Distanz, Abstand, Strecke
jarang selten
jari Finger
jari kaki Zeh
jari kelengkeng kleiner Finger
jari manis Ringfinger
jaring Netz
jarit langer Sarong für Männer und Frauen
jari telunjuk Zeigefinger
jari tengah Mittelfinger
jarum Nadel
jarum suntik Kanüle *(med.)*
jas Anzug
jasa Verdienst
jas hujan Regenjacke
jasmani physisch, körperlich
jasmaniah physisch, körperlich
jatah Quote
jatuh Fall, Sturz, fallen, stürzen
jatuh cinta sich verlieben, verliebt
jatuhkan ①herunternehmen ②fallen lassen
jatuhnya Fall, Sturz

jauh fern, weit
Jawa die indonesische Insel Java
Jawa Barat (Jabar) Provinz West-Java auf Java
Jawa Tengah (Jateng) Provinz Mitteljava auf Java
Jawa Timur (Jatim) Provinz Ost-Java auf Java
jawab beantworten, Antwort, antworten
jawaban Antwort
jaya Ruhm
jejak Spur
jelas deutlich, aufklären, klar
jelaskan erklären
jelèk hässlich, übel, schlecht, böse
jemaah Kirchengemeinde
jemah später
jemari Finger
jembalang Koboldmaki
jembatan Brücke
jembatan gantung Hängebrücke
jembut Schamhaare
jempiring Gardenie, *gardenia florida*
jempol Daumen
jemu langweilig
jemur Sonnenbad
jendéla Fenster
jenéwér Schnaps, Gin
jengger ayam Hahnenkammblume, *celosia argentea*
jènggot Bart
jèngkèl verärgert *(Person)*
jengkerit Zikade
jenis Typ, Art, Sorte, Katogorie
jenis kelamin Geschlecht
jenjang Leiter, Treppe
Jepang Japan, japanisch
jepitan Zange, Pinzette
jepun bali Frangipani, *plumeria acuminata*
jepun Jawa Frangipani, *plumeria obtusa*
jepun Jepang Wüstenrose, *Adenium*
jerah überflüssig
jerami Stroh
jerapah Giraffe
jerat Schlinge
jerawat Pickel *(Haut)*
jerih erschöpft
jeriken cadangan Reservekanister
jeritan Schrei
Jerman Deutschland, deutsch
jernih hell, klar
jeruji Gitter
jeruk Zitrusfrucht
jeruk Bali Pomelo *(Obst), citrus maxima*
jeruk besar Pomelo *(Obst), citrus maxima*
jeruk garut Mandarine, *citrus nobilis*
jeruk keprok Mandarine, *citrus reticulata*
jeruk manis Apfelsine, *citrus sinensis*
jeruk nipis Limone, *citrus aurantifolia*
jeruk purut Limone, *citrus hystrix*
jeruk sukade Zitrone, *citrus medica*
jidat Stirn
jijik scheußlich
jika falls, wenn
jikalau falls, wenn
jika perlu eventuell
jilat lecken
jilit heften
jimat Talisman, Amulett
jinak zahm
jingga orange
jingkat aufspringen
jinjingan Handgepäck
jinten Kreuzkümmel, *cuminum cyminum*
jip Jeep
jiran Nachbar
jiwa Seele
jl. (jalan) Straße, Weg
jogging joggen
jok mobil Autositz
jongkok Hocke, hocken
jonson Außenborder
jotos Faust
jual verkaufen
juang Wettstreit
juara Gewinner
judul Überschrift
juga auch
jujur aufrichtig, ehrlich
Juli Juli
juling schielen
Jumat Freitag
jumlah Betrag, Anzahl, Summe, Menge
jumlah penjualan Umsatz

jumlahkan zusammenzählen
jumpa sich begegnen
Juni Juni
jurang Gefälle, Schlucht, Abgrund
juru Experte
juru bahasa Dolmetscher
juru masak Koch
juru mesin Ingenieur
jurumudi Steuermann
juru pijat Masseur
juru potret Fotograf
jururawat Krankenpfleger, Krankenschwester
jurus geradeaus
jurusan Richtung
jus Fruchtsaft
justru genau, gerade
juta Million
jutawan Millionär
juwet Javapflaume, *eugenia cumini*

K

KA (keréta api) Zug
kabar Nachricht
kabel Kabel, Leitung, Draht
kabel busi Zündkabel
kabin Kabine, Kajüte
kabin ganti pakaian Umkleidekabine
kabrio Cabrio
kabul zustimmen
kabur unscharf
kabut dunstig, Nebel
kaca Glas, Spiegel
kaca depan Windschutzscheibe
kaca jendéla Glassscheibe
kacamata Brille
kacamata gelap Sonnenbrille
kacamata selam Taucherbrille
kacang ① Linsen ② Nuss, Erdnuss
kacang bandung Erdnuss, *arachis hypogaea*
kacang botor grüne Bohnen, *psophocarpus tetragonolobus*
kacang boncis grüne Bohnen, *paseolus vulgaris*
kacang cina Erdnuss, *arachis hypogaea*
kacang ércis Zuckerschote, *pisum sativum*
kacang hijau Mungbohne, *phaseolus radiatus*
kacang kapri Zuckerschote, *pisum sativum*
kacang Jawa Erdnuss, *arachis hypogaea*
kacang kedelai Sojabohne, *glycine max*
kacang panjang lange grüne Bohnen, *vigna sesquipedalis*
kacang polong Erbsen, *pisum sativum*
kacang tanah Erdnuss, *arachis hypogaea*
kaca piring Gardenie, *gardenia florida*
kaca spion Rückspiegel
kacau chaotisch, unruhig
kacau-balau chaotisch
kacret-kacretan Tulpenbaum, *spathodea campanulata*
kadal Eidechse
kadang-kadang manchmal
kadar Wert
kado Geschenk
kadok Pfefferblätter, *piper sarmentosum*
kafé Kaffee
kafir heidnisch, animistisch
kagèt überrascht
kai lan Kailan Kohl, *brassica alboglabra*
kail Angelhaken
kain Stoff, Textil
kain batik Batikstoff
kain panjang langer Sarong, der mit einem Hüftband zusammengehalten wird (für Frauen)
kain pembersih Lappen
kain perca Steppdecke
kain sarong Sarongstoff mit Batikmuster
kain songkèt Batikseide mit eingewebten Gold-/Silberfäden
kain tenunan Tuch
kaitan Haken
kaja bergwärts
kakak ältere Schwester/älterer Buder
kakak tiri perempuan Stiefschwester
kakatua Kakadu
kakèk Großvater
kakèk-nènèk Großeltern
kaki Fuß, Bein
kaki ayam Hähnchenschenkel
kaki bawah Fuß
kaki binatang Pfote
kaki lima fahrender Imbissstand, Bürgersteig

kaki telanjang barfuß
kaku ungeschickt, steif
kakus WC
kala damals
kalah verlieren *(Sport, Spiel)*
kalah judi verspielt *(Geld)*
kalajengking Skorpion
kalak telak Knock-out beim Boxen
kalandria Callandriablume, *callandria sp.*
kalangkang garu Nashornvogelfedern
kalau falls, wenn
kalau tidak sonst
kaldu Fleischbrühe
kalènder Kalender
kalèng Dose
kali Mal; Fluss
kalian ihr (2. Person Mehrzahl)
kaliasem Kirschart, *eugenia polycephala*
kalikan multiplizieren, malnehmen
Kalimantan Insel Kalimantan *(früher: Borneo)*
Kalimantan Barat (Kalbar) Provinz West-Kalimantan auf der Insel Kalimantan
Kalimantan Selatan (Kalsel) Provinz Süd-Kalimantan auf der Insel Kalimantan
Kalimantan Tengah (Kalteng) Provinz Mittel-Kalimantan auf der Insel Kalimantan
Kalimantan Timur (Kaltim) Provinz Ost-Kalimantan auf der Insel Kalimantan
kalimat Satz *(Grammatik)*
kalkulator Taschenrechner
kalkun Truthahn, Pute
kalong Fledermaus
kalung Halskette
kamar Zimmer
kamar duduk Wohnzimmer
kamar kecil Toilette
kamar makan Esszimmer
kamar mandi Badezimmer
kamar penjara Gefängniszelle
kamar tamu Wohnzimmer
kamar tidur Schlafzimmer
kamar tunggu Wartezimmer
kambing Ziege
kambuh Rückfall
kaméra Kamera
kaméra vidéo Videokamara
kami unser, wir
Kamis Donnerstag
kampak Beil
kampanye Kampagne
kampung Vorort, Dorf
kampungan Hinterwäldler
kampung halaman Heimat, Dorf
kamu du *(für Freunde, Kinder)*, ihr *(Mehrzahl)*
kamu sekalian ihr *(Mehrzahl)*
kamus Wörterbuch
kan doch
kana Cannablume, *canna orientalis*
Kanada Kanada, kanadisch
kanak-kanak Kleinkind
kanal Kanal
kanan rechts
kancil Zwergantilope
kancing Knopf
kandang Stall, Scheune
kandung Gebärmutter
kandung kemih Harnblase
kandung kencing Harnblase
kangin dem Sonnenaufgang zugewandt
kangkung Wasserspinat, *ipomoea aquatica*
kanguru Känguruh
kanji Speisestärke
kanker Krebs *(Krankheit)*
kantong Beutel, Sack, Tasche
kantong tèh Teebeutel
kantor Dienststelle, Postamt, Büro, Amt
kantor cabang Zweigstelle
Kantor Imigrasi Einwanderungsbehörde
Kantor Pariwisata Touristenbüro
kantor pajak Steuerbehörde
kantor polisi Polizeistation
kantor pos Postamt
kantor pusat Hauptstelle *(Bank)*
kantor syahbander Hafenaufsicht
kantung tidur Schlafsack
kaos Strumpf
kaos dalam Unterhemd
kaos kaki Socke, Strumpf
kaos oblong T-Shirt
kaos tangan Handschuhe
kapak Beil, Axt
kapal Schiff

kapal laut Schiff
kapal layar Segelschiff
kapal motor Motorboot
kapal selam U-Boot
kapal terbang Flugzeug
kapan? wann?
kapan-kapan gelegentlich, irgendwann
kapas Watte, Baumwolle
kapas cukit telinga Wattestäbchen
kapis Muschelart, *pecten*
kapor sirih Sirihblatt, *piper betle,* wird mit Betelnuss und Kautabak (gambir) als aufputschendes Mittel gekaut
kapsul Kapsel *(med.)*
kaptèn Kapitän
kapulaga Kardamom, *anomum cardamomum*
kapur Kalk, Kreide
karang Koralle
karangan bunga Blumenstrauß
karangan cerita Artikel *(Zeitung)*
karantina Quarantäne
karat Karat
karavan Wohnmobil, Wohnwagen
karburator Vergaser
karcis Ticket, Fahrkarte, Eintrittskarte
karcis pulang-pergi Hin-und Rückfahrkarte
kardinal Kardinal
kardus Karton
karé Curry
karé ayam Hähnchencurry
karena da, denn, weil, ob, wegen
karena apa? weswegen?
karena itu deshalb
karenanya darum, deswegen
karèt Gummi
karèt alam Kautschuk
karèt buatan synthetischer Gummi
karèt mentah Rohgummi
karèt penghapus Radiergummi
karèt tiruan synthetischer Gummi
karih längerer Dolch der Minangkabau-Männer, wird im Gürtel getragen
karim edelmütig
karir Karriere
karpet Teppich
karton Pappe
kartu Karte
kartu cèk Scheckkarte
kartu krèdit Kreditkarte
kartu mainan Spielkarten
kartu nama Visitenkarte
kartu pos Postkarte
kartu suara Stimmzettel
kartu tanda penduduk Personalausweis
kartu tanda pengenal Ausweis
kartu télépon Telefonkarte
karung Sack
karya Kunstwerk
karya seni Kunstwerk
karyawan Arbeitnehmer
karya wisata Studienreise
kas Kasse
kasa Kasse
kasar grob, unfreundlich, derb, rau, unhöflich
kasia Cassiablume, *cassia siamea*
kasèt Kassette
kasih Liebe, Zuneigung
kasihan Mitleid
kasir Kassierer
kassa Kasse
kastuba Weihnachtsstern, *euphorbia pulcherrima*
kasuari kerdil Kasuarinenvogel, *casuarius casuarius*
kasur Matratze
kasur angin Luftmatratze
kasus Fall, Vorkommnis
kata Wort
kata benda Hauptwort
kata bilangan Zahlwörter
kata caci-maki Schimpfwort
kata dasar Stammwort
kata demi kata wörtlich
kata ganti Fürwort
kata jadia abgeleitetes Wort
katak Frosch
katakan bemerken, kommentieren, sagen
katakanlah! sag mal!
kata-kata makian Schimpfwörter
katak betung Riesenfrosch
kata kerja Zeitwort
katak hijau Laubfrosch

katalisator Katalysator
kata sifat Adjektiv, Eigenschaftswort
katedral Kathedrale
katés Papaya *(Obst), carica papaya*
Katolik Katholizismus
katong wir
katuk Sabahgemüse, *sauropus androngynus*
katun Baumwolle
katup Ventil
kau du *(unter Gleichrangigen)*
kaunan Sklaven bei den Toraja auf Sulawesi
kaunter tikit Fahrkartenschalter
kawah Krater
kawal geleiten
kawan Bekannter, Kamerad
kawanan héwan Herde
kawanan sejawat Kollege
kawasan Gebiet, Region, Zone
kawasan tropis Tropen
kawat Draht, Telegramm
Kawi eine Sprache, die in traditionellen Tanzaufführungen auf Bali verwendet wird
kawin verheiratet, heiraten, beischlafen, Heirat
kawista Elefantenapfel, *limonia acidissima*
kaya reich, wie *(in Vergleichen)*
kaya anak-anak kinderreich
kayak wie *(in Vergleichen)*
kayap geistreich
kaya pikiran geistreich
kayalan Phantasie
kayu Holz
kayu apung Treibholz
kayu bakar Feuerholz
kayu jati Teakholz
kayu manis Zimt, *cinnamomum cassia*
ke zu, nach *(örtlich)*
keadaan Lage, Umstände, Situation, Zustand
keadaan kacau-balau Unordnung
keadaan keséhatan Gesundheitszustand
keadilan Rechtssprechung
keajaiban Wunder
keamanan Sicherheit, Ungefährlichkeit
ke atas aufwärts *(Verhältniswort)*
ke bawah abwärts, herunter, hinunter, unter
keawètan Haltbarkeit
kebahagiaan Glück
kebakaran Brand
kebaktian Gottesdienst, Andacht
kebal immun
kebalikan Gegensatz
kebangsaan Stolz, Nationalität
kebangkrutan Ruin
kebangsaan national, Staatsangehörigkeit
kebanjiran Überschwemmung
kebanyakan garam versalzen
kebatinan eine Mischung von traditionellem Glauben, dem Islam und hindu-buddhistischem Glauben auf Java
kebaya Bluse aus Seide (nicht Batik)
kebébasan Freiheit
kebébasan beragama Religionsfreiheit
kebébasan pers Pressefreiheit
kebenaran Wahrheit
kebencian Hass
keberangkatan Abreise
keberanian Mut
keberatan Beanstandung, Bedenken
kebersihan Hygiene, Sauberkeit
kebetulan Zufall, zufällig
kebiasaan Gewohnheit, Angewohnheit, Brauch
kebocoran Leck
Kebodohan! Dummheit!
kebohongan Lüge
kebosanan Langeweile
kebudayaan Kultur, Kunst
kebun Garten
kebun binatang Tierpark, Zoo
kebupaten Bezirk
kebusukan Verderben
kebutuhan Bedürfnis
kécak Tanz des Affengotts Hanuman auf Bali
kecakapan Eignung
kecambah Sojabohnensprossen, *vigna radiata*
kecamatan Unterdistrikt
kecanduan abhängig *(Drogen)*
kecantikan Schönheit *(Dame)*
kécap Sojasoße
kécap asin salzige Sojasoße
kécap manis süße Sojasoße
kecapi Laute der Sundanesen, West-Java, Sanddorn *(Pflanze), sandoricum koetjape*
kecelakaan Unglück, Unfall

kecelakaan lalu-lintas Verkehrsunfall
kecemaran Schande
kecenderungan Hang, Tendenz
kecepatan Geschwindigkeit, Tempo
kecerdasan Intelligenz
kecéwa enttäuscht
kecil klein
kecilkan verkleinern, leise stellen
kecipir grüne Bohnen, *psophocarpus tetragonolobus*
kecoh Betrug
kecuak Kakerlake
kecuali ausnahmsweise, es sei denn, außer
kecubung Trompetenbaum, *datura suaveolens*
kecurangan Betrug, Unehrlichkeit
kecurian bestohlen worden sein
kecurigaan Misstrauen, Verdacht
kedaérahan regional
kedai Laden, Stand, Bar
ke dalam hinein, in, herein, ins
kedalaman Tiefe
kedap geschlossen
kedapa Weihnachtsstern, *euphorbia pulcherrima*
kedatangan Ankunft
kedeh Laden, Geschäft, Stand
kedelapan der Achte
ke depan vorwärts, nach vorn
kedongdong cocok Balsampflaume, *spondias purpurea*
kedongdong manis Balsampflaume, *spondias cytherea*
kedongdong seberang Balsampflaume, *spondias purpurea*
kedua zweitens
kedua-duanya beide
keduanya beide
kedudukan Posten, Position, Stellung
kedudukan pemerintahan Regierungssitz
Kedutaan Besar Botschaft
keemas-emasan golden
keempat viertens
kegaduhan Lärm
kegagalan Misserfolg
kegairahan Begeisterung
kegatalan Juckreiz
kegelapan Dunkelheit
kegemaran Hobby
kegembiraan Heiterkeit, Glück, Freude
kegeraman Wut
kegiatan Aktivität
kegugupan Panik
keguguran Fehlgeburt, Abtreibung
kehamilan Schwangerschaft
kehangatan Wärme
kehausan Durst
kehebohan Skandal
kehidupan Leben
kehilangan verlieren, Verlust
ke hilir flussabwärts
kehormatan Ehrgefühl
kehujanan durchnässt (vom Regen)
ke hulu flussaufwärts
keindahan Schönheit (Natur)
keinginan Drang, Wunsch, Anliegen, Wille
keistiméwaan Spezialität
kejadian Aktion, Zwischenfall
kejahatan Verbrechen
kejam grausam, unmenschlich, Krampf
kejang krampfartig
kejang mulut Maulschlüssel
kejap Augenblick
kejar verfolgen *(jmd. / etw.)*
kejauhan Ferne
kejawen eine Mischung von traditionellem Glauben, dem Islam und hindu-buddhistischem Glauben auf Java
kejèngkèlan Ärger
kejong Schnecke
kèju Käse
kejuaraan dunia Weltmeisterschaft
kejuruan Fach, Beruf
kejutan Überraschung, Schock
kekacauan Unruhe
kekal dauerhaft
kekalahan Niederlage
kekanak-kanakan kindisch
ke kanan nach rechts
kekar flink
kekasih Liebling
kekayaan Reichtum, Vermögen

kekeliruan Fehler, Irrtum
kekerasan rohe Gewalt
ke kiri nach links
kekuasaan Herrschaft, Macht
kekuatan Macht, Stärke, Kraft
kekuatiran Sorge
kekurangan Mangel
kelabang Tausendfüßler
kelab malam Nachtklub
kelabu grau
kelabu muda hellgrau
kelabu tua dunkelgrau
keladi Tarowurzel, *colocasia esculenta*
kelahiran Geburt
kelainan Abweichung
kelak später
kelakar Scherz
kelakuan Benehmen, Einstellung
kelam düster, dunkel
kelambatan Verzögerung
kelambu Moskitonetz
kelamin Geschlecht
kelapa Kokosnuss, *cocos nucifera*
kelapa parut Kokosraspel
kelaparan Hunger, verhungern
kelas Klasse
kelas ékonomi economy class
kelas satu erste Klasse
kelebihan bagasi Übergepäck
keledai Esel
kelek Achsel
kelelawar Fledermaus, *kerivoula picta*
kelembaban Feuchtigkeit
kelembaban udara Luftfeuchtigkeit
kelenjar Drüse
kelentit Klitoris
keletaku fliegende Ameise
kelèwatan überstrieben
kelicap Sonnenvogel
kelicikan Gemeinheit
kelihan banjar Leiter einer Glaubensgemeinschaft oder Dorfgemeinschaft
kelihatan aussehen (scheinen)
kelihatannya Äußere, scheinen
keliling rundum
kelilingnya Umfang, Volumen
kelima fünftens
kelinci Hase, Kaninchen
kelingking kleiner Finger
keliru sich täuschen
kelod meerwärts
kelompok Gruppe
kelongtong Hausierer
kelopak mata Lid
keluar ①rausgehen, heraus, hinaus ②kommen *(Sex)*
keluar dari austreten (Verein)
keluarga Familie, Verwandtschaft
Keluarga Berencana Familienplanung
keluarkan ausgeben (Geld)
kelubung Schleier
keluh Beschwerde, Klage
keluhan Beschwerde, Klage
kemah Zelt
kemahiran Tüchtigkeit, Fähigkeit
kemajuan Fortschritt
kemalangan Unglück, Missgeschick
kemaluan Genitalien
kemaluan laki-laki Penis
kemampuan Fähigkeiten
ke mana? wohin?
kemanakan Neffe, Nichte
kemana saja irgendwo(hin)
kemang Mango, *magnifera kemanga*
kemangur Malaiische Beere, *cicca acida*
kemanusiaan human, Menschheit
kemarahan Wut
kemarau trocken
ke mari herüber, hierher
kemarin gestern
kemarin dulu vorgestern
kemarin lusa vorgestern
kemasan Verpackung
kematian Tod
kemauan Wille
kembali wiederkommen, wieder, zurück, bitte (Antwort auf Danke)
kembalikan zurückgeben
kembalinya Rückkehr
kembang Blume
kembang jonggrang Kletterlilie, *gloriosa superba*

kembang lampu Korallenhibiskus, *hibiscus schizopetalus*
kembang merak Poincianablume, *caesalpinia pulcherrima L.*
kembang sepatu Hibiscus, *malvaceae*
kembang sungsang Kletterlilie, *gloriosa superba*
kembang tahi ayam Lantanablume, *lantana camara L.*
kembar Zwillinge
kembaran Paar (Ehepaar)
kemboja Frangipaniblume, *plumeria cuminata*
kembung Makrele, *scomber*
keméja Hemd, Bluse
kemenakan Neffe, Nichte
kemenangan Gewinn, Sieg
kementerian Ministerium
kemenyan Weihrauch
kemerakan Poincianablume, *caesalpinia pulcherrima L.*
kemerdékaan Freiheit, Unabhängigkeit
keméwahan Luxus
kemilitéran Militär
kemiri Kerzennussgewürz, *aleurites moluccana*
kemiripan Ähnlichkeit
kemiskinan Armut
kemitraan Partnerschaft
kempis platt, flach
kempul Gamelanschlaginstrument mit mehreren hängenden Bronze-Gongs in einem Holzständer
kempyang Gamelanschlaginstrument mit zwei mittleren Gongs auf einem Holzfuß aufliegend
kemripig knusprig
kemuakan Abscheu
kemudaan Jugend
kemudi Ruder, Lenkrad
kemudian dann, anschließend, danach, später
kemudikan lenken, steuern
ke muka vorn
kemunduran Rückgang
kemungkinan Aussicht, Möglichkeit, voraussichtlich
kena treffen, getroffen werden, betroffen
kenaikan Hebung, Erhöhung
kenal kennen
kenalan Bekannte, sich kennen lernen
kenanga Sandatblume, *cananga orodata*
kenangan Wehmut
kenang-kenangan Souvenir, Geschenk
kenapa? warum?
kenari Kanarienvogel
kenci Wasserkresse, *rorippa nasturtium aquaticum*
kencing pinkeln
kencing manis Diabetes
kéncur Galgant (Gewürz), *kamferia galanga*
kendak Liebhaber
kendang Gamelanschlaginstrument mit zwei großen Gongs auf einem Holzfuß aufliegend
kendaraan Fahrzeug, Beförderung
kendati obwohl
kendi Karaffe, Wasserkrug
kenegaraan Staat
kenek Knecht
kenikmatan Genuss
kening Augenbraue, Stirn
kenong Gamelantrommelinstrument mit Haut bespannt, seitlich auf einem Holzfuß aufliegend
kental zäh, konzentriert
kentang Kartoffel, *solanum tuberosum*
kentut furzen, Furz
kenyal Gummiband
kenyang satt
kenyataan Tatsache, Wirklichkeit
kenyeri Oleander, *nerium indicum*, Trompetenblume, *stenolobium stans*
kéong Schnecke
kepada an, zu (Personen), mit
kepala Chef, Oberhaupt, Kopf
kepala botak Glatze
kepala désa Dorfvorsteher
kepala kampung Dorfvorsteher
kepalan Faust
kepala negara Staatschef
kepalang unzureichend
kepanasan Hitze
kepang Zopf
kepang rambut Zopf
kepanikan Panik
kepastian Sicherheit, Gewissheit
kepentingan Wichtigkeit, Bedeutung

kepercayaan Glaube, Religion, Vertrauen
keperluan Bedarf, Bedürfnis
kepicikan Beschränktheit
kepik Käfer
kepiting Krebs (Tier)
keplok Applaus, Beifall
keponakan Neffe, Nichte
kepribadian Persönlichkeit (charakterlich)
kepulauan Archipel
Kepulauan Indonésia Malaiischer Archipel
Kepulauan Sunda Besar Große Sunda-Inseln
Kepulauan Sunda Kecil Kleine Sunda-Inseln
kepundung Kepundungtraube, *baceaurea racemosa*
kepunyaan Besitz
kepustakaan Bibliothek
keputat in geflochtenen Palmblättern gekochter Reis als Opfergabe der Balinesen
keputusan Beschluss, Urteil
kera Affe
kerabat blutsverwandt
keracunan sich vergiften, Vergiftung
keracunan makanan Lebensmittelvergiftung
keracunan salmonéla Salmonellenvergiftung
keraguan Zweifel
kerajinan Fleiß, Industrie, Handarbeit
kerajinan tangan Handarbeit, handgemacht
kerak Kruste (Wunde)
keramik Keramik
keran Kran
kerang Muschel
kerangka rote Ameise
kerangka tubuh Gerippe, Skelett
kerani Schreibkraft
keranjang Korb
kerap oft
kerapan Ochsenrennen
kerapu eine Fischart, *serranus*
keras heftig, hart
keras kepala stur
kerasan fühlen
kerasi Lantanablume, *lantana camara L.*
kerasukan (von einem Dämon) besessen
kerbau Wasserbüffel
kerdil zwergartig
kerémpéng Schmaler! (Beschimpfung)
kerèn gutaussehend (Männer)
keréta Wagen
keréta api (KA) Bahn, Zug
keréta barang Güterzug
keributan Krach
kerikil Kieselstein
kerinduan Sehnsucht
kering trocken
keringat schwitzen, Schweiß
keringkan dörren, trocknen
keringkan badan sich abtrocknen
keringkan rambut fönen, Haare trocknen
keriput Falte
keris geflammter oder gerader Dolch mit damaszierter Klinge und geschnitztem Griff, wird von Männern im Gürtel getragen
keriting Locke, lockig
kerja Arbeit, arbeiten
kerja gelap Schwarzarbeit
kerjakan bearbeiten
kerja keras schuften
kerjasama Zusammenarbeit
kerongkongan Kehle
kertas ①Papier ②Bougainvillea, *bougainvillea spectabilis*
kerucut Kegel
kerugian Nachteil, Verlust
keruh trüb
ke rumah nach Hause
kerumunan Gedränge
keruntuhan Sturz, Zerfall
kerusakan Schaden, Defekt
kerusakan jalan Straßenschäden
kerusakan motor Motorschaden
kerutut gerillt, geriffelt
keruyuk überwältigen
kesabaran Geduld
kesadaran Bewusstsein
kesakitan Schmerz
kesal miserabel, elend
kesalahan Fehler, Schuld
kesalahpahaman Missverständnis
ke samping beiseite, seitwärts
kesan Eindruck
ke sana dahin, nach dort

ke sana ke mari hin und her
kesasar sich verlaufen, verirren
kesatuan regu Mannschaft
kesayangannya Liebhaber
kesebelasan Fußballelf
ke seberang hinüber
kesediaan Bereitschaft
keseganan Widerwille
keséhatan Gesundheit
keseimbangan Gleichgewicht
kesemek Kaki *(Obst), diospyros kaki*
kesempatan Chance, Gelegenheit
kesenangan Vorliebe, Vergnügen
kesenian Kunst
kesenjangan Diskrepanz
kesepakatan Zustimmung
kesepian Stille
keserasian harmonisch
kèsèt Fußmatte
kesetiakawanan Solidarität
kesewenang-wenangan Gewalt, Willkür
kesibukan Tätigkeit, Beschäftigung
kesimpulan Schlussfolgerung
ke sini herüber, hierher
kesip lutschen
ke situ dahin, nach dort
kesléo Zerrung, umknicken mit dem Fuß
kesombongan Hoffart
kesopanan Höflichkeit, Benehmen
kesukaran Schwierigkeit
kesulitan Schwierigkeit
kesumba rote Samen der Annattopflanze, *bixa orellana* ℹ *traditionelle Lebensmittelfarbe und Lippenrot für Tänzer*
kesusahan Not, Schwierigkeiten, Kummer
kesusasteraan Literatur
ketabiban Heilkunde
ketahui feststellen, erfahren, wissen
ketakutan Angst
ketam Krabbe (Süßwasser)
ketan Klebereis
ketang eng, fest
ketat streng (Regeln)
ketawa (tentang) lachen (über)
ketawa terkikih-kikih kichern
ketèl Tropfen
kètèl Kessel
ketemu gefunden
ketenangan Ruhe, Stille
ketentuan waktu Termin, Zeitpunkt
keterangan Information, Erklärung
keterangan waktu Zeitangaben
keterbatasan einschränken, beschränken
keterlambatan Verspätung
ketertiban Ordnung
ketiak Achsel
ketidakadilan Unrecht
ketiga drittens
ketiganya drittens
ketik tippen (schreiben)
ketika da (Konjunktion), als (zeitlich), Augenblick
ketimun Gurke
ketinggalan verpassen, vergessen
ketinggian Höhe
ketok klopfen
ketololan Dummheit
ketombe Kopfschuppen
ketoprak Volkstheater mit Gesang und Tanz, in denen das Volk die Hauptrolle spielt (Java)
ketrampilan Berufe
ketua Vorsitzender
ketua kampung Dorfvorsteher
ketuk Gamelanschlaginstrument mit einem Gong auf einem Holzfuß aufliegend
ketularan penyakit infiziert
ketumbar Koriander, *coriandrum sativum*
keturunan Herkunft, Nachkommen
keuntungan Gewinn (wirtschaftlich)
kewajiban Pflicht, Verpflichtung
kewarganegaraan Staatsangehörigkeit
keyakinan Glaube, Weltanschauung
khas originell, typisch
khawatir ängstlich, besorgt
khayalan Sinnestäuschung, Illusion
khiamat Weltuntergang
khianati verraten
khisit Neid
khitan Beschneidung
khotbah predigen, Predigt
khusus besonders, speziell
kian so

kidal linkshändig
kijang ①Reh, Zwerghirsch ② ein beliebtes Auto mit 4-Rad-Antrieb
kikir geizig
kikir kuku Nagelfeile
kilat Blitz, blauer Luftpostumschlag (national)
kilat khusus gelber Luftpostumschlag (international)
kilo Kilogramm, Kilometer
kilogram Kilogramm
kilométer Kilometer
kilométer per jam Stundenkilometer
kilowatt Kilowatt
kimia Chemie
kimiawi chemisch
kincir Mühle
kini jetzt
kios Kiosk
kios télépon Telefonzelle
kipas angin Ventilator
kiper Torwart
kira annehmen, vermuten, glauben, Meinung
kira-kira circa, gegen, um, ungefähr
kiranya soll
kiri links
kirim versenden, verschicken, schicken
kiriman Sendung (Post)
kirim kembali zurückschicken
kirim kemudian nachsenden
kisah Erzählung, Geschichte
kisaran Mühle
kisi Gitter
kismèt Schicksal
kita unser, wir
kitab-tulis Schrift
klab Klub
klakson Hupe
klas Klasse
klasik klassisch
klengkeng Litschi, *litchi javensis*
klenténg konfuzianischer Tempel
klinik Klinik
klurit eine Art Sichel, die sich die Männer in Ost-Java traditionell an den Gürtel stecken
kluwéh junge Brotfrucht
knalpot Auspuff
koalisi Koalition
kocak lustig
kocok ①schütteln ②mischen ③masturbieren
kode Vorwahl
kode bank Bankleitzahl
kode negeri Ländervorwahl
kode wilayah Gebietsvorwahl
kodok Kröte, Frosch
kodok betung Riesenfrosch
kodok hijau Laubfrosch
kok nicht wahr?!
koka kola Coca-Cola
kokoh fest, stabil
kol Kohl
kolam Schwimmbecken
kolam berenang Schwimmbad
kolèk Kanu, Boot
kolèksi Sammlung
koléra Cholera
kolesom Ginsengwurzel (Medizin)
kolobak gebackenes Schweinefleisch (Bali)
koloni Kolonie
kolonialisme Kolonialismus
koma Komma
kombinasi Kombination
komentar Bemerkung, Kommentar
komet Komet
komidi Komödie
komisaris Kommissar
komodo Komodowaran, *varanus komodoensis*
kompas Kompass
kompeten kompetent
kompetisi Wettbewerb
komponis Komponist
kompor Kocher, Herd
kompor gas Gasherd
kompor minyak tanah Ölofen
komprès Umschlag, Kompresse *(med.)*
komprèsor Kompressor
komputer Computer
komunikasi Kommunikation
komunis kommunistisch
kondèktur Schaffner
kondom Kondom
kondoran Leistenbruch
konferènsi Konferenz

konflik Konflikt
Kong Hu Cu Konfuzianismus
kongrès Kongress
konon man sagt
konser Konzert
konservatif konservativ
konstan konstant
konsulat Konsulat
kontainer Container
kontak listrik Steckdose
kontan bar
kontol Penis, auch: Arschloch!
kontrak Vertrag
kontrol Kontrolle
konvénsionil konventionell
konyak Kognak
konyal Passionsfrucht, *passiflora edulis*
kopeling Kupplung
koper Koffer
kopi Kaffee, *coffea sp.*
kopiah Kapuze, Mütze
kopi arab Okraschote, *hibiscus esculentus*
kopi bubuk gemahlener Kaffee
kopi hitam schwarzer Kaffee
kopi manis Kaffee mit Zucker
kopi pahit schwarzer Kaffee
kopi susu Kaffee mit Milch
kopi tawar schwarzer Kaffee
kopi tubruk Aufgusskaffee
kopor Koffer
koran Zeitung
korban opfern (Person)
korèk api Feuerzeug, Streichholz
korèksi Korrektur, korrigieren, stornieren
koridor Korridor
korting Preisnachlass
korupsi Bestechung
kosa kata Vokabular
koslèting Kurzschluss
kosmétik Kosmetika
kosong frei, leer, hohl, Null
kosongkan ausleeren, leeren, räumen
kostum Kostüm
kota Stadt
kota besar Großstadt
kotak Kasten
kota kecil Ortschaft, kleine Stadt
kotak Dose
kotak gula Zuckerdose
kotak palang mérah Verbandskasten
kotak penitipan Schließfach
kotak pos Postfach, Briefkasten
kotak sékring Sicherungskasten
kotapraja Stadtverwaltung
kota tua Altstadt
koton Watte
kotor dreckig, schmutzig
kotoran Schmutz, Dreck, Mist
kotrek Korkenzieher
krah keméja Hemdkragen
kran Wasserhahn
kranjang Korb
kranjang kertas Papierkorb
kranjang sampah Müllkorb
kraton Palast
krèdit Kredit, Darlehen
kree Sonnenschirm
krém Creme
krém badan Körpercreme
krém kulit Hautcreme
krém pembersih muka Reinigungsmilch
krempeng mager
krém rambut Haarfestiger
krétèk Nelkenzigarette, die meist gerauchten Zigaretten in Indonesien haben kleine Nelkenstücke im Tabak, und wenn es Filterzigaretten sind, ist der Filter meist gesüßt.
kria Handwerk
krimi Krimi
kriminal strafbar
kriputan Falte *(Gesicht)*
krisan Chrysantheme, *dendranthema spp.*
krisis Krise
krisis ékonomi Wirtschaftskrise
Krisna Gott Krishna, eine bekannte Figur in indonesischen Erzählungen
kristal Kristall
Kristen christlich, Christ
Kristen Katolik Katholizismus
Kristen Protestan Protestantismus
Kristiani christlich
Kristus Christus

kritik kritisieren, Kritik
kritis kritisch
krupuk Krabbenchips aus Krabben- und Tapiokamehl oder Fisch- und Reismehl
krupuk melinjo Chips aus Melinjofruchtmehl
KTP (kartu tanda penduduk) Personalausweis
ku mein
kuah Bouillon, Soße
kuah salada Salatsoße
kuala Flussmündung
kuali Pfanne
kuas Pinsel
kuasa Herrschaft
kuasai herrschen (Macht)
kuat kräftig, stark
kuatirkan beunruhigen
kuau Fasan, *argusianus argus*
kubah Kuppel, Gewölbe
kubang Schlammloch, Pfütze
kubis bunga Blumenkohl
kubis krop Weißkohl
kubur Grab
kuburan pemakaran Begrabungsort
kucai Asien-Schnittlauch, *allium tuberosum*
kucing Katze
kucup Kuss
kuda Pferd
kuda laut Seepferdchen
kudapan Snack, Imbiss
kuda putih Schimmel (Pferd)
kudeta Putsch
kuè Gebäck, Keks, Kuchen
kuè kering Keks
kuini Mango
kujang Dolch, den sich Männer traditionell an den Gürtel stecken
kuk Joch
kuku Fingernagel, Zehennagel
kukuh fest
kuku jari Fingernagel
kuku kaki Zehnagel
kukuk besar Kuckuck, *cuculus sparverioides*
kuku pancanaka Fingernagel mit übernatürlicher Kraft bei einer Wayang-Schauspiel-Figur
kukus gedünstet, Dampf
kukusan Dämpfkorb aus Bambusgeflecht
kulawangsa Familie
kuli Kuli (Träger)
kuliah Vorlesung, studieren
kulit Haut, Hülle, Leder
kulit binatang Fell
kulit binatang buruan Wildleder
kulit buah Obstschale
kulit pohon Rinde
kulkas Kühlschrank
kulut Brotbaum
kumbang Käfer
kumbang badak Nashornkäfer
kumbang daun Blattkäfer, *lucanidae*
kumbang kecil Marienkäfer
kumis Schnurrbart
kumparan Spule
kumpulkan sammeln
kumurahan hati Gefallen
kunang-kunang Leuchtkäfer
kunci Schlüssel, abschließen
kuncikan verschließen
kunci kontak Zündschlüssel
kunci sekrup Schraubenschlüssel
kunci silang Kreuzschlüssel
kuncup Knospe
kundur Winterkürbis, *benincasa hispada*
kuning ①gelb ②Sennablume, *cassia surattensis*
kuningan Messing
kuning coklat beige
kuning muda hellgelb
kuning tua dunkelgelb
kunjungan Besuch (Handlung)
kunjungan rumah Hausbesuch
kunjungi jmd. besuchen
kuno alt, altmodisch, antik, veraltet
kuntum Blüte, Knospe ℹ*Zählhilfswort für Blumen*
kunyah kauen
kunyit Kurkuma (Gewürz), *curcuma domestica*
kunyuk Affe
Kupang Stadt Kupang auf der Insel Timor
kupas schälen
kupasan Analyse

kupon Gutschein
kupu-kupu ① Schmetterling ② Orchideenbaum, *bauhinia purpurea*
kupu-kupu malam Prostituierte
kura-kura Schildkröte, *testudinidae*
kurang minus, weniger
kurang ajar ungezogen, unverschämt, frech
kurang baik schlecht
kurangi verringern
kurangi kecepatan verlangsamen
kurang-lebih gegen (zeitlich)
kurang percaya ungläubig
kurang sopan frech
kurang trampil ungeschickt, ungeübt
kurang trendy bieder
kurita Oktopus
kurma Dattel, Dattelpalme, *phoenix dactylifera*
kurs valuta asing Wechselkurs
kursi Stuhl
kursi malas Sessel
kursi panjang Sofa, Couch
kursi roda Rollstuhl
kursus Kurs, Lehrgang
kursus bahasa Sprachkurs
kurus mager
kusam dumpf, matt
kusir Kutscher
kusta Elefantenapfel, *limonia acidissima*
kusta lépra Lepra
kusut knittern
kuteks Nagellack
kutil Warze
kutipan Zitat
kutu Laus, Floh, Zecke
kutu kepala Laus
kutub Pol
kutub janubi Antarktis, Südpol
kutub selatan Antarktis, Südpol
kutub syamali Arktis, Nordpol
kutub utara Arktis, Nordpol
kutuk Fluch
kuwali Kochtopf
kuwas cukur Rasierpinsel
kuwèni Duftmango, *mangifera odorata*
kuwung Regenbogen
kuyup durchnässt
kwadrat Quadrat
kwalifikasi Qualifikation
kwalitas Qualität
kwantitas Quantität
kwitansi Quittung

L

laba Gewinn (Vorteil)
laba-laba Spinne
laboratorium Labor
labu Kürbis
labu air Flaschenkürbis, *lagenaria siceraria*
labuhan Hafen
labu mérah Kürbis, *cucurbita moschata*
labu siam Kürbis, *sechium edule*
labu waluh Kürbis, *cucurbita moschata*
laci Fach, Schublade
lada Pfeffer, *piper nigrum*
ladah schmierig
ladang Acker (Trockenfeld)
ladang minyak Ölfelder
lafal Aussprache (mündlich)
lagi mehr, nochmal, wieder, noch immer, gerade (etw. tun)
lagi pula darüber hinaus
lagu Lied
lagu kebangsaan Lied
lahan Flur, Acker
lahar Lava (kalt)
lahir geboren
lahiriah äußere
lai Blatt
lain anders, andere(-r/-s)
laju inflasi Inflationsrate
laki Junge
laki-laki Mann, Herren, männlich
lakon Theaterstück
lakon sedih Tragödie
laksamana Admiral
laksana Art und Weise
laksanakan durchführen, organisieren, verwirklichen
laku gelten, gültig sein, gültig
lakukan tun, durchführen
lalai nachlässig, achtlos

lalap-lalap ein sehr scharfes Gericht
lalapan Rohkost
lalat Fliege
lalu dann, vorige, vorbei
lalu lintas Verkehr
lalui hindurch, vorbei
lama lange, alt
lama kelamaan nach und nach
lamanya Länge
lamar sich bewerben
lamaran Bewerbung
lambaikan tangan winken
lamban faul, träge, müde
lambang Symbol, Wappen
lambat spät
lambat laun allmählich
lambung Magen
lampau vorbei
lampin Windel
lampiran Zeitungsbeilage
lampu Lampe
lampu belakang Rücklicht
lampu kilat Blitzlicht
lampu mérah Ampel
Lampung Provinz Lampung auf Sumatra
lampu sèn Blinker
lampu sorot Scheinwerfer
lampu stop Rückfahrleuchte
lancang frech, unverschämt
lancar flüssig (ohne Hindernis)
lancip spitz
landak Stachelschwein, Igel
landak laut Seeigel
landasan pacu Startbahn
langganan Kunde
langgar sich vergehen (Gesetz)
langit Himmel (Wetter)
langit-langit Zimmerdecke
langka selten, knapp
langkah Tritt, Schritt
langkau kerbau Hornisse
langsing schlank
langsung ①andauern ②direkt, geradeaus
lanjut Fortsetzung
lanjutkan weiter machen, fortfahren
lantai Fußboden, Stockwerk
lantai dasar Erdgeschoss
lantai kayu Parkett
lantai satu Erdgeschoss
lantas sofort
laos Galgantwurzel (Gewürz), *alipinia galanga*
lap abwischen, Lappen
lapangan Platz, Feld, Bereich
lapangan kerja Arbeitsplatz
lapangan main Spielplatz
lapangan olahraga Sportplatz
lapangan ténis Tennisplatz
lapangan terbang Flughafen
lapar hungrig, Hunger
lapisan Schicht (z. B. Kuchen)
lapisan ozon Ozonschicht
lapor berichten, melden, Bericht
laporan Bericht, Artikel, Meldung
lapuk morsch
larang verbieten, verboten
larangan Verbot
lari laufen
larikan diri weglaufen
laron fliegende Ameise
larut spät
larutan sabun cuci Lauge
lasa gefühllos
laskar leger
latar belakang Hintergrund
latex Latex
latih proben
latihan Probe, Übung
latin Latein
lauk-pauk Beilage, Nebengericht
laut Meer, die See
Lautan Pasifik Pazifik
Laut Jawa Javasee
Laut-Tengah Mittelmeer
lava Lava
lawan gegen, nicht dafür, Gegenteil, Gegner, sich wehren, widerstehen
lawan apa? wogegen?
layang-layang Drachen (zum Fliegen lassen)
layani dienen
layar Segel, Bildschirm
layar putih Leinwand
layar TV Bildschirm

layu verblühen
lebah Biene
lebah kepala Hornisse
lébar breit
Lebaran auch Idul Fitri genannt (islamisches Neujahr), markiert das Ende der Fastenzeit ℹ *Lebaran, der erste im islamischen Monat Syawal, ist ein nationaler Feiertag in Indonesien.*
lébarkan weiter machen, erweitern, verbreitern
lébarnya Größe, Breite
lebat dicht (viel)
lebih mehr
lebih bagus schöner
lebih baik besser
lebih banyak mehr
lebih besar größer
lebih dulu eher
lebih muda jünger
lebih pagi früher, eher
lebih sayang lieber (haben)
lebih sedikit (daripada) weniger (als)
lebih suka lieber (mögen), vorziehen
lécét Schnittwunde
lebur schmelzen (Eisen)
ledakan Knall
lega Raum
legendaris legendär
legong Klassischer Hoftanz, von einer jungen condong, einer Hofdame getanzt, Bali
lèhèr Hals
lèhèr baju Kragen
lekas bald, schnell
lekatkan befestigen (mit Leim)
leko Tanz auf Bali
lelah müde, erschöpft
lelucon Witz, Humor
lém Leim
lemah geschwächt, schwach
lemak Speck, Fett
lemari Schrank
lemari ès Kühlschrank
lemari pakaian Kleiderschrank
lemas schlapp
lembab feucht, klamm, schwül
lembaga Institut, Organisation
Lembaga Permasyarakatan (LP) Gefängnis
lembah Tal
lembar Blatt ℹ *Zählhilfswort für alle flachen dünnen Gegenstände wie Papier, Bretter, Stoff*
lembu Ochse, Rind, Kuh
lemburan Überstunde
lembut zart
lémpar werfen
lémparan Wurf
lémparkan werfen
lempeng Platte
lemper Klebereis mit Fleisch im Bananenblatt
lengan Arm
lengan baju Ärmel
lengkap ganz, heil, komplett, vollständig
lengkapi vervollständigen
léngkéng Drachenaugen *(Obst), dimocarpus longan*
lèngkèt klebrig
lengkuas Galgant (Gewürz), *alpinia galanga*
lènsa Linsen (Optik)
lènsa kontak cair Kontaktlinsen
lentera Laterne
lentur geschmeidig
lenyapkan beseitigen
lepas abmachen (Aufkleber)
lepaskan loslassen, lösen
lepas landas ablegen, auslaufen (Schiff)
lépra Lepra
lepuh Blase
lèrèng Hang, Berg
lesbian lesbisch
lesu schlaff (nach einer Krankheit)
létak erschöpft
letakkan legen, auflegen
letih matt, müde
létong Kuhfladen
lètus Salatkopf
letusan gunung api Vulkanausbruch
léwat über, durch, nach, vorüber, abgelaufen
léwati vorbeifahren, hindurch
leyak böse Geister
lezat schmackhaft
liang Tierhöhle
liar wild
libih kurang circa, ungefähr

libur frei, Ferien
liburan Urlaub, Ferien
lici Litschi, *litchi chinensis*
licin glatt, rutschig
lidah Zunge
lidah api Flamme
lidah mertua Kaktus-ähnliche Pflanze, *sansevieria triffasciata*
lif Lift
lihai schlau
lihat gucken, ansehen, sehen
lihat-lihat starren
lilin Kerze, Wachs
lima fünf
lima belas fünfzehn
lima kali fünfmal
lima puluh fünfzig
lima puluh kilogramm Zentner
lima ratus fünfhundert
lima ribu fünftausend
limau gedang Pampelmuse, *citrus paradisi*
limbah Abwasser
limbahan Abfall
lincah Mut
lindung beschützen
lindungi diri (terhadap) sich hüten (vor)
lingkaran Ring, Kreis
lingkung Umgebung
lingkungan Gegend, Umwelt
lingkungan hidup Umwelt
linglung zerstreut
lintah Blutegel, *hirudinae*
lintasi durchqueren (Stadt)
lipan Tausendfüßler, *chilopoda*
lipas Kakerlake
lipat falten, knicken
lipat dua doppelt
lipatan Falte (allgemein)
lipstik Lippenstift
liput Bettdecke
lisan mündlich
lisong Zigarre
listrik elektrischer Strom
liur Spucke
lk. (laki-laki) männlich
lobak Rettich (weiß), *raphanus sativus*
lobak mérah Karotte
lobang Loch
lobang gigi Karies
Lobang Pantat! Arschloch!
lodèh zart gekocht
logam Metall
logat Dialekt
lohor vormittags
lokakarya Kurs, Workshop
lokal örtlich
lokan Muschel, *cyrena*
lokèt Schalter
lokèt karcis Fahrkartenschalter
lokomotif Lokomotive
lombok Chili
lombok besar Paprikaschote
lompatan Sprung
loncat springen
loncatan Sprung
loncat indah tauchen
loncat-loncat hüpfen
loncèng Glocke
longgar lose, geräumig, locker
longsor versinken
lonjak Sprung
lonjong oval
lontar Fächerpalme
Lonté! Hure!
lontong gedämpfter Reis im Bananenblatt
lorèng gestreift (Tiere)
lorong Hausflur
losin Dutzend
losmen Gasthaus, Pension
lowongan Stellenangebot
LP (Lembaga Permasyarakatan) Gefängnis
lu umgangsprachlich für anda =du
luap überlaufen
luar außen, draußen
luar biasa außergewöhnlich, hervorragend
luar negeri Ausland
luas geräumig
luasnya Größe, Fläche, Umfang
lubang Höhle, Loch, Grube, Öffnung
lubuk Kuhle
lucu komisch, lustig, witzig

ludah Spucke
ludruk javanisches Volkstheater ℹ *In einem ludruk werden aktuelle Themen dargestellt, in einem Gemisch aus Bahasa Indonésia und ngoko, der einfachen javanischen Sprachebene*
luka Verletzung, Wunde
luka gorésan Schnittwunde
lukai verwunden, sich verletzen
luka-luka Verletzungen
luka memar Bluterguss, Prellung
luka terbakar Verbrennung *(med.)*
lukis darstellen, malen
lukisan Bild, Gemälde, Zeichnung
lukisan batik Batikbilder
lulus bestehen (Prüfung)
lumayan mäßig, es geht
lumayan juga gesalzen, happig
lumayanlah es geht gerade noch
lumba-lumba Delfin
lumbung Kornspeicher
lumpang Mörser
lumpia Frühlingsrolle
lumpuh gelähmt, lahm
lumpur Schlamm, Matsch, Morast
lumut Moos
lunak weich, Tamarinde, *tamarindus indica*
lunas abbezahlt
lupa (akan) vergessen
lurah Dorfvorsteher
lurus geradeaus, gerade
lusa übermorgen
lutung Blätteraffe, *semnopithecus*
lutut Knie
luwing Tausendfüßler

M

ma'af Entschuldigung!
Ma'afkan! Verzeihung!
mabuk betrunken
mabuk laut seekrank
macam Sorte, Typ
macam-macam diverse, verschiedene
macan Tiger, Panther
macan kumbang schwarzer Panther
macan tutul Panther
macet Gedränge, Stau, verstopft, stagnieren
madat Opium
madu Honig
maduri Manoriblume, *calotropis gigantea*
maengket Tanz auf Sulawesi
magang Lehrling
magnét Magnet
magrib Abenddämmerung
maha höchste
Mahabharata epische Erzählung, die beim Schattenspiel immer wieder erzählt wird
mahaguru Professor
mahakuasa allmächtig
mahal kostspielig, teuer
maharaja Kaiser
mahasiswa Student
mahasiswi Studentin
mahkamah Gericht (Recht)
mahkota Krone
mahluk Geschöpf, Kreatur
main spielen (Instrument)
main kartu Kartenspiel
main sérong Seitensprung
majalah Magazin, Zeitschrift
majalah bergambar Illustrierte
Majapahit Reich von Majapahit (1294-1520) ℹ *Es unterwarf Bali, drang bis nach Acèh auf Sumatra vor, kontrollierte Malaysia und Teile der Philippinen. Dies ist die dritte Hochblüte der indonesischen Kultur.*
majikan Arbeitgeber
maju! Gehe!
maka darum, deswegen, da, also
makaka gewöhnliche Menschen bei den Toraja auf Sulawesi
makam Grab
makan essen, Mahlzeit
makanan Nahrung, Speise
makanan bayi Babynahrung
makanan kecil Imbiss
makanan malam Abendessen
makanan pagi Frühstück
makanan ringan Imbiss
makanan siang Mittagessen
makanan ternak Futter, Essen
makan malam zu Abend essen

makan pagi frühstücken
makan siang zu Mittag essen
makan tenaga kräftezehrend
makar Streich, Anschlag
make up Make-up
makhluk Lebewesen
makin desto
maklum bekannt
makmur wohlhabend
makna Bedeutung
maksud Zweck, Absicht, Meinung
maksudkan bezwecken
malahan selbst, sogar
malam Abend (von 18-24 Uhr), Nacht, abends
malam hari abends
malam minggu Wochenende
malang unglücklich
malapetaka Katastrophe
malaria Malaria
malas faul, lustlos
maling Dieb!
malu-malu schüchtern
Maluku Provinz und Archipel Molukken
mamak Onkel, Bruder der Mutter (wichtig im matrilinearen System der Minangkabau)
mampir vorbeigehen, jmd. kurz besuchen
mampu sich leisten, in der Lage sein, imstande sein, qualifiziert, fähig
mana welche(-r/-s)
mana bolèh unmöglich
mana ... mana sowohl ... als auch
Manado Stadt Manado auf der Insel Sulawesi
mancur strömen
mandau Dolch, den sich die Männer in West-Kalimantan traditionell in den Gürtel stecken
mandi Bad, Dusche, baden, sich waschen
mandiri selbständig
mandor Meister
mandul steril
mandur Aufseher
manfaatkan ausnutzen
mangga Mango, *mangifera indica*
manggis Mangostane, *garcinia mangostana*
manggis negeri Aprikose, *mammea americana*
mangkok Becher, Schüssel
mangkok sop Suppenschüssel
mangsa Beute (Tier)
mani Sperma
manik Perle
manik mata Pupille
manis süß (Geschmack und Aussehen)
manja verwöhnt
manjur guttun (Arznei)
manori Manoriblume, *calotropis gigantea*
mantap standfest
mantel Mantel
mantel hujan Regenmantel
mantri Beamter
manusia Mensch
manusiawi menschlich
manuskrip Manuskript
map Mappe
mapan gefestigt
mapandes Balinesische Zeremonie, bei der man den Jugendlichen zum Beginn der Pubertät die Schneide- und Eckzähne abfeilt, bis alle vorderen Zähne gleich lang sind. Man glaubt, dass so die Triebe gezügelt werden können.
map berkas Aktenordner
Mapolres (Markas Polisi Resort) regionale Polizeistation
marah zornig, wütend
marak Glanz
Maret März
marga patrilineare Herkunftslinie der Batak
mari lassen
marilah kita lasst uns
markisa Passionsfrucht, *passiflora quadrangularis*
markusip flüstern
marmer Marmor
martabak herzhafter, gefüllter Pfannkuchen
martabat Würde
martil Hammer
masa als
masa berlaku Haltbarkeit, Gültigkeit
masa depan Zukunft
masak gar, gekocht, garen, kochen, reif
masakan Gericht (Essen)
masa kanak-kanak Kindheit
masa kelaparan Hungersnot

masalah Fragestellung
masalah kecil Kleinigkeit
masa lampau Vergangenheit
masam sauer
masa muda Jugend(zeit)
masa puasa Fastenzeit
mashad Moschee auf einem Friedhof
masih noch
masih lagi noch mehr
masing-masing jede(-r/-s)
masker Tauchmaske
masuk ①betreten, hineintreten, herein, Eingang ②untergehen (Sonne)
masuk agama bekehren (Religion)
masuk akal logisch
masuk angin eine Erkältung bekommen
masukkan hineinstecken
masyarakat Gemeinschaft, Gesellschaft
mata ①Auge ②Erntefest
mata air Wasserquelle
mata air panas heiße Quellen
mata angin Windrichtung
matahari Sonne
matahari terbenam Sonnenuntergang
matahari terbit Sonnenaufgang
mata-mata Spion
matang gar, gekocht, reif
mata pelajaran Unterrichtsfach
mata pisau Klinge
mata uang Währung
matematika Mathematik
mati ausgeschaltet, tot
matikan abschalten, ausschalten, ausmachen
mati kehausan verdursten
mati kelaparan Hungertod
mau möchten, wollen
maupun obwohl
mawar Rose
mayat Leiche, Tote
mayoritas Mehrheit
mbak (a)yu hübsche Schwester
mebasahi befeuchten
mébel Möbel
mecolok mata grell (Licht, Farbe)
medali Orden, Auszeichnung
medan Feld
Medan Stadt Medan auf der Insel Sumatra
média massa Massenmedien
mega Wolke
megah prächtig, prunkvoll, stattlich
Mèi Mai
méja Tisch
mejemukan langweilig
mékanik mechanisch
mekar aufblühen, blühen
mel anmelden
melabrak verprügeln
melahirkan gebären, zur Welt bringen
melainkan sondern
melaju vorangehen
melaksanakan durchführen, organisieren, verwirklichen
melakukan tun, durchführen
melalaikan vernachlässigen, versäumen
melalui vorbei, hindurch, verlaufen, via, über
melamar sich bewerben
melambai winken
melambangkan symbolisieren
melampini wickeln (Baby)
melangkah schreiten, gehen
melanjutkan weitermachen, fortfahren
melapor melden
melaporkan berichten, melden
melaporkan diri sich anmelden
melarang verbieten, verboten
melarikan diri fliehen, weglaufen
melatakkan abtreten
melati ①Jasmin ②bescheidener Hotelstandard
melatih trainieren, proben
melawan gegen, kämpfen
melawan apa? wogegen?
melayang schweben
melayani dienen, Gast bedienen
melayu verblühen
melébarkan weiter machen, erweitern
melebur schmelzen (Eisen)
meledak explodieren
meledakkan sprengen, explodieren lassen
melekatkan befestigen (mit Leim)
melelahkan anstrengend
meléléh schmelzen, tauen
melémparkan werfen

melengketkan ankleben
melengking grell, schrill
melengkung gewölbt
melenyapkan beseitigen
melepaskan abmachen, lösen, loslassen
meletakkan legen, auflegen, stellen
meletakkan dasar gründen (Fundament)
meletihkan ermüden, ermatten
meletus ausbrechen, platzen
meléwat über (Reisen)
meléwati hindurch, vorbeifahren
meléwatkan waktu verbringen
melihat gucken, sehen
melihati anschauen
melindungi beschützen
melindungi diri (terhadap) sich hüten (vor)
melinjau Melinjofrucht, *gnetum gnemon*
melintang quer
melinting Tanz auf Sumatra in Lampung
melintasi durchqueren (Stadt)
melipat falten, knicken
meliputi inbegriffen
mélodi Melodie
melompat springen
meloncat springen
melonjak steigern
meluap überfließen
meludah spucken
melukai sich verletzen, verwunden
melukis malen (Bild)
melukiskan darstellen, malen
melulum saugen
melulut reiben
melunasi erfüllen, abbezahlen
memabukkan betäuben
memacu ankurbeln (Motor)
memadai passend
memadamkan ausmachen, löschen
memadatkan zusammendrücken
memadu integrieren
memagari einzäunen
memahami begreifen
memahat meißeln
memainkan spielen (Instrument)
memajang schmücken
memakai benutzen, Kleider anziehen/tragen
memaksa zwingen, drängen
memaksudkan bezwecken
memalukan peinlich
memamerkan demonstrieren, zeigen
memampatkan zusammendrücken
memampulkan ermöglichen
memanasi wärmen
memanaskan aufwärmen
memancarkan strahlen (Licht)
memancing angeln, fischen
memancur sprudeln
memandang betrachten
memandi baden
memandu begleiten, führen
memanfaatkan ausnutzen
memang natürlich, zwar
memanggang grillen, rösten
memanggil rufen
memanja verwöhnen
memanjangkan dehnen
memanjat klettern
memarkir parken
memarut raspeln
memasak garen, kochen
memasang ①befestigen, annähen ②aufstellen
memastikan entscheiden
memasuki betreten, hineintreten
memasukkan anziehen
mematahkan zerbrechen (Holz)
mematikan abschalten, ausmachen
mematri löten
mematuhi gehorchen
membabat mähen, kahl schneiden
membaca lesen
membacakan vorlesen
membagi teilen, verteilen
membajak pflügen
membakar backen, rösten, verbrennen
membalik umkehren, wenden
membalikkan umdrehen
membalut verbinden, wickeln *(med.)*
membandingkan vergleichen
membandut festbinden
membangun bauen, aufbauen (Gebäude)
membangunkan ①wecken ②aufbauen
membantai abschlachten

membantu helfen
membara glühen
membasuh waschen
membatalkan absagen, stornieren
membatasi begrenzen
membatik batiken
membawa tragen, bringen
membayar bezahlen, zahlen
membayar di muka anzahlen
membébaskan befreien
membedah operieren
membédakan unterscheiden
membedung wickeln *(Baby)*
membeku ①gerinnen ②es friert, gefroren
membèl klingeln
membéla verteidigen
membéla diri sich schützen
membelah hacken, spalten *(Holz)*
membelai streicheln
membeli kaufen
membélok abbiegen *(Verkehr)*
membenarkan bestätigen, gutheißen
membenci hassen
membendung sperren
membengkak geschwollen *(med.)*
membéngkokkan biegen
membentuk bilden, formieren, formen
membentur stoßen
memberanikan diri sich trauen
memberantas bekämpfen
memberatkan belasten, beschweren
membèrèskan aufräumen
memberi geben
memberi hormat grüßen
memberi ingat warnen
memberikan geben
memberi salam grüßen
memberitahukan benachrichtigen, Bescheid geben, ankündigen
memberitakan berichten, mitteilen
memberi tanda (lampu sèn) blinken *(Auto)*
memberi ucapan selamat gratulieren
memberkati segnen
memberontak rebellieren
membersihkan putzen, saubermachen
membersihkan debu Staub wischen
memberus bürsten
membesarkan hati ermutigen
membetot ausziehen
membiak sich fortpflanzen
membiakkan züchten *(Tiere)*
membiarkan zulassen, gewähren lassen
membias abtreiben
membiasakan angewöhnen
membiasakan diri (pada/dengan) sich gewöhnen (an)
membicarakan besprechen
membikin machen, tun, herstellen
membilang ①zählen, rechnen ②erzählen
membilas spülen
membinasakan vernichten
membingungkan verwirren, verwirrt
membiuskan betäuben
membolèhkan dürfen
membongkar ①abladen, auspacken ②abreißen, zerlegen ③einbrechen
membosankan langweilig
membuai schaukeln
membuang wegwerfen
membuat ①bauen *(Straße)* ②anmachen *(Salat)* ③herstellen, machen
membuat janji sich verabreden
membubuh platzieren
membujuk schmeicheln, liebkosen, verführen
membujur längs
membuka ①öffnen, aufmachen, aufschließen, ②ausziehen, abmachen
membuktikan nachweisen
membumbui würzen
membungkus verpacken, packen
membunuh umbringen, töten
memburu jagen
memburuk sich verschlimmern, bergab
membusuk angefault, verfault
membutuhkan benötigen
memecahkan zerbrechen *(Glas, Porzellan)*
memegang greifen, halten, anfassen, fassen
memelihara instandhalten
memeluk drücken, umarmen
memèndèkkan kürzen, kleiner machen
memenggal abhacken
memenuhi füllen, erfüllen

memepat abschneiden
memeras auspressen *(Frucht),* ausbeuten
memeriksa überprüfen, untersuchen
memerintah herrschen, regieren
memerintahkan befehlen
memerlukan benötigen, brauchen
memesan bestellen, reservieren
memetik pflücken
memijit massieren
memikat anlocken
memikat hati Aufmerksamkeit erregen
memikir denken
memikiri denken an
memilih aussuchen, wählen
memiliki besitzen
memimpin führen, leiten
memindahkan versetzen, umschalten
meminjam sich ausleihen
meminjamkan leihen, verleihen, borgen
meminta fragen nach
memisahkan ausscheiden, absondern
mémori ①Gedächtnis ②Computerspeicher
memotong schneiden, abkürzen, abschneiden
memotrèt fotografieren
mempelajarkan unterrichten
memperbaiki verbessern
memperbanyakkan vervielfachen
memperbarui erneuern
memperbesar vergrößern
mempercayai vertrauen
mempercepat beschleunigen
memperdalam vertiefen *(Kenntnisse)*
memperdayakan betrügen *(sexuell)*
mempererat verstärken, fester machen
memperhatikan beachten, aufpassen
memperindah verschönern
memperkenalkan diri sich vorstellen, bekanntmachen
memperkosa missbrauchen, vergewaltigen
memperkuat verstärken
memperlambat verzögern
memperlihatkan zeigen
memperluas verbreitern, ausdehnen
mempermudah vereinfachen
memperolèh bekommen, erhalten
memperpanjang verlängern, ausziehen
mempersatukan vereinigen
mempersembahkan opfern
mempersiapkan diri (untuk) vorbereiten
mempersilakan bitten, auffordern
mempertahankan verteidigen
mempertimbangkan nachdenken *(über)*
mempertunjukkan darstellen, zeigen
memproduksi herstellen
memprotès protestieren
mempunyai haben
memuaskan zufrieden stellen, befriedigen
memuat einladen *(jmd. zu etw.)*
memuati beladen
memuja verehren, anbeten
memukul schlagen
memulai beginnen, anfangen
memulangkan zurückbringen, überlassen
memupuki düngen
memutar wählen
memutuskan ①entscheiden ②auflegen *(Tel.)*
menabrak anfahren, rammen
menabung sparen
menaburkan säen, streuen
menahan ①festhalten, verhaften ②aushalten
menaik steigen
menaikkan heben
menakutkan furchtbar (Angst), unheimlich
menambahkan addieren, hinzufügen
menambal flicken, plombieren
menampung beinhalten
menanam anbauen *(Pflanzen),* anlegen
menancapkan stecken
menandai merken
menandatangani unterschreiben
menang gewinnen, siegen
menanggalkan ausziehen *(Kleidung)*
menanggapi reagieren auf
menanggung garantieren
menangis weinen
menangkap fassen, fangen, auffangen
menangkap ikan fischen
menanti warten
menantikan erwarten
menantu Schwiegersohn, Schwiegertochter
menanyakan anfragen, fragen
menara Turm, Minarett in Moscheen

menari tanzen *(klassisch)*
menarik ①ziehen ②interessant, anziehend
menaruh abstellen, legen, setzen
menaséhati beraten, Rat geben, empfehlen
menawar handeln
menawarkan bieten, anbieten
mencabut ziehen *(Zahn)*
mencaci schimpfen
mencair schmelzen
mencairkan einen Scheck einlösen
mencampur mischen, vermischen
mencangkul hacken *(Boden)*
mencari nachsehen, suchen
mencatat aufschreiben, eingeschrieben *(Brief)*
mencelup färben *(Textil)*
mencétak drucken
mencicipi probieren, kosten
mencincang hacken
mencintai lieben
menciptakan erschaffen
mencium ①küssen ②riechen
mencoba probieren, versuchen
mencrèt Durchfall
mencubit kneifen, zwicken
mencuci ①waschen, reinigen ②entwickeln *(Film)*
mencukai verzollen
mencukupi genügen
mencukur rasieren
mencuri stehlen
mendadak plötzlich
mendaftarkan registrieren, anmelden
mendahului überholen
mendaki besteigen, steigen *(Berg)*
mendapat bekommen, erhalten
mendapatkan finden
mendarat landen
mendasari gründen
mendatangkan kommen lassen, einführen
mendatar horizontal, waagerecht
mendayung rudern
mendekati sich nähern
mendengar hören, zuhören
mendengarkan anhören, hören, zuhören
mendengkur schnarchen, grunzen
menderita leiden
mendésak dringend, drängen
mendetik klicken
mendidih kochen
mendidik erziehen
mendinginkan kühlen
mendirikan gründen, bauen
mendorong anschieben, schieben
mendudukkan hinsetzen *(sich)*
menduga annehmen, vermuten
mendukung unterstützen
mendulang füttern *(Kind)*
mendung bewölkt
menebak erraten
menebang abholzen, fällen
menegangkan aufregend *(spannend)*
menegaskan etw. behaupten
menekan drücken
menekankan betonen
menelan schlucken
meneliti untersuchen, forschen
menélpon telefonieren
menémbak schießen
menempatkan stellen
menémpéli bekleben
menempuh zurücklegen *(Strecke)*
menemukan finden *(Verlorenes)*, entdecken
menenangkan beruhigen *(sich / jmd.)*
menentramkan beruhigen *(militärisch)*
menentukan bestimmen, entscheiden
menenun weben
menéra tèmpel Gebührenmarke
menerangkan aufklären, erklären *(Problem)*
menerbitkan veröffentlichen
menerima bekommen, empfangen, annehmen
menerjemahkan übersetzen *(Sprache)*
menerjun springen
meneruskan weitergehen, weiter machen
menetap bleiben *(konstant)*
menetapkan bestimmen
menétés tropfen
mengabulkan gewähren, erlauben
mengadakan organisieren, schaffen
mengadang aufhalten
mengaduk umrühren, vermischen, verrühren
mengadukan anzeigen *(rechtlich)*
mengagak vermuten

mengagètkan erschrecken
mengagumi bewundern, sich wundern über
mengairi bewässern
mengajak jmd. mitnehmen
mengajar lehren
mengakhiri beenden *(Rede)*
mengakui gestehen, anerkennen, zugeben
mengalamai erleben, erfahren
mengalikan multiplizieren, malnehmen
mengalir ablaufen, fließen, verlaufen, strömen
mengamati beobachten
mengambil nehmen, holen, abheben *(Geld),* abnehmen *(Telefon),* aufnehmen *(Kredit)*
mengancam drohen
mengancing verriegeln
mengancingkan verriegeln
mengandung schwanger
menganggu stören, belästigen
mengangguk nicken *(Kopf)*
menganggur arbeitslos
mengangkat aufheben, heben, tragen
mengangkut transportieren
mengantar begleiten, zusammen gehen
mengantri anstellen *(sich)*
menganyam flechten *(Korb)*
mengapa? warum?, wieso?
mengasinkan salzen
mengatakan sagen
mengatasi schaffen, bewältigen
mengatur ordnen, regeln
mengawal begleiten
mengawasi beaufsichtigen, kontrollieren
mengebèl klingeln
mengecil schrumpfen
mengecilkan verkleinern
mengéja schreiben, buchstabieren
mengejar verfolgen *(jmd. / etw.)*
mengélakkan vermeiden
mengelap wischen
mengelas schweißen
mengeluarkan ausgeben *(Geld)*
mengeluh sich beschweren, beklagen, stöhnen
mengelus streicheln, liebkosen
mengembalikan zurückgeben
mengemis betteln
mengemudi lenken, steuern
mengenai itu darüber, über dieses
mengenakan überziehen *(Kleidung)*
mengenal auskennen, kennen
mengèncèrkan verdünnen
mengèong miauen
mengepalai leiten
mengerikan furchtbar, beängstigend
mengering vertrocknen
mengeringkan dörren, trocknen
mengerjakan bearbeiten
mengerti verstehen
mengetahui feststellen, erfahren, wissen
mengetok klopfen
menggali fördern, umgraben
menggambar malen, zeichnen
menggambarkan darstellen, beschreiben
menggambel Gamelanmusik spielen
mengganggu belästigen, stören
menggantikan wechseln *(Dienst)*
menggantungkan hängen, aufhängen
menggaram salzen
menggaruk kratzen
menggelédah durchsuchen
menggelinding rollen
menggergaji absägen, sägen
menggerogoti nagen
menggerutu knurren
menggésér rutschen, verschieben
menggésérkan verdrängen
menggigit beißen
menggiling mahlen
menggonggong bellen
menggorèng braten, frittieren
menggosok reiben, putzen
menggoyang-goyangkan schütteln *(Hände)*
menggugurkan abtreiben *(Schwangerschaft)*
mengguyur spritzen, abspülen *(Toilette)*
menggunakan benutzen, nützen, verwenden
menghadiahkan schenken
menghalangi behindern
menghambat hemmen, verzögern
menghancurkan zerschlagen
menghapus wischen
mengharap hoffen
mengharapkan bitten, erwarten, wünschen
menghargai schätzen, würdigen

menghasilkan erzeugen, fördern, produzieren
menghentikan anhalten, unterbrechen
menghérankan sich wundern über
menghiasi schmücken
menghibur trösten
menghidangkan anbieten *(Speise)*, servieren
menghilang verschwinden
menghina beleidigen
menghindari verhindern, vermeiden
menghisap inhalieren
menghitung aufzählen, rechnen, zählen
menghormati achten, respektieren, würdigen
menghubungkan verbinden, verknüpfen
menghukum bestrafen, verurteilen
mengijinkan dulden, genehmigen, zulassen
mengikat befestigen *(mit Schnur, Band)*
mengikatkan anbinden, festbinden
mengikuti folgen, verfolgen, mitkommen, mitmachen, beobachten
mengimpor importieren
menginap bleiben, übernachten
mengingat sich merken
mengingkari verneinen
menginjak betreten, treten auf
mengira annehmen, vermuten, meinen
mengirim abschicken, schicken *(Post)*
mengirimkan verschicken, versenden, senden
mengisi ausfüllen, füllen
mengizinkan genehmigen
mengkhianati verraten
mengkilap glänzen, schimmern
menglakson hupen
mengobati behandeln, heilen, verarzten
mengolah verarbeiten
mengorèksi korrigieren
mengosongkan ausleeren, leeren, räumen
mengotori kleckern
mengritik kritisieren
menguap ①gähnen ②dampfen, verdunsten
menguasai herrschen, beherrschen
mengubah ändern
menguburkan vergraben
mengucapkan jmd. wünschen
mengucupi jmd. küssen
menguji testen, prüfen
mengukir schnitzen
mengukur messen
mengukus dünsten
mengulang wiederholen
menguliti häuten
mengumpulkan sammeln
mengumumkan bekanntmachen, ankündigen
mengunci abschließen *(Schloss)*
mengungsi fliehen *(im Krieg)*
mengunjungi jmd. besuchen
mengunyah kauen
mengupas schälen
menguping lauschen
mengurangi lindern, verringern
mengurus kümmern, verwalten, sorgen
mengurusi versorgen, sorgen für
mengusahakan besorgen, unternehmen
mengusir verscheuchen
mengutuk fluchen
meniadakan abschaffen *(Regeln)*
meniduri mit jmd. schlafen
menikah heiraten
menikam stechen
menikmati genießen
menilai beurteilen
menimba schöpfen *(Wasser)*
menimbang wiegen
meninggal sterben
meninggalkan verlassen, zurücklassen
meningkat aufsteigen
meningkatkan steigern
meninjau besichtigen
menipu betrügen, täuschen
meniru nachmachen
menit Minute
menitipkan aufgeben *(Gepäck)*
meniup blasen, pfeifen, pusten
meniupkan wehen, blasen
menjadi bilden, entstehen, werden
menjaga bewachen, beaufsichtigen, achten auf, hüten
menjagakan wecken
menjahit nähen
menjamin gewährleisten, garantieren
menjamu (einen) ausgeben
menjangan Hirsch
menjangkiti anstecken

menjanjikan vereinbaren, versprechen
menjatuhkan stürzen *(Regierung),* fallen lassen
menjauhkan fort, entfernen
menjawab beantworten, antworten
menjelaskan aufklären (Problem)
menjélma sich verwandeln
menjemput abholen
menjemukan langweilig, monoton
menjèngkèlkan ärgerlich *(Situation)*
menjepit klemmen
menjerit schreien, kreischen
menjilat lecken
menjual verkaufen
menjumlahkan zusammenzählen
menlontarkan schleudern
menodai vergewaltigen
menolak beanstanden, ablehnen, verweigern
menolong um Hilfe bitten, helfen
menonton anschauen, zuschauen
menswastakan privatisieren
mentah roh, ungekocht, unreif
mèntal geistig
mentéga Margarine
menteng Kepundungtraube, *baceaurea racemosa*
menteri Minister
menteri luar negeri (MENLU) Außenminister
menterjemahkan dolmetschen
mentimun Gurke, *cucumis sativus*
mentol Menthol
mentransfér überweisen *(Geld)*
ménu Menü, Speisekarte
menuangkan eingießen
mentuakan trinken von tuak – Palmwein
menuduh belasten, beschuldigen
menukar umtauschen, tauschen
menukarkan austauschen, wechseln
menular ansteckend *(med.)*
menulari sich anstecken
menulis schreiben
menumbuh wachsen *(Pflanzen)*
menumbuk stampfen
menumpahkan umkippen
menumpang mitfahren
menunda verschieben *(zeitl.)*
menunggu warten *(auf)*
menunjukkan zeigen
menuntut auffordern, fordern, verlangen
menurunkan senken, reduzieren, jmd. absetzen
menurus regeln, ordnen
menurut mitgehen, folgen, zuhören, gemäß
menusuk stechen *(Nadel)*
menutup schließen, zumachen, zusperren
menutupi sich zudecken
menxerox fotokopieren
menyabit mähen, Gräser schneiden
menyadari bemerken, wahrnehmen
menyahut antworten
meyakinkan überzeugen
menyakiti weh tun
menyalahkan beschuldigen
menyalakan anmachen *(Feuer, Licht)*
menyalin abschreiben *(kopieren)*
menyambungkan verbinden
menyambut begrüßen, willkommen heißen
menyampaikan etw. reichen, übergeben
menyandarkan anlehnen
menyanyi singen
menyatakan bemerken, erklären
menyatukan vereinen
menyebabkan bewirken, verursachen
menyebarkan sich verbreiten
menyeberang durchqueren, überqueren
Menyeberang di sini! Hier überqueren!
menyeberangi durchqueren *(Fluss, Tal)*
menyebut nennen
menyediakan sich fertig machen
menyedihkan traurig
menyegarkan udara lüften
menyejukkan abkühlen *(Motor, Getränk)*
menyelam tauchen
menyelamatkan retten
menyelaraskan abstimmen, vereinbaren
menyelesaikan ①durchführen ②beenden
menyelidiki nachforschen, erforschen
menyelimuti sich zudecken
menyembuhkan heilen *(durch Behandlung)*
menyembunyikan verheimlichen
menyemir wachsen *(Leder)*

menyemprotkan sprühen
menyenangkan angenehm
menyenèmpel abstempeln *(Brief)*
menyentuh berühren
menyepakati übereinstimmen, einverstanden sein
menyerah aufgeben, nachgeben
menyerang angreifen
menyerbu angreifen *(militärisch)*
menyèrèt schleppen
menyerupai sich gleichen, ähneln
menyesal bereuen, bedauern
menyetèl stimmen *(Instrument)*
menyetèm abstimmen *(Wahl)*
menyetir fahren *(Auto)*
menyetop anhalten
menyetrika bügeln
menyéwa mieten, chartern
menyéwakan verleihen, vermieten
menyiapkan zubereiten
menyiarkan übertragen, senden *(Radio, TV)*
menyilaukan blenden
menyimpan aufheben, bewahren, behalten
menyingkat abkürzen, verkürzen
menyiram sprengen, wässern, gießen
menyisir sich kämmen
menyita wegnehmen
menyokong unterstützen
menyolok grell, auffallend, markant, auffallen
menyopir fahren *(Auto)*
menyortir sortieren
menyuapi füttern *(Baby, Kranke)*
menyukai gefallen, gern haben, mögen
menyulam sticken
menyumbang beitragen
menyunat beschneiden
menyuntik spritzen, impfen
menyuruh veranlassen
menyusui stillen
menyusul nachkommen, folgen
menyusun zusammensetzen
menyusut schrumpfen
meraba fühlen *(Hand)*
meraba-raba tasten
meragukan bezweifeln
mérah rot
mérah jambu rosa
mérah jingga orange
mérah muda hellrot
mérah tua dunkelrot
meraih erreichen
merajut stricken
merak ①Pfau, *pavo muticus* ②Flamboyantblume, *delonix regia* ③Poincianablume, *caesalpinia pulcherrima L.* ④Tanz auf Java
merakit montieren
merampok berauben, plündern, rauben
merana leiden unter
merancang konstruieren
merangkak krabbeln, kriechen
merangsang reizen
merantau Tradition der Acèhnesen und Minangkabau. ℹ *Junge Männer verlassen ihr Zuhause, um sich in der Ferne als Händler oder ähnliches zu beweisen.*
merasa fühlen, empfinden, wahrnehmen
merasai fühlen, schmecken
merasakan fühlen, erfahren
merawat behandeln, pflegen, versorgen
merayakan feiern
merayu anmachen *(sexuell)*
mercu suar Leuchtturm
merdéka frei, unabhängig
merebus garen
mèrek Marke
meréka sie *(Mehrzahl)*
merekam aufnehmen, aufzeichnen
merekatkan zukleben
merélakan verzichten
meremukkan zerkleinern
merencanakan planen
meriah feierlich, festlich
meriam Kanone
merias muka sich schminken
merica Pfeffer, *piper nigrum*
merindukan sich sehnen nach
meringankan lindern *(Schmerz)*
merintangi hemmen, verhindern, hindern
merobèk reißen, abreißen
merodong treffen *(zufällig)*
merokok rauchen

merosot ①dekadent ②rutschen (Kleidung)
merpati Taube
merpati laut Seemöwe
mertua Schwiegervater, Schwiegermutter
meru Ahnenschrein mit 3, 5 oder 7 Dächern
merubah verändern
merugikan schaden, schädigen
meruntuhkan einstürzen *(Gebäude)*
merupakan formen, bilden
merusak schaden, kaputtmachen, zerstören
merusakkan beschädigen
mesin Maschine
mesin cuci Waschmaschine
mesin cuci piring Spülmaschine
mesin jahit Nähmaschine
mesin ketik Schreibmaschine
mesin pengering cucian Wäschetrockner
mesin penyedot debu Staubsauger
mesjid Moschee
meski müssen
meskipun trotz, obwohl
meskipun demikian trotzdem
mesra herzlich, innig, romantisch
mesti gewiss, müssen
méter Meter
méter kubik Kubikmeter
méter persegi Quadratmeter
méterai pos Briefmarke
métoda Methode
méwah komfortabel, üppig, luxuriös
mewajibkan (untuk) verpflichten (zu)
mewangi duften, gut riechen
meyakin glauben *(Meinung)*
meyakinkan überzeugen
mi Nudeln
mi bakso Fleischklößchen-Nudelsuppe
mi godog Nudeleintopf
mi kuah Nudelsuppe
migrèn Migräne
mihrab Wandnische in einer Moschee, die nach Mekka zeigt
miji-miji Linsen *(Speise)*
mikrofon Mikrophon
mikrolet dreirädriges Motortaxi
mil Meile
mil laut Seemeile
miligram Milligramm
milik Besitz, besitzen
milik siapa? wessen?
miliméter Millimeter
mililiter Milliliter
milyar Milliarde
mimbar Kanzel, Pult
mimik Gesichtsausdruck
mimisan Nasenbluten
mimpi träumen
Minangkabau Volk in West-Sumatra
minat Lust, wollen, Interesse, interessieren
mineral Mineral
Minggu Sonntag
minggu Woche
minggu lalu vorige Woche
minimal minimal
minta fragen, bitten, bitte!
minta bon die Rechnung verlangen
minta-minta betteln
minum trinken
minuman Getränk
minuman keras Alkohol *(Getränk)*
minum banyak saufen
minyak Öl, Benzin
minyak kelapa Palmöl
minyak tanah Petroleum
miring schief, schräg
mirip ähnlich
misal beispielsweise, z. B.
misi Mission
miskin arm
mitra Freund, Partner
mobil Wagen, Auto
mobil barang LKW
mobil dèrèk Abschleppwagen
mobil kombi Kombi *(Auto)*
mobil otomatik Automatikwagen
mobil séwaan Mietauto
modal Kapital
mode Mode
modèrn modern
mogok streiken, Panne haben
mohon beantragen
moncong Schnauze, Maul
monong Tanz auf Kalimantan

montir Mechaniker
monumèn Denkmal, Monument
monyèt Affe
monyet hantu Koboldmaki
moral Moral
morbili Masern
moster Senfkohl, *brassica junceea*
motif Motiv
motor Motor
moyang Urgroßvater, Urgroßeltern
mu dein
muak übel, unwohl
Muangthai Thailand
muara Flussmündung, Mündung
muat beinhalten
muatan Ladung, Fracht
mubazir überflüssig
muda ① hell *(Farbe)* ② jung, jugendlich
mudah leicht, einfach, mühelos
mudah-mudahan hoffentlich
muezzin Muezzin, Vorsinger einer Moschee
mujur geradeaus
muka Gesicht, vor
muktamar Kongress
mula anfangs
muladan die Geburt Mohammeds
mulai beginnen, ab, anfangen, Start
mulas perut ① Blähungen ② Krämpfe
mulia prächtig
mulus schön, super
mulut Mund, Maul
munafik scheinheilig
muncul auftauchen
mundur zurückweichen, rückwärts bewegen
mungil niedlich, zierlich
mungkin möglich, vielleicht, wahrscheinlich
muntah sich übergeben, brechen
murah günstig, preiswert
murai Elster
murid Schüler
murni rein
murung melancholisch, traurig
musalla Moschee für Gebete (außer freitags)
musang Zibetkatze
muséum Museum
musik Musik
musim Jahreszeit
musim dingin Winter
musim gugur Herbst
musim hujan Regenzeit
musim kemarau Trockenzeit
musim panas Sommer
musim ramai Hochsaison
musim salju Winter
musim semi Frühling
muskil ernst
muslim Muslim
muslimat Muslim
mustahil unmöglich
musti müssen
musuh Gegner, Feind
musyawarah Beratung, Versammlung
mutiara Perle
mutlak absolut, unbedingt
mutu Perle

N

nabi Prophet
nada Ton, Klang
nadi Puls
nadir seltsam
nafas Atem
nafsu Lust, Leidenschaft, begehren
nafsu cabul geil
naga mythische Schlange
nagui Wildschweinart
nah! Sieh! Guck mal!
naif naiv
naik ① besteigen, einsteigen, fahren *(mit)* ② aufwärts
naik bis Bus fahren
naik haji Pilgerfahrt
naikkan heben
naik mobil Auto fahren
naik pesawat fliegen
nakal frech, unartig
nakhoda Kapitän
nalam Gedicht
nalar Verstand
naluri Instinkt
nama Name

nama depan Vorname
nama kecil Vorname
nama keluarga Familienname
namanya heißen
nampak sichtbar
namun nichtdestoweniger
nanas Ananas, *ananas comosus*
naneh Ananas, *ananas comosus*
nangis weinen
nangka Jackfrucht, *artocarpus heterpphyllus*
naning Hornisse
nanti nachher, später, bald
nanti saja nachher
napas Atem
narkotika Rauschgift
nasabah Kunde
nasar Geier
naséhat Ratschlag, Rat
naséhati beraten, Rat geben, empfehlen
nasi Reis (gekocht)
nasib Los, Schicksal
nasi bungkus Reis zum Mitnehmen
nasi campur Reis mit Gemüse und Fleisch
nasi gorèng gebratener Reis
nasi gudég Reis mit gekochter Jackfrucht
nasihat Ratschlag
nasi kuning gekochter Reis mit Safran
nasional national
nasi padang Padangsreistafel
nasi pecel Reis mit diversen Gemüsearten
nasi putih gekochter Reis
nasi rames Reis mit Ei, Gemüse und Fleisch
nasi rawon Reis mit Rindfleischeintopf
nasi sayur Reis mit Gemüse
nasi uduk Reis gekocht in Kokosmilch
naskah Text
natal Weihnachten
negara Staat
negara-negara Länder
négatif negativ
negeri Land
nekad hartnäckig
nelayan Fischer
nènèk Großmutter, Oma
nènèk moyang Ahnen, Vorfahren
neraka Hölle
nétral neutral
ngagumi bewundern
ngak nicht
nganggur arbeitslos sein, im warung (Imbiss) sitzen und plaudern
ngantuk schläfrig, müde
ngarai Abgrund
ngawur Unsinn
ngebut rasen
ngeluh sich beschweren, beklagen
ngemis betteln
ngengat Motte
ngéntot ficken
ngeri scheußlich, beängstigend
ngewarung im warung (Imbiss) plaudern
nginap übernachten
ngingkari verneinen
ngingke im warung (Imbiss) plaudern
ngobrol quatschen
ngomong-ngomong übrigens
ngotot hartnäckig *(negativ)*
nikah verheiratet, heiraten, Heirat
nikmat angenehm
nikmati genießen
nilai beurteilen, Schulnote, Wert
nina bobok Schlaflied
ningrat Adel, adelig
noda Schande, Fleck
nol Null
nomor Nummer
nomor paspor Passnummor
nomor rékening Kontonummer
nomor télépon Telefonnummer
Nona Fräulein *(Anrede)*
nonok Vagina
nonton anschauen, zuschauen
Nopémber Novemver
normal normal
not balok Musiknote
notaris Notar
novel Roman
nuri Papagei
nuri raja Königspapagei
nusa Insel
nusa indah Aurorablume, *mussaenda philippica*

nusantara Archipel
Nusa Tenggara Barat (NTB) Provinz Große Sunda-Inseln
Nusa Tenggara Timur (NTT) Provinz Kleine Sunda-Inseln
-nya sein, ihr
nyai Geliebte, Liebhaberin
nyalakan anmachen *(Feuer, Licht)*
nyaman angenehm
nyambu meté Cashew, *anacardium occidentale*
nyambu Wasserapfel, *eugenia jambos*
nyamuk Moskito, Mücke
nyanyi singen
nyanyian Gesang
nyaring schrill, laut
nyata wirklich, tatsächlich
nyiur Kokosnuss, *cocos nucifera*
Nyonya Dame, verheiratete Frau, Frau *(Anrede)*
nyunatang Beschneidungsritus
nyusul nachkommen

O

oase Oase
obat Medizin
obat bius Droge
obat desinfèksi Desinfektionsmittel
obati behandeln, heilen *(mit Medikamenten)*
obat nyamuk Mückenschutzmittel
obat-obatan Medikament, Arznei, Heilmittel
obat sakit Schmerztabletten
obat tidur Schlafmittel
obat urus-urus Abführmittel
obéng Schraubenzieher
objèktif objektiv, sachlich
obor Fackel
obral Ausverkauf *(Kleidung)*
obsèsi Obsession
odalan jährliches Tempelfest auf Bali
odol Zahnpasta *(Markenname)*
odoran Duftstoff
ogok langsam
oja Mirabilisblume, *mirabilis jalapa L.*
oké ok, abgesprochen, einverstanden
okra Okraschote, *hibiscus esculentus*
oksigèn Sauerstoff
Oktober Oktober
olahraga Sport
olahragawan Sportler
olak Drehung
olak air Strudel *(Wasser)*
olèh von, durch
olèh sebab itu darum, deswegen, daher
olèh-olèh Andenken *(Souvenir)*
oli Öl
olong Raupe
om Onkel
ombak Welle
omong-kosong Unsinn, quatschen
ompong zahnlos
oncat weggehen
oncek häuten, pellen
oncom vergärte Sojabohnen
oncor Fackel
onderdil Ersatzteil *(Auto)*
ondok verbergen
ondos Klebereis mit Kokosnuss
onggok Stapel
ongkos Kosten, Preis
ons Unze
onslah Entlassung
opén gebacken
opera Oper
operasi Operation
operator Telefonzentrale
opelet dreirädriges Motortaxi
opium Mohn
opor Kokosmilch zum Kochen
opor ayam Hähnchenfleisch in Kokosmilch
oportunis Opportunist
oposisi Opposition
optimis optimistisch
orang Person, man, Mensch
ℹ *Zählhilfswort für Menschen und Personen*
orang ahli Fachmann
orang asing Fremder
orang baru Anfänger
orang Belanda Holländer
orang Cina Chinese
orang dagang Händler
orang gila Idiot

orang gunung Bergbewohner
orang hutan Orang-Utan, *pongo pygmaeus*
orang Italia Italiener
orang Jahudi Jude
orang Jerman Deutscher
orang Kristen Christ
orang luar negeri Ausländer
orang-orang Leute
orang Prancis Franzose
orang putih Weißer
orang sakit Kranker
orang Swis Schweizer
orang Tionghoa Chinese
orang tua Eltern
Orde Baru „die neue Ordnung", politisches System unter Suharto ab 1966
Orde Lama „die alt Ordnung", politisches System unter Sukarno
organ Organ
organisasi Organisation
orièntasi sich orientieren
orkès Orchester, Kapelle
orok Säugling, Baby
otak Gehirn, Verstand, Vernunft
otèntik authentisch
otomat Automat
otomatik automatisch
oton Jahr im balinesischen Kalender
otonomi Autonomie
otot Muskel
oven Ofen

P

Pabanox Sonnencreme (Markenname)
pabrik Betrieb, Fabrik, Werk
pacah Balsamblume, *balsaminaceae*
pacar Freund, Liebhaber
pacar air Balsamblume, *balsaminaceae*
pacaran Beziehung *(Liebschaft)*
pacat Egel
pacuan Rennen
pada bei *(jmd., Zustand)*, an, um *(zeitl.)*
pada dasarnya grundsätzlich
pada itu daran, an dieses
padam aus
padamkan ausmachen, löschen
padang Feld
Padang Stadt Padang auf der Insel Sumatra
padang lumut-lumut Wedelia, *wedelia triobata*
padat fest, dicht, komprimiert
padatkan zusammendrücken
pada umumnya gewöhnlich, meistens
pada waktu itu damals
padi Reis, Reispflanze
padi-padian Getreide
padma Wasserlilie, *nymphaea lotus*
pagar Zaun
pagelaran musik Konzert
pagi Morgen
pagi hari vormittags, Vormittag, Morgen
pagi-pagi früh, morgens
paha Schenkel, Oberschenkel
paha kodok Froschschenkel
paham begreifen
pahat Meißel
pahatan Bildhauerei
pahit bitter
pahlawan Held
pajak Steuer, Abgabe
pajak pertambahan nilai Mehrwertsteuer
Pak Herr *(Anrede für Männer)*
pakai ①benutzen ②verbrauchen ③anziehen
pakaian Kleidung
pakaian dalam Unterwäsche
pakaian selam Taucheranzug
pakai télépon Telefon benutzen, telefonieren
pakét Paket
pakis Farn, *asplendium nidus*
paksa zwingen
paksaan Zwang
paku ①Nagel, Drahtstift ②Farn, *cyathea spp.*
pala Muskatnuss, *myristica fragrans*
Palang Mérah Rotes Kreuz
paling äußerst, am ...-sten
paling banter höchstens
paling cepat frühestens
paling sedikit mindestens, wenigstens
paling tidak mindestens, wenigstens
paling tinggi höchstens
palsu unecht

palu Hammer
paman Onkel
paméran Ausstellung *(Kunst)*
pamili Familie
pamitan sich verabschieden
pamor Verzierung an einem Keris-Dolch
panah Pfeil *(Bogen)*
panas heiß, scharf, Hitze
panaskan aufwärmen
panca fünf
pancaran Lichtstrahl
pancarkan strahlen *(Licht)*
Pancasila „die fünf Säulen“, Staatsideologie Indonesiens
panci Pfanne
pancing angeln, Angel
pancuran Dusche
pandai klug, geistreich
pandan Pandanpalme, *pandanus tectorius*
pandangan Blick
pandu wisatawan Reiseführer, Reiseleiter
panèn Ernte
panerus hohe Tonhöhe bei Gamelanschlag-instrumenten bonang, gender und saron
pangan Lebensmittel, Essen
pangéran Prinz
panggang gegrillt, geröstet, gebacken
panggil rufen
panggilkan rufen *(Taxi)*
panggul Becken *(Körper)*
panggung Podium
pangkalan Steg, Kai
pangkat Rang, Position, Stellung
pangku Schoß
panglima Heerführer
panik panisch
panjang lang, länglich
panjangkan dehnen
panjat klettern
panser Panzer *(Tier)*
pantai Strand, Ufer
pantas gehörig, geschmackvoll
pantat Po, Anus, Hintern
panti Heim, Wohnstätte
pantun Sprüche, Weisheiten
pap Kinderbrei
papan Werbeschild, Brett
papan lalu-lintas Verkehrsschild
papan petunjuk Hinweisschild
papan surfing Surfbrett
papan tulis Schultafel
Papua Nugini Papua-Neuguinea
para die *(mehrere Personen)*
paradis Paradies
parah ernst
parang Machete
parang salawaku Machete, die sich Männer auf den Molukken an den Gürtel stecken
parasit Parasit
parasut Fallschirmspringen, Fallschirm
parau heiser
parawisata Tourist
pare Bittergurke, *momordica charantia*
parfum Parfüm
pari Rochen
paria belut Bittergurke, *trichosantes cucumerina*
parit Abwasserkanal
parkir parken, Parkhaus, Parkplatz
parkit Papagei
parlemén Parlament
Parpol (Partai Politik) politische Partei
partai politische Partei
partisipasi Beteiligung
paruh Schnabel
paru-paru Lunge
Parvati Hindugöttin
pas sekali angegossen *(wie ... sitzen)*
pasah Hobel
pasah seribu Hortensie, *hydrangea macrophylla*
pasak Stift
pasang ①befestigen, anbringen, annähen ②Paar ℹ *Zählhilfswort für paarweise Dinge*
pasangan Partner, Paar
pasang-pasangan paarweise
pasar Markt, Marktplatz
pasar héwan Viehmarkt
pasar malam Nachtmarkt
pasar senggol mobiler Imbissstand auf Bali ℹ *Hier werden gekühlte Getränke, Nudelgerichte und gebackene Bananen serviert.*

pasi konyal Passionsfrucht, *passiflora edulis*
pasièn Patient
pasif passiv
pasir Kies, Sand
pasisir Nordküste (insbesondere von Java)
paskah Ostern
paspor Pass
pasta gigi Zahnpasta
pasti gewiss, bestimmt, zweifellos, sicher
pastor Priester, Pastor *(katholisch)*
patah gebrochen *(Hartes)*
patah hati Liebeskummer
patahkan zerbrechen *(Holz)*
patik Sklave
patil Stachel, Dorn
patokan Maßstab
patuhi gehorchen
patung Statue, Figur; Bild
patut gehörig, ziemlich
Paus Papst
paus gigi Zahnwal
pawai Parade
paya Sumpf
payah schlimm
payu Preis
payung Schirm, Tanz der Minagkabau
PBB (Perserikatan Bangsa Bangsa) Vereinte Nationen
pecah brechen, gebrochen
pecahan Scherbe, Splitter
pecahkan zerbrechen *(Glas, Porzellan)*
pecel Gemüse in Erdnusssoße
péci Hut
pedagang Händler
pedagang kaki lima Straßenhändler
pédal Pedal
pedanda Priester auf Bali *(hinduistisch)*
pedang Schwert
pedas scharf, gewürzt *(Speise)*
pedati Pferdewagen
pedésaan ländlich
pedoman Kompass
peduli rücksichtsvoll
pegang greifen, halten, anfassen
pegangan Henkel, Griff
pegawai Angestellter
pejabat Beamter
pejalan kaki Fußgänger
peka empfindlich
pekan Markt
pekan lalu vorige Woche
pekarangan Hof
pekat dunkel, zäh
pekembar Schiedsrichter
Pekanbaru Stadt Pekanbaru auf der Insel Sumatra
pekaseh Vorstand für Bewässerung und Ernte in einer religiösen Dorfgemeinde *(Bali)*
pekerja Arbeiter
pekerjaan Beruf, Arbeit, Job
pekik Schrei
pekuburan Friedhof
pelabuhan Hafen
pelacur Dirne, Hure
pelahan langsam
pelajar Schüler, Student
pelajaran Lektion, Unterricht
pelaksanaan Ausübung *(Tätigkeit)*
pelaku Täter
pelampung Schwimmweste
pelan langsam
pelanggan Kunde
pelangi Regenbogen
Pelan-pelan! Langsam!
pelat Sprachfehler
pelat nomor mobil Nummernschild
pelatih Trainer
pelaut Matrose, Seemann
pelayan Kellner
pelayanan Bedienung
pelayan rumahtangga Hausangestellte
pelayaran Schiffahrt, Navigation
pelek Felge
peleng englischer Spinat, *spinacea oleracea*
pelenyap make up Make-up-Entferner
pelihara instandhalten
pelik merkwürdig
pelindung Schutz
pelir Schwanz, Penis
pelit geizig
pelog 7-Noten-Skala, nach der das Gamelaninstrument saron gestimmt wird

pelombaan Wettkampf
pelples Feldflasche, Wasserflasche
peluang Gelegenheit
peluk drücken, umarmen
pelukis Maler, Künstler
pelupa vergesslich
peluncur Taucher
pelung-pelung Thunbergiablume, *thunbergia natalensis*
peluru Kugel
pemahat Bildhauer
pemain musik Musiker
pemakai Verbraucher
pemakaian Verbrauch
pemakaman Begräbnis, Bestattung
pemalsuan Fälschung
pemanas Heizung
pemancar Sender
pemandangan Blick, Aussicht, Landschaft
pemandian Bad
pemandian pantai Strandbad
pemandu wisata Führer *(Touristen)*
pemanggangan Toaster, Grill
pemangkas Friseur
pemangku Vorsteher der Sasak
pemangkus Tempelpriester auf Bali
pemantas Schmuck
pemantulan Spiegelung
pemasak Koch
pematung Bildhauer
pembabtisan Taufe
pembaca Leser
pembahasan Debatte
pembakar roti Toaster
pembalut Verband
pembalut wanita Damenbinde
pembangkit listrik Generator
pembangkit tenaga atom Atomkraftwerk
pembangunan Gebäude
pembantu Hilfskraft, Hausmädchen, Helfer
pembantu anak Kindermädchen
pembantu rumah Dienstmädchen
pembayaran Zahlung
pembela Anwalt
pembeli Käufer
pembelian Kauf
pembenaran Bestätigung, Billigung
pemberat Tauchgewichte
pemberitahuan Mitteilung
pemberontakan Aufstand
pembesaran Vergrößerung
pembesar suara Lautsprecher
pembiakan Fortpflanzung, Züchtung
pembicaraan Aussprache *(bei Problemen)*
pembiusan Betäubung, Narkose
pemborosan Verschwendung
pembuat Hersteller
pembukaan Eröffnung
pembuka botol Flaschenöffner
pembuka kalèng Dosenöffner
pembuluh darah Vene, Ader
pembuluh nadi Arterie
pembunuh Mörder
pembunuhan Mord
pemburu Jäger
pemburuan Jagd
pemecahan Lösung *(Problem)*
pemeliharaan Wartung *(techn.)*
pemenang Sieger
pementasan Inszenierung
pemeriksa Kontrolleur
pemeriksaan Untersuchung, Behandlung
pemerintah Regierung
pemerintahan Herrschaft, Regierung
pemijit Masseur
pemilihan Wahl
pemilik Inhaber, Besitzer
pemilu (pemilihan umum) allgemeine Wahlen
pemimpin Führer *(Politik)*
pemogokan Streik
pemotongan Abkürzung *(Weg)*
pemukiman Siedlung
pemuda Jugendlicher
pemudi Jugendliche
pemukul Hammer
pemukul besi Golfschläger
pemula Anfänger
pemulaan Anfang
pemungutan suara Abstimmung *(Wahl)*
pemutusan Unterbrechung
pena Stift, Kugelschreiber

penakut feige
penampilan Auftritt
penanak nasi Reiskocher
penanaman Anbau *(Pflanzen)*
penanggalan Kalender
penangkal racun Gegengift
penangkap Fischer
penanjam pensil Spitzer *(Bleistift)*
penari Tänzer
penataran Aufklärung *(sexuell)*
penawaran Angebot *(Ware)*
penawar sakit schmerzstillendes Mittel
Pencak Silat traditionelle Kampfsportart
pencegahan Verhütung
pencemaran Verschmutzung
pencernaan Verdauung
pencinta tanah air Patriot *(Indonesier)*
pencipta Komponist, Erfinder, Autor, Macher
penciptaan Schöpfung
pencopét Taschendieb
pencucian Reinigung
pencuri Dieb
pencurian Diebstahl
pendaftaran Anmeldung
pendahan Wurfspeer
pendam eingraben
pendang jenawi Dolch, den sich die Männer in Riau an den Gürtel stecken
pendapat Meinung, Ansicht, Denken
pendapatan Einkommen
pendarahan Blutung
pendaratan Landung
pèndèk kurz *(Länge)*
pèndèkkan kürzen, kleiner machen, verkürzen
pendengar Hörer, Zuhörer
pendengaran Gehör
penderitaan Leid
pendéta Geistlicher, Pastor, Pfarrer *(christlich)*
pendidikan Bildung, Ausbildung, Lehre
pendingin Kühler
penduduk Bevölkerung
penduduk asli Urbevölkerung
penekanan Betonung *(Nachdruck)*
penelitian Untersuchung, Forschung
penerangan Beleuchtung, Information
penerbang Pilot
penerbangan Flug
penerbit Verlag
penerbitan Ausgabe *(Zeitung)*
penerima Empfänger
penerima tamu Gastgeber
penerjemah Übersetzer
pengabénan Kremierung bei den Balinesen
pengacara Rechtsanwalt
pengadilan Gericht *(Justiz)*
pengaduan Anzeige *(rechtlich)*
pengairan Bewässerung
pengakuan Geständnis
pengalaman Erfahrung
Pengalihan lalu-lintas! Umleitung!
penganggur Arbeitsloser
pengangguran Arbeitslosigkeit
pengangutan Transport
pengantar Begleiter
pengap stickig
pengarang Autor, Schriftsteller
pengaruh Einfluss
pengaturan Regelung
pengausan Verschleiß *(Motor)*
pengawasan Kontrolle
pengawètan Haltbarkeit
pengeluaran Unkosten, Ausgaben
pengemis Bettler
pengemudi Chauffeur
pengertian Begriff
pengesahan Bestätigung, Beglaubigung
pengetahuan Kenntnisse, Wissen
penggal Teil
penggalian Ausgrabungen
penggambaran Beschreibung
pengganti Nachfolger
penggantung pakaian Kleiderbügel
penggilingan Mühle
pengguguran Abtreibung *(Schwangerschaft)*
penggunaan Nutzung
penghalang jalan Straßensperre
pengharapan Chance, Gelegenheit
penghasil Produzent, Hersteller
penghasilan Verdienst
penghinaan Beleidigung
penghormatan Begrüßung *(Ehrfurcht)*
penghulu Chef, Leiter der Sippe einer Frau aus

der matrilinearen Herkunftslinie der Minangkabau auf Sumatra
penghuni Bewohner
pengikut Anhänger *(einer Idee)*
penginapan Gästehaus, Herberge, Unterkunft
pengirim Absender
pengiriman Zustellung, Versand, Überweisung
pengiring Begleitung
pengisian Füllung
pengluru Kugel *(Munition)*
pengobatan Behandlung *(mit Medikamenten)*
pengolahan Zubereitung
pengrajin Handwerker
penguasa Herrscher
penguburan Beerdigung
pengulangan Wiederholung
pengumpulan Sammlung
pengumuman Anzeige, Bekanntmachung
pengungsi Flüchtling
pengunjung Besuch(er)
pengurus Leiter, Verwalter
pengurusan Versorgung, Sorge für, Verwaltung
pengusaha Geschäftsmann, Unternehmer
penilaian Bewertung
pening schwindelig
peningkatan Hebung, Beförderung
peninjauan Besichtigung
penipu! Gauner!, Betrüger
penipuan Betrug, Schwindel
penisilin Penicillin
peniti Stecknadel, Nadel
penjaga Wächter, Bewacher
penjagaan Bewachung
penjagalan Schlachthof
penjahat Gauner, Fiesling, Verbrecher
penjahit Schneider
penjaja Hausierer
penjajahan Kolonialherrschaft
penjara Gefängnis
penjual Verkäufer
penjualan Verkauf
penolakan Beanstandung, Ablehnung
penolong Helfer
penonton Publikum, Zuschauer
pensil Bleistift
pènsiun Pension, pensioniert
pènsiunan Rentner
penterjemah Dolmetscher
pentil Ventil
penting wichtig
pentingnya Bedeutung (Wichtigkeit)
penuh voll, überfüllt
penuh cinta-kasih liebevoll
penuh citarasa geschmackvoll, ansprechend
penuh kepercayaan zuversichtlich
penuh pengertian verständnisvoll
penuh perhatian aufmerksam
penuh rahasia rätselhaft
penuh sayang zärtlich
penuh seléra geschmackvoll *(Speise)*
penukaran Wechsel
penulis Autor
penumpang Passagier
penunjuk arah Wegpfeil
penunjuk jalan Wegweiser
penurunan Gefälle, Abhang
penurunan harga Preissenkung
penutup Schluss, Programm, Topfdeckel
penyair Dichter
penyakit Krankheit
penyakit Aids AIDS
penyakitan gebrechlich
penyakit bengek Asthma
penyakit campak Masern
penyakit déséntri Ruhr *(Krankh.)*, Dysenterie
penyakit gula Diabetes
penyakit kelamin Geschlechtskrankheit
penyakit koléra Cholera
penyakit kulit Ausschlag, Hautkrankheit
penyakit kuning Gelbsucht
penyakit malaria Malaria
penyakit radang hati Hepatitis
penyakit tétanus Tetanus
penyakit tifus Typhus
penyalaan Zündung
penyalin Rattanstock mit Stahlspitze im Stockkampf der Sasak
penyaluran Kanalisierung
penyanyi Sänger
penyeberangan Überfahrt
penyediaan Bereitstellung, Versorgung
penyelamat Retter

penyelamatan Rettung
penyelangan Unterbrechung
penyelenggaraan Veranstaltung
penyelidik Forscher
penyelidikan Forschung
penyelundupan Schmuggel
penyembuhan Heilung
penyengat Wespe
penyerbuan Invasion
penyéwa Mieter, Vermieter, Vermietung
penyiaran Übertragung
penyinaran Bestrahlung
penyu Wasserschildkröte
penyuapan Bestechung
penyumbatan Verstopfung *(Zuflüsse)*
penyunatan Beschneidung
penyusu Amme
pepadu Kämpfer beim Stockkampf der Sasak
pepatah Spruch
pépaya Papaya, *carica papaya*
pépés im Bananenblatt geröstet/gedünstet
per Feder *(mechanisch)*
perabot Ware
peradaban Zivilisation
peradangan Infektion
peragawan Model (männlich)
peragawati Model (weiblich)
perahu Kanu
perahu bermotor Motorboot
perahu dayung Ruderboot
perahu layar Segelboot
perahu speed Motorboot
perairan Gewässer
pérak Silber
perakitan Zusammenbau
peralihan Übergang
perampokan Raub, Überfall
peranakan in Indonesien geborene Chinesen
peranan Theaterrolle
perancah Gerüst
perang Krieg
perang saudara Bürgerkrieg
perang topat Fest der Sasak für die Fruchtbarkeit des Bodens
perangkap Falle
perangko Briefmarke
perantara Vermittlung
perapian Kachel
peras pressen
perasaan Gefühl, persönlich
peraturan Vorschrift
peraturan béa cukai Zollbestimmungen
perawakan Gestalt *(Personen)*
perawan tua alte Jungfer
perawat Krankenschwester
perawatan Versorgung, Pflege
perayaan Fest
perbaikan Verbesserung
Perbaikan jalan! Straßenarbeiten!
perbaiki verbessern
perbaiki kembali wiederherstellen
perban Verband
perbandingan Verhältnis, Vergleich
perbanyakkan vervielfachen
perbatasan Grenze
perbédaan Unterschied
perbedaan waktu Zeitverschiebung
perbekalan Nachschub
perbendaharaan Schatzkammer
perbesar vergrößern
perbuatan Handlung, Tat
perbudakan Sklaverei
percabangan Abzweigung
percakapan Unterhaltung, Gespräch
percaya vertrauen, glauben, verlassen
percik Spritzer
perceraian Scheidung
percétakan Druckerei
percobaan Versuch
percuma umsonst, vergeblich
perdagangan Handel, Gewerbe
perdalam vertiefen *(Kenntnisse)*
perdamaian Frieden
perdana menteri Ministerpräsident, Kanzler
perdébatan Diskussion, Debatte
peredaran Zirkulation
peredaran darah Kreislauf
perekat Leim, Klebstoff
perekat rambut Haarfestiger
perempuan Frau, weiblich
perencanaan Planung
pergelangan Knöchel

pergi gehen, aufbrechen, wegfahren, weggehen
perguruan tinggi Hochschule
perhalus verfeinern
perhatian Interesse
perhatikan beachten
perhiasan Ornament, Schmuck
perhitungan Abrechnung
perhubungan Kommunikation
perhutanan Forstwirtschaft
peri Art, Stil
péria Bittergurke, *momordica charantia*
perigi Grube, Brunnen
perikanan Fischerei
periksa kontrollieren, untersuchen
perincian Detail
perindah verschönern
peringatan Gedächtnis, Gedenken, Warnung
perintah herrschen, regieren, Befehl
perintahkan befehlen
perisai Schild
peristiwa Vorfall, Ereignis
periuk Topf
perjalanan Reise, Fahrt
perjanjian Abkommen, Vereinbarung, Vertrag
perjuangan Kampf
perjudian Glücksspiel
perkakas Instrument, Werkzeug
perkapalan Schiffahrt
perkara Sache, Frage
perkara pidana Strafverfahren
perkasa mächtig
perkebunan Plantage
perkecualian Ausnahme
perkenalan Kennenlernen
perkosaan Vergewaltigung
perkotaan städtisch
perkuat verstärken
perkumpulan Verein
perkutut Turteltaube, *geopelia striada*
perlahan ruhig, langsam, bedächtig
perlakuan Behandlung
perlawanan Widerstand
perlengkapan Zubehör, Ausrüstung
perlènté elegant
perlindungan alam Naturschutz
perlindungan lingkungan hidup Umweltschutz
perlombaan Wettbewerb
perlop Urlaub
perlu (akan) möchten, müssen, nötig
perlu sekali notwendig
perluas verbreitern, ausdehnen
permadani Teppich
permai schön
permainan Spiel
permanèn dauerhaft
permata Juwel
permen Bonbons
permen karèt Kaugummi
permintaan Bitte, Nachfrage
permisi Entschuldigen Sie ...
permohonan Bitte, Antrag
permudah vereinfachen
permukaan Oberfläche
permulaan Beginn, Anfang
permusuhan Feindschaft
pernafasan Atem
pernah jemals
pernis Lack
pernyataan waktu Zeitangabe
perokok Raucher
perpanjang verlängern
perpanjangan Verlängerung
perpisahan Abschied, Trennung
perpusatan Konzentration
perpustakaan Bibliothek
pèrs Presse
persahabatan Freundschaft
persatuan olahraga Sportverein
persatukan vereinigen
persediaan Vorrat
persegi eckig
persegi empat viereckig
persembahan Opfer, Opfergabe
persèn Prozent *(math.)*
persenan Gift
perseorangan individuell
perseribu Promille *(math.)*
Perserikatan Bangsa Bangsa (PBB) Vereinte Nationen
perséroan terbatas (PT) AG, GmbH
persetubuhan Koitus

persetujuan Zustimmung, Vereinbarung
persiapan Vorbereitung, Ausrüstung
persik Pfirsich, *prunus persica*
persimpangan Gabelung, Kreuzung
persinggahan Abstecher, Zwischenlandung
persis genau
persnéling Gang, Getriebe *(Auto)*
persnéling mundur Rückwärtsgang
persoalan Problem
pertahanan Verteidigung
pertahanan tubuh Immunsystem
pertahankan verteidigen
pertama erstens
pertama-tama zuerst
pertambangan Bergbau
pertamina Tankstelle
pertandingan Meisterschaft, Wettkampf
pertandingan olimpiade Olympische Spiele
pertanggungan jawab Verantwortung
pertanian Landwirtschaft, Ackerbau
pertanyaan Anfrage, Frage, Nachfrage
pertaruhan Wette
per-télépon telefonisch
pertempuran Schlacht, Kampf
pertemuan Versammlung, Treffen
pertengkaran Streit
pertentangan Widerspruch
pertigaan T-Kreuzung
pertikaian Konflikt
pertimbangan Erwägung
pertimbangkan nachdenken *(über)*
pertolongan Gefallen, Hilfe
pertumbuhan Wachstum
pertunjukan Aufführung, Vorstellung
perubahan Veränderung
perumahan flat Häuserblock
perumusan Formulierung
perundingan Diskussion, Verhandlung
perunggu Bronze
perusahaan Firma, Unternehmen
perusahaan angkutan Spedition
perusak Zerstörer
perusakan Zerstörung
perut Bauch, Magen
perut gelembung Blähungen
perwakilan Agentur, Vertretung
pesan bestellen, reservieren (Karte, Essen)
pesanan Reservierung, Bestellung
pesantrén Islamschule
pesat schnell
pesawat Apparat
pesawat fax Faxgerät
pesawat télévisi Fernseher
pesawat tivi Fernseher
pesawat udara Flugzeug
peselancar Surfer
pesero Teilhaber *(geschäftlich)*
peserta Teilnehmer
pesimistis pessimistisch
pesisir Küste
pesok Beule
pesona Verzauberung
pésta Feier, feiern, Fest
péta Landkarte
péta bumi Landkarte
péta kota Stadtplan
petai grüne Stinkbohne, *parkia speciosa*
petak sawah Reisterasse
petang Nachmittag
petani Bauer
peté grüne Stinkbohne, *parkia speciosa*
peternak Viehzüchter
peternakan Viehzucht
peterseli Petersilie
peti Kiste, Kasten
petik pflücken
peti mayat Sarg
petinju Boxer
petir Donner(schlag) *(Wetter)*
petsai Bok Choy, *brassica rapa*
petuakan „Dorfkneipe" auf Bali,
in der tuak – Palmwein – ausgeschenkt wird
petualang Abenteurer
petugas Beamter, Bediensteter
petunjuk Hinweis
petunjuk arah Richtungsangaben
pewarnaan Tönung *(Farbe)*
peziarah Wallfahrer
piagam Urkunde, Charter
piala Becher
piano Klavier
picik kleinlich, eng, nah

pidato Rede
pihak Seite
pijit Massage
pikat hati Aufmerksamkeit erregen
pikir denken, verstand, Vernunft
pikiran Gedanke, Idee
pikirkan bedenken
piknik Ausflug
pikul 62,5 kg
pil Tablette
pil anti hamil Antibabypille
pilang Akazie, *acacia auriculiformis*
pilek verschnupft, Schnupfen
pilem Film
pilih aussuchen, wählen
pilihan Wahl, Auswahl
pilot Pilot
pilu gerührt
pimpin leiten
pimpinan Chef, Führung, Leiter (Firma)
pinang Betelnuss, *areca catechu* ℹ *Betelnuss wird mit einem Sirihblatt und Kautabak als aufputschendes Mittel gekaut.*
pincang Krüppel
pindah umsteigen, umziehen, umschalten
pindah kendaraan umsteigen
pindah rumah Umzug, umziehen (Wohnung)
pinggan Teller, Platte
pinggang Hüfte
pinggir Rand
pinggul Hüfte, Becken
pinggung Hüfte
pingsan Ohnmacht, ohnmächtig werden
pinjam sich ausleihen, leihen, verleihen
pinjaman Darlehen
pinjamkan ausleihen
pinsèt Pinzette
pintar klug, geschickt
pintu Tür
pintu belakang Hintertür
pintu jendéla Fensterladen
pintu keluar Ausgang
pintu masuk Eingang
pipa ① Pfeife ② Rohr, Röhre
pipa air Wasserleitung
pipa saluran Rohrleitung
pipi Wange
pipit Spatz
pirang blond
piring Teller ℹ *Zählhilfswort für Teller/Gerichte*
pirus türkis
pisang Banane, *musa spp.*
pisau Messer
pisau belati ein Messer, das Männer auf Irian Jaya traditionell am Gürtel tragen
pisau cukur Rasiermesser, Rasierklinge
pisau lipat Taschenmesser
pisau silét Rasierklinge
piso surit Messer (Nord-Sumatra)
pistol Pistole
pita Schleife
pita rekaman Tonband
piyama Schlafanzug
plafon Zimmerdecke
plakat Plakat
planét Planet
plastik ① Kunststoff, Plastik ② Tüte
plat motor Autokennzeichen
plèster Pflaster
plèster gips Gipsverband
plombir Plombe
PLTA (Pembangkit Listrik Tenaga Air) Wasserkraftwerk
plus plus
PM Ministerpräsident
podang Pirol *(Vogel)*
pohon Baum
pohon beringin Ficuspalme, *ficus benjamina*
pohon buah Obstbaum
pohon cemara Kasuarinenbaum, *casuarina*
pohon cendana Sandelholzbaum, *santalum album*
pohon jati Teakbaum, *tectona grandis*
pohon karèt Kautschukbaum, *hevea brasiliensis*
pohon kayu putih Eukalyptusbaum, *melaleuca leucadendra*
pohon kopi Kaffeebaum, *coffea spp.*
pohon kulut eine Brotbaumart
pohon kurma Dattelpalme, *phoenix dactylifera*
pohon maja (batu) Madjobaum

(Heilpflanze), aegle marmelos
pohon melati Jasminbaum, *jasminum sambac*
pohon palem Palme
pohon pandan Pandanpalme
pohon pandan duri Schraubenpalme
pohon sagu Sagobaum, *metroxylon sagu*
pohon serdang Fächerpalme, *pholidocarpus sumatrana*
pohon tanjung Elengibaum, *mimusops elengi*
pohon tèh Teebaum
pohon térap Brotbaum, *artocarpus odoratissimus*
pojok Ecke
pokok Grundsatz, Motto
pokok berita Schlagzeile
pokok tema Gegenstand, Thema
pola Schema, Model, Muster
polès polieren
poliklinik gigi Zahnpoliklinik
Polinésia Polynesien
polisi Polizei, Polizist
politik Politik
politikus Politiker
politis politisch
polos eben, glatt
pompa Pumpe
pompa angin Luftpumpe
pompa bènsin Tankstelle
pon Pfund
pondok Hütte, Pension
Pontianak Stadt Pontianak auf der Insel Kalimantan
popok Windel
porong kopi Kaffeekanne
poros Achse (Auto)
porselin Porzellan
porsi Portion
portir Pförtner
porto Porto
pos Post
pos biasa (Post) über Land
pos udara Luftpost
posisi Position, Standpunkt
positif positiv
pot bunga Blumentopf
potong durchschneiden, abkürzen, abschneiden, kürzen, Stück
potongan Rabatt, Schnitt
potrèt Foto
pr (perempuan) weiblich
pragawati Modell
prahara Orkan
prajurid Soldat
praktékkan praktizieren
praktis praktisch
pramugari Steward(ess)
pramuniaga Verkäufer
pramusiwi Babysitter
pramuwisata Touristenführer
prancis Frankreich
prasangka Vorurteil
prèm Pflaume, *prunus domestica*
presean Stockkampf der Sasak
présidèn Präsident, Staatspräsident
préstasi Leistung
préventif vorbeugend *(med.)*
pria Kerl, Mann
pribadi persönlich
prinsip Prinzip
produk Produkt
produksi herstellen, Produktion
produsèn Hersteller
produser Filmproduzent
profèsional professionell
profèsor Professor
program Programm
propaganda Propaganda
propinsi Provinz
prosès Prozess
protès protestieren
Protestan Protestantismus
proyèk Baustelle, Projekt
PT (perséroan terbatas) GmbH, AG
puas zufrieden
puasa fasten
pucat blass, bleich
pucuk ①Spross, Trieb ℹ*Zählhilfswort für Gewehre, Briefe* ②Hibiscus, *malvaceae*
pucuk geringsing Korallenhibiscus, *hibiscus schizopetalus*
pudina Minze, *mentha arvensis*
puding Pudding

pugar restaurieren
puileng englischer Spinat, *spinacea oleracea*
puing-puing Ruine
puisi poetisch
puja verehren
pujaan Schwarm, geliebte Person
pujawali Fruchtbarkeit der Erde
puji loben
pujian Kompliment
pukul Uhr, schlagen
pukulan Schlag
pulang heimkommen, nach Hause gehen, zurückfahren
pulang-balik hin und zurück
pulang kembali zurückkommen
pulangnya Rückkehr
pulang-pergi hin und zurück
pulau Insel
pulau karang Atoll
pulover Pullover
pulpèn Füllfederhalter
pun Pfund, auch
puncak Gipfel, Höhepunkt, Spitze
puncak nafsu Orgasmus
pundak Schulter, Nacken
punggung Rücken
punya haben, besitzen
punyai haben
pupuk Dünger
puput Flöte auf Sumatra
puputan Selbstmord
pura Tempel *(balinesisch, hinduistisch)*
pura dalem Totentempel
pura désa Dorftempel
pura-pura heucheln
purba Urzeit, uralt
puri Palast
purus türkis
pusaka Heiligtum
pusar Nabel
pusaran air Strudel
pusat Mittelpunkt, Zentrale, Zentrum
pusat kota Stadtmitte
pusat tenaga listrik Kraftwerk
pusing schwindlig, Kopfschmerzen
PUSKEMAS staatliches Gesundheitszentrum
putar drehen
putaran Wirbel, Strudel
putih weiß
puting susu Brustwarze
putra Sohn
putri Tochter
putri raja Prinzessin
putus ①gebrochen *(Langes)* ②vorbei sein
putus asa deprimiert, verzweifelt, resignieren
putuskan bestimmen, entscheiden, auflegen
puyuh Wachtel

R

raba abtasten, fühlen
rabat Preisnachlass, Rabatt
Rabu Mittwoch
racun Gift
radang Entzündung
radang hati Hepatitis
radang selaput otak Meningitis
radar Radar
radikal radikal
radio Funk, Radio, Rundfunk
ragi Hefe
ragukan bezweifeln
ragu-ragu verunsichert, unsicher, zweifelnd
rahang Kiefer *(Mund)*
rahasia Geheimnis
rahim Unterleib, Uterus
raja Fürst, Fürstin, König, Königin
raja udang biru Eisvogel, *alcedo azurea*
raja udang meninting Meninting-Eisvogel, *alcedo meninting*
rajawali Falke
rajin fleißig, tüchtig
rajut stricken
rak Gestell
rakèt ténis Tennisschläger
rakit Floß
raksasa riesig
rakyat Volk
Ramadan traditioneller Fastenmonat der Muslime ℹ *Auch Bulan Puasa genannt.*
ramah herzlich, freundlich, nett
ramai überfüllt, hektisch, Ramaifrucht

ramai-ramai Party
Ramayana Epische indische Erzählung
ⓘ *Im Mittelpunkt stehen Prinz Rama und seine Frau Sita, die entführt wurde.*
rambai Ramaifrucht, *baccaurea motleyana*
rambut Haar
rambut dikeriting Dauerwelle
rambut hitam dunkelhaarig
rambutan Rambutan, *nephelium lappaceum*
rampasan Raubbeute, Diebesgut
rampok berauben, plündern
ramput Gras
rancang konstruieren
rancangan Konstruktion
rangam Tomate
rangka Rahmen, Kranz
rangkap zweifach
ransel Rucksack
rantai Kette
rapat dicht, Versammlung
rapi gepflegt
rapuh morsch
rarabuku Familieneinheit bei den Toraja in Zentral-Sulawesi
rasa sich fühlen, Gefühl, Empfindung, Gedanke
rasa benci nicht mögen, Abneigung hegen
rasa énak schmecken
rasa iri Neid
rasakan merken, fühlen
rasa lezat schmecken
rasa malu schüchtern
rasa mual Übelkeit
rasanya es scheint, scheinbar
rasa sakit Schmerz
rasa takut befürchten, Angst haben
rata glatt, eben
rata-rata Durchschnitt, durchschnittlich
ratna Amaranth, *amaranthaceae*
ratu Fürstin *(Adelsstand)*, Königin
ratus hundert
ratusan Hunderte
rawa Moor, Sumpf
rawat behandeln, pflegen, versorgen
rayakan feiern
rayap Termite
rayon Stadtviertel
rayu anmachen *(sexuell)*
rebab 2-saitiges-Holzinstrument *(Gamelan)*
rebah niederstürzen, umfallen
rébung Bambussprossen
rebus garen, gekocht
référendum Volksabstimmung
réformasi Reform
regu Team
régulator Lungenautomat *(zum Tauchen)*
reka Erfindung, Phantasie
rekam aufnehmen, übertragen
rekaman Musikaufnahme
rekan Kollege
rekatkan zukleben
rékening Rechnung, Konto
rékening bank Konto
rékor Rekord
rékor dunia Weltrekord
rél Bahnschiene, Gleis
rélakan verzichten
relakan diri sich gönnen
relatif relativ
réliéf Relief
rèm Bremse
remaja Jugendliche
remong Tanz auf Java
rempah Gewürz
remukkan zerkleinern
rencana Plan
rencanakan planen
rencong Acèh Krummdolch
rendah niedrig
rendah hati bescheiden
rendah nilainya minderwertig
rendang Gulasch
rengat Motte
rentetan Reihe, Serie
réparasi Reparatur, reparieren
réporter Reporter
reptil Reptil
républik Republik
Républik Indonésia Republik Indonesien
réputasi Ruf, Reputation
rerumputan Wiese
rés Resevereifen
resèp Rezept

resèpsi Rezeption
résérvasi Reservierung, reserviert
résési Rezession
resmi amtlich, förmlich, offiziell
rèstoran Lokal, Restaurant
retak Riss
rétina Netzhaut *(med.)*
révolusi Revolution
révolusioner Revolutionär
rezim Regime
RI Republik Indonesien
riang heiter, fröhlich
rias muka Schminke
Riau Provinz Riau auf Sumatra
ribu tausend
ribut laut
rim Riemen, Gürtel
rimba Dschungel
rimba raya Urwald
rindang schattig
rindu vermissen, sich sehnen nach
rindu pulang Heimweh
ringan leicht
ringkas gekürzt
ringkasan Zusammenfassung
rintangan Hemmnis, Verhinderung, Barriere
rintangi hemmen, verhindern, hindern
risiko Risiko
ritslèting Reißverschluss
riwayat Erzählung
robèk reißen, abreißen
roboh zusammenbrechen
roda Rolle, Rad *(techn.)*
roh Geist *(spirituell)*
rohaniah geistig *(spirituell)*
rohaniawan Geistlicher *(buddhistisch)*
rok Rock
rokèt Rakete
rokok rauchen, Zigarette
roman Roman
rombéng verschlissen, abgetragen
rombéngan Schund
rombongan Rudel, Gruppe
rompi Weste
ronda malam Nachtwache zum Dorfschutz
rongsokan Schund
rosa pink
roti Brot
RT Nachbarschaft
ruak-ruak Wasserhenne, *amaurornis phoenicurus chinensis*
ruang Raum
ruangan Platz, Raum
ruang angkasa Weltraum
ruang bagasi Kofferraum
ruang koper Kofferraum
ruang makan Speiseraum
ruang masuk Eingangsbereich im Haus
ruang sarapan Frühstücksraum
ruang tunggu Warteraum
rubah Fuchs
rubeola Masern
rugi Schaden, Nachteil, Verlust
rujak scharfer Fruchtsalat aus junger Mango
ruji Speiche
rukam Beerenfrucht, *flacourtia rukam*
rukun kampung Dorfgemeinde
rukun kembali sich vertragen
rukun tetangga (RT) Nachbarschaftshilfegruppe
rum Rum
rumah Haus
rumah adat Haus der Traditionen ℹ *Hier versammelt sich das Dorf für Besprechungen.*
rumah baileo Versammlungshaus auf den Molukken
rumah banjar traditionelles Haus auf Süd-Kalimantan
rumah bolon ein Haus im Baustil von Nord-Sumatra
rumah gadang Versammlungshaus der Minangkabau in West-Sumatra
rumah gua Höhlenhaus
rumah honai tradionelles Haus auf Irian Jaya
rumah kebaya traditionelles Haus in Jakarta
rumah limas Versammlungshaus auf Süd-Sumatra
rumah makan Restaurant, Gaststätte
rumah parkir Parkhaus
rumah petani Bauernhaus
rumah pewaris Versammlungshaus auf Nord-Sulawesi

rumah rakyat Versammlungshaus in Bengkulu, Sumatra
rumah sakit (RS) Krankenhaus
rumah tangga Haushalt
rumput Gras, Rasen
rumput jeruk Zitronengras
runcing spitz
runtuh einstürzen, zusammenbrechen
rupanya Äußere
rupa-rupanya anscheinend
rupiah (Rp) Rupie (indonesische Währung)
rusa Hirsch, Rotwild, *Cervus timorensis*
rusak kaputt, verderben, Schaden, zerstören
Rusia Russland
rusuh Unruhe
rute Route
ruwat exorzistische Rituale

S

saat Moment, Zeitpunkt
saat ini Gegenwart
sabar geduldig
sabil heilig
sabit Sichel
sabita Lila Orchideenbaum, *bauhinia purpurea*
sabit besar Sense
Sabtu Samstag, Sonnabend
sabuk Gürteltuch für Frauen, Lendentuch
sabun Seife
sadar bewusst
sadari bemerken, wahrnehmen
sadarkan diri bewusst, bei Bewusstein
sadel Sattel
sah legal
sahabat Freund
saham Aktie
sahutan Antwort
Sailendra Sailendra-Dynastie i *Die zweite Hochblüte der indonesischen Kultur erlebte Indonesien vom 8. bis 9.Jh. n.Chr. mit der Sailendra-Dynastie und dem Reich von Srivijaya. Es entstanden Borobudur und Prambanan.*
saingan Wettbewerber
sains Wissenschaft
saja bloß, nur
saja kemong Schiedsrichter bei Hahnenkämpfen auf Bali
sajak Gedicht
saji Gericht (Essen)
sakelar Schalter
saking wegen
sakit krank, schmerzhaft, Schmerzen
sakit gula zuckerkrank
sakit hati gekränkt
sakit jiwa psychisch krank
sakit kencing manis zuckerkrank
saksi Augenzeuge, Zeuge
sakti begabt
saku Sack, Tasche
salada Salat, *lactuca sativa*
salah verkehrt, falsch, schuldig, fehlerhaft
salahkan beschuldigen
salah mengerti missverstehen
salah pilih sich verwählen
salah satu dari irgendein(e)
salak Schlangenhautfrucht, *salacca zalacca*
salam Gruß
saléh fromm
salep Salbe
salib Kreuz, Kruzifix
salin abschreiben (kopieren)
saling untereinander
saling mengerti einander verstehen
salju Schnee
salon Friseur
salung Flöte auf Sumatra
saluran Abfluss, Leitung, Telefonverbindung
sama gleich, zusammen, dasselbe, mit
sama-sama miteinander, gleichfalls
sama dengan ist gleich
sama saja dasselbe
samar unklar, undeutlich
sama sekali tidak überhaupt nicht, keinesfalls
sambal Chilipaste
sambal badjak Chilipaste, braun und scharf
sambal manis Chilipaste, süßlich
sambal oelek Chilipaste, rot und scharf
sambil während, indem
sambiloto ein Heilkräuterstrauch, *andrographis panniculata*

sambung verbinden (Telefon)
sambungan Fortsetzung, Naht, Verbindung
sambungkan telefonisch verbinden
sambut sich begrüßen, willkommen heißen
sambutan Begrüßung (Willkommen)
sampah Abfall, Müll, Dreck
sampai bis, nachkommen
sampai begitu insofern
sampai bertemu lagi! Auf Wiedersehen!
sampai jumpa kembali! Auf Wiedersehen!
sampaikan jmd. etw. übergeben, etw. reichen
sampai ketemu lagi! Tschüss!
sampan Auslegerboot
samping Seite
sampingan nebenher
sampingkan zurücklegen (Tickets)
sampiran jemuran Trockenstange
sampo Shampoo
sampul Briefumschlag
samudera Ozean
sana dort, dorthin
sandal Sandalen, Hausschuhe
sandaran Geländer, Lehne
sandat Sandatblume, *cananga orodata*
sandera Geisel
sandiwara Theater
sandung Knochenhaus i *Hier werden die Knochen der Toten bei den Ngaju-Dayak auf Kalimantan aufbewahrt.*
sangar-sangar unheilvoll
sangat sehr
sanggahan Protest
sanggar Gruppe (Vorführung)
sanggup können
sanghyang dedari Trancetanz der Balinesen, von zwei jungen Mädchen getanzt
sangkaan Ahnung, Vermutung
sangkar Käfig
sangkut Haken
sanro Schamane
santai bequem, entspannt, gemütlich
santan Kokosmilch zum Kochen
santri Muslime, die sich an die islamische Moral halten, eine Pilgerreise (haj) nach Mekka unternehmen und ihre Kinder den Koran lehren.
santunan Hilfe
saos tomat Ketchup
sapi Kuh, Rind, Rindfleisch
sapu Besen, fegen
sapundu Totenfiguren bei den Ngaja-Dayak auf Kalimantan
saputangan Taschentuch
saraf Nerv *(med.)*
saran Idee, Vorschlag
sarang Nest
sarapan Frühstück
sarap siang Brunch
sardin Sardine
sari buah Obstsaft
saringan Sieb
sarjana hukum Rechtsanwalt
sarju Sympathie
saron Gamelaninstrument mit 7 metallenen, abgerundeten Schlagflächen auf einem Holzfuß
saru undeutlich
sarung Sarong, Hülle, Umhüllung
sarung tangan Handschuh
sasaran Zielscheibe
saté gegrilltes Fleisch
satu ein, eins
satuan ukuran Maßeinheit
satu Januari 1. Januar, Neujahr
satukan vereinen
satu lagi noch einen
satu sama lain untereinander
satusetengah anderthalb
satu-satunya einzige
saudara du, Sie (höflich), Bruder, Herr (höfliche Anrede für Fremde)
saudara sekandung Geschwister
saudara sepupu Cousin, Cousine, Vetter
saudara tiri Stiefbruder, Stiefschwester
saudari Schwester
sauh Anker
saus Soße
sawah Nassreisanbau, Reisfeld
sawah-ladang Feld, Acker
sawi Senfgrün *(Gemüse), brassica chinensis,* Bok Choy, *brassica rapa,* Paksoi
sawi hijau Senfkohl, *brassica junceea*
sawi putih Chinakohl, *brassica pekinensis*
sawo Breiapfel *(Obst), chrysophyllum cainito*

sawo manila Sapodilla, *manilkara zapota*
saya ich, mein
sayang leider, Liebe, Liebster
sayang sekali schade
sayap ①Flügel (Tier), ②Schutzblech
sayur Gemüse
sayuran Gemüse
sayur lodeh rebung Bambusgemüse
sayur-sayuran Gemüse
seakan-akan als ob, es scheint
seandainya bahwa vorausgesetzt dass
seangkatan zeitgenössisch
sebab Grund, Ursache, wegen, weil
sebab itu darum, deswegen
sebagai als *(jmd. / etw.)*
sebagai ganti statt
sebagai susulan nachträglich
sebagian besar Mehrheit, größtenteils
sebaik-baiknya optimal, es wäre besser
sebaliknya umgekehrt, im Gegenteil
sebanyak soviel
sebanyak-banyaknya höchstens
sebarkan sich verbreiten
sebelah neben
sebelas elf
sebelum bevor
sebelum itu davor
sebelumnya vorher, zuvor, vor
sebenarnya eigentlich
sebentar gleich, sofort, einen Augenblick
seberang jenseits
sebetulnya tatsächlich, eigentlich
sebut nennen
secara auf ... Weise
secara teliti gründlich
secara terperinci ausführlich
secara tradisi traditionell
secarik kertas Zettel
sedang gerade, während
sedapat-dapatnya so gut wie möglich
sedap sekali herrlich, köstlich *(Essen)*
sedari seit
sedekah Almosen
sederhana primitiv, schlicht
sedia bereit, fertig
sedih deprimiert, traurig, verbittert
sedikit gering, bisschen, eine Handvoll, wenig
sedunia international
segala alle
segan Widerwille
segar ①frisch, kühl ②munter, gesund
segara sofort
segenggam eine Handvoll
segera demnächst, bald
segiempat Viereck
segitiga Dreieck
sehari täglich
seharusnya sollen
séhat gesund, Gesundheit
sehingga so dass
seikat bunga Blumenstrauß
sejajar parallel
sejak seit
sejak itu seitdem
sejarah Geschichte *(historisch)*
sejauh itu insofern (dass)
sejoli Liebespaar
sejuk frisch, kühl
sekali einmal, sehr
sekaligus auf einmal
sekali lagi noch einmal
sekalipun obwohl
sekali-sekali vereinzelt
sekapur sirih Tanz auf Sumatra in Jambi
sekarang jetzt, nun
sekedar nur
sekeliling Umgebung
seketika sofort
sekilo pro Kilo
sekitar um ... herum
sekitarnya Gegend, Umland
sekolah Schule
sekolah dasar (SD) Grundschule
sekolah menengah atas (SMA) Oberschule
sekolah menengah pertama (SMP) Mittelschule
sekop Spaten, Schaufel
sékretariat Sekretariat
sékretaris Sekretär
sékring Sicherung *(elektr.)*
sekrup Schraube

sèks Sex
sekundèr zweitrangig
sekurang-kurangnya immerhin
sekutu Partner
sèl Zelle (organisch)
sela Bergpass
selai Gelee, Marmelade
sélada Kopfsalat, *lactuca sativa*
sélada air Wasserkresse, *rorippa nasturtium aquaticum*
selain außer
selain dari abgesehen von
selain itu daneben, außerdem
selaku als ob
selalu immer, ständig
selam Taucher
selama solange, während
selama ini bisher
selama itu inzwischen
selamanya immer, stets
selamat hallo
selamat datang willkommen
Selamat jalan! Gute Reise!
selamatkan retten
Selamat makan! Guten Appetit!
Selamat malam! Guten Abend! (ab 18 Uhr)
Selamat pagi! Guten Morgen!
Selamat siang! Guten Tag!
Selamat soré! Guten Abend! (vor 18 Uhr)
Selamat tidur! Guten Nacht!
Selamat tinggal! Auf Wiedersehen!
Selamat ulang tahun! Herzlichen Glückwunsch zum Geburtstag!
selambat-lambatnya spätestens
Selandia Baru Neuseeland
selanjutnya danach, weiter
selapan Blätter der Kokospalme i *Daraus werden balinesische Opfergaben hergestellt.*
selaput jala Netzhaut *(med.)*
Selasa Dienstag
selat Meeresenge
Selat Malaka Malakkastraße
selatan Süden
selé Marmelade
selédri Sellerie, *apium gravolens*
selèmpang Schärpe für Männer
seléndang Hüfttuch, Schultertuch für Frauen
selenggara bedienen
seléra Geschmack
selesai fertig, zu Ende, vorbei, Schluss
selesaikan durchführen, beenden
selidiki untersuchen
selimut Bettdecke
selogan Abfluss um das Haus herum
selokan Graben
selop Pantoffel
seluruh ganz, alle
seluruhnya ganz, am Stück, insgesamt
semacam itu solche
semak Dickicht, Gestrüpp, Strauch, Busch
semakin ... semakin je ... desto
semak-semak Gebüsch
semananya insgesamt
semangat Geist, Begeisterung
semangka Wassermelone, *citrullus lanatus*
sembahyang Gebet, Gottesdienst, beten
sembari während
sembelit Verstopfung
sembilan neun
sembilan kali neunmal
sembilan ratus neunhundert
sembilan ribu neuntausend
sembilanbelas neunzehn
sembilanpuluh neunzig
sembrono leichtsinnig, verspielt
sembuh heil, genesen *(med.)*
sembuhkan heilen (durch Behandlung)
sembunyi sich verstecken
sembunyi-sembunyi heimlich
semburan Wasserstrahl
semekan Brusttuch für Frauen
semèn Zement
Semenanjung Melayu Malaiische Halbinsel
semenjak seit
sementara während
sementara itu inzwischen
seméster Semester
seminar Seminar
semir wachsen (Leder)
semoga hoffentlich
sempat Chance
sempit schmal, eng

semprot Spray
semprotan Wasserstrahl
semprotkan sprühen
sempurna vollkommen
semua ganz, alle
semula anfangs
semut Ameise
senam Gymnastik, turnen
senang gefallen, sich freuen, fröhlich, Spaß, gene tun, mögen, sich wohlfühlen
senang menjamu gastfreundlich
senang-senang sich amüsieren
senantiasa ständig
senapan Gewehr
sendi Gelenk *(anatom.)*
sendiri selbst, persönlich, allein
sendirian allein
séndok Löffel, Kelle
séndok kecil Teelöffel
sendratari Tanzgruppe ohne Dialog/Gesang
sengaja absichtlich
sengat Angel
sengatan Stich *(Insekt)*
senggugu Pagodenblume, *clerodendron paniculatum*
sengsara Elend
seni Kunst
Senin Montag
seniwan Künstler
seniwati Künstlerin
senja Abend
senja kala Abenddämmerung
senjata Waffe
senjata api Schusswaffe
sentakan kagèt Schreck
sénter Taschenlampe
sèntiméter Zentimeter
sentoran klosét Toilettenspülung
sentral zentral
sentrum Zentrum
sentuh berühren
sentuhan Berührung
senyum lächeln
seolah-olah als ob
seorang eine Person
sépak bola Fußball
sepakat einstimmig
sepakati übereinstimmen, einverstanden sein
separo Hälfte
sepasang ein Paar Schuhe
sepatu Schuh
sepatu bèbèk Schwimmflossen
sepatu bot Stiefel
sepatu diat afrikanischer Tulpenbaum, *spathodea campanulata*
sepatu kelana Wanderschuhe
sepatu lars Stiefel
sepéda Fahrrad
sepéda kumbang Mofa
sepéda motor Motorrad
sepélé nebensächlich
sependapat übereinstimmen, der gleichen Meinung sein
sepenuhnya völlig
seperai Bettdecke
seperempat Viertel *(vom Ganzen)*
seperenam Sechstel
seperlima Fünftel
seperti wie *(Vergleich)*, gleich sein
sepertiga Drittel
seperti itu solche
seperti juga sowie
sepertinya als (ob)
sepi ruhig, leise
sepintas-lalu oberflächlich
sepit Pinzette
sepon Schwamm
sepotong Stück *(Menge)*
seprei Bettdecke
Séptémber September
sepuluh zehn
serak heiser
seram scheußlich, grausam
serambi Halle
serang angreifen
serangan Anfall *(med.)*
serangan jantung Herzinfarkt
serangga Insekt
seratus hundert
seraya während
serba alle
serba lengkap Komfort

serbèt Serviette
serbu angreifen *(militärisch)*
serbuk Pulver
serdadu Soldat
seré(h) Zitronengras, *cymbopogon citratus*
sérémoni Zeremonie
serentak gleichzeitig
séri Serie
seribu tausend
serigala Wolf
serikat vereint
serikat buruh Gewerkschaft
serimpi sangupati Tanz in Yogyakarta, Java
sering oft, häufig
sering kali mehrmals
serpih Splitter
serum Serum
serunai rambat Wedelia, *wedelia triobata*
serupa sich gleichen, identisch
serut Hobel
serutu Zigarre
servis Wartung *(techn.)*
sesajen Opfergaben bei den Balinesen
sesak napas Asthma, Bronchitis
seseorang irgendwer, jemand
sesuai passen(d)
sesuai dengan angemessen
sesuaikan diri (dengan/pada) sich richten (nach/an)
sesudah nach, nachdem
sesudah itu danach
sesungguhnya obwohl
Sétan! Zum Teufel!
setasiun Bahnhof
seteguk Schluck
setelah nach, nachdem
setelah itu danach
setempat lokal, örtlich
setengah halb, Hälfte
seterusnya weiter, danach, dann
setia treu
setiap jede
setiap hari täglich
setiap kali jedesmal
setiap orang jedermann
setidak-tidaknya jedenfalls
setir Lenkrad
setop stop, anhalten
setuju einverstanden
séwa mieten
séwakan verleihen, vermieten
sewaktu als (zeitlich)
sewaktu-waktu jederzeit, jeweils
sezaman zeitgenössisch
Shiva hinduistischer Gott ℹ *Bewahrer des Lebens und Lebensspender*
sial Pech
Sialan! Verflucht!
siamang Gibbonaffe, *semnopithithecus melalophos*
siang tagsüber, Mittag
siap fertig, bereit
siapa? wer?
siapa saja irgendein(e), wer auch immer
siapkan zubereiten
siaran Sendung *(Radio, TV)*
siarkan übertragen *(Radio, TV)*
sia-sia vergebens
sibak Scheidung
sibin waschen
sibuk beschäftigt sein, besetzt *(Telefon)*
sidang Sitzung
sifat Charakter *(Eigenschaft)*
sifilis Syphilis
sigarét Zigarette
sikap Verhalten
sikat Bürste
sikat gigi Zahnbürste
siksa Strafe
sikut Ellbogen
silakan! Bitte! (auffordernd)
silét Rasierklinge
silik Zuckerapfel, *annona squamosa*
silinder Zylinder
SIM (Surat Ijin Mengemudi) Führerschein
simbol Symbol
simpai Gibbonaffe,*semnopithithecus melalophos*
simpan deponieren, aufheben, bewahren
simpanse Schimpanse
simpati Zuneigung
simpatik sympathisch
simpul Schlinge

simpul tali Knoten
sinagoge Synagoge
sinar Licht, Sonnenschein, strahlen
sinar ronsen Röntgen
sinfoni Sinfonie
singa Löwe
singa laut Seelöwe
singkat abkürzen *(Worte)*, kurz *(zeitl.)*
singkatan Abkürzung *(Worte)*
singkeh Chinese
singkong Tapioka, *manihot esculenta*
singsé chinesischer Heilpraktiker
sini hier
sinjiang langer Sarong für Frauen
sinting verrückt
sipengirim Absender
siput Schnecke
siram sprengen, wässern, gießen
siréne Sirene
sirih Betelnuss, *piper betle*
ℹ *Betelnuss wird mit einem Sirihblatt und Kautabak als aufputschendes Mittel gekaut.*
sirip Flossen
sirkus Zirkus
sirsat Sirsakfrucht, *annona muricata*
sisa Rest, übrig
sisanya Überreste
sisi Kante, Seite
sisik Fischschuppen
sisir Kamm, sich kämmen
sistém System
sita wegnehmen
siter 11-12-saitige Zither aus Holz (Gamelan)
situ da
situasi Situation
siul pfeifen
Skandinavia Skandinavien
ski air Wasserski
slada Salatkopf, *lactuca sativa*
slang Schlauch
slendro 5-Noten-Skala, nach der das Gamelaninstrument Saron gestimmt wird
slentem Gamelanschlaginstrument mit 7 metallenen, eckigen Schlagflächen mit Resonanzkörpern in einem Holzgerüst
slide Dia
SMA (sekolah menengah atas) Oberschule
SMP (sekolah menengah pertama) Mittelschule
snack Imbiss
snorkel Schnorchel, schnorcheln
soal Problem
soal pokok Hauptsache
soal utama Hauptsache
sobat Freund
sofa Sofa, Couch
soga Cannablume, *canna orientalis*
soka Javanische Ixorablume, *ixora javanica*
sokong unterstützen
sokongan Beitrag
solar Diesel
sombong arrogant, eitel
songkèt Batiktuch aus Seide mit Gold- und/oder Silberfäden eingewebt
sontékan Stecker
sop Suppe
sopan anständig, höflich, Takt, Feingefühl
sopi Schnaps
sopir Chauffeur
sopo Reisspeicher der Batak auf Sumatra
sorak sorai Beifall, Jubel
soré Abend, Nachmittag (von 17-18 Uhr)
sortir sortieren
sosial sozial
sosialis sozialistisch
sosis Wurst
sosok Form
soto Suppe mit Fleisch
sotong katak Tintenfisch
souvenir Souvenir
span Schwamm *(Flora)*
Spanyol Spanien, spanisch
spésialis Spezialist, Fachmann
spiral Spirale
spiritus Spiritus
spontan spontan
sportip sportlich
spray Spray
srawah Hahn göttlicher Abstammung ℹ *Lob für einen guten Hahn beim Hahnenkampf*
sri kaya Zuckerapfel, *annona squamosa*

Srivijaya Reich von Srivijaya
ℹ *Die zweite Hochblüte der indonesischen Kultur dauerte vom 8. bis 9.Jh. n. Chr. mit der Sailendra-Dynastie und dem Reich von Srivijaya. Es entstanden Borobudur und Prambanan.*
stabil stabil
stagèn Gürteltuch für Frauen und Männer
stand Stand *(Markt)*
standar Standard
start Start
starter Anlasser
stasiun Bahnhof, Haltestelle
status Status
stèmpel Stempel
stéril steril
STNK (surat tanda nomor kendaraan bermotor) Fahrzeugschein
Stop! Halt!
stopkontak Steckdose
stroberi Erdbeere
stroke Herzinfarkt
studi Studium
suami Ehemann
suapi füttern *(Baby, Kranke)*
suara Stimme *(Gesang, Wahl)*
suara hati Gewissen
suasana Stimmung, Atmosphäre, Umstände
subak Gremium für Bewässerung und Ernte in einer religiösen Dorfgemeinde auf Bali
substantif Hauptwort
subur fruchtbar, üppig
subyéktif subjektiv
suci heilig
sudah bereits, schon
sudi gewillt sein
sudip Kochspachtel
sudra kastenlos (im balinesisch-hinduistischen Kastensystem)
sudut Ecke, Winkel
suhu Temperatur
suka gefallen, gern haben, mögen, möchten
sukar schwer, schwierig *(Problem)*
sukar bérak Verstopfung *(med.)*
sukaréla freiwillig
suksès Erfolg, erfolgreich
suku matrilineare Herkunftslinie der Minangkabau
suku bunga Zinsen
suku cadang Ersatzteil
suku kata Silbe
sukum Brotfrucht *(Obst), artocarpus altilis*
sula Spieß
sulam sticken
sulap zaubern
Sulawesi Insel Sulawesi *(früher: Celebes)*
Sulawesi Selatan (Sulsel) Provinz Süd-Sulawesi auf Sulawesi
Sulawesi Tengah (Sulteng) Provinz Mittel-Sulawesi auf Sulawesi
Sulawesi Utara (Sulut) Provinz Nord-Sulawesi auf Sulawesi
suling Bambusflöte der Sundanesen, West-Java
sulit kompliziert
suluh Fackel
Sumatera Insel Sumatra
Sumatera Barat (Sumbar) Provinz West-Sumatra auf der Insel Sumatra
Sumatera Selatan (Sumsel) Provinz Süd-Sumatra auf der Insel Sumatra
Sumatera Utara (Sumut) Provinz Nord-Sumatra auf der Insel Sumatra
sumbangan Spende
sumbat Stöpsel
sumber Quelle
sumbu Docht
sumpah Eid
sumpitan Blasrohr
sumsum Mark
sunat Beschneidung
sundep Reiskäfer
sungai Fluss
sungai ès Gletscher
sungguh sehr
sungguhpun obwohl
sunna islamische Traditionen
suntik spritzen
suntikan Injektion, Spritze
sunting redigieren

supaya damit, um zu
supaya aman sicherheitshalber
supaya jangan damit nicht
supaya pasti sicherheitshalber
supermarket Kaufhaus, Supermarkt
suplir eine Farnart, *adiantum spp.*
Surabaya Stadt Surabaya auf der Insel Java
suram dunkel, düster
surat Brief
surat ijin mengemudi (SIM) Führerschein
surat kabar Zeitung
surat kawat Telegramm
surat kelahiran Geburtsurkunde
surat keterangan Bescheinigung
surat kuasa Vollmacht
surat-surat penting Papiere, Unterlagen
surat tercatat Einschreiben
surat wasiat Testament
surut weichen, zurückgehen
surf surfen
surjan langärmeliges Hemd für Männer
suruh veranlassen
susah hati Liebeskummer
susah-payah Mühe
susastra literarisch
suster Krankenschwester, Nonne
susu Milch
susu ibu Muttermilch
susu kental Kondensmilch
susu lengkap Vollmilch
susu sapi Milch
susun ①zusammensetzen ②Stapel
Sutasoma balinesische Erzählung, die bei Tänzen immer wieder erzählt wird
sutera Seide
sutradara Regisseur
swalayan Selbstbedienung
swasta privat
sweatshirt Sweatshirt
Swis Schweiz
syah gelten, authentisch, gültig
syair Gedicht
syarat Bedingung, Voraussetzung
syariah islamische Gesetze aus dem Koran

T

taat treu, pünktlich
tabèl Tabelle
tabiat Art, Charakter, Natur
tabib Heilpraktiker, Schamane
tabir Gardine
tablèt Pille, Tablette
tabrak anfahren, rammen
tabrakan Zusammenstoß, Unfall
tabu Tabu
tabuhan Wespe
tabun Phantasie
tabung ①sparen ②Rohr, Behälter
tabungan Erspartes
tabung gas Gasflasche
tabung oksigèn Sauerstoffflasche
tabur säen
tadi vorher, vorhin, früher, soeben
tafsiran Erklärung
tagih Sucht, Abhängigkeit
tagihan Rechnung, Forderung
tahan aushalten, halten, festhalten, verhaften
tahan air wasserdicht
tahanan Gefangener
Tahianjing! Hundekot!
Tahikucing! Katzenkot!
tahi lalat Muttermal
tahu ①Tofu ②wissen, verstehen, fähig sein, können
tahun Jahr
tahun baru Neujahr
tahun kelahiran Geburtsjahr
tahun lalu voriges Jahr
tajam scharf *(Messer)*
taji Rasiermesserchen, die bei Hahnenkämpfen am linken Fuß des Hahnes befestigt werden
tak nein, nicht, un-
takdir Schicksal
takhométer Tachometer
tak pernah nie, niemals
Tak punya otak! Blöd!
tak sekalipun keinmal
tak seorang keiner
tak seorangpun niemand

tak sesuatupun keiner
taksi Taxi
taksir schätzen *(Wert)*
taktik Taktik
takut ängstlich, Angst
tali Seil, Tau, Kordel, Schnur
tali karèt Gummiband
tali lèhèr Halsband
tali sepatu Schuhbänder
talok Kirsche (Java), *muntingia calabura*
taman Garten, Park
taman firdaus Paradies
taman kanak-kanak Kindergarten
taman nasional Nationalpark
taman paradis Paradies
tamat beendet
tambah addieren, zunehmen, plus
tambahan extra, Neuanschaffung
tambahkan pada hinzufügen zu
tambah lagi außerdem, noch mehr
tambak Damm
tambal flicken, plombieren
tambal ban Reifenreparatur
tambang Tau, Seil, Grube
tambangan Bergwerk, Fähre
tambun fett, dick
tambung unverschämt
taméng Schutzschild
tampak sichtbar, äußerlich
tampaknya aussehen, äußerlich, scheinbar
tampan gutaussehend
tampar ①Tampon ②Schlag
tampek Masern
tampon Tampon
tamu Gast
tanah Grund, Boden
tanah air Heimat ℹ *Synomym für Indonesien*
tanah daratan Festland
tanah lapang Gelände
tanah liat Ton, Keramik, Lehm
tanah longsor Erdrutsch
tanam anbauen, pflanzen
tanaman Pflanze
tancapkan stecken
tanda Marke, Zeichen
tanda bahaya Notsignal, Alarm
tandak Tanz auf Sumatra in Riau
tanda kurung Klammer *(Zeichen)*
tanda kutip Anführungszeichen
tanda lalu-lintas Verkehrszeichen
tanda mata Souvenir, Geschenk
tandan Traube, Staude
tanda pembayaran Kassenbon
tandatangan Unterschrift
tandatangani unterschreiben
tandu tragbar
tanduk Horn *(Tier)*
tandus Dürre, kahl, öde
tang Zange
tangan Hand
tangani bearbeiten
tangan-tangan Lenker
tangga Leiter, Treppe
tanggal Datum
tanggal kedaluwarsa Verfallsdatum
tanggal lahir Geburtsdatum
tanggapan Bemerkung
tanggul Damm, Deich
tanggul waduk Staudamm
tanggung jawab Verantwortung
tangi Indische Rose, *lagerstroemia speciosa*
tangis Träne
tang jepit Kneifzange
tangkai Halm, Stengel
tangkap auffangen, fangen, fassen, gefangen
tangkap ikan fischen
tangkas geschickt
tangki Tank
tangkisan Ausnahme
tangsi Kaserne
tanjak steil
tanjung Halbinsel, Kap
tank Militärpanzer
tanpa ohne, -los, un-
tanpa pamrih selbstlos
tanpa syarat bedingungslos
tantang jmd. herausfordern
tantangan ①Aufgabe ②Trotz
tante Tante
tante ani Patentante
tanya anfragen, fragen
tapak sulaiman Seestern

tapal gigi Zahnpasta
tapi aber, jedoch
tapih langer Sarong für Frauen
tapisan Sieb
taplak méja Tischdecke
taraf Niveau
tari Tanz
tarian Tanz *(klassisch)*
tari baksa kembang Tanz auf Süd-Kalimantan
tari balumba Tanz in Südost-Sulawesi
tari bekhusek Tanz in Süd-Sumatra
tari bidadaei Tanz in Bengkulu, Sumatra
tarif Tarif
tarif khusus Sondertarif
tarik ziehen *(Tür)*
tari legong Tanz auf Bali
tari lenggo Tanz in West-Nusa-Tenggara
tari lenso Tanz auf den Molukken
tari maengket Tanz in Nord-Sulawesi
tari melinting Tanz in Lampung, Sumatra
tari merak Tanz in West-Java
tari monong Tanz in West-Kalimantan
tarip Tarif
tari payung Tanz der Minangkabau, West-Sumatra
tari remong Tanz in Ost-Java
tari sekapur sirih Tanz in Jambi, Sumatra
tari serimpi sangupati Tanz in Yogyakarta, Java
tari tandak Tanz in Riau, Sumatra
tari tor tor Tanz in Nord-Sumatra
tari yapong Tanz aus Jakarta
taruh abstellen, ablegen *(Gepäck, Fahrrad)*
tas Tasche
tas plastik Plastiktüte
tas tangan Handtasche
tasminyah muslimische Zeremonie auf Süd-Kalimantan zur Namensgebung eines Kindes
tata System
tatabahasa Grammatik
tatacara Ritus
tatakan Schneidebrett
tatanan Ordnung, Struktur
tata rambut Frisur
tata usaha Verwaltung
tatkan als *(zeitlich)*
taufan Orkan
taugé Sojabohnensprossen, *glycine max*
tautau hölzerne Abbildungen der Toten, die vor den Grabnischen der Toraja stehen
tawar handeln, feilschen, anbieten, bitter
tawarkan bieten
tawar-menawar handeln, feilschen
tawon Biene
taxi Taxi
tbc (tebese) Tuberkulose
tebal dick
tebang abholzen, fällen
tebing Felsen
tebu Zuckerrohr
teduh friedlich
tegak aufrecht
tegak lurus vertikal, senkrecht
tegang dramatisch, spannend, straff
tegangan tinggi Hochspannung
tegas konsequent, nachdrücklich
tegaskan etw. behaupten
tégel Kachel, Fliese
teguh fest, entschlossen
teguk Schluck
teguran Bemerkung, Anmerkung
tegur-sapa Anrede
tèh Tee
tèh jahé Ingwertee
tèh pahit Tee ohne Milch oder Zucker
tekan drücken, niederdrücken, wählen
tekanan Druck, Betonung *(Stimme)*, Stress
tekanan ban Reifendruck
tekanan darah Blutdruck
tekanan udara Luftdruck
tekankan betonen
teka-teki Rätsel
teka-teki silang Kreuzworträtsel
téknik Technik
téknikus Techniker
téknisi Techniker
téko Teekanne
téko kopi Kaffeekanne
tèks Text
tèkstil Textilien
telaga Teich

telah schon, bereits
télan schlucken
telanjang entblößt, nackt
telapak kaki Sohle
telapak tangan Handfläche
telat zu spät
télégram Telegramm
telempong Gamelaninstrumente auf West-Sumatra
telentang auf dem Rücken liegen
télépon Telefon, telefonieren, Anruf
télépon dari luarnegeri Auslandsgespräch (eingehend)
télépon kartu Kartentelefon
télépon ke luarnegeri Auslandsgespräch (ausgehend)
télépon umum Telefonzelle
télévisi Fernseher, Fernsehen
telinga Ohr
teliti untersuchen, forschen, sorgfältig, genau
teliti kembali nachprüfen
teluk Bucht
telunjuk Zeigefinger
telur Ei
telur aduk Rührei
telur dadar Omelett
telur gorèng gebratenes Ei
telur ikan Laich
telur kocok gorèng Rührei
telur mata sapi Spiegelei
telur penyu Schildkrötenei
telur rebus gekochtes Ei
téma Thema
teman Freund, Partner
tembaga Kupfer
témbak schießen
témbakan Schuss
tembakau Tabak
tembakau sedotan Schnupftabak
tembikar Keramik
témbok Mauer
tembusan Durchgang, Abschrift
tembus pandang durchsichtig
tempat Platz, Ort, Stelle
tempat abu Aschenbecher
tempat bagasi Gepäcknetz
tempat bangunan Baustelle
tempat berdiri Stehplatz
tempat buang kotoran Müllhalde
tempat cuci Spüle
tempat diam Wohnsitz
tempat duduk Sitzplatz
tempat kediaman Sitz
tempat kerja Arbeitsplatz
tempat lahir Geburtsort
tempat lilin Kerzenleuchter
tempat main Spielplatz
tempat mandi Bad
tempat mobil Autostellplatz
tempat parkir Parkplatz
tempat perhentian Haltestelle
tempat sampah Mülleimer
tempat simpan Hülle, Etui
tempat tidur Bett
tempat tinggal Wohnsitz
tempat ziarah Wallfahrtsort
tempatkan stellen
tèmpé Tofu
témpél ankleben
tempéleng Ohrfeige
tempuh zurücklegen *(Strecke)*
tempunyak Lantanablume, *lantana camara L.*
temukan finden *(Verlorenes)*
temu kunci Ingwer, *boesenbergia pandurata*
tenaga Kraft
tenaga atom Atomenergie
tenaga bantuan Aushilfe
tenaga kuda Pferdestärken (PS)
tenang ruhig, still
tenangkan sich / jmd. beruhigen
tènda Zelt
tendang Tritt
tendangan penalti Strafstoß *(Fußball)*
tendangan pertama Anstoß *(Fußball)*
tengah Mitte, Hälfte, zwischen
tengah hari mittags
tengah malam Mitternacht
tenggara Südosten
tenggelam versinken, untergehen, sinken
tenggelamkan versenken
tenggorokan Rachen, Kehle
tengguli Goldregen, *cassia fistula*

tengik ranzig
tengu Zecke
tenjakan starke Steigung
tengkorak Schädel
tengkuk Nacken
tenis Tennis
tenis méja Tischtennis
ténki Pressluftflasche
tentang über *(sprechen)*
tentang apa? worüber? *(sprechen)*
tentang itu davon, darüber
tenten Imbissstand auf Bali
tentramkan beruhigen *(militärisch)*
tentu gewiss, natürlich, sicher, bestimmt
tentukan bestimmen, festlegen
tentu saja natürlich, klar, selbstverständlich
tepat genau, pünktlich
tepat waktu pünktlich
tepi Rand
tepi sungai Flussufer, Ufer
tepuk tangan Beifall
tepung Mehl
tepung beras Reismehl
tepung kanji Maisstärke
terakhir letzte
terang hell *(Geist, Licht, Farbe)*
terangkan aufklären *(Problem)*
terapung treiben *(Boot)*
teras Terrasse
terasi Krabbenextraktpaste
teratai Lotos, *nelumbo nucifera*
teratak Hütte
teratur ordentlich, regelmäßig
terawat unterhalten *(Gebäude)*
terbaca leserlich
terbahak-bahak schallend lachen
terbakar habis abbrennen
terbalik verkehrt, umgekehrt
terbang fliegen
terbang layang gleitfliegen
terbangun aufwachen
terbatas begrenzt
terbawa mitgenommen *(tragen)*
terbelakang rückständig
terbenam untergehen *(Sonne)*
terbit herauskommen, erscheinen, aufgehen
terbitkan veröffentlichen
terbuka geöffnet, auf, offen
tercatat versichert und registriert *(Post)*
tercemar verschmutzen
tercengang sprachlos, verblüfft
terdakwa Angeklagte
terdiri dari bestehen aus
tergantung (pada) abhängen (von)
tergelincir ausgerutscht
tergesa-gesa hastig, hektisch
tergolong pada gehören zu
tergugah interessiert
terhadap gegenüber
terharu rührend
terhingga endlich
terhormat würdig
terhuyung-huyung schwanken
teriak Ruf, Schrei
teriakan Geschrei
terik gekocht, gedünstet
terikat sich binden, abhängig, bekommen, empfangen, akzeptieren, aufnehmen, annehmen
terima bekommen, erhalten
terima kasih danke, danken
Terima kasih banyak. Vielen Dank.
Terima kasih kembali. Bitte schön.
teringat pada denken an
terisi besetzt *(Platz)*
terjadi geschehen, passiert, passieren, vorkommen, stattfinden, geschehen
terjal dalam steil nach unten
terjemahkan übersetzen *(Sprache)*
terjepit eingeklemmt
terjual habis ausverkauft
terjun abspringen, herunterstürzen
terkecuali ausnahmsweise
terkejut erschrecken
terkenal bekannt, berühmt
terkepak-kepak flattern *(Vogel)*
terkilir verrenkt, verstauchen *(med.)*
terkunci verschlossen *(Tür)*
terkurung eingeschlossen
terkutuk verflucht
terlalu allzu, zu
terlalu banyak zu viel, übermäßig
terlambat spät, später, verspätet

terlantar verwahrlost
terlebih dahulu im voraus
terletak gelegen sein
terletak pada an etw. liegen
terlibat verwickelt
terlihat äußerlich
terluka verletzt, wund
terlukai verwundet, verletzt
termasuk inbegriffen
termenung nachdenklich
tèrminal bus Busbahnhof
tèrmométer Thermometer
tèrmos Thermoskanne
termutu stumm
ternak Vieh
ternama berühmt
ternyata offenbar
terong Aubergine
teropong Fernglas
téror Terror
terowongan Tunnel
terpaksa gezwungen
terpelajar gebildet
terpencil abgelegen
terpentin Terpentin
terpesona (akan) staunen (über)
terpisah getrennt
terpusat konzentriert
tersandung (pada) stolpern (über)
tersedia vorhanden
terselimuti bedeckt, zugedeckt
tersendiri einzeln, getrennt
tersenyum lächeln
terserah meinetwegen
tersesat sich verfahren
tersimpan aufbewahrt
tersinggung verletzt, gekränkt
tersisa restlich
tersohor berühmt
tersumbat verstopft *(Abfluss)*
tertahan gefangen, in Gewahrsam halten
tertangkap gefangen, gefasst
tertawa (tentang) lachen (über)
tertelan verschlucken (etw.)
tertinggal hinterblieben, zurückgelassen
tertuduh Angeklagter
tertulis schriftlich
tertunda verspätet *(Zug)*
térung Aubergine, *solanum melongena*
tertutup gesperrt, verschlossen, versperrt
terus durch *(Zeit, Weg)*, geradeaus, weitergehen, weiter machen
terusan Durchfahrt, Durchgang, Kanal
teruskan weitergehen, weiter machen
terus-menerus dauern, ständig, immer weiter, beständig
terus-terang offen, ehrlich
terutama besonders, vor allem, hauptsächlich
terwelu Hase
tès Test
tèstis Hoden
tetangga Nachbar
tétanus Tetanus, Wundstarrkrampf
tetap beständig
tetapi aber, jedoch
téték Titten
tètès Tropfen
tévé Ferseher
tévé swasta Privatfernsehen
tiada abschaffen *(Regeln)*, nein
tiang ①Säule, Mast, Pfahl ②ich (balinesisch)
tiang penyangga Pfosten
tiang tènda Zeltstange
tiap jede(-r,-s)
tiap bulan monatlich
tiap hari täglich
tiap jam stündlich
tiap kali jedes Mal
tiap tahun jährlich
tiap-tiap jede(-r,-s)
tiba Ankunft, ankommen
tiba-tiba plötzlich, unerwartet
tidak kein, nein, nicht
tidak ... melainkan nicht ... sondern
tidak apa-apa Macht nichts!
tidak bebas abhängig
tidak bergerak stagnieren
tidak berdaya hilflos
tidak berlaku lagi abgelaufen *(Pass)*
tidak dapat lagi fertig studiert
tidak énak miserabel, elend
tidak hanya ... tetapi juga ...

nicht nur ... sondern auch ...
tidak masuk akal absurd
tidak pernah nie, niemals
tidak seorangpun niemand
tidur Schlaf, schlafen
tiduran sich hinlegen
tidur-tiduran dösen
tifus Typhus
tiga drei
tiga belas dreizehn
tiga kali dreimal
tiga kali lipat dreifach
tiga perempat drei Viertel
tiga perlima drei Fünftel
tiga puluh dreißig
tiga ratus dreihundert
tiga ribu dreitausend
tikam stechen
tikar Bastmatte, Schlafmatte, Sitzmatte, Matte
tikèt Ticket, Eintrittskarte, Karte
tikungan Kurve, Biegung
tikus Maus
tikus berpundi Opossum
tikus besar Ratte
tikus kecil Maus
tikus mondok Maulwurf
timah Blei, Tauchgewichte
timbang wiegen
timbangan Waage
timbang rasa rücksichtsvoll
timbul ①entstehen, erscheinen ②Brotfrucht, *artocarpus communis*
timbunan Haufen
Timor Timur (Timtim) Provinz Timor
timun Gurke
timur Osten, östlich
timur jauh Fernost, fernöstlich
timur laut Nordosten
tindakan Handlung, Maßnahme
tindas unterdrücken
tinggal bleiben, sich aufhalten, wohnen, sterben, übrigbleiben
tinggalkan (jmd./etw.) verlassen
tinggi groß, hoch
tingginya Größe, Höhe
tingkat Stufe, Etage
tingkat hidup Lebensstandard
tingkih Kerzennuss, *aleurites moluccana*
tinjau besichtigen
tinju boxen
tinta Tinte
Tionghoa Chinese
Tiongkok China
tipis dünn
tipu betrügen, täuschen
tirai Gardine, Vorhang
tiram Auster
tiru nachmachen
tiruan Fälschung, künstlich, gefälscht, unecht
tisu Papiertaschentuch, Toilettenpapier
titel Titel
titik Punkt
titip aufgeben, in Verwahrung geben
tiup blasen, pfeifen, pusten
tiupkan wehen, blasen
tivi Fernsehen
tiwah Totenfest der Ngaju-Dayak auf Kalimantan
tobang Koch
tobat Reue
toh doch, Wette
toilét Toilette
tokéh Gecko (groß)
toko Geschäft, Laden
toko buku Buchhandlung
toko makanan Lebensmittelladen
toko malam Geschäft, das abends auf hat
toko obat Drogerie
toko sembada Warenhaus
tokoh Gestalt *(Literatur)*, Persönlichkeit, Figur
tolak beanstanden, ablehnen, abweisen, verweigern, sich weigern
toleran tolerant
tolok Otaheite-Kastanie, *inocarpus edulis*
tolol doof, dumm, einfältig
tolong bitte, um Hilfe bitten, helfen, Hilfe
tomat Tomate
tombak Speer
tombol Taste
tombol lampu Lichtschalter
ton Tonne *(Gewicht)*
tong Kübel, Tonne
tongkat Stock, Stab

tongkat ketiak Krücke
tongkonan Haus der Toraja auf Sulawesi
topan Wirbelsturm
topèng Maske
topi Hut, Kappe
topi baja Helm
tortor Tanz auf Sumatra
totok pur, in China geborene Chinesen
tradisi Tradition
tragis tragisch
traktir spendieren
traktor Traktor
trampil fähig, geschickt, tüchtig
transaksi Transaktion
transfér überweisen, Überweisung *(Geld)*
transmigrasi Transmigration
transmisi Getriebe
transparen transparent
transportasi Transport
trenggiling Schuppentier (pholidota)
trimurtti die drei Gottheiten Wisnu, Brahma und Shiva
triwangsa kastenzugehörig (im balinesisch-hinduistischen Kastensystem)
trompet Trompete
tropis tropisch
trotoar Gehweg
trowongan Tunnel
truk Lastwagen, LKW
T-Shirt T-Shirt
tua ①dunkel- *(für Farben)* ②alt
tuah Ansehen, Prestige
tuak Palmwein
tualang Abenteuer
Tuan Sie, Herr (Anrede für Männer)
tuala wanita Damenbinde
tuangkan eingießen
tubuh Körper
tuduh belasten, beschuldigen
tudung Andeckung, Deckel, Bekleidung
tugas Aufgabe, Auftrag, Pflicht, Dienst
tugu peringatan Denkmal, Mahnmal
Tuhan ①Gott, Allah ②Herr (höfliche Anrede)
tujuan Zweck, Ziel
tujuh sieben
tujuh belas siebzehn
tujuh kali siebenmal
tujuh puluh siebzig
tujuh ratus siebenhundert
tujuh ribu siebentausend
tukang Handwerker
tukang apotik Apotheker
tukang batu Maurer
tukang bécak Rikschafahrer
tukang besi Schmied
tukang cat Anstreicher, Malermeister
tukang daging Metzger
tukang intan Juwelier
tukang jahit Schneider
tukang kacamata Optiker
tukang kayu Schreiner, Tischler
tukang kebun Gärtner
tukang listrik Elektriker
tukang masak Koch
tukang pangkas Friseur
tukang pijit Masseur
tukang roti Bäcker
tukang sepeda Fahrradmechaniker
tukang sepatu Schuster
tukang soldir Klempner
tukar austauschen, umtauschen, tauschen
tulang Knochen
tulang belakang Rückgrat
tulang ikan Gräte
tulang kering Schienbein
tulang punggung Rückgrat
tulang rusuk Rippe
tulang tungging Steißbein
tular anstecken
tulen authentisch
tuli gehörlos, taub
tulis schreiben
tulisan Schrift
tulisan tangan Handschrift, Unterschrift
tulus aufrichtig
tumbak balinesischer Speer
tumbak raja Pagodenblume, *clerodendron paniculatum*
tumbuh wachsen *(Lebewesen und Pflanzen)*
tumbuhan Pflanze
tumbuk stampfen

tumis kangkung Wasserspinat, gedünstet und mit Sojasoße gewürzt
tumit Absatz, Ferse
tumpuan Sockel
tumpukan Stapel
tumpul stumpf
tuna Thunfisch
tunaaksara Analphabet
tunai bar
tunakarya Arbeitsloser
tunang verlobt
tunangan Verlobte, Verlobter
tunas Keim, Knospe
tunasosial asozial
tunda verschieben *(zeitl.)*
tungau Milbe
tunggal einfach
tunggang steil
tunggu warten
tungho Chrysantheme, *chrysanthemum coronarium*
tungkai Bein, Fuß
tungku Kocher, Ofen, Herd
tunjuk zeigen, Zeigefinger
tunjukkan darstellen, zeigen, hinweisen
tunjung Lotosblume, *nympaeaceae*
tuntut auffordern, fordern, verlangen
tuntutan Forderung
tuntut ganti Reklamation
tupai Eichhörnchen, *tupaia*
turun hinunter, absteigen, aussteigen, sinken
turunan starkes Gefälle
turun gunung bergab (räumlich)
turunkan absetzen, reduzieren
turut teilnehmen
turut campur sich einlassen auf
turut serta teilnehmen
tustèl Fotoapparat, Kamara
tusuk stechen *(Nadel)*
tusuk gigi Zahnstocher
tuter Hupe
tutup geschlossen, zu, schließen, sich zudecken, zumachen, zusperren
tutupan Deckel
tuturan Unterhaltung
TV (télévisi) Fernseher

U

uang Geld
uang kecil Kleingeld
uang kertas Geldschein
uang komisi Provision
uang kontan Bargeld
uang logam Münze
uang muka Anzahlung
uang pènsiun Pension
uang recehan Kleingeld
uang saku Taschengeld
uang tip Trinkgeld
uang tunai Bargeld
ubah sich ändern, sich verändern
ubi Knolle
ubi jalar Süßkartoffel, *ipomoea batatas*
ubi kayu Tapioka, *manihot esculenta*
ubi kentang Kartoffel
ubi ketéla süße Batate, *ipomoea batatas*
ubi manis Süßkartoffel, *ipomoea batatas*
ubur-ubur Qualle, *scyphozoa*
ucap jmd. wünschen
ucapan Aussprache *(Sprache)*
ucapan selamat Glückwunsch
udang Garnelen, Krabben
udang besar Hummer
udang karang Hummer
udang krai Flusskrebs
udara Atmosphäre, Luft
uir-uir Zikade, *dundubia mannifera*
uji prüfen, überprüfen, testen
ujian Test, Prüfung
ujian akhir Abschlussprüfung
ujian masuk Aufnahmeprüfung
ukir schnitzen
ukiran Schnitzerei
ukiran kayu Holzschnitzerei
ukir batu meißeln
ukur messen
ukuran Maß, Größe
ulang wiederholen
ulangi nachsprechen
ulang tahun Jahrestag
ular Schlange

ular hijau grüne Schlange, *trimeresurus albolabris*
ular sanca Python, *python reticulatus*
ular sawah Reisfeldpython
ular sénduk Kobra, *naja sputatrix*
ulat Raupe, Wurm
ulet zäh, beharrend
ulus Gürteltuch (Nord-Sumatra)
umang-umang Seekrabbe
umbi Knolle
umpamanya zum Beispiel
umpan Futter, Köder
umum allgemein, öffentlich
umumkan bekanntmachen, anzeigen, etw. bekanntgeben, veröffentlichen
umur Alter
undangan Einladung
undang-undang Gesetz
undang-undang dasar (UUD) Verfassung
undian Tombola-Los
unggul jmd. überlegen sein
ungkapan Ausdruck, Redensart, Redewendung
ungu lila, violett
uniform Uniform
univèrsitas Universität
unta Kamel
untuk für, um .. zu
untuk apa? wofür? wozu?
untuk itu dazu, zu diesem
untung Profit
upacara Zeremonie, Feier
upacara keagamaan Ritual
upacara perkawinan Hochzeit
upah Lohn
upah sejam Stundenlohn
urai auseinander
uraian Analyse
urap Kokosraspel
urat daging Sehne
urat darah Ader
urat nadi Puls
urat saraf Nerv
urèt Holzwurm
urus sich kümmern, verwalten
urusan Angelegenheit
urusi versorgen, sorgen für
urut Massage
urutan Reihenfolge
usah nötig sein
usaha sich bemühen, Aufwand, Bemühung, Unternehmen
usahakan besorgen, unternehmen
usahawan Geschäftsmann
usahawati Geschäftsfrau
usap wischen
usia Alter
usil lästig
usir verscheuchen
uskup agung Erzbischof
usul Angebot, Vorschlag
usus Darm
usus buntu Blinddarm
utama hervorragend, wichtigste
utang Schulden, Kredit
utara Norden, nördlich
utas Schnur, Band
i *Zählhilfswort für alle bandartigen Dinge*
utuh ganz, heil, intakt, unbeschädigt
UUD (undang-undang dasar) Verfassung

V

valuta Valuta
van Transportwagen
vanili Vanille
vas Vase
vas bunga Vase
vaselin Vaseline
végetaris vegetarisch
véntilator Lüftung
versi Version
vertikal hochkant
vesya Händlerkaste im balinesisch-hinduistischen Kastensystem
vila Villa
virus Virus
visa Visum
volume Volumen

W

wabah Seuche
wabah ternak Viehseuche
wadah Gefäß, Behälter
waduk Stausee
wajah Gesicht
wajan Wok
wajar gerecht, angemessen
wajib verpflichtet
wajib bayar gebührenpflichtig
wajibkan (untuk) verpflichten (zu etw.)
wajit Küchlein aus Klebereis
wakil Vertreter
waktu Uhrzeit, Zeit
waktu bébas Freizeit
waktu berangkat Abfahrtszeit
waktu kerja Arbeitszeit
waktu longgar Freizeit
waktu luang Freizeit
waktu malam nachts
waktu pagi morgens
waktu penerbangan Flugdauer
waktu perjalanan Fahrtdauer
waktu puasa Fastenzeit
waktu sekarang Gegenwart
waktu setempat Ortszeit
waktu siang mittags
waktu tiba Ankunftszeit
Walaikum salam! Und mit dir!
ℹ *„Walaikum selam" sagt man in muslimischen Haushalten als Antwort auf den Gruß „Asalamu alaikum!" (Friede sei mit dir)*
walaupun obwohl
walikota Bürgermeister
wali songo die neun heiligen Männer, die den Islam auf Java propagiert haben
wangi duften, gut riechen
wangi-wangian Parfüm, Rasierwasser
wanita Dame, Frau ℹ *auch auf Toilettentüren*
wantilan offene Halle für Hahnenkämpfe, Versammlungen, Tanzvorführungen (auf Bali)
warga Mitglied, Bürger
warga negara Staatsangehörige
warna Farbe
warna kulit Hautfarbe
warta berita Nachrichten
wartawan Journalist
waru Baumhibiscus, *hibiscus tiliaceus*
warung Imbiss
warung minuman Kneipe
wasangka Misstrauen
wasir Hämorrhoiden
wasit Schiedsrichter
waspada vorsichtig
wastafel Spüle, Waschbecken
watak Charakter (Veranlagung)
wawancara Interview
wayang Schattenpuppenspiel
wayang bébér Schauspiel mit auf Papierrollen gemalten Bildern
wayang golèk Holzmarionetten-Schauspiel
wayang klitik Schauspiel mit flachen Holzmarionetten
wayang kulit Schauspiel am Abend auf einer beleuchteten Leinwand mit Leder-Spielpuppen
wayang lemah Schauspiel am Tage ohne Leinwand mit Spielpuppen aus Leder
wayang wong Maskierte Schauspieler spielen Szenen aus dem Ramayana-Epos
wayang topèng Kostümierte Tänzer bringen mit Witzen das Publikum zum Lachen
wc WC
welut Aal
wèrèng Heuschrecke
widuri Manoriblume, *calotropis gigantea*
widadari Himmelsnymphen im Sanghyang-Tanz der Balinesen
WiFi W-Lan
wijen Sesam, *sesamum indicum*
wilayah Gebiet, Gegend
wiper Scheibenwischer
wiraswasta Selbstständiger
wisata Tourismus
wisatawan Tourist
wiski Whisky
Wisnu hinduistischer Gott Vishnu
ℹ *Zerstörer, Todbringer und Erneuerer*
wisma Heim, Wohnkomplex, Pension, Hotel
wodka Wodka
wortel Karotte, *daucus carota*
wujud Wesen, Gestalt

X

xerox Fotokopie

Y

ya ja
ya dèh in Ordnung, ok
Yahudi jüdisch
yaitu nämlich
yakin glauben *(Meinung)*
yakinkan überzeugen
yakni und zwar
yang welche, die
yang lain andere(-s,-r)
yang lalu vergangen
yang mana welche(-s,-r)
yang terhormat (yth.) sehr geehrte(r) ...
yapong Tanz auf Java in Jakarta
yatim-piatu Waise
yayasan Stiftung, Einrichtung
yodium Jod
Yogyakarta Provinz Yogyakarta auf Java
yth. (yang terhormat) sehr geehrte(r) ...
yu Hai

Z

zakar Penis
zaman dulu früher, damals
zamrut Smaragd
zat Substanz
zat-asam Säure
ziarah Pilgerreise, Grabbesuch
zone cuaca sedang mäßige Klimazone
zone cuaca tropika tropische Klimazone